欧亚历史文化文库

总策划 张余胜

兰州大学出版社

唐代吐蕃与西北民族关系史研究

丛书主编　余太山

杨铭　著

图书在版编目（CIP）数据

唐代吐蕃与西北民族关系史研究/杨铭著.—兰州：
兰州大学出版社,2012.1
（欧亚历史文化文库/余太山主编）
ISBN 978-7-311-03799-4

Ⅰ.①唐… Ⅱ.①杨… Ⅲ.①吐蕃—民族关系—民族
历史—研究—西北地区—唐代 Ⅳ.①K289

中国版本图书馆 CIP 数据核字(2012)第 004784 号

总 策 划　张余胜

书　　名　**唐代吐蕃与西北民族关系史研究**
丛书主编　余太山
作　　者　杨 铭 著
出版发行　兰州大学出版社　（地址:兰州市天水南路 222 号　730000）
电　　话　0931-8912613(总编办公室)　0931-8617156(营销中心)
　　　　　0931-8914298(读者服务部)
网　　址　http://www.onbook.com.cn
电子信箱　press@lzu.edu.cn
印　　刷　兰州人民印刷厂
开　　本　700 mm×1000 mm　1/16
印　　张　25.75　（插页3）
字　　数　347 千
版　　次　2012 年 1 月第 1 版
印　　次　2012 年 1 月第 1 次印刷
书　　号　ISBN 978-7-311-03799-4
定　　价　86.00 元

（图书若有破损、缺页、掉页可随时与本社联系）

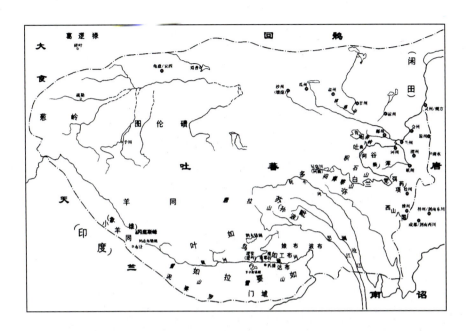

唐代吐蕃疆域最盛图（引自《藏族简史》，西藏人民出版社1987年版）

唐蕃分界日月山

1

米兰吐蕃戍堡

米兰出土古藏文写本

米兰出土古藏文简牍（引自《国际敦煌学项目》网站http://idp.bl.uk 2011.2.28）

麻扎塔格出土古藏文简牍（引自《国际敦煌学项目》网站http://idp.bl.uk 2011.2.28）

古藏文《吐谷浑纪年》残卷（引自《国际敦煌学项目》网站http://idp.bl.uk 2011.2.28）

敦煌壁画中的吐蕃赞普与随从（引自《中国敦煌壁画全集》7，天津人民美术出版社2006年版）

张议潮出行壁画中的吐蕃服饰与舞蹈场面（引自《中国敦煌壁画全集》7，天津人民美术出版社2006年版）

巴基斯坦斯卡杜县发现的古藏文碑刻残段（引自《中国藏学》2010年第4期）

达扎路恭记功碑

十二臂观音（高23.2厘米，象
雄王国，公元7—8世纪，布达拉宫
藏，引自《西藏寺庙珍藏佛教造像108
尊》，文化艺术出版社2010年版）

初转法轮印宝冠释迦牟尼佛（高24厘
米，吉尔吉特河谷，公元650—750年，大昭
寺藏品，引自《西藏寺庙珍藏佛教造像108
尊》，文化艺术出版社2010年版）

唐代中亚传入吐蕃的银瓶
（引自Von Schroeder, U.Buddhist
Sculptures in Tibet, 2001）

青海都兰出土唐代粟特银盘

出版说明

　　随着 20 世纪以来联系地、整体地看待世界和事物的系统科学理念的深入人心，人文社会学科也出现了整合的趋势，熔东北亚、北亚、中亚和中、东欧历史文化研究于一炉的内陆欧亚学于是应运而生。时至今日，内陆欧亚学研究取得的成果已成为人类不可多得的宝贵财富。

　　当下，日益高涨的全球化和区域化呼声，既要求世界范围内的广泛合作，也强调区域内的协调发展。我国作为内陆欧亚的大国之一，加之 20 世纪末欧亚大陆桥再度开通，深入开展内陆欧亚历史文化的研究已是责无旁贷；而为改革开放的深入和中国特色社会主义建设创造有利周边环境的需要，亦使得内陆欧亚历史文化研究的现实意义更为突出和迫切。因此，将针对古代活动于内陆欧亚这一广泛区域的诸民族的历史文化研究成果呈现给广大的读者，不仅是实现当今该地区各国共赢的历史基础，也是这一地区各族人民共同进步与发展的需求。

　　甘肃作为古代西北丝绸之路的必经之地与重要组

成部分,历史上曾经是草原文明与农耕文明交汇的锋面,是多民族历史文化交融的历史舞台,世界几大文明(希腊—罗马文明、阿拉伯—波斯文明、印度文明和中华文明)在此交汇、碰撞,域内多民族文化在此融合。同时,甘肃也是现代欧亚大陆桥的必经之地与重要组成部分,是现代内陆欧亚商贸流通、文化交流的主要通道。

基于上述考虑,甘肃省新闻出版局将这套《欧亚历史文化文库》确定为2009—2012年重点出版项目,依此展开甘版图书的品牌建设,确实是既有眼光,亦有气魄的。

丛书主编余太山先生出于对自己耕耘了大半辈子的学科的热爱与执著,联络、组织这个领域国内外的知名专家和学者,把他们的研究成果呈现给了各位读者,其兢兢业业、如临如履的工作态度,令人感动。谨在此表示我们的谢意。

出版《欧亚历史文化文库》这样一套书,对于我们这样一个立足学术与教育出版的出版社来说,既是机遇,也是挑战。我们本着重点图书重点做的原则,严格于每一个环节和过程,力争不负作者、对得起读者。

我们更希望通过这套丛书的出版,使我们的学术出版在这个领域里与学界的发展相偕相伴,这是我们的理想,是我们的不懈追求。当然,我们最根本的目的,是向读者提交一份出色的答卷。

我们期待着读者的回声。

总序

　　本文库所称"欧亚"(Eurasia)是指内陆欧亚,这是一个地理概念。其范围大致东起黑龙江、松花江流域,西抵多瑙河、伏尔加河流域,具体而言除中欧和东欧外,主要包括我国东三省、内蒙古自治区、新疆维吾尔自治区,以及蒙古高原、西伯利亚、哈萨克斯坦、乌兹别克斯坦、吉尔吉斯斯坦、土库曼斯坦、塔吉克斯坦、阿富汗斯坦、巴基斯坦和西北印度。其核心地带即所谓欧亚草原(Eurasian Steppes)。

　　内陆欧亚历史文化研究的对象主要是历史上活动于欧亚草原及其周邻地区(我国甘肃、宁夏、青海、西藏,以及小亚、伊朗、阿拉伯、印度、日本、朝鲜乃至西欧、北非等地)的诸民族本身,及其与世界其他地区在经济、政治、文化各方面的交流和交涉。由于内陆欧亚自然地理环境的特殊性,其历史文化呈现出鲜明的特色。

　　内陆欧亚历史文化研究是世界历史文化研究中不可或缺的组成部分,东亚、西亚、南亚以及欧洲、美洲历史文化上的许多疑难问题,都必须通过加强内陆欧亚历史文化的研究,特别是将内陆欧亚历史文化视做一个整体加以研究,才能获得确解。

中国作为内陆欧亚的大国,其历史进程从一开始就和内陆欧亚有千丝万缕的联系。我们只要注意到历代王朝的创建者中有一半以上有内陆欧亚渊源就不难理解这一点了。可以说,今后中国史研究要有大的突破,在很大程度上有待于内陆欧亚史研究的进展。

古代内陆欧亚对于古代中外关系史的发展具有不同寻常的意义。古代中国与位于它东北、西北和北方,乃至西北次大陆的国家和地区的关系,无疑是古代中外关系史最主要的篇章,而只有通过研究内陆欧亚史,才能真正把握之。

内陆欧亚历史文化研究既饶有学术趣味,也是加深睦邻关系,为改革开放和建设有中国特色的社会主义创造有利周边环境的需要,因而亦具有重要的现实政治意义。由此可见,我国深入开展内陆欧亚历史文化的研究责无旁贷。

为了联合全国内陆欧亚学的研究力量,更好地建设和发展内陆欧亚学这一新学科,繁荣社会主义文化,适应打造学术精品的战略要求,在深思熟虑和广泛征求意见后,我们决定编辑出版这套《欧亚历史文化文库》。

本文库所收大别为三类:一,研究专著;二,译著;三,知识性丛书。其中,研究专著旨在收辑有关诸课题的各种研究成果;译著旨在介绍国外学术界高质量的研究专著;知识性丛书收辑有关的通俗读物。不言而喻,这三类著作对于一个学科的发展都是不可或缺的。

构建和发展中国的内陆欧亚学,任重道远。衷心希望全国各族学者共同努力,一起推进内陆欧亚研究的发展。愿本文库有蓬勃的生命力,拥有越来越多的作者和读者。

最后,甘肃省新闻出版局支持这一文库编辑出版,确实需要眼光和魄力,特此致敬、致谢。

余太山

2010 年 6 月 30 日

目录

绪　论

0.1　问题的提出与研究意义

要讨论吐蕃与西北民族的关系,有必要首先介绍一下唐代吐蕃王朝的兴衰及其攻占西北地区的概况,以及本课题所涉及的西北民族的范围。

"吐蕃"是汉文史籍记载的7至9世纪古代藏族及其政权的名称,敦煌汉文写本作"大蕃"、"大番",古藏文写本记为 Bod。《新唐书·吐蕃传》认为,吐蕃为汉代"发羌"之后,"蕃、发声近",故得其名。另一种说法认为,古代藏族把经营农业为主的地方称为"蕃",后来扩大到将赞普(意即"王")控制下的一切地方取名为"吐蕃"。[1] 7世纪初,雅隆悉补野部落联盟的松赞干布承袭赞普位,征服苏毗、羊同等,统一了吐蕃全境(约相当于今西藏自治区)。他随即将首邑从匹播城(今西藏琼结县)迁至逻些(今西藏拉萨),并厘定法律、职官、军事制度,创制文字,统一度量衡,建立起以赞普为中心的奴隶制中央集权国家——吐蕃王朝。他还与唐朝、泥婆罗(今尼泊尔)联姻,娶文成公主与赤尊公主为妻;又从天竺(今印度)引进佛教,从唐朝引入先进的工艺和文化等。

吐蕃逐渐强盛起来,7世纪中叶以后,开始向外拓展疆域。7世纪70年代前后,吐蕃征服吐谷浑、党项等族,占有今青海省黄河以南、青海湖以西的地区;与此同时又进入西域,联合西突厥贵族争夺唐安西四镇。8世纪初,唐朝以宗室女金城公主嫁给赞普赤德祖赞,双方关系出

---

〔1〕恰白·次旦平措等著,陈庆英等译:《西藏通史——松石宝串》,西藏古籍出版社2008年第3版,第3—4页。

1

·欧·亚·历·史·文·化·文·库·

现和好局面。后因议界不成,吐蕃进扰唐陇右、河西州县,双方战争主要集中于今青海东北的黄河一带。8世纪50年代至90年代,赤松德赞为赞普,吐蕃势力最为强大,乘唐朝"安史之乱",进占河陇20余州,其中包括沙州敦煌县。吐蕃占领敦煌后,推行民族同化政策,分部落统治百姓,实行计口授田,普遍使用藏语言文字,对敦煌历史与文化产生了深远的影响。9世纪初,唐蕃关系趋于缓和。双方于821年至822年(唐长庆元年至二年)举行会盟,议定边界,重申"舅甥相好之义",立"唐蕃会盟碑"于逻些。846(一说842)年,赞普达磨卒,吐蕃国内矛盾日趋激烈,王室与贵族、属民与奴隶主、佛教徒与苯教徒斗争公开化,战争连年不断,王朝统治旋即崩溃。大中二年(848),沙州人张议潮起义归唐,吐蕃对敦煌及河陇的统治相继结束。自松赞干布以后,吐蕃赞普9人,历时218(一说214)年。

由于吐蕃是在具体的历史条件下攻占唐朝西北地区的,即唐朝倾其力对付"安史之乱",不自觉地留给吐蕃一个可乘的空间,因此可以说,虽然吐蕃对这一地区的占领对唐朝的统治有一定损害,但在中央权力已经被削弱,各种割据势力蜂起的时候,由吐蕃一族来占领这一地方,避免了各族、各政权"争自立,相攻击"的局面,应该说这是不幸中的一幸。因此有观点认为,吐蕃在"安史之乱"后占领河陇地区,是从唐朝手中接过了戍卫、建设这一地区的任务[1],其以河陇、西域为基地,西御大食,北抗回纥,保持了唐朝统治退出后这一地区在政治、军事、经济上的完整性。[2] 毋庸回避,本课题正是在这样的视角下来讨论唐代吐蕃与西北民族关系的。

本课题所涉及的西北民族的范围,基本上是指唐代居住或活动于今新、甘、青、宁以及西藏与之相邻地区的各个民族,即隋唐时期主要活动于今天中华人民共和国疆界内的古代民族[3],同时包括个别地处西域而唐朝对其行使了有效管辖的民族,如大、小勃律。特别需要指出的

---

〔1〕史苇湘:《丝绸之路上的敦煌与莫高窟》,载《敦煌研究文集》,甘肃人民出版社1982年版,第74页;高嵩:《敦煌唐人诗集残卷考释》,宁夏人民出版社1982年版,第120页。

〔2〕杨铭:《吐蕃经略西北的历史作用》,《民族研究》1997年第1期,第80—88页。

〔3〕参见杨建新:《中国西北少数民族通史·导论卷》,民族出版社2009年版,序二。

是,勃律在被吐蕃征服后于其王朝中所处的地位,与羊同不相上下,吐蕃曾设相当于唐朝"节度使"一级的官吏以治之;同时从地理位置上看,大、小勃律所处的今克什米尔地区,仍属于青藏高原之西北余脉,故而笔者将其纳入本书第一编的讨论范围之内。

自古以来,我国西北就是一个多民族共同生活、相互交往频繁的地区,汉唐之间曾有汉、匈奴、氐、羌、鲜卑、敕勒、柔然、吐谷浑、回纥、突厥等民族活动于此。唐初,吐蕃向这一地区发展,不可避免地要与这些民族进行密切的交往,本课题研究吐蕃与西北诸族之间所发生的政治、经济、文化交往,以及一部分西北民族逐步融合于吐蕃的历史,具有十分重要的意义。

首先,吐蕃在经略西北地区和统治被征服民族的过程中,与西北各个民族的关系如何?双方在政治、经济、文化等方面是如何交往的?这种交往对唐代西北地区政治、经济、文化的发展有何影响?对唐中叶以后直到五代、宋初西北民族关系的走向起到了什么作用?这些问题无疑是隋唐史研究中的重要课题,也是中国民族关系史上的重要课题,而目前国内外学术界对这些问题的重视和研究深度还远远不够。

其次,前人每论及吐蕃统治下的西北,多引唐沈下贤《对贤良方正直言极谏策》的文字:"自瀚海以东,神鸟、敦煌、张掖、酒泉,东至于金城、会宁,东南至于上封、清水,凡五十郡、六镇十五军,皆唐人子孙,生为戎奴婢,田牧种作,或聚居城落之间,或散处野泽之中。"其实,沈下贤的记述具有很大的片面性,并不完全符合当时的历史实际。"生为戎奴婢,田牧种作",只是敦煌或河陇一部分汉人的遭遇,并非西北所有的汉人皆如此。而且,不仅吐蕃统治下的汉人没有全部沦为奴隶,就是吐蕃统治下的其他西北少数民族,也还基本保持有其原来的社会、文化形态与经济生产关系。这些历史需要在本课题的研究中加以澄清。

第三,关于唐代吐蕃与西北民族关系史的研究,以往学术界忽略了一个重要的问题,即部分西北民族曾经经历过一个"吐蕃化"的历史进程,而且这一进程甚至深深地影响到唐代以后藏族的形成。因为,唐代吐蕃与西北民族的交往史,从某一角度上看就是一部分西北民族——

·欧·亚·历·史·文·化·文·库·

主要是原来分布于青藏高原的民族——不断"吐蕃化",逐步融入吐蕃的历史。而以往的研究中有一种观点认为,吐蕃乃至后来的藏族从一开始就是青藏高原的主体民族,甚至认为羊同、苏毗等本身就是古代藏族的一部分,完全忽略了这些民族有一个被吐蕃征服,进而"吐蕃化",后来成为藏族的一员的历史进程。

总之,研究本课题的意义在于,可以深入论述唐代吐蕃与西北各民族的关系史,系统探讨吐蕃与西北各民族在政治、经济、文化上的相互交流和影响,揭示吐蕃学习和借鉴汉文化以及其他民族文化对推动其自身发展所起的积极作用,以及吐蕃与西北民族的这种交流对后来藏族的形成、藏族文化的发展所起到的推动作用。

0.2 国外学术界研究概述

虽然研究本课题所涉及的文献资料范围十分广泛,包括汉文、藏文、突厥文、于阗文、粟特文、波斯文等文献,但其中汉文和古藏文文献无疑是最主要的。鉴于国内外学者对汉文文献已经作了诸多汇集和考释,故笔者在此不作赘述,转而主要介绍学术界围绕相关课题所作的藏文文献研究。

敦煌、西域古藏文文书研究,国外发轫于 20 世纪 20 年代,40 年代渐成气候,其标志就是巴考、托马斯、杜散合作编著的《敦煌吐蕃历史文书》,托马斯的《有关西域的藏文文献与文书》,戴密微的《吐蕃僧诤记》等一批专著的问世。

其中,首先要提到的是托马斯,其人筚路蓝缕,有开山之功。从 1927 年到 1933 年,托马斯陆续在《英国皇家亚洲学会会刊》(Journal of the Royal Asiatic)上发表整理研究敦煌、西域古藏文文书的成果。在 1935 年和 1951 年,他又先后以《有关西域的藏文文献和文书》为名,集结出版了 2 卷专著。其中,第 1 卷主要是从藏文大藏经中辑录并翻译的有关于阗史料。第 2 卷分 7 部分刊出了敦煌、新疆出土的古藏文社会历史文书。以上内容包括转写和译注,将斯坦因所获的社会历史文书中的精华部分公之于世,共计敦煌、麻扎塔格等地出土古藏文写本

120件,古藏文简牍380件。在第1、2卷的基础上,托马斯和他的学生
又于1955、1963年汇集出版了该书第3、4卷。其中,第3卷是对第1、2
卷某些未及展开的问题的补充说明,而第4卷是具有藏英词典性质的
工具书,收有完备的藏英梵词汇索引。

　　托马斯在整理、研究敦煌藏文文书方面的另一个重要成果,就是他
与法国的学者巴考、杜散一起,把敦煌本吐蕃历史文书解读出来了。他
们3人在1946年出版了自1940年以来的研究成果,即《敦煌吐蕃历史
文书》。其中,托马斯负责解读的是入藏于大英博物馆资料部的,原登
录号为S.103(19Ⅷ.1),现编为I.O.750,B.M.8212(187)的那一部分,
具体来说,就是《敦煌本吐蕃历史文书·大事纪年》中743—763年的
这一段。毫无疑问,他的这一成果至今仍在被敦煌学、藏学界的后学们
使用。

　　与托马斯相比同时代或稍后的两位法国学者也必须提到,这就是
法国学术界的两位女士,一位是拉露(M. Lalou),一位是斯巴尼安(A.
Spanien)。前者花了几乎毕生的心血,编成了3大本的《巴黎国家图书
馆所藏敦煌藏文写本目录》,此外她还撰写了一系列的有关文章,如:
《公元8世纪大蕃官吏呈请状》、《古代西藏小邦王臣一览表》等[1]。
斯巴尼安则与今枝由郎一起,编辑出版了《敦煌古藏文手卷选集》2册,
此外她还撰写了长篇论文《关于P.T.1286,1287,1038,1047和1290号
藏文卷子史地考释》等[2]。

　　日本学者在20世纪60—80年代也取得了一些成果,其中可以列
举藤枝晃、佐藤长、山口瑞凤3人为代表。其中,藤枝晃的《吐蕃支配
期的敦煌》是他的代表作之一,其研究是开创性的,他在其所处的时代

　　〔1〕M. Lalou, "Revendications des fonctionnaires du grand Tibet au Ⅷe siècle", *Journal asia-tique*, vol. 243, 1955, pp. 171 - 212. "Catalogue des principautés du Tibet ancien", *Journal asiatique*, vol. 253, 1965, pp. 189 - 215.

　　〔2〕斯巴尼安(A. Spanien)原名麦克唐纳夫人(A. Macdonald),后因与其夫离婚改名。其代表著作为:A. Macdonald, "Une lecture des Pelliot Tibetan 1286,1287, 1038,1047, et 1290", *Études tibétains dédiées à la Mémoire de Marcelle Lalou*, Paris, 1971. Spanien, A. et Y. Imaeda(今枝由郎), *Choix de documents Tibétains conservés à la Bibliothèque Nationale complété par queques Manuscrits de l' India Officeet du British Museum*, Tome Ⅰ, Paris, 1978; Tome Ⅱ, Paris, 1979.

尽可能地引用了敦煌汉、藏文文献,试图从政治的、经济的、宗教的几个角度,勾勒出吐蕃统治下敦煌的基本态势。尽管这些研究从今天的角度看来,难免有粗疏之处,但其某些方面的考证,还是相当深入的,譬如他在第四和第五节中,对于吐蕃统治下汉人生活、敦煌佛教界的活动等探讨,无疑是比较细腻和深入的。[1]

佐藤长早在 1942 年就发表了《女国与苏毗》一文,他后来出版的《古代チベット史研究》与《チベット历史地理研究》也是研究吐蕃与西北诸族关系的重要著作。[2] 山口瑞凤评价《古代チベット史研究》一书时说,该书运用了从吐蕃祖先到朗达玛这一时期的汉文史料、藏文史料、敦煌史料和碑文,对古代西藏史进行了广泛研究,是以两唐书《吐蕃传》记述中所涉及年代为对象的划时代巨著,其方法、依据较多地使用了汉文史料,这也成了此书的特点。[3]

山口瑞凤的有关著作如下:《讲座敦煌 2 敦煌の历史》中的《吐蕃统治时期》一章,《吐蕃王国成立史研究》,主编《讲座敦煌 6 敦煌胡语文献》等。[4] 此外,他还撰写了《苏毗の领界——rTsang yul 与 Yan Lag gsum pavi ru-》,《白兰と Sum paのrLangs 氏》,《苏毗与孙波:关于 rtsang yul 和 yan lag gsum pavi ru 的历史地理学研究》,《东女国与白兰——rLans 与 sbrang 氏》,《女国的部族名 dMu》,《SumYul 的地理位置》,《吐蕃的国号与羊同的位置——〈附国传〉与大、小羊同的研究》,《沙州汉人吐蕃二军团的成立与 mkhartsan 军团的位置》,《汉人及通颊人沙州

---

〔1〕藤枝晃:《吐蕃支配期の敦煌》,《东方学报》31 册,京都,1961 年,第 199－292 页。

〔2〕佐藤长:《女国の苏毗》,《东洋史研究》6－6,昭和十七年(1942 年);《古代チベット史研究》2 卷,同朋舍 1977 年版;《チベット历史地理研究》,岩波书店 1978 年版。

〔3〕《吐蕃王国成立史研究》第一章,岩波书店 1983 年版,第 11－30 页。

〔4〕《讲座敦煌 2 敦煌の历史》中的《吐蕃统治时期》一章,大东出版社 1980 年版,第 195－232 页;《吐蕃王国成立史研究》;主编《讲座敦煌 6 敦煌胡语文献》,大东出版社 1985 年版。

吐蕃军团编成的时期》等[1]，尤其是最后两篇重要文章，被学术界反复引用。

从 20 世纪 70 年代起到 80 年代，有一位国外的学者必须提到，他就是匈牙利的学者乌瑞。他发表的有关吐蕃统治敦煌及敦煌、西域吐蕃文书的主要论著如下：《吐谷浑王国编年史：斯坦因敦煌卷子卷 69 叶 84 之源流和年代学问题》，《有关公元 751 年以前的中亚历史的古代藏文史料研究》，《释 khrom：7—9 世纪吐蕃帝国的行政单位》，《吐蕃统治结束后甘州和于阗官府中使用藏语的情况》，《9 世纪前半叶吐蕃王朝的千户部落》。[2]

王尧是这样评价上述国外学者的：从这几年见到的材料来看，取得进展最大的几位是乌瑞、今枝由郎、山口瑞凤和戴密微，他们这几位分属几个不同的国家，但有一个共同点：都懂汉文，都能阅读汉文典籍，能以汉文史料与吐蕃文献相互印证、补充，纠正其伪误，使吐蕃写卷的重要价值得以放光四照。另外一点是，近几年取得成就的学者们能以吐

---

[1]《苏毗の领界——rTsang yul Yan Lag gsum pavi ru-》，《东洋学报》第 50 卷 4 号，1968 年，第 1－69 页；《白兰と Sum paのrLangs 氏》，《东洋学报》第 52 卷 1 号，1969 年，第 1－61 页；《Su-p'i 苏毗与 Sun-po 孙波：A Historico-geographical Study on the Relation between rTsang yul and Yan Lag gsum pavi ru》，Acta Asiatiea，no. 19，1970，pp. 97－133；《东女国与白兰》，《东洋学报》第 54 卷 3 号，1971 年，第 1－56 页；《女国と部族名 dMu》，《日本西藏学会报》19，1973 年；"The Geographical Location of Sum-Yul"，Acta Asitica，no. 29，1975，pp. 20－42；《吐蕃の国号と羊同の位置》，《东洋学报》第 58 卷 3，4 号，1977 年，第 55－95 页；《沙州汉人による吐蕃二军团の成立とmkhar tsan 军团の位置》，《东京大学文学部文化交流施设研究纪要》4，1981 年，第 13－47 页；《汉人及び通颊人による沙州吐蕃军团编成の时间》，《东京大学文学部文化交流施设研究纪要》5，1982 年，第 1－21 页。

[2] G. Uray，"The Annals of the 'A-ZA Principality—The Problems of Chronology and Genre of the Stein Document，Tun-hung，vol. 69，fol. 84"，Proceedings of the Csoma de Körös Memorial Symposium，Edited by Louis Ligeti，Budpest，1978，pp. 541－548；"KHROM：Administrative Units of the Tibetan Empire in the 7th-9th Centuries"，Tibetan Studies in Honour of Hugh Richardson ed. by Michael Aris and Aung San Sua Kyi，Aris and Pillips LTD. Warminster England，1979，pp. 310－318；"The old Tibetan Sources of the History of Central Asia up to 751 A. D.：A survey"，Prolegomena to the Sources on the History of Pro-Islamic Central Asia，by J. HARMATTA(ed.)，Budpest，1979，pp. 275－304；"L' Emploi du tibétain Dans les Chancelleries des États du Kan-sou et Khotan Posté-rieurs à la Domination tibétaine"，Journal Asiatique，Tome 269，1981，pp. 81－90；"Notes on the Thousand-districts of the Tibetan Empire in the First Half of the Ninth Century"，Acta Orient. Hung. Tomus XXXVI. Fasc. 1－3，1982，pp. 545－548.

蕃写卷与后来的藏文史籍相比较,从而廓清历史上的迷雾,恢复历史的本来面目。第三点是这些学者们对于敦煌吐蕃写卷的语言与现代藏语(特别是安多方言)之间的关系,有了进一步的认识,大大地推动了研究事业的发展。[1]

继乌瑞之后,海外研究吐蕃统治敦煌或敦煌、西域吐蕃文书的学者,需要提到的有日本学者森安孝夫、武内绍人与美国学者白桂思。

其中,森安孝夫的有关论著如下:《回鹘与吐蕃之北庭争夺战及其后的西域形势》,《关于回鹘的西迁》,《藏语史料中所见之北方民族 Dru-gu 与 Hor》,《增补:回鹘与吐蕃之北庭争夺战及其后的西域形势》,《伯希和敦煌藏文写本第 1283 号中 Hor 与 Ho-yo-yor 二词新释》,《究竟是回鹘还是吐蕃在公元 789—792 年间夺据了别失八里?》,《吐蕃之中亚进出》,《用藏文字母书写的回鹘佛教教理问答(P. T. 1292)之研究》,《中亚史视角下的吐蕃》等。[2]

白桂思的著作有:《关于利用中世纪早期中文、拉丁文和藏文历史资料研究伊斯兰化以前的西藏》,《中亚的吐蕃帝国:中古早期吐蕃、突厥、阿拉伯与唐朝之间的权力争夺史》,主编《天青色的银粉:西藏的文化和文学史》[3];论文:《鄂尔多斯和北中国的藏族人:关于吐蕃帝国在

〔1〕中国敦煌吐鲁番学会主编《国外敦煌吐蕃文书研究选译》前言,甘肃人民出版社 1992 年版,第 1 – 6 页。

〔2〕森安孝夫:《ウィグルと吐蕃の北庭争夺战及びその后の西域情势について》,《东洋学报》第 55 卷 4 号,1973 年,第 60 – 87 页;《ウィグルの西迁について》,《东洋学报》59,1977 年,第 105 – 130 页;《チベット语史料中に现われる北方民族 Dru-gu と Hor》,《アツア.アフリカ言语文化研究》14,1979 年,第 1 – 48 页;《增补:ウィグルと吐蕃の北庭争夺战及びその后の西域情势について》,流沙海西奖学会(编):《アジア文化史论丛》3,山川出版社 1979 年版,第 199 – 238 页;"La nouvelle interprétation des mots Hor et Ho-yo-hor dans le manuscrit Pelliot tibétain 1283.", *Acta Orient. Hung.* Tomus XXXⅣ. Fasc. 1 – 3,1980,pp. 171 – 184;"Qui des Ouigours ou des Tibetains ont gagne en 789 – 792 a Besh-baliq",*Journal Asiatique*,269 – 1 / 2,1981,pp. 193 – 205;《吐蕃の中央アジア进出》,《金泽大学文学部论集・史学科篇》4,1984 年,第 1 – 85 页;《チベット文字で书かれたウィグル文仏教教理问答(P. T. 1292)の研究》,《大阪大学文学部纪要》25,1985 年,第 1 – 85 页;《中央アジア史の中のチベット——吐蕃の世界史の位置付けに向けての展望——》,长野泰彦、立川武藏(编)《チベットの言语と文化》,冬树社 1987 年版,第 44 – 68 页。

〔3〕*The Tibetan Empire in Central Asia: A History of the Struggle for Great Power among Tibetan, Turks, Arabs, and Chinese during the Early Middle Ages*, Princeton University Press,Princeton,1987;edited: *Silver on Lapis : Tibetan literary Culture and History*, Bloomington,The Tibet Society,1987.

世界历史上的作用的诸因素》,《早期伊斯兰教史料记载的西藏地理和人口》,《755 年吐蕃内部的反叛》,《吐蕃帝国在西方》,《第 7 至 8 世纪希腊药物引进吐蕃》,《关于附国与吐蕃》,《吐蕃和欧亚大陆的中世纪初期兴盛阶段:关于吐蕃国经济史的一个初步注释》。[1]

　　武内绍人是敦煌、西域古藏文文书研究的后起之秀,他受日本东洋文库资助亲赴英伦,经过多年的努力,编辑出版了《中亚的古藏文契约文书》、《英国图书馆藏斯坦因收集品中的新疆出土古藏文写本》两部巨著,为敦煌学界、藏学界提供了第一手的资料和系统的研究成果。他的有关论文有:《古藏文 Lho-bal 考》,《吐蕃大事记中源自〈史记〉的一个段落》,《北庭、安西(龟兹)和西州的吐蕃与回鹘(790—869. A. D.)》,《敦煌、新疆出土藏语书信文书研究序说》,《中亚出土古藏文家畜买卖文书》,《古藏文买卖契约文书研究》,《古藏文借贷契约文书》,《将:吐蕃王朝千户部落的下属行政单位》。[2]

　　日本学者还需要提到岩尾一史。他的代表论著是:《吐蕃的茹与千户》、《吐蕃万户制度研究》、《从 Pelliot tibétain 1078bis 看吐蕃的土地

　　[1]"Tibte and the Early Medieval Florissance in Eurasia:A Preliminary Note on the Economic History of the Tibetan Empire", *Central Asiatic Journal*, Vol. 21,1977, pp. 89–104;"On Fu-kuo and T'u-fan",载《曹轶汉诞辰纪念文集》,台北,文海,1978,pp. 1–19;"The Introduction of Greek Medicine into Tibet in the Seventh and Eighth Centuries", *Journal of the American Oriental Society*, Vol. 99,1979, pp. 297–313;"The Tibetan Empire in the West", *Tibetan Studies in Honour of Hugh Richardson*, Warminster,1980, pp. 30–38;"The Revolt of 755 in Tibet", *Wiener Studien Zur Tibetologie und Buddhismuskunde*, Heft 10,1983, pp. 1–16;"The Tibetan in the Ordos and North China:Considerations on the Role of the Tibetan Empire in World History", *Silver on Lapis : Tibetan literary Culture and History*, Bloomington,1987, pp. 3–11; "The Location and Population of Tibet According to Early Islamic Sources", *Acta Orient. Hung.* Tomus ⅩⅩⅩⅩⅢ,1989(1992), pp. 163–170.
　　[2]T. TAKEUCHI,"On the Old Tibetan Word Lho-bal ", *Proceedings of the 31th International Congress of Human Sciences in Asia and North Africa* Ⅱ, Tokyo, 1984, pp. 986–987; "TSHAN: Subordinate Administertive Units of the Thousand-districts in the Tibetan Empire", *Tibetan Studies Proceedings of the 6th Seminar of the International Association for Tibetan Studies*, FAGERNES 1992, volume 2, edited by per KVAERNE, Oslo, 1994, pp. 848–862; *Old Tibetan contracts from Central Asia*, Daizo Shuppan, Tokyo,1995; *Old Tibetan Manuscripts from East Turkestan in The Stein Collection of the British Library*, The Centre for East Asian Cultural Studies for Unesco, The Toyo Bunko – The British Library, 1997、1998.

·欧·亚·历·史·文·化·文·库·

划分》。[1]

0.3　国内学术界研究概况

　　正是由于敦煌吐蕃文书、汉文文书以及汉文文献的整理出版,国内学术界始得以结合汉、藏文献,全方位地展开对吐蕃与西北民族关系史的研究。

　　据笔者不完全的统计,到目前为止,比较集中或系统地论述唐代吐蕃与西北民族关系的专著或文集有:格勒《论藏族文化的起源形成与周围民族的关系》,王小甫《唐、吐蕃、大食政治关系史》,杨铭《吐蕃统治敦煌研究》、《唐代吐蕃与西域诸族关系研究》,张云《唐代吐蕃史与西北民族史研究》,林冠群《唐代吐蕃历史与文化论集》等。[2] 此外,也有单篇或系列论文较深入、系统地讨论了相关的论题,如:林冠群讨论了唐代吐蕃与周边各族如吐谷浑、党项、突骑施、南诏的联姻关系;薛宗正考证了吐蕃噶尔家族专权时期与吐蕃的北部领土扩张的关系,认为这正是此期唐、蕃间河源、西域争夺的深刻原因;笔者则评述了唐代吐蕃经略西北的进程及其历史影响等。[3]

　　以下结合西北的地理特征与吐蕃经略西北的历史进程,分3大区域:青藏高原、天山南北以及河西走廊,并按学者发表论著的先后,评述学术界近30年来研究唐代吐蕃与西北民族关系的概况以及观点。

---

　　〔1〕岩尾一史:《吐蕃のルと千戸》,《东洋史研究》,第59卷第3号,2000年,第1-33页;《吐蕃の万戸(khri sde)について》,《日本西藏学会々报》,第50号,2004年,第3-15页;《Pelliot tibétain 1078bisよりみた吐蕃の土地区画》,《日本敦煌学论丛》,vol.1,2006年,第1-26页。

　　〔2〕格勒:《论藏族文化的起源形成与周围民族的关系》,中山大学出版社1988年版;王小甫:《唐、吐蕃、大食政治关系史》,北京大学出版社1992年版;张云:《唐代吐蕃史与西北民族史研究》,中国藏学出版社2004年版;杨铭:《吐蕃统治敦煌研究》,台湾新文丰出版公司1997年版;杨铭:《唐代吐蕃与西域诸族关系研究》,黑龙江教育出版社2005年版;林冠群《唐代吐蕃历史与文化论集》,中国藏学出版社2007年版。

　　〔3〕林冠群:《唐代吐蕃对外联姻之研究》,荣新江主编:《唐研究》第8卷,北京大学出版社2002年版,第175-204页。薛宗正:《噶尔家族专国与吐蕃的北部领土扩张——兼论唐蕃间河源、西域争夺》,《西藏研究》1988年第4期。杨铭:《吐蕃经略西北的历史作用》,《民族研究》1997年第1期。

0.3.1 吐蕃与青藏高原各民族的关系

自唐初吐蕃王朝建立以后,松赞干布及历代赞普采用征服与联姻的方式,迅速地向青藏高原的四方发展,先后兼并或统一了原来分布在这里的羊同、苏毗、多弥、白兰、党项、吐谷浑等族,与这些民族之间发生了密切的、双向的政治、经济和文化交流。

首先提到吐蕃与吐谷浑的关系,周伟洲、胡小鹏、邓文科、安应民、程起骏等撰文,多角度、多层次地研究了吐谷浑的来源、称谓、分布及其与吐蕃的关系。其中,周伟洲、杨铭《关于敦煌藏文写本〈吐谷浑(阿柴)纪年〉残卷的研究》一文,较系统地引用了汉、藏文相关资料,对"阿柴纪年"残卷涉及的706—715年之间的吐蕃与吐谷浑关系、附蕃的吐谷浑国的位置、吐谷浑王族的活动等重要问题进行了探讨。[1]

关于吐蕃与羊同(象雄)的关系,才让太从20世纪80年代以来发表了《古老象雄文明》、《再探古老的象雄文明》等文章,考证了象雄的地理位置及其著名的象雄十八王国,阐释了古象雄穹部落后裔东迁的曲折历史和传说;他还用比较研究的方法,提出苯教起源地"沃摩隆仁"是藏族先民对中亚历史地理的整体记忆,是象雄中部的地理地貌和佛家西方极乐世界的启示相结合的产物,是古代中亚各民族文化交流的结果在藏族苯教文化中的深层积淀。[2]

有关吐蕃与白兰关系的研究,自陈宗祥在20世纪80年代初发表《试论格萨尔与不弄(白兰)部落的关系》一文以来,限于汉、藏文资料的缺乏,这方面问世的成果不多。周伟洲、黄颢、任新建等曾发表论著,讨论了白兰的来源、分布以及与吐蕃的关系。笔者发表的《"弥不弄羌"考》一文,提出敦煌古藏文文献中的 vbrom khong 一词,就是汉文

---

〔1〕周伟洲、杨铭:《关于敦煌藏文写本〈吐谷浑(阿柴)纪年〉残卷的研究》,载《中亚学刊》3,中华书局1990年版。胡小鹏:《吐谷浑与唐、吐蕃的关系》,载《西北史地》1985年第4期。邓文科:《试论吐谷浑与吐蕃的关系》,载《西北民族学院学报》1987年第1期。安应民:《略论噶氏家族专权时期唐蕃之间的吐谷浑之争》,载《西藏民族学院学报》1991年第2期。程起骏:《吐蕃治下的"吐谷浑邦国"初探》,载《西藏研究》2003年第3期。

〔2〕才让太:《古老象雄文明》,载《西藏研究》1985年第2期;《再探古老的象雄文明》,载《中国藏学》2005年第1期。

"弥不弄羌"的对应词;其中,vbrom 与"弥不弄"即"白兰"是一种稳定的对应关系。此说澄清了学术界长期以来围绕"昨弥不弄羌"断句、"弥不弄羌"("白兰羌")藏文对应词而产生的歧义。[1]

周伟洲发表的《多弥史钩沉》一文,可以说代表了有关研究的较新成果。该文认为:多弥又称"难磨",即藏文文献中所记之"南"(nam)国或南部族,源于汉代以来的西羌;南部族在古藏文文献中多与吐蕃原始6族中的"董"(sdong)族联系在一起,故多弥可还原为古藏文的sdong mi"董弥",即董人之意,此名可能为他族对多弥的称呼。"南"(nam)为吐蕃人对其的称呼,吐蕃征服"南国"约在唐贞观六年至显庆元年(632—656)之间。唐"安史之乱"后,吐蕃曾征调南部族至西域一带防戍,故 20 世纪以来新疆出土的藏文简牍中有"南茹"、"南茹巴"的记载;唐末至五代,汉、藏文书所记之"南山"、"南波"等,因其中杂有"南"部族而得名[2]。

关于吐蕃与苏毗的关系,杨正刚发表了系列文章:《苏毗大事记》、《苏毗初探》、《苏毗与吐蕃及其他邻近政权的关系》,其中对吐蕃与苏毗的关系着墨较多。他认为两族关系演变的结局是:到唐代末年,苏毗作为一个政权名,无论在西藏本部还是在川西北已不复存在,与青藏高原上其他被吐蕃收服的民族一样,苏毗成了吐蕃帝国的属民。但是,有关吐蕃征服的几曲流域的"森波杰"是否就是苏毗,学者们有着不同的观点:杨正刚持肯定的态度,而巴桑旺堆、林冠群则认为两者根本就是地域不同、名称不同的被吐蕃征服的两个小邦。对此争论,笔者倾向于赞成后者的意见。此外,达热泽仁《苏毗社会状况述论》、周伟洲《苏毗

〔1〕陈宗祥:《试论格萨尔与不弄(白兰)部落的关系》,《西南民族学院学报》1981 年第 4 期。周伟洲、黄颢:《白兰考》,《青海民族学院学报》1983 年第 2 期。任新建:《白狼、白兰考辨》,《社会科学研究》1995 年第 2 期。杨铭:《"弥不弄羌"考》,《民族研究》2007 年第 1 期。
〔2〕周伟洲:《多弥史钩沉》,《民族研究》2002 年第 5 期。

与女国》等文章,也讨论了苏毗的历史及其与吐蕃的关系等问题。[1]

　　吐蕃与党项的关系,无疑也是相关研究中的重头戏。周伟洲、黄颢、张云、汤开建、李吉和等研究了汉、藏文文献有关党项和西夏的记载,以及在吐蕃扩张势态下党项人的内迁;张云、黄兆宏等探讨了吐蕃与党项的政治、文化、宗教关系。其中,张云的论著较有代表性,他指出:吐蕃与党项两族关系极为密切,从 7 世纪初吐蕃王朝建立不久两族的交往,到 13 世纪前期西夏亡国,时密时疏,未尝断绝,是研究中国民族发展史及唐宋中国历史不能忽视的重要课题;同时,吐蕃与党项都有一部分从青藏高原内徙甘、青、宁等地区,不仅影响到西南、西北其他各民族的分布与发展,而且影响到后来甘、青地区藏族的形成。[2]

0.3.2　吐蕃与天山南北诸民族的关系

　　7 世纪中期,吐蕃的军事势力已经进入到西域地区,也就是今天的塔里木盆地、蒙古高原以及中亚地区,与唐朝展开了长期的、激烈的拉锯战;之后吐蕃逐步占领南疆地区,到 9 世纪中期吐蕃王朝瓦解后退出,进出这里逾百年之久。

　　吐蕃进出西域的两个重要据点都在南疆,一个是于阗,一个是鄯善。撰文研究唐代吐蕃与于阗关系的有:黄盛璋、殷晴、巴桑旺堆、张广达、荣新江、杨铭、高永久、朗措等学者。其中,巴桑旺堆的文章首先较系统地向学术界披露了藏文文献中的于阗史料;而丹曲、朱悦梅于近期发表的《藏文文献中"李域"(li-yul,于阗)的不同称谓》一文,则全面检

　　〔1〕巴桑旺堆:《有关吐蕃史研究中几个"定论"的质疑》,《西藏研究》1983 年第 4 期。达热泽仁:《苏毗社会状况述论》,《西藏研究》1988 年第 2 期。杨正刚:《苏毗大事记》,《西藏研究》1989 年第 1 期;《苏毗初探》(一、续),《中国藏学》1989 年第 3 期、4 期。周伟洲:《苏毗与女国》,《大陆杂志》第 92 卷第 4,1996 年。林冠群:《苏毗与森波杰考辨》,《唐代吐蕃历史与文化论集》,中国藏学出版社 2007 年版,第 291 - 317 页。
　　〔2〕张云:《论吐蕃与党项的民族融合》,《西北民族研究》1988 年第 2 期;《党项名义及族源考证》,《中国藏学》1996 年第 1 期。黄颢:《藏文史书中的弥药(西夏)》,《青海民族学院学报》1985 年第 4 期。周伟洲:《唐末党项拓拔部割据势力的形成和发展》,《西北民族研究》1988 年第 2 期。汤开建:《隋唐时期党项部落迁徙考》,《暨南学报》1994 年第 1 期;《关于弥罗国、弥药、河西党项及唐古诸问题的考辨》,《西北第二民族学院学报》2000 年第 1 期。李吉和:《唐朝时期党项族的迁徙与社会文化变迁》,《青海民族学院学报》2006 年第 3 期。黄兆宏:《七至九世纪吐蕃与党项关系述论》,《青海民族研究》2004 年第 2 期。

索了藏文文献中关于于阗的记载。[1]

研究吐蕃进出及统治鄯善的专文不多,笔者的《吐蕃统治鄯善的若干问题》《吐蕃统治鄯善再探》等[2],可以说还只是初步的探索,这方面的研究还有待深入,尤其要从吐蕃简牍及相关的藏、汉文献中进一步挖掘史料,以探寻相关的史实内涵及其成因。

有关唐朝与吐蕃在西域的争夺的文章较多,这方面有郭峰、马国荣、杨建新、王小甫、吴玉贵等学者的论著;而杨铭、张云、霍巍等讨论了吐蕃与西域诸族的往来交通和政治、经济、文化关系。[3] 杨建新《唐代吐蕃在新疆地区的扩张》一文,考证了吐蕃如何通过征服吐谷浑而开始占据南疆的若羌、且末,辨析了从咸亨元年(670)到长寿元年(692)之间,唐朝四镇兴废与吐蕃进出西域的关系,厘清了史籍记载和前人研究中的一些失误。

学者们还讨论了吐蕃在西域设置的相关职官与统治制度等,有关论著如:杨铭《新刊西域古藏文写本所见的吐蕃官吏》,王欣《吐蕃驿站

---

〔1〕杨铭:《吐蕃统治于阗的若干问题》,《敦煌学研究》5,1986 年。巴桑旺堆:《藏文文献中的若干古于阗史料》,《敦煌学辑刊》1986 年第 1 期。高永久、王国华:《吐蕃统治下的于阗》,《西北民族研究》1991 年第 2 期。黄盛璋:《关于沙州曹氏和于阗交往的诸藏文文书及相关问题》,《敦煌研究》1992 年第 1 期。殷晴:《古代于阗与吐蕃的交通及其友邻关系》,《民族研究》1994 年第 5 期。张广达、荣新江:《8 世纪下半与 9 世纪初的于阗》,《唐研究》第 3 卷,北京大学出版社 1997 年版,第 339 – 361 页。朗措:《吐蕃与于阗关系考述——于阗和鄯善地区吐蕃部落的族属及特点》,《西藏研究》2005 年第 4 期。丹曲、朱悦梅:《藏文文献中"李域"(li-yul,于阗)的不同称谓》,《中国藏学》2007 年第 2 期。

〔2〕杨铭:《吐蕃统治鄯善的若干问题》,《新疆历史研究》1986 年第 2 期;《吐蕃统治鄯善再探》,《西域研究》2005 年第 2 期。

〔3〕郭峰:《唐代前期唐、蕃在西域的争夺与唐安西四镇的弃置》,《敦煌学辑刊》1985 年第 1 期。马国荣:《唐代吐蕃在新疆的活动及其影响》,《新疆社会科学》1985 年第 5 期。杨建新:《唐代吐蕃在新疆地区的扩张》,《西北史地》1987 年第 1 期。杨铭:《吐蕃简牍中所见的西域地名》,《新疆社会科学》1989 年第 1 期。张云:《吐蕃与西域诸族的关系》,《新疆社会科学》1990 年第 5 期;《唐代吐蕃与西域的文化交流》,《甘肃民族研究》1991 年第 4 期。王小甫:《盛唐与吐蕃在西域的较量(720—755 年)》,《新疆大学学报》1992 年第 4 期。高永久:《萨毗考》,《西北史地》1993 年第 3 期。霍巍:《从考古材料看吐蕃与中亚、西亚的古代交通》,《中国藏学》1995 年第 4 期。吴玉贵:《吐蕃与唐朝争夺西域的斗争》,余太山主编:《西域通史》,中州古籍出版社 1996 年版,第 167 – 171 页。

制度在西域的实施》,张云《新疆出土简牍所见吐蕃职官考略》等〔1〕其中,张云的文章认为:a.吐蕃在西域的职官系统是与其本土的职官紧密相连的,从西域的吐蕃基层职官可以更全面地了解吐蕃职官体系的内部组织结构。b.吐蕃在占领西域后设置了一些新的机构如萨毗茹、军镇、通颊等,同时也增置了一些新的职官,如军镇长官、郎官、节儿等。c.出现在西域的吐蕃职官,既有中央一级如大尚论、内大论等,又有地方一级:茹本或翼长、某地节儿等;既有军事的如大将军、大守备长等,民政的如内大论、悉编掣通等,又有司法官、审判官等,形成一套较为完备的体系。

吐蕃与突厥、回纥的关系,也是吐蕃与西域诸族关系的重要内容之一,樊保良、薛宗正、陆庆夫、陆离、尹伟先等有不少文章专门探讨。其中,陆庆夫、陆离《论吐蕃制度与突厥的关系》一文提出:吐蕃建国后陆续制定的各项制度受到突厥制度的影响很大,吐蕃王朝设立的行政建制"茹",职官"奚本"、"茹本"和"贡论"、"囊论"、"喻寒波"等,都是效法突厥而非仿照唐制;吐蕃实行兵民合一,以十进制编制军队,设千户、万户,制定严刑峻法,犯罪必施以重刑,对盗窃罪按盗窃之物的数倍乃至几十倍追征等,亦源自突厥。〔2〕

笔者的《吐蕃与突厥、回纥关系考述》一文,讨论了吐蕃与突厥、回纥及其他民族的多方关系,指出:在吐蕃攻占河陇及西域的过程中,曾与活动于这一地区的突厥、回纥等西北民族密切交往,双方在政治、经济、文化上相互影响,吸取对方民族的文化精华,客观上有益于各民族的文化交融和中华文化的发展。杨富学《敦煌吐鲁番文献所见吐蕃回

〔1〕杨铭:《新刊西域古藏文写本所见的吐蕃官吏》,《中国藏学》2006年第3期。王欣:《吐蕃驿站制度在西域的实施》,《新疆社会科学》1989年第5期。张云:《吐蕃在西域的部落及其组织制度》,《甘肃民族研究》1992年第2-3期;《吐蕃统治西域的各项制度》,《新疆大学学报》1992年第4期;《新疆出土简牍所见吐蕃职官考略》,《西域研究》1992年第4期。

〔2〕樊保良:《回鹘与吐蕃及西夏在丝路上的关系》,《民族研究》1987年第4期。尹伟先:《840之后回鹘与吐蕃的关系》,《西藏民族学院学报》1992年第2期。薛宗正:《吐蕃、回鹘、葛逻禄的多边关系考述》,《西域研究》2001年第3期;《噶尔家族与附蕃西突厥诸政权——兼论唐与吐蕃间的西域角逐》,《中国边疆史地研究》2002年第4期。陆庆夫、陆离:《论吐蕃制度与突厥的关系》,《兰州大学学报》2005年第4期。

鹘之文化关系》,利用敦煌吐鲁番文献研究吐蕃与回纥的文化关系,探讨了吐蕃与回纥的两次大规模接触事件,敦煌古藏文写卷对吐蕃与回纥文化关系的反映,译自古藏文的回鹘文佛经等。[1]

0.3.3 吐蕃与河西走廊各民族的关系

吐蕃与河西走廊各民族的关系在"安史之乱"之后更加紧密,当时唐朝军队东调平叛,河陇空虚,吐蕃趁势占领原属唐朝管辖的河西地区,先后统治这里近百年,与生活在这里的汉族及其他各民族有着直接的交往和相互影响。

刘进宝、杨作山、李宗俊等学者的文章,讨论了吐蕃进出河西走廊的交通、攻占河西走廊的进程与统治政策。其中,李宗俊讨论了吐蕃进出河西走廊的 9 条通道,如:大斗拔谷道、玉门军道、建康军道等。他认为这些道路自汉代以来就在通行并且十分发达,而吐蕃用之以进攻河西或北通突厥、回纥。杨作山依据汉、藏文文献及敦煌文书,就吐蕃统治河陇时期的民族政策进行了深入探讨,认为吐蕃向周边地区军事扩展的过程,也就是吐蕃向青藏高原以东地区迁徙及与西北诸族相互融合的过程,在吐蕃统治河陇地区的近百年间,吐蕃统治下的各族人民在沿袭原有生活方式的前提下,加速了相互融合的步伐。[2]

王尧、张云、邵文实、黄盛璋、金滢坤等讨论了吐蕃统治河陇的职官设置。其中,王尧、张云等都曾撰文探讨"节儿"(tse rje)的称号和职权范围,认为"节儿"属一城一地的守官,职级大小当视具体条件而定。而笔者认为,在具体的时空条件下,"节儿"相当于吐蕃占领河陇后派驻的州一级官吏,相当于唐朝的州刺史。金滢坤的文章考证了吐蕃"瓜州节度使",认为这是吐蕃占领瓜、沙地区后设置的一种吐蕃域外军政机构,隶属于吐蕃东道节度使,其辖区为瓜、沙二州;该职又是吐蕃

---

〔1〕杨铭:《"大事纪年"中所记突厥与吐蕃关系考实》,《中亚学刊》5,新疆人民出版社 2000年版,第 113 – 121 页;《吐蕃与突厥、回纥关系考述》,《西南民族大学学报》2005 年第 6 期。杨富学:《敦煌吐鲁番文献所见吐蕃回鹘之文化关系》,《首都师范大学学报》2001 年第 1 期。

〔2〕刘进宝:《关于吐蕃经营河西地区的若干问题》,《中国边疆史地研究》1994 年第 1 期。杨作山:《吐蕃统治河陇时期的民族政策》,《宁夏大学学报》2007 年第 6 期。李宗俊:《唐代河西走廊南通吐蕃道考》,《敦煌研究》2007 年第 3 期。

统治敦煌的最高官员,把持着瓜沙地区的军事、政治、经济等各方面的大权,是吐蕃赞普在该地区的最高代言人。[1]

张广达、姜伯勤、谢重光、金滢坤、陆离等,探讨了吐蕃统治敦煌期间采取的包括建立部落组织在内的各项制度与管理措施。陆离的文章在前人研究的基础上,利用敦煌汉、藏文书及传世文献对吐蕃统治敦煌基层兵制进行探讨,认为敦煌的阿骨萨部落由充当作战主力之"射手"(vphongs)和承担杂务并参与作战的"护持"(dgon)两部分组成,这一组合方式与西夏军制"抄"的情况完全相同,它们实际上都来源于吐蕃军队中的"桂"(rgod,武士)、"庸"(gyung,仆役)制度。由此可见,吐蕃占领时期的敦煌基层军制对归义军军制及后世藏族兵制都有重要影响。[2]

周伟洲、荣新江、杨铭、郑炳林、王尚达等研究了吐蕃统治下河西走廊分布的部落或民族,譬如:嗢末、通颊、粟特、南山等。其中,荣新江的《通颊考》利用汉、藏文献,对通颊(mthong khyab)一词的由来、通颊部落的组建与发展及其在归义军时期的活动作了考察,认为通颊是由多种民族身份的人混合组建而成的,其中包括氐、羌、汉、粟特等,吐蕃将这些被征服的民众编为部落,取名"通颊",赋予其瞭望、守境的职能。郑炳林等的文章认为:在吐蕃统治时期,敦煌仍然居住着大量的粟特移民,他们散布于诸部落之中,从事着商业、手工业、农业和畜牧业经济,并在吐蕃瓜州节度衙和敦煌地方政权中担任参军、都督、部落使等各级

〔1〕王尧:《敦煌吐蕃官号"节儿"考》,《西藏文史考信集》,中国藏学出版社 1994 年版,第163－173页。张云:《"节儿"考略》,《民族研究》1992 年第 6 期。邵文实:《沙州节儿考及其引申出来的几个问题》,《西北师大学报》1992 年第 5 期。杨铭:《唐代吐蕃与西域诸族关系研究》,黑龙江教育出版社 2005 年版,第 33 页。金滢坤:《吐蕃统治敦煌时期的部落使考》,《民族研究》1999 年第 2 期;《吐蕃沙州都督考》,《敦煌研究》1999 年第 3 期;《吐蕃节度使考述》,《厦门大学学报》2001 年第 1 期;《吐蕃瓜州节度使初探》,《敦煌研究》2002 年第 2 期。

〔2〕张广达:《吐蕃飞鸟使与吐蕃驿传制度》,《敦煌吐鲁番文献研究论集》,中华书局 1982 年版,第 167－178 页。姜伯勤:《沙州道门亲表部落释证》,《敦煌研究》1986 年第 3 期。杨铭:《吐蕃时期敦煌部落设置考——兼及部落的内部组织》,《西北史地》1987 年第 2 期。谢重光:《吐蕃占领期归义军时期的敦煌僧官制度》,《敦煌研究》1994 年第 4 期。陆离:《吐蕃统治敦煌基层兵制新考》,《中国史研究》2003 年第 4 期;《吐蕃统治河陇时期司法制度初探》,《中国藏学》2006 年第 1 期;《吐蕃统治敦煌的基层组织》,《西藏研究》2006 年第 1 期。

要职,与敦煌汉族大姓通婚,势力足以与索、张等大姓匹敌。[1]

0.4 本课题的结构与研究方法

可以看出,不管是国外还是国内学术界,到目前为止对吐蕃与西北民族关系的研究,还不能说已经画上了一个句号,仅就笔者有限的认识,存在的问题主要表现如下:

(1)以往学术界有关唐代吐蕃与西北民族关系史的研究,尚有一些重要的民族没有涉及或涉及不深,特别是天山南北诸族,譬如鄯善、于阗、突厥、突骑施、回鹘等。由于这些民族自身历史悠久,并且在唐代西北诸族中占有十分重要的地位,他们在吐蕃的对外扩张中,或者一度被吐蕃征服,或者一度曾与吐蕃结成同盟关系,因而开展对吐蕃与这些民族的关系的深入研究是不可或缺的。

(2)学术界以往虽然对吐谷浑、党项、多弥、白兰、通颊、嗢末与吐蕃的关系进行过研究,但这些成果多出现在20世纪80—90年代,在历经20年后又有新的资料问世,譬如新疆新出或新近刊布的汉文、藏文、于阗文、粟特文文书等,其中不乏涉及吐蕃与西北民族的关系史的史料,需要重新加以引用、考证。

(3)更为重要的是,从当前已经问世的成果来看,有关吐蕃与西北民族的政治、经济、文化交往的研究还比较少见,说明这一方面的探讨还比较薄弱,即使偶见这方面的论著,也多是涉及吐蕃与某一西北民族,或吐蕃与西北民族某一方面的交往,缺乏从宏观的角度全方位地研究双方的政治、经济、文化交往及其历史影响的成果。

总之,当前有关唐代吐蕃与西北民族关系史的研究尚待深入,标志就是目前学术界还未出版一本诸如《吐蕃与西北民族关系史》这样的

---

[1]周伟洲:《嗢末考》,《西北历史资料》1980年第2期;《吐蕃对河陇的统治及归义军前期的河西诸族》,《甘肃民族研究》1990年第2期。杨铭:《吐蕃统治下的河陇少数民族》,《西藏民族学院学报》1987年第3期;《通颊考》,《敦煌学辑刊》1987年第2期;《敦煌文书中的Lho bal与南波》,《敦煌研究》1993年第3期;《关于敦煌藏文卷子中Lho Bal的研究》,《西北民族研究》1994年第2期。荣新江:《通颊考》,《文史》33,中华书局1990年版,第119－144页。郑炳林、王尚达:《吐蕃统治下的敦煌粟特人》,《中国藏学》1996年第4期。

专著。目前需要有一部或数部系统研究吐蕃与西北民族关系史的专著问世,这样才能推动这一课题的研究进一步深入。正是基于这么一种状况,笔者才特意提出这一选题,在前人研究的基础上,试图把相关的研究向前推进一步,将本课题撰写成一本专史,故名《唐代吐蕃与西北民族关系史研究》。

第一,本课题的主要内容与篇章结构。

鉴于前人有关的研究缺乏系统性,所以本课题的研究力图弥补这一缺陷。在结构上,本课题分5部分展开:第一部分是绪论,介绍了本课题的研究意义、国内外学术界研究概况、本课题的结构与研究方法;第二部分讨论吐蕃与青藏高原诸民族的关系,包括吐蕃与苏毗的关系,吐蕃与羊同的关系,吐蕃与吐谷浑的关系,吐蕃与党项、白兰、多弥、吐谷浑、勃律的关系。第三部分讨论吐蕃与天山南北诸族的关系,包括吐蕃与突厥、突骑施、沙陀的关系,吐蕃与回纥的关系,吐蕃与鄯善、于阗的关系。第四部分讨论吐蕃与河西走廊诸族的关系,包括吐蕃与通颊、南山、粟特、嗢末的关系,吐蕃与西北汉族主要是与敦煌汉族的关系。第五部分是专论部分,讨论了吐蕃与西北民族之间的政治交流、文化影响、地理交通等,部分西北民族的"吐蕃化"以及对后来藏族形成所产生的作用。

当然,作者并没有按照一般的通史体例来撰写本课题,如果是通史的体裁,就应按照吐蕃与每一个西北民族的关系从何时何地开始,中间经历过哪些重要的事件,出现过哪些重要的人物,双方制定过何种政策或对策,以及这些事件、人物、政策对以后双方关系的走向产生过何种影响,来逐一撰写。显然,要求笔者按照这样的体例,安排出一定的篇章来撰写,出发点虽好但期望值过高。

首先是国内外学术界的研究尚未达到这么一种高度,即学者们已经对唐代吐蕃与西北民族关系的方方面面都作过深入的研究,以至于条件成熟到不费多大工夫就能撰写一部系统的吐蕃与西北民族关系史。第二,从笔者的阅历与学识来看,显然以个人之力尚不能胜任这一使命。因而,本课题虽然列出了吐蕃与主要西北民族关系的篇章,但系

19

于其下的只能是通论与专论的结合。换句话说，就是笔者在已有研究的基础上，讨论了涉及吐蕃与主要西北民族之间关系的一些重要专题，并结合必要的历史背景、基础知识，试图构建一个专史的框架，方便读者对唐代吐蕃与西北民族的关系史有一个比较整体的了解。

第二，本课题的研究方法。

首先，注意引用新近刊布出版的各种文献资料。

古藏文方面，除以前王尧、陈践等翻译出版的一部分以外，本课题尽可能地引用了新近出版的《法国国家图书馆藏敦煌藏文文献》（上海古籍出版社影印版 1－7 卷），同时还从《英国图书馆藏斯坦因收集品中的新疆出土古藏文写本》中挑选出一部分以前中外学者从未翻译、引用过的古藏文写本，如借契、买卖契约、书信等，与研究古藏文文献的专家合作，进行翻译和注释，并将这些新翻译的史料引用于本课题中。至于近年见于《敦煌吐鲁番研究》、《西域文史》、《西域研究》上的研究文章或刊布的汉文、于阗文等新资料，笔者也注意加以吸收。

其次，微观研究与宏观研究相结合。

笔者提倡在研究吐蕃与西北民族关系时，全面搜集各方面资料，除了汉文文献资料以外，应当充分注意敦煌、新疆出土的汉、藏、于阗、粟特文文献的有关内容，并将这些文献资料融会贯通，加以研究，避免出现因遗漏某一文献记载而出现论据不全或观点片面的情况。同时，本课题注重微观研究与宏观研究相结合，力图从各方面深化有关的研究。宏观研究方面，本课题设立了"专论"部分，探讨吐蕃与西北民族的交往对促进双方社会、经济文化的发展，乃至对后来藏族的形成起到的作用。同时重视某些专题的考证，譬如对"嗢末"、"南山"的藏文对音问题的探讨。总之，笔者在专题考证的基础上，注重综合研究，以图全面把握唐代吐蕃与西北民族关系的历史进程及其历史意义。

再次，加强政治、经济、文化交流与地理交通的研究。

针对目前存在的问题，本课题加强了研究吐蕃与西北民族的政治、经济、文化交往的篇幅和内容，用较多的篇幅探讨了吐蕃与西北诸族的政治联姻，双方在语言和文字、艺术、宗教等方面的交流。同时还设置了两章,讨论吐蕃与于阗、吐蕃与勃律的交通路线,力图构拟出当年吐蕃与于阗、勃律交往的立体画面。

最后,引用社会科学与人文学科的新理论、新方法。

本课题在前人研究成果的基础上,运用马克思主义辩证唯物主义和历史唯物主义的观点、方法,系统、全面地收集和分析有关的汉、藏史料,建构吐蕃与西北各民族关系的历史,揭示吐蕃统治西北时期与各民族相互融合、文化交流的历史作用。与此同时,采用社会科学与人文学科的新理论、新方法,诸如人类社会学的族群认同考察,以及历史社会学的社会结构及群体关系方法等,深化了本项目主题的讨论。

当然,从事本课题的研究,无疑要面临巨大的困难。首先,吐蕃统治西北时期,中原与之交通和沟通的渠道几近闭塞,汉文史籍对吐蕃与西北各族的关系不可能有详细的记载,敦煌、新疆发现的汉、藏及其他语种的文献,虽然弥足珍贵,但毕竟涉及社会历史的内容有限,这为探讨吐蕃与西北诸族的关系史带来了不少困难。其次,唐代的西北民族数量众多,流动性大,相互关系复杂,因此吐蕃与他们的交往关系与交往方式呈现出丰富性、分散性和复杂性的特点。在时隔1000多年后的今天,任何人来重新建构这种历史关系,要做到面面俱到几乎是不可能的,因此本课题不可能一劳永逸地解决唐代吐蕃与西北民族的关系中的所有问题,而只是朝着解决部分问题、还原部分历史真实的方向,迈出了一小步。

第一编　吐蕃与青藏高原各民族的关系

青藏高原在中国西南部，包括西藏自治区和青海省的全部、四川省西部、新疆维吾尔自治区南部，以及甘肃、云南的一部分。面积 240 万平方公里，平均海拔 4000～5000 米，是世界上最高的高原，有『世界屋脊』之称。高原周围大山环绕，南有喜马拉雅山，北有昆仑山和祁连山，西为喀喇昆仑山，东为横断山脉；高原内还有唐古拉山、冈底斯山、念青唐古拉山等。这些山脉海拔大多超过 6000 米，喜马拉雅山不少山峰超过 8000 米。高原内部被山脉分隔成许多盆地、宽谷。湖泊众多，青海湖、纳木错湖等都是内陆咸水湖。青藏高原是亚洲许多大河的发源地，长江、黄河、澜沧江（下游为湄公河）、怒江（下游称萨尔温江）、森格藏布河（印度河）、雅鲁藏布江（下游称布拉马普得拉河）以及塔里木河等都发源于此。

唐朝初年吐蕃王朝建立以前，青藏高原上分布着众多的民族或部落，有吐蕃、羊同、苏毗、白兰、多弥、党项、吐谷浑等，他们都是内政独立自主、对外凭借实力交往的小王国。[1] 这种状况，唐代汉文文献亦有记载。唐初道宣所撰《释迦方志·遗迹篇》第四说，从青海湖出发，『海西南至吐谷浑衙帐。又西南至国界，名白兰羌，北界至积鱼城，西北至多弥国。又西南至苏毗国，又西南至敢国。又南少东至吐蕃国，又西南至小羊同国』[2]。

[1] 林冠群：《唐代吐蕃史论集》，中国藏学出版社 2006 年版，第 3—8 页。

[2] 范祥雍点校本，中华书局 1983 年版，第 14 页。

可见，唐朝初年的羊同、苏毗、白兰、多弥等，尚未被吐蕃征服，是与吐蕃悉补野相并立的部落集团。但也正是从唐初开始，吐蕃统一了今西藏山南与拉萨河谷一带的部落，建立起强大的政权，迅速向青藏高原的四周发展，开始了征服羊同、苏毗、白兰、多弥、党项、吐谷浑等族的进程。

与此同时，吐蕃还向唐朝陇右道管辖的青藏高原东北范围进军，其中重要的年份有：高宗上元三年（676）进攻鄯、廓、河、芳、叠5州，后二年（678）败唐中书令李敬玄等于青海；永淳元年（682）攻鄯州之河源军，又二年再攻河源军；景龙四年（710）因金城公主入蕃事得河西九曲之地；开元二年（714）攻洮州、兰州、渭州、武州；之后唐军加以反击，王知运于开元五年（717）破吐蕃于九曲。开元十五年（727）王君㚟破吐蕃于青海之西；开元十七年（729）信安王祎拔吐蕃石堡城；开元二十五年（737）崔希逸破吐蕃于青海。开元二十七年（739）吐蕃攻鄯州白水、安人军；又二年攻承风堡、河源军，陷石堡城，又袭廓州。唐天宝十四载（755）『安史之乱』爆发以后，吐蕃方尽占陇右各州。

以下分别考述吐蕃与青藏高原各民族的关系。

1　吐蕃与羊同

　　羊同是较早被吐蕃征服的西部少数民族之一。汉文"羊同"又作"杨同"或"杨童",有大小"羊同"之分。汉文文献最早记载羊同国史地者为《通典·边防》,其"大羊同国"条曰:"东接吐蕃,西接小羊同国,北直于阗,东西千里,胜兵八九万,辫发毡裘,畜牧为业,地多风雪,冰厚丈余,物产与吐蕃同。……其王姓姜葛,有四大臣分掌国事,自古未通中国。"《唐会要》、《太平寰宇记》亦有《大羊同国》的记载,但多抄自《通典》,只是多出一段文字:"贞观五年(631)十二月,朝贡使至。十五年,闻中国威仪之盛,乃遣使朝贡,太宗嘉其远来,以礼答慰焉。至贞观末,为吐蕃所灭,分其部众,散至隙地。"从这条材料还可以看出,唐初的羊同尚未完全被吐蕃征服,能独立地派出使节来朝。

1.1　羊同的名称与地理位置

　　关于汉文文献中"羊同"的藏文对音,在 20 世纪,学者们有一个逐渐认识的过程。

　　托马斯认为是 byang tang"羌塘",杜奇认为这一说法在音韵上不能成立。伯希和指出:若从音韵方面讲,与羊同对应的藏文可能是 g-yang gdong"有吉兆的脸",或者是 yangs gdong"宽阔的脸",但又称限于自己所知,这样的名称不能证明确实存在。山口瑞凤认为羊同对应西藏西部的 ya stod。佐藤长先认为羊同是 myang ro"娘若"的对音,后又

·欧·亚·历·史·文·化·文·库·

25

认为是藏文 zhang zhung "象雄" 的汉文名字。[1] 现在,认为汉文"羊同"与藏文 zhang zhung 有对应关系,已基本成为学术界的共识,无多大争论。[2]

不过,"羊同"或 zhang zhung 还有一个别称,就是"苏伐剌拏瞿咀罗",又称"东女国"。《释迦方志》说:"有苏伐剌拏瞿咀罗国(言金氏也),出上黄金。东西地长,即东女国,非印度摄,又即名大羊同国,东接吐蕃,西接三波诃,北接于阗。其国世以女为王,夫亦为王,不知国政。男夫征伐种田而已。"[3]《大唐西域记》"婆罗吸摩补罗国"也记载:"此国境北大雪山中,有苏伐剌拏瞿咀罗国(原注:唐言金氏),出上黄金,故以名焉。东西长,南北狭,即东女国也。世以女为王,因以女称国。……东接吐蕃国,北接于阗国,西接三波诃国。"[4]可见,大羊同、苏伐剌拏瞿咀罗、东女国这 3 个名称,确指一国。此外,因为史家记载的混乱,原本是指大羊同的"东女国",时与位于汉藏之间的"东女国"混称而引起今人困惑,在此需要指出。

其次,讨论羊同国的地理位置。由于汉、藏文献《通典》、《旧唐书》、《新唐书》及《敦煌本吐蕃历史文书·大事纪年》等关于羊同(象雄)虽然均有记叙,但就其位置却说法不一,因而导致中外学术界争论不止,大致有羊同位于吐蕃西北说,东北说,西南说,或早期与晚期不同说。以下,将 20 世纪初以来国内外学者中比较有代表性的观点概述如下:

---

〔1〕F. W. Thomas, *Ancient Literature from North -Eastern Tibet*, Abhandlungen des deutsche Akademie der Wissenschaften zu Berlin ,1957,p. 8. Giuseppe Tucci, *Preliminary Report on Two Scientific Expeditions in Nepal*, Rome,1956,p. 104. Paul Plliot, Notes on Marco Polo, Paris Ⅱ ,1959—1963, p. 707. 山口瑞凤:《苏毗の领界——rTsang yul Yan Lag gsum pavi ru-》,《东洋学报》第 50 卷 4 号,昭和四十三年,第 13 – 14 页;《吐蕃の国号と羊同の位置》,《东洋学报》第 58 卷 3、4 号,1977 年,第 90 页。佐藤长:《チベット历史地理研究》,岩波书店,昭和五十三年版,第 171 页;佐藤长著,刘韶军译:《关于羊同国的位置》,《日本学者研究中国史论著选译》(九),中华书局 1993 年版,第 274 页。

〔2〕张云:《上古波斯与西藏文明》,中国藏学出版社 2005 年版,第 85 – 86 页。基于此,本书在论述吐蕃与象雄的关系及在相关文字中提到象雄时,只要不是引文或他人观点的地方,笔者多以"羊同"代替"象雄",以图保持全书叙述风格的一致性。

〔3〕道宣著,范祥雍点校《释迦方志》,中华书局 1983 年版,第 14、15、37 页。

〔4〕季羡林等:《大唐西域记校注》,中华书局 1985 年版,第 408 页。

（1）伯希和（P Pelliot）认为，因为刘元鼎的《入蕃行纪》中说，黄河源头的闷摩黎山地区"直大羊同国"[1]，故《释迦方志》中小羊同国位于吐蕃西南是明显的错误，而且认为小羊同在多弥与苏毗之间，面向黄河之源的看法，以及《通典》所说小羊同在大羊同之西，都是错误的。小羊同或如《释迦方志》所说在拉萨之南。不管怎样，如果吐蕃的国境尚在南方，则小羊同为吐蕃属国的事实便能说明之。但是，关于大羊同没有问题，它面向黄河之源而存在，至少是与苏毗接壤的。若小羊同位于南方，则《慧超传》记载的杨同（等于羊同）指的只能是大羊同。[2]

（2）杜奇（G Tocci）在《尼泊尔的两次科学考察的初步报告》中，广泛地论及了象雄的问题，他说："我认为象雄与梵语文献中的苏伐刺拏补弥（suvarṇabhūmi）或苏伐刺拏瞿咀罗（suvarṇagotra）是一致的"；又说："或者象雄包括羊同国，或者象雄是羊同国的一部分"。总之，他认为敦煌文书中的象雄的地理位置，与后来文献上所记载的阿里三围之一，即尼玛衮第三子的领土象雄是等同的。他进一步推测，西藏西部和西南部的上象雄、下象雄，就是象雄本部，而在西藏以北和东北的，是一个新征服的地区。他说："在吐蕃帝国建立之前，象雄是一个大国（或宁可称为部落联盟？），但当吐蕃帝国开始向外扩张时，他便注定地屈服了。象雄与印度喜马拉雅接界，很可能控制了拉达克，向西延伸到巴尔提斯坦及和阗，并且把势力扩展到羌塘高原。总之，象雄包括了西藏的西部、北部和东北部。当它受到吐蕃新兴力量的统治时，他们的南部各地笼统地被印度称为 suvarṇabhūmi（strirajya）。"[3]

（3）张琨因传统所说的羊同方位与早期唐、蕃古史记载不合，因而提出早晚两期位置不同说。他认为：历史地理的学者们已习惯于把早期文献中的地名，同具有同一相似的现代地名等同起来；但他们不应该疏忽，即由于迁徙的原因，许多地名会从一个位置转到另一位置的可能

[2] 转见自佐藤长著，刘韶军译：《关于羊同国的位置》，《日本学者研究中国史论著选译》（九），中华书局1993年版，第264页。

[3]Giuseppe Tucci, *Preliminary Report on Two Scientific Expeditions in Nepal*, Rome ,1956, pp. 92－105. 译文引见自张琨著，玉文华译：《论象雄》，《西藏研究》1982年第1期，第110页。

性。他指出,在早期藏文文献中,象雄(包括古格)连同玛域和桑噶尔似乎已经定位于西藏以北和东北,但在后期的文献中,玛域、象雄、古格、桑噶尔被称为阿里的几个部分,都在西藏以西和西南。所以,他提出了这样一种假设:早期象雄在西藏以北和东北,晚期则在西藏以西和西南,原因是由于9世纪中叶发生了迁徙,这些地名也从西藏以北和东北被移转到西藏以西和西南。[1]

(4)斯巴尼安(A. Spanien)根据敦煌吐蕃历史文书中,有关松赞干布之妹赞蒙赛玛噶往象雄王帐做李迷夏(lig myi rhya)之妃而与之不和后,赞普"发兵攻象雄之王,统其国政,象雄王李迷夏失国,象雄一切部众咸归于辖下,收为编氓"这一记载,认为以上资料毫不含糊地证明,当时象雄国的首府就是琼垅(Khyung lung),即在距玛法木错湖不远处建立起来的堡寨。此名现在写作 ma phan,其梵文名称叫做 mansoravar。大家知道,这一地区位于吐蕃与琼垅以西,杜齐在西藏西部的一次考察中曾参观过那里,并且在其《圣人与土匪》一文第130–137页中进行了描述。[2]

(5)佐藤长认为:gtsan 就是羊同,gtsan 之中流入藏布江南岸的 nyang chu 河,又作 myang ro。此词为吐谷浑语,发音为"羊同"(iang d'ung),有时又写为"年同"(nien d'ung)。同时,根据《通典》的记述,羊同就是大羊同,其中心位置在今天的江孜,也就是 rgyal mkhar rtse。大羊同的王姓"姜葛"就相当于 rgyal mkhar。后来他又认为:①大羊同即以古格为中心的低地部象雄;②小羊同最初在曼喀尔、拉孜到马攸木山口一带,但后被包含于吐蕃的支翼中而被消灭,在赤松德赞以前概指高地部象雄。[3]

(6)山口瑞凤认为:《通典》"大羊同国,东接吐蕃,西接小羊同国,北直于阗,东西千里,胜兵八九万",把在西边控制了三波诃的"大羊

〔1〕张琨著,玉文华译:《论象雄》,《西藏研究》1982年第1期,第103–114页。
〔2〕A.麦克唐纳著,耿昇译,王尧校:《敦煌吐蕃历史文书考释》,青海人民出版社1991年版,第97页。
〔3〕佐藤长著,刘韶军译:《关于羊同国的位置》,《日本学者研究中国史论著选译》(九),第287页。

同",置于了"小羊同"的东边,如果《释迦方志》所记苏伐剌拏瞿呾罗"即东女国,非印度摄,又即名大羊同国,东接吐蕃,西接三波诃,北接于阗"的说法不误,则应改为"南接小羊同国"。他还认为,《释迦方志》中的小羊同相当于《通典》中的大羊同,根据吐蕃的军制,应为低地部象雄之处具体的地点。总之,"小羊同"在今印度河河源一带,而"大羊同"则到了今印控克什米尔列城的东面。[1]

(7)周伟洲认为,《释迦方志》"有苏伐剌拏瞿呾罗国(言金氏也),出上黄金。东西地长,即东女国,非印度摄,又即名大羊同国,东接吐蕃,西接三波诃,北接于阗"的记载是可信的。而且,象雄(包括大小羊同)是在唐贞观末为吐蕃所并,这在《敦煌本吐蕃历史文书》中记载甚明。同苏毗一样,早在松赞干布父囊日伦赞时,象雄就附属吐蕃,为其外戚。松赞干布即位后,象雄复叛,一直到唐文成公主入藏。后松赞干布灭李聂秀(象雄王),将一切象雄部落均收归治下,列为编氓。也就在这之后,唐代史籍再未见有大羊同和女国朝贡之记载。此可证女国即大羊同国。[2]

(8)霍巍认为,新出土的《大唐天竺使出铭》第 13 行"……季夏五月届于小杨童之西(下残)"之"小杨童",即为《通典》等史籍所载的"小羊同"的同音异写。《使出铭》有明确的发现地点——吉隆。那么,这无疑是提出了一个确定方位的坐标。《使出铭》称王玄策使团是"届于小杨童(小羊同)之西",也就意味着以吉隆为中心的宗喀——呾仓法,已位于小羊同之西;换言之,小杨童(小羊同)的大体位置,应当是在吉隆以东。吉隆,现为西藏日喀则地区西部的一县,其东,亦即西藏中部偏西的 gtsang 地方,约当今日喀则市的江孜一带。这一带,应当即为小羊同的地望。如果将小羊同的位置如上所述确定在西藏中部偏西,以上述判断为基础,大羊同(羊同)的位置根据《通典》的记载也可以加以比定,"大羊同东接吐蕃,西接小羊同",似乎可以考虑改为"大

---

[1]山口瑞凤:《吐蕃の国号と羊同の位置》,第 89 页;《吐蕃王国成立史研究》,岩波书店 1981 年版;《西藏》,东京大学出版会 1988 年版,下册附图。

[2]周伟洲:《苏毗与女国》,《大陆杂志》1996 年第 92 卷第 4 期。

29

欧·亚·历·史·文·化·文·库·

羊同东接吐蕃,南接小羊同"。也就是将佐藤长所认定的原来"羊同"的地望(西藏中部偏西的 gtsang 地方,即今日喀则江孜一带)改换为小羊同的地望,而将羊同的位置放在小羊同的以北及以西来考虑[1]。

(9)黄盛璋认为,按大羊同国"东西千里"计,应横亘于吐蕃国即拉萨之北,西北就是于阗,大、小羊同原当为一,而后分为二,则大羊同之西应与小羊同国相接,这就和《使出铭》提供小羊同国的方位,正相衔接。根据文献记载,吐蕃于 644 年间灭羊同后,"分其部众,散之隙地",大羊同早在 650—654 年间就已迁到阿里地区。小羊同稍晚,但相差也不能太远,因为新出土的《大唐天竺使出铭》第 13 行"……季夏五月届于小杨童之西(下残)"等文字表明,显庆四年(659)五月王玄策第三次出使路经小羊同时,该国仍和第一次出使时一样,在原处未动,但至少在杜佑编成《通典》前,亦已西移于大羊同西。《通典》所记大小羊同位置已和西藏史传统说法一样,后者全在《通典》之后,所以其记载基本与《通典》相同[2]。

(10)张云认为:由于《大唐天竺使出铭》的发现,参照唐代高僧的记载,不难对小羊同国的位置加以确定。《释迦方志》所记唐蕃古道经过多弥、苏毗、敢国、吐蕃国,"又西南至小羊同国。又西南度咀仓去(法)关,吐蕃南界也"[3]。"吐蕃国"自然可以被理解为今西藏拉萨,而咀仓法关如前所述,即吉隆县宗嘎,元代称作"答仓宗嘎",清代称作"宗喀",地在县城南部。碑铭中也记载这个"小杨童",二者互证,可以把"小羊同国"确定在今日喀则地区。大羊同国在小羊同国以北以西地区,也即今阿里地区。强盛时或地域十分辽阔,如史书所说:"东接吐蕃,西(南)接小羊同,北直(值)于阗,东西千里,胜兵八九万。"[4]其核心约在今西藏阿里古格一带,往西控制拉达克、巴尔提斯坦等广阔地区。而藏文史书对象雄(羊同)地理位置的记载与汉文文献基本一致:

---

〔1〕霍巍:《大唐天竺使出铭及其相关问题的研究》,《东方学报》1994 年 3 月,第 66 册。

〔2〕黄盛璋:《西藏吉隆县新发现〈大唐天竺使出铭〉主要问题考辨》,《故宫学术季刊》1998 年第 15 卷第 4 期。

〔3〕道宣著,范祥雍点校:《释迦方志》,第 14 - 17 页。

〔4〕《通典》卷 190《边防》。

它位于吐蕃本部西北部,也即今西藏自治区阿里地区,它的西部与中亚地区相接。藏史还表明,上象雄地区业已位于今克什米尔地区。这些地区,在上古时代曾与波斯帝国相接,甚至直接在其政治势力的影响之下。此外,了解象雄的地理位置,不能忽视藏文苯教文献的记载。苯教文献中的象雄范围很大,里象雄直接包括了波斯、阿富汗东北的巴达克和乌兹别克斯坦共和国南部的布哈拉,而外象雄也包括了孙波(苏毗)。但它的本部和中心(中象雄)依然在阿里的森格藏布(狮泉河)和朗钦藏布(象泉河)两河流域。十分重要的是,苯教文献进一步确认了中象雄作为该王国本部的地位,并且指出,在冈底斯以西一日路程的琼垅是其首都,它就是今西藏阿里地区札达县和普兰县之间的炯隆(曲龙地方)。[1]

综上可见,在《大唐天竺使出铭》出土以前,国内外学者各持所据进行研究,得出关于羊同国地理位置主要有一东一西两种截然不同的主要观点:大体上第一种意见将其比定在西藏中部偏西的藏(gtsang)地方,即今西藏自治区的日喀则到江孜一带;第二种意见将羊同与西藏古文献中所出现的象雄(zhang zhung)相等同,即从藏(gtsang)至古格(gu ge)、拉达克(ladakh)一带,几乎包括整个西藏西部在内。前者以日本学者佐藤长为代表,后者包括意大利学者杜齐(Tucci)、日本学者山口瑞凤等人。

《大唐天竺使出铭》出土以后,由于中国学者得先睹之便,率先对其进行考证,指出小羊同的地理位置在约当今日喀则至江孜一带,已成定论,这与佐藤长说羊同的“中心位置在今天的江孜,也就是 rgyal mkhar rts”略同。唯大羊同之地望仍众说纷纭,因为佐藤长称“羊同就是大羊同”,又与上引不同;有说将大羊同的位置放在小羊同的以北及以西来加考虑;也有说大羊同应在小羊同之东,两羊同国原当为一,而后一分为二,644 年吐蕃灭羊同后,先后被迁到今阿里地区。

笔者认为,大羊同的地望当以《释迦方志》所载可靠,其曰小羊同国在吐蕃国西南,正与《大唐天竺使出铭》记载的相同;又说大羊同国

---

〔1〕张云:《上古波斯与西藏文明》,中国藏学出版社 2005 年版,第 85 – 86 页。

东接吐蕃,可见两者之间无他国,而小羊同国当在其东南,故以大羊同在小羊同西北为妥。这种格局大概到了 8 世纪中叶以后起了变化,由于吐蕃的扩展,小羊同被迁到了大羊同之西,也就是《通典·边防》记载的情况。

表 1-1　汉藏文献所载大、小羊同国地望一览表

文献名称	以吐蕃为出发点			
	大羊同西	吐蕃西	吐蕃西南	本土
《大唐天竺使出铭》（659 年）			小杨童	吐蕃
《释迦方志》（667 年）	三波河	大羊同	小羊同	吐蕃
《往五天竺国传》（727 年）	大勃律国	杨同国	娑播慈国	吐蕃
《通典·边防》（766—801 年）	小羊同国	大羊同国		吐蕃
《五部遗教》（11—13 世纪）		象雄（玛法木错）		吐蕃
《贤者喜宴》（1564 年）	突厥	象雄		吐蕃 珞、门
《拉达克王统记》（1635 年）			象雄	吐蕃 珞巴

1.2　7—9 世纪吐蕃与羊同的关系

吐蕃征服前的羊同,据《敦煌本吐蕃历史文书》"小邦邦伯家臣及赞普世系"（rgyal phran dang rgyal rabs rim byung gi ming）记载:"象雄阿尔巴之王（zhang zhung dar pa vi rjo bo）为李聂秀（lig snya shur）,家臣为

琼保·若桑杰（khyung po ra sangs rje）与东弄木玛孜（stong lom ma tse）。"[1]

吐蕃对羊同的经略，始于达日年塞赞普之时，时间大概是6世纪后半叶。藏文史书《贤者喜宴》记载，其时"三分之二的小邦均纳入（吐蕃）统治之下。本巴王、吐谷浑王、昌格王、森巴王及象雄王（zhang zhung rje）等均被征服"[2]。但是到松赞干布之父囊日伦赞后期，由于吐蕃政权内部不稳定，被征服的羊同、达布等属部相继反叛，囊日伦赞被旧臣毒死。松赞干布执政后，一方面与羊同联姻结好，一方面又公开交兵征战，重新与羊同结成联盟，以和亲的手段达到互不侵犯之目的。结合其他文献的记载来看，吐蕃与羊同联姻的时间应在贞观初年，即7世纪的30—40年代。具体说来，伯戴克认为634—635年是羊同首度承认吐蕃为其宗主国的时间，表明当时的羊同已经为吐蕃所控制；[3]而斯巴尼安在她的研究中用大量篇幅对松赞干布征服象雄的时间进行了深入细致的考证，确证了所谓象雄国王"李迷夏"与李聂秀同属一人，松赞干布征服象雄的时间在643—644年。[4] 毫无疑问，后一种观点与汉文文献记载的贞观十五年（641）羊同尚遣使向唐朝贡的史实更为接近。

汉文文献记载唐初的羊同时说：贞观十二年（638），松赞干布因怀疑吐谷浑离间唐蕃之间联姻之事，"率羊同共击吐谷浑，吐谷浑不能亢，走青海之阴，尽取其赀畜"[5]。但此时的羊同并未完全臣服吐蕃，因为贞观十五年（641），羊同"闻中国威仪之盛，乃遣使朝贡，太宗嘉其

---

〔1〕王尧、陈践译注：《敦煌本吐蕃历史文书》，民族出版社1992年增订版，第141、173页。

〔2〕巴卧·祖拉陈瓦：《贤者喜宴》，民族出版社1986年版，第170页；黄颢：《〈贤者喜宴〉摘译（一）》，《西藏民族学院学报》1980年第4期，第38页。

〔3〕L. Petech, The Kingdom of Ladakh c. 950—1842 A. D., Istituto Italiano per il media ed Estremo Oriente, Roma, 1977, p. 9. 张琨认为，吐蕃通过与象雄联姻而灭之的时间为630年，但这种观点与汉文文献记载的贞观十五年（641）羊同尚遣使向唐朝贡的史实不符，故未采。见 Chang Kun（张琨），"An Analysis of The Tun-huang Tibetan Annals", Journal of Oriental Studies V. 5 (1959—1960), pp. 142 - 143.

〔4〕参见麦克唐纳著，耿昇译：《敦煌吐蕃历史文书考释》，第156 - 157页、65页以下、74页以下、81页以下、93页以下、97 - 109页、116页以下、130 - 132页、154页以下。

〔5〕《新唐书》卷216《吐蕃传》。

远来,以礼答慰焉"[1]。《册府元龟·外臣部》甚至详细记载了羊同这次出使的时间和贡献的特产,其曰:贞观十五年(641)十一月甲午,"大羊同国并遣使贡方物"。到贞观末年羊同便完全被吐蕃吞并了,《唐会要·大羊同国》曰:"至贞观末,为吐蕃所灭,分其部众,散至隙地。"《敦煌本吐蕃历史文书·大事纪年》说:644 年"赤松德赞赞普之世,灭李聂秀(lig snya shur),将一切象雄部落均收于统治下,列为编氓"。

其后,吐蕃与羊同的关系在《敦煌本吐蕃历史文书·大事纪年》与汉文史籍中有一系列的记载:

653 年,吐蕃与热桑杰之论[2]仁大夏行土地大宗交换,布金赞·玛穷任象雄之"岸奔"。

662 年,"大论东赞于吐货尔(dugul)地方征集象雄之供亿"。这一条记载十分重要,被认为是吐蕃征服羊同后制度化管理的开始。[3]

咸亨元年(670),吐蕃灭吐谷浑后,汉文史料记载:"时吐蕃尽收羊同、党项及诸羌之地,东与凉、松、茂、巂等州相接,南至婆罗门,西又攻陷龟兹、疏勒等四镇,北抵突厥。"藏文史籍《贤者喜宴》的记载也说"东方之咱米(rza mi,即"党项")、兴米(zhing mi),南方之珞(klo)与门(mon),西方之象雄与突厥(gru gu),北方之霍尔(hor)及回纥(yu gur)等均被收为属民"[4]。

671 年,赞普芒松芒赞之妹"赞蒙聂媚登"(btsan mo snya mo stengs)嫁给"聂秀绷野究"(snya shur spungs rye rgyug)为妻,吐蕃加强

---

〔1〕《唐会要》卷99《大羊同国》。

〔2〕ra sang rje,陈庆英等译"热桑杰",王尧等译"罗桑支"或"若桑支",林冠群译"拉桑杰";ra sang rjevi blon,王尧译"拉桑杰之论",林冠群译"拉桑杰之家臣"。此从陈庆英等人的译名。

〔3〕L. Petech, The Kingdom of Ladakh c. 950 –1842 A. D., Istituto Italiano per il media ed Estremo Oriente, Roma, 1977, p. 9.

〔4〕巴卧·祖拉陈瓦:《贤者喜宴》,第 193 页;黄颢:《〈贤者喜宴〉摘译(三)》,《西藏民族学院学报》1981 年第 2 期,第 17 页。

了对羊同的控制。[1]

675 年，"大论赞聂于欣木之孤兰（gu ran），征象雄之大料集"。

676 年冬，赞普芒松芒赞薨于"仓邦那"，次年"象雄叛"。

678 年，赞普父王遵骸隐匿不报，隆冬于"邓"集会议盟，热桑杰"（聂秀）绷野究"（spung rye ryung）与裂变麹·赤聂翥松二人获罪。赞普驻于辗噶尔。为父王发丧。是为一年。

调露元年（679）"二月，壬戌，吐蕃赞普卒，子器弩悉弄立，生八年矣。时器弩悉弄与其舅麹萨若诣羊同发兵"[2]。

680 年，赞普驻于辗噶尔。论钦陵急集各翼军旅，清查麹氏与热桑杰之财产。

进入 8 世纪，羊同的王族与部落基本上已经与吐蕃融合，所以不管是藏文或汉文史料的记载都开始稀少下来，见于《大事纪年》的仅有：

719 年，"征集象雄和玛儿（mar）之青壮兵丁"。

724 年，"于巴农之曲工（chos gong），由论·达古日则布集会征集羊同国大料集"[3]。

8 世纪初，慧超《往五天竺国传》记载其从西域返回时，得知"又迦叶弥罗国东北，隔山十五日程，即是大勃律国、杨同国、娑播慈国，此三国并属吐蕃所管。衣着言音人风并别，著皮裘氈衫靴袴等也。地狭小，山川极险。亦有寺有僧，敬信三宝。若是以东吐蕃，总无寺舍，不识佛法，当土是胡，所以信也"[4]。其中的"杨同国"便是羊同。慧超之在勃律，约当唐玄宗开元十五年（727），可知 8 世纪之初，羊同已经完全

〔1〕恰白·次旦平措等认为，"聂秀绷野究"就是《大事纪年》653 年提到的热桑杰的小邦王，热桑杰可能是象雄属地，见《西藏通史——松石宝串》，第 112 页。而林冠群认为，热桑杰应是吐蕃灭羊同后，另立李氏家臣穷波·热桑杰（khyung po ra sang rje）的名字。因《大事纪年》于 653 年记载了"热桑杰之家臣"（ra sang rjevi blon），按，ra sang rje 名字之中具有"rje"之王衔，且拥有家臣（blon）。至 677 年，羊同叛，678 年热桑杰即遭罪谴，可能是因主导叛变，或未尽抚平羊同之责，而被剥夺了王位，两年后被清查财产。见《唐代吐蕃史论集》，第 12 – 13 页。

〔2〕《资治通鉴》卷 202。

〔3〕王尧、陈践译注：《敦煌本吐蕃历史文书》，第 152 页。按伯戴克的观点，719 年吐蕃在羊同进行了一次人口普查，724 年吐蕃重新组织了对羊同的管理体系，见：L. Petech, *The Kingdom of Ladakh c.* 950 – 1842 *A. D.*, Istituto Italiano per il media ed Estremo Oriente, Roma, 1977, p. 9.

〔4〕张毅：《往五天竺国传笺释》，中华书局 1994 年版，第 64 页。

·欧·亚·历·史·文·化·文·库·

被吐蕃所征服。[1]

　　吐蕃征服羊同后,将其军事力量编入吐蕃 5 茹(ru)、61 东岱(stong sde)的军事制度中。[2] 据《贤者喜宴》记载,"上象雄五东岱"处于吐蕃与突厥(dru gu)之边界处,具体名称是"窝角(vo jo)、芒玛(mang ma)两部,聂玛(gnye ma)、杂摩(za mo)两部,和一个小东岱巴噶(ba ga)";"下象雄五东岱"处于吐蕃与苏毗之边界处,"古格(gug ge)、角拉(jog la)两部,吉藏(spyi gzang)、雅藏(yar gzang)两部,和一个小东岱刺迪(ji di)","以上总为象雄十东岱"。[3]

　　所谓的"吐蕃与突厥(dru gu)之边界处"与"吐蕃与苏毗之边界处"大致是在什么地方呢? 只要弄清楚了这些地理概念,便能基本了解当时羊同的千户所处的地理位置。唐代苏毗的地理位置,在今金沙江上游通天河以西,跨唐古拉山之地,西至今青海索曲北源上流,其北与吐谷浑相邻,河(黄河)北吐谷浑,河南即苏毗。而唐代突厥主要活动在今新疆、内蒙古及其以北的地区,但由于青藏高原与蒙古高原之间尚隔着河西走廊,所以我们理解的所谓"吐蕃与突厥(dru gu)之边界处",主要是指今新疆及中亚地区。这样,能够满足"与突厥(dru gu)之边界处"和"与苏毗之边界处"这两个地理条件的,看来就是指今天拉萨以西的阿里地区了,这正好也就是羊同传统的势力范围。

　　而拉萨以西与阿里之间的这片区域,在唐代吐蕃时属于 5 茹之中茹拉的范围,据《贤者喜宴》记载,其地理范围是:"东至强木尼扎(vjam ni bkra),南至泥婆罗之朗纳(bal po glang sna),西至拉金雅弥(la kem gyag mig),北至切玛拉温(bye ma la sngon),以柴之土巴纳(brad kyi dur pa sna)为中心,以上为茹拉(ru lag)。"按黄颢的解释,其总的范围在后藏与阿里接壤的南部地区,茹拉于晚近又称为 gyon ru(左茹),这两个

----

〔1〕张星烺注《往五天竺国传》此段文字说:"慧超之在勃律,约当唐玄宗开元十五年。"《中西交通史料汇编》第 4 册,中华书局 1978 年版,第 130－131 页。

〔2〕5 茹(ru)、61 东岱(stong sde),意为"5 翼、61 千户"。由于引文或转述他人考论的原因,本书在行文中并没有把所有 stong sde 均译为千户,有些地方以"部落"对译之。以下同,不赘述。

〔3〕巴卧·祖拉陈瓦:《贤者喜宴》,第 187 页。

茹都在 gzang 地。[1]

此外，《贤者喜宴》还说，5 茹之中的"上藏、下藏（gtsan stod gtsan smad）为没庐氏（vbro）、琼波氏（khyung po）之地"[2]。因此，可以说唐代吐蕃时期，除了"与突厥（dru gu）之边界处"和"与苏毗之边界处"的 10 个羊同千户之外，5 茹之一的"茹拉"中的一半的千户，加上 5 茹之中的"上藏、下藏"，也都曾经是羊同旧部或其势力所及的范围。

尽管吐蕃把被征服的羊同各部编入其 5 茹范围之内，但其原有的部落组织应是相对独立的，因为到唐朝后期吐蕃政权行将崩溃之际，在汉文文献中还可以看出端倪。《新唐书·吐蕃传》记载：会昌二年（842）赞普死，吐蕃内乱，宰相尚与思罗败走松州，曾"合苏毗、吐浑、羊同兵八万保洮河自守"。此后，因吐蕃赞普朗达玛禁佛被佛教徒暗杀，吐蕃走向分裂割据。10 世纪 20 年代，吐蕃王室后裔班考赞被奴隶起义军所杀，其子尼玛衮率百余人西逃羊同，控制其地，改称羊同为阿里，娶羊同王族女没庐氏为妃，使其王统得以延续。

1.3　吐蕃时期羊同的没庐氏宰臣

吐蕃王朝后期，由于兴佛与灭佛的两派斗争导致内乱，其国力大衰，各地贵族割据势力纷纷拥兵自重，抢占势力范围，这首先在河陇地区反映出来。

《新唐书·吐蕃传》记载：会昌二年（842），吐蕃落门川讨击使尚恐热"略地至渭州，与宰相尚与思罗战薄寒山，思罗败走松州，合苏毗、吐浑、羊同兵八万保洮河自守"。后，论恐热遣僧莽罗蔺真将兵于鸡项关南造桥，以击尚婢婢，军于白土岭。婢婢遣其将尚铎罗榻藏将兵据临蕃军以拒之，不利，复遣磨离罢子、烛卢巩力将兵据牦牛峡以拒之。《新唐书·吐蕃传》说："婢婢，姓没庐，名赞心牙，羊同国人，世为吐蕃贵相。"是知没庐氏为羊同国贵族的姓氏之一。

---

〔1〕巴卧·祖拉陈瓦：《贤者喜宴》，第 180 页；黄颢：《〈贤者喜宴〉摘译（二）》，《西藏民族学院学报》1981 年第 1 期，第 7、24 页。

〔2〕巴卧·祖拉陈瓦：《贤者喜宴》，第 186 页。

根据《贤者喜宴》的记载,"没庐氏"早在吐蕃古代小邦割据时期就已经出现,"其时有十二小邦,然而,最后则有四十小邦割据"。其中,位列第四的为"努域陵古地区(gnubs yug gling dgu),努王为米巴(snubs rje dmigs pa),大臣为梅乌(rmo vu)及没庐(vbro)";第六小邦为"吉日群云地区(kyi ri ljon sngon),吉王为芒布(kyi rje rmang po),大臣为昂(ngam)及没庐(vbro)"。[1]

到唐代吐蕃划分行政区划时,原来羊同的地域也包括在内,大致就是"茹拉"及"伍茹"的"上藏、下藏"。《贤者喜宴》说:"伍茹雪钦为赞普君王区,波昌乃切为赞普王民区,雅隆素卡为沽氏、尼雅氏之地……上藏下藏(gtsan stod gtsan smad)为没庐氏(vbro)、琼波氏(khyung po)之地……上下茹拉(ru la stod smad)之茹本(ru dpon),是没庐氏杰岑桑格(vbro rgyal mtshan seng ge)及琼波玉素普(khyung po gyur zur phud)。"[2]这使我们记起吐蕃统一前的小邦象雄阿尔巴之王(dar pa vi rjo bo)为李聂秀(lig snya shur),其"家臣为琼保·若桑杰(khyung po ra sangs rje)与东弄木玛孜(stong lom ma tse)"。[3] 这个位居首席的家臣琼保氏,与《贤者喜宴》说的掌管"上、下茹拉"的"琼波氏"同出一族,以此进一步证明了"茹拉"原来就属于羊同的地域。[4]

《五部遗教·大臣遗教》有关没庐氏掌控"茹拉"的东岱的记载更加具体:"藏地之茹拉(gtsang ru lag)有八东岱及一小东岱,共九东岱。芒嘎(mang gar)、赤恭(khri phams)为没庐氏(vbro)之东岱;仲巴(grom pa)及拉孜(lha rtse)为没庐氏之东岱;汉藏作战时四茹之军官是:茹拉之军事长官(dmag dpon)为没庐氏杰桑格(vbro rgyal seng ge)……人口为 36 万人,上下二茹拉人口总计 72 万人。"[5]

---

〔1〕巴卧·祖拉陈瓦:《贤者喜宴》,第 155 页;黄颢:《〈贤者喜宴〉摘译(一)》,《西藏民族学院学报》1980 年第 4 期,第 31 页。

〔2〕巴卧·祖拉陈瓦:《贤者喜宴》,第 187、188 页;黄颢:《〈贤者喜宴〉摘译(二)》,《西藏民族学院学报》1981 年第 1 期,第 7—9 页。

〔3〕王尧、陈践译注:《敦煌本吐蕃历史文书》"小邦邦伯家臣及赞普世系",第 141、173 页。

〔4〕茹拉的范围,据《贤者喜宴》记载,其地理范围是:"东至强木尼扎,南至泥婆罗之朗纳,西至拉金雅弥,北至切玛拉温,以柴之土巴纳为中心,以上为茹拉。"见前引。

〔5〕佚名:《五部遗教》,民族出版社 1986 年版,第 437—438 页。

除了任茹拉的军事长官以外,没庐氏还是当时吐蕃最高军政长官的所谓"三尚四论"之一。《贤者喜宴》说:"上部之没庐氏(vbro)、下部之琳氏(mchems)、中部之那囊氏(sna nam)及大臣贝(blon po bas),此即所谓三尚四论,彼等行使尚论及大臣职责";又说:所谓"三勇部:是在昌达巴山(ri brang stag pa)以上、门地四柴卡(men dbral ga shi)以下,由没庐氏(vbro)、琼氏(khyung)、噶尔氏、努氏及年氏等所谓之古、久等五部在此为官"。[1] 在这里,我们又见到了同出于羊同的没庐氏(vbro)与琼氏(khyung po)在一起执掌地方军政要职。

此后,吐蕃进入赤都松之子赤德祖赞时代,其三大臣之一就出自没庐氏。《贤者喜宴》说:赤德祖赞"于阳铁龙年生于丹嘎宫,其妃为南诏女赤尊。贝·杰桑东赞、琳·杰斯秀丁及没庐·邱桑俄玛(vbro chu bzang vod ma)三人为大臣"。[2]《敦煌本吐蕃历史文书·大事纪年》第79条记载:"及至龙年(728)夏,赞普驻于'高盖包冈湖'上,后,还至蕃地。……冬,(赞普)驻于札玛牙帐,韦·达扎恭禄获罪谴,任命没庐·穷桑倭儿芒为大论……"。[3]以上"没庐·邱桑俄玛"与"没庐·穷桑倭儿芒"即为一人,名字翻译不同而已。

到赤松德赞时代(755—797),其九大尚论之一为"没庐氏赤松热霞"(vbro khri zungs ra shags)。[4] 此人在赤德松赞在位时期(798—815)继续任职,于《噶琼多吉英寺崇佛誓约》署名中,处于"崇佛誓约"署名第二层次的"宰相同平章事"列官首席,其全名是"大论尚没庐·赤苏热莫夏"(blon chen po zhang vbro khri gju ram shags)。他也即《敦煌本吐蕃历史文书·赞普传记》所载的"宰相世系"中倒数第四位的

〔1〕巴卧·祖拉陈瓦:《贤者喜宴》,第188页;黄颢:《〈贤者喜宴〉摘译(二)》,《西藏民族学院学报》1981年第1期,第10页。

〔2〕巴卧·祖拉陈瓦:《贤者喜宴》,第293页;黄颢:《〈贤者喜宴〉摘译(四)》,《西藏民族学院学报》1981年第3期,第17页。

〔3〕王尧、陈践译注:《敦煌本吐蕃历史文书》,第152页。

〔4〕见巴卧·祖拉陈瓦:《贤者喜宴》,民族出版社1986年版,第378页;黄颢:《〈贤者喜宴〉摘译(十)》,《西藏民族学院学报》1983年第1期,第58页。

"没庐·赤苏若木夏"(vbro khri gzu ram shags)[1],其地位仅次于两位僧相勃阑伽云丹及娘丁增。

此外,在《噶琼多吉英寺崇佛誓约》署名中,"王侯、将军、纰论伽罗笃波"一栏有"尚没庐悉诺热扎贝当"(shang vbro stag bzher bra bal stong)、"尚没庐悉诺当"(shang vbro stag stong)、"尚没庐贡当"(shang vbro gung stang)、"没庐多松顿"(ldog srong stong)等。有学者指出,其中的"尚没庐悉诺当"(shang vbro stag stong)即相当于《赞普传记》"宰相世系"中倒数第二位的"没庐·赤松杰达囊"(vbro khri sum rje stag snang)。[2]

《汉藏史集》记载:热巴巾(赤祖德赞)在位执政24年,"由勃阑迦·贝允、没庐·赤桑仁雪(vbro khri bjung ram shogs)、止·赤杰达那等三人担任大臣"[3]。其中,没庐·赤桑仁雪应是前述"大论尚没庐·赤苏热莫夏",即赤松德赞的9大尚论之一"没庐氏赤松热霞"。如是,此人可谓三朝元老。另外,赤祖德赞时期的"拉萨唐蕃会盟碑"的"大蕃诸僚寀登坛者名位"中,有"纰论没庐尚劫楼勃藏他谱赞"之名。[4]

总之可以看出,由于没庐氏历史悠久,又加之其女性成员代为赞普王妃[5],所以在吐蕃王朝中没庐氏号称国戚,大权在握,宰相辈出,这是需要载入史册的。

---

〔1〕此人又见于察雅丹玛扎仁达石刻造像,称为"大论尚没庐·赤书昂夏"(blon chen po zhang vbro phri gzuv ram shags)。引自:恰白·次旦平措:《简析新发现的吐蕃摩崖石文》,《中国藏学》(藏文版)1988年第1期,第44-53页;郑堆、丹增汉译文见《中国藏学》1988年第1期,第76-81页。

〔2〕巴卧·祖拉陈瓦:《贤者喜宴》,第412页;黄颢:《〈贤者喜宴〉摘译(十二)》,《西藏民族学院学报》1983年第4期,第46、47、48页。山口瑞凤认为:stang可能即snang的误写,见《讲座敦煌2敦煌の历史》,大东出版社1980年版,第201页。王尧、陈践译注:《敦煌本吐蕃历史文书》,第118、160页。

〔3〕达仓宗巴·班觉桑布:《汉藏史集》,四川民族出版社1985年版,第202页;陈庆英汉译本,西藏人民出版社1986年版,第121页。

〔4〕王尧编著:《吐蕃金石录》,文物出版社1982年版,第20页。

〔5〕详见本书第四编专论第三章"吐蕃与西北诸族的政治联姻"一节。

表 1-2　吐蕃历代赞普与没庐氏王妃、大臣一览表

赞普(小邦王)	王妃	宰臣	文献
赤聂松赞 (传说28代)	没庐妃东江热 (又作:萨莫杜 扬娴、萨门赞)		《敦煌本吐蕃历史 文书》、《贤者喜 宴》
松赞干布 (—650)		上部之没庐氏 为"三尚四论" 之一;上下茹拉 之茹本没庐氏 杰岑桑格;三勇 部之一的首领 为没庐氏	《贤者喜宴》、《五 部遗教》
芒松芒赞 (650—676在位)	王妃卓萨·赤 玛勒		《贤者喜宴》、《西 藏王统记》、《敦煌 本吐蕃历史文书》
赤德祖赞 (704—754在位)		"三大臣"之一 没庐·穷桑倭 儿芒	《贤者喜宴》、《敦 煌本吐蕃历史文 书》
赤松德赞 (755—797年在位)	没庐妃赤嘉姆 尊	9大尚论之一没 庐氏赤松热霞	《贤者喜宴》
赤德松赞 (798—815在位)	没庐妃拉杰芒 木杰(又作赤穆 莱)	大论尚没庐氏 赤松热霞	《敦煌本吐蕃历史 文书》、《贤者喜 宴》
赤祖德赞 (815—836在位)		大臣没庐氏赤 松热霞;纰论没 庐尚劫楼勃藏 他谱赞、没庐· 赤松杰达囊(?)	《敦煌本吐蕃历史 文书》、拉萨唐蕃 会盟碑、《汉藏史 集》
基德尼玛衮 (9世纪末回羊同)	婆羊同王族女 没庐氏		《布顿佛教史》、 《汉藏史集》

2 吐蕃与苏毗

苏毗是很早以来就活动于西北的一个古老的民族,南疆出土的隋唐之前的佉卢文书称苏毗为 supiya,敦煌、南疆出土的古藏文文献作 sum po 或 sum pa,由于古汉语没有读 sum 的字,故汉文文献译作"苏毗"或"孙波"[1] 苏毗又有"女国"之名,《隋书·西域传》说:"女国,在葱岭之南,其国代以女为王。王姓苏毗,字末羯,在位二十年。"这里的"末羯"二字,就是古藏文 vbal lje 的对音,其中 vbal 为苏毗王族之姓,lje 为王,合称拟作"末氏王"。正因为如此,中原史家才在不知究竟的情况下,拼凑成"王姓苏毗,字末羯"一句,实际的含义应是"苏毗王,称末羯"。

2.1 吐蕃统一苏毗与军政建制

根据《敦煌本吐蕃历史文书》记载,苏毗被吐蕃征服之前是青藏高原上众多的小邦之一。《小邦邦伯家臣及赞普世系》(P. T. 1286)内记:"在各个小邦境内,遍布一个个堡寨,任小邦之王与小邦家臣者其历史如下:……苏毗(sum yul)之雅松之地,以末羯芒茹帝(vbal lje mang ru ti)为王,其家臣为'朗'(rlang)与'康'(kam)二氏。"[2]

---

〔1〕伯希和著,冯承钧译:《苏毗》,载《西域南海史地考证译丛》第 1 卷,商务印书馆 1962 年重印第 1 版,第 20 – 21 页;佐藤长:《古代チベット史研究》上卷,同朋舍 1977 年再版,第 139 – 140 页;林梅村:《沙海古卷——中国所出佉卢文书》(初集),文物出版社 1988 年版,第 637 页。黄盛璋提出唐代西域地名"萨毗"亦来源于 sum pa,而笔者认为"萨毗"应是"鲜卑"的古音 * sai-bi,故不采。见黄盛璋:《于阗文〈使河西记〉的历史地理研究》,《敦煌学辑刊》1986 年第 2 期,第 8 页;杨铭:《藏文史料中关于萨毗的记载》,《西北史地》1993 年第 4 期。

〔2〕王尧、陈践译注:《敦煌本吐蕃历史文书》,第 142、173 页。其中"末羯"原译"末计",笔者据《隋书》卷 83《西域传》改,以下同。

吐蕃与苏毗的关系是从传说中的聂赤赞普之世开始的,《贤者喜宴》记载,聂赤赞普曾令蔡木田吉木嘉征服了苏毗派苯教师卧雍杰瓦（ho yong rgyal ba）。在其后的吐蕃"天赤七王"时期,苏毗流行的宗教——苯教（bon po）逐渐形成为一个教派,称为"孙波苯波"（sum po bon po）。《贤者喜宴》还说:赞普仲年代如于苏毗域（sum pavi yul）与一苯教徒之妻名贾莫贾江（rgya mo rgya lcam）生有一子,名叫松日仁布（sum ri ring po）,是吐蕃王朝第 31 代赞普达日年塞的异母长兄[1]。到 6 世纪中叶以后,随着社会生产力的发展,吐蕃与苏毗双方在宗教、文化诸领域内的关系进一步加强,吐蕃悉补野王朝经过达日年塞、囊日伦赞和松赞干布 3 代赞普的努力,最终完成了对苏毗的统一。

据《贤者喜宴》记载,吐蕃从赞普仲年代如时就启动了征服苏毗的进程。之后,到松赞干布登基之初,羊同与苏毗旧部趁机发动叛乱,《敦煌本吐蕃历史文书·赞普传记》说:"父王所属民庶心怀怨望,母后所属民庶公开叛离,外戚如象雄牦牛苏毗……公开叛变。"但这次苏毗的叛乱并没有成功,先是羊同乘机占领了苏毗旧地,不久松赞干布在苏毗领地杀死了羊同国王李木嘉,苏毗很快被吐蕃收复。正如《赞普传记》所说:"娘·芒布杰尚囊对苏毗一切部落不用发兵征讨,有如种羊领群之方法,以舌剑唇枪服之。不损失户数,悉归真正之编氓矣。"后来,通过噶尔·钦陵之口又道出了苏毗这次因为叛乱而被镇压的事件,其曰:"吐蕃之神圣赞普,与苍天二者共同笼罩之下,大无过于末羯芒,他深藏于九层地表之下,擒而杀之。"[2]

《新唐书·苏毗传》说:"苏毗,本西羌族,为吐蕃所并,号孙波,在诸部最大。东与多弥接,西距鹘莽硖,户三万。"反映的就是苏毗被吐蕃征服初期的国情与地理位置,其大致是在今金沙江上游通天河以西,跨唐古拉山之地,西至今青海索曲北源上游,北与吐谷浑以黄河相邻的

---

〔1〕巴卧·祖拉陈瓦:《贤者喜宴》,第 159、170 页;黄颢:《〈贤者喜宴〉摘译（一）》,《西藏民族学院学报》1980 年第 4 期,第 32、37 页;张怡荪主编:《藏汉大辞典》,民族出版社 1985 年版,第 292 页。

〔2〕王尧、陈践译注:《敦煌本吐蕃历史文书》,第 165 页。

地理范围内。[1]

　　自被吐蕃征服以后，苏毗成了吐蕃军政建制中的一部分，称"孙波茹"，其中包括被吐蕃征服的汉人共编成 11 个东岱，分布范围大致为唐古拉山南北的广大草原。[2]《贤者喜宴》记其范围是："东至聂域朋纳（gnye yol bum nag），南至弥地曲纳（smri ti chu nag），西至叶晓丁波切（yel zhabs sding po che），北至纳雪斯柴（nags shod gzi vphrd），以仓甲雪达巴园（chang rgya shod stag pa tsal）为中心。"[3] 此四至的地望，据日本学者佐藤长研究：孙波茹的中心"仓甲雪达巴园"在今边坝以西的丹达塘，东至的"聂域朋纳"在今昂曲（噶木楚河）中下游，西界的"叶晓丁波切"在今札嘉藏布间北侧之叶尔诺札湖，北至的"纳雪斯柴"在今唐古拉山以北尕尕曲南雁石坪一带，南界之"弥地曲纳"在今黑河嘉黎县境麦地藏布。[4] 可见，藏文文献关于"孙波茹"的分布，与《新唐书·苏毗传》所记之苏毗疆界大致是吻合的。

　　除了将苏毗编入"茹—东岱"制度之外，吐蕃还按照自身的位阶制度授予苏毗各级官吏以不同的告身，《敦煌本吐蕃历史文书·大事纪年》108 条："及至猪年（759）夏，赞普牙帐驻于堆之阔地，多思麻之夏季会盟由论绮力思扎、论多热二人于伍茹之'列尔'召集之。孙波茹

---

〔1〕杨正刚：《苏毗初探（一）》，《中国藏学》1989 年第 3 期，第 36 - 38 页；周伟洲：《苏毗与女国》，《大陆杂志》1996 年第 92 卷第 4 期，收于同作者：《唐代吐蕃与近代西藏史论稿》，中国藏学出版社 2006 年版，第 4 页。有关吐蕃征服的几曲流域的"森波杰"是否就是苏毗，学者们有着不同的观点：杨正刚持肯定的态度，而巴桑旺堆、林冠群则认为两者根本就是地域不同、名称不同的被吐蕃征服的两个小邦。对此争论，笔者倾向于赞成后者的意见。见巴桑旺堆：《有关吐蕃史研究中几个"定论"的质疑》，《西藏研究》1983 年第 4 期；林冠群：《苏毗与森波杰考辨》，《唐代吐蕃历史与文化论集》，中国藏学出版社 2007 年版，第 291 - 317 页。

〔2〕巴卧·祖拉陈瓦《贤者喜宴》记载"孙波茹"包括通颊在内的 11 个千户的名称是：七屯（rtse mthon）千户，博屯（pho mthon）千户，上、下郭仓（rgod tshang）千户，上、下烔（vjong）千户，上、下支（dre）千户，喀若（kha ro）千户，卡桑（kha zangs）千户，那雪（nag shod）小千户。见巴卧·祖拉陈瓦：《贤者喜宴》，第 187 页。千户的译名参见王尧、陈践译注：《敦煌本吐蕃历史文书》，第 209 - 210 页。

〔3〕巴卧·祖拉陈瓦：《贤者喜宴》，第 186 页；黄颢：《〈贤者喜宴〉摘译（二）》，《西藏民族学院学报》1981 年第 1 期，第 7 页。

〔4〕见佐藤长：《チベット历史地理研究》，岩波书店 1978 年版，第 354 - 355 页；杨正刚：《苏毗初探（一）》，《中国藏学》1989 年第 3 期，第 37 - 38 页。

(sum ru)大部授与告身诏令。"[1]与此同时,吐蕃历代赞普对归附的原苏毗王族或贵族成员亦予以重用,如《敦煌本吐蕃历史文书·大事纪年》所载活动于 8 世纪上半叶的"末·东则布",就是出身于苏毗的王族成员,其官位重至吐蕃大相,这里不妨将其活动事迹列出:

蛇年(729)夏,赞普牙帐驻于斯立格之册布那。论·结桑东则布(blon skye zang ldong tshab)等于木垒九垒作战,击唐军多人。

狗年(734)夏,赞普牙帐驻于"准"。……多思麻之集会议盟事由论·结桑东则布于"悉布"召集之。克吐谷浑之"吃狗肉"部落。是为一年。

猴年(744)赞普牙帐立于逻册尔,巡临北方。冬,由大论穷桑与末·东则布(vbal ldong tsab)二人于畿·萧玛苑,集会议盟。征四茹之大料集。是为一年。

狗年(746)冬,赞普驻于那玛,于"畿·甲林园"由大论穷桑、末·东则布(vbal ldong tsab)、朗·迈色 3 人主持集会议盟。征四茹牧场之大料集……是为一年。

猪年(747)冬,赞普驻于那玛。冬季大会,于"磋之寨卓"由大论穷桑、末·东则布(vbal ldong tsab)、论莽布支、尚没陵赞等人召集议盟,牧场大料集之尾数扫清。[2] 此外,写于 815 年的《噶琼多吉英寺崇佛誓约》记载,参与"崇佛誓约"的有"末氏·论没庐玛"(vbal blon vbro ma);823 年立于逻些的"唐蕃会盟碑",其所载吐蕃高官中有"岸奔木盉苏户属劫罗末论矩立藏名摩"(mngan pon khab so vo chog gi bla vbal blon klu bzang myes rma)[3],此人名叫"末氏"(vbal),显然也出自苏毗。

此外,据《贤者喜宴》记载,吐蕃还把苏毗小邦王称为"苏毗铁王"

---

〔1〕王尧、陈践译注:《敦煌本吐蕃历史文书》,第 110、155 页。

〔2〕王尧、陈践译注:《敦煌本吐蕃历史文书》,第 152－155 页。"末·东则布"(vbal ldong tsab)在《赞普传记》中拼作"末·杰桑东则布"(vbal skye zang ldong tshab),这两种拼法以及论·结桑东则布(blon skye zang ldong tshab),很明显同为一人。

〔3〕巴卧·祖拉陈瓦:《贤者喜宴》,第 412 页;黄颢:《〈贤者喜宴〉摘译(十二)》,《西藏民族学院学报》1983 年第 4 期,第 47 页;王尧编著:《吐蕃金石录》,第 19 页。

欧·亚·历·史·文·化·文·库

(sum pa lcags rgyal),把泥婆罗王称为"铜王"等,"这些即所谓四方面王,他们收集赋税上献,因此,他们亦隶属于属民之中"[1],这些内容反映出吐蕃与包括苏毗在内的被征服诸族在经济上的联系。同时,苏毗要对吐蕃王室承担聚集粮草兵马、贡赋纳税的任务,《敦煌本吐蕃历史文书·大事纪年》"692 年"条提到:吐蕃王室征收"苏毗"(sum pa)是年之"关卡税","702 年"条提到是年征"孙波茹"(sum ru)之"大料集"。[2]

《册府元龟·外臣部》"降附"条记天宝十四载(755)正月,苏毗王没陵赞及其子悉诺逻欲率众归唐,陇右节度使哥舒翰奏云:"苏毗一番,最近河北,吐泽(浑)部落,数倍居人。盖是吐蕃举国强授,军粮兵马,半出其中。"[3]哥舒翰是这次苏毗王奔唐事件的主要经历者,上述内容应是据苏毗人所告而转奏朝廷的,基本符合事实。看来,苏毗确实是吐蕃对外拓展过程中的重要"军粮兵马"供给地。

2.2 苏毗王子悉诺逻奔唐事件

天宝十四载,发生了苏毗王没陵赞及其子悉诺逻叛蕃归唐的事件。关于此事件,《新唐书·苏毗传》记载:"天宝中,王没陵赞欲举国内附,为吐蕃所杀,子悉诺率首领奔陇右,节度使哥舒翰护送阙下,玄宗厚礼之";《册府元龟·将帅部》:"天宝十三载(754),吐谷浑、苏毗王款塞",同书《外臣部》大事年表:"755 年(天宝十四载)正月,吐蕃苏毗王子悉诺逻率其首领数十人来降"。

对于此次事件,《敦煌本吐蕃历史文书·大事纪年》"755 年"条是这样记载的:"以兵力捕杀谋害父王之元凶……迁出末氏、朗氏之奴

---

〔1〕巴卧·祖拉陈瓦:《贤者喜宴》,第 188 页;黄颢:《〈贤者喜宴〉摘译(二)》,《西藏民族学院学报》1981 年第 1 期,第 10 页。

〔2〕王尧、陈践译注:《敦煌本吐蕃历史文书》,第 98、148 页,第 99、149 页。"大料集",据《新唐书》卷 222《南诏传》云:吐蕃控制南诏时,曾"大料兵,率三户出一卒,虏法为大调集"。

〔3〕《全唐文》卷 406,哥舒翰:《奏苏毗王子悉诺逻降附状》。

户,令二人偿命。""756 年"条:"清查末氏、朗氏之财产尾数。"[1]吐蕃碑铭《达扎路恭盟誓之诏书》也记载了这次事件的一些梗概,其曰:"赤德祖赞赞普之时,恩兰·达扎路恭忠诚业绩卓著,时,末·东则布(vbal ldong tsab)、朗·迈色正任大相,忽生叛逆之心,由是,父王赤德祖赞被害,宾天王子赤松德赞政躬亦濒危境,蕃域黔首庶政大乱。斯时,路恭乃将末·东则布与朗·迈色叛逆事实启奏王子赞普赤松德赞圣聪。末氏、朗氏叛乱劣迹确乎属实,遂将彼等治罪。"[2]《敦煌本吐蕃历史文书·赞普传记》记载任大相者的顺序时亦说,在没庐·穷桑倭儿芒之后,"末·杰桑则布任之,杰桑东则布获罪遭谴后,韦·囊热苏赞任之"[3]。

据此可知,754 年—755 年春夏之际,以苏毗王族后裔的末氏为首,弑杀了赤德祖赞赞普,率众归唐。由于事情败露,除了没陵赞之子悉诺逻等数十人得以逃脱外,苏毗 2000 余人均被吐蕃捕杀[4]对照以上汉、藏文献的记载,有学者提出藏文文献中的"末·东则布"就是汉籍中的"没陵赞"[5],而笔者认为"末·东则布"与"没陵赞"并非同一个人,后者可能是驻防于青海的另一苏毗王族成员,当身处逻些的"末·东则布"因谋反被杀后,驻防于外的"没陵赞"方有机会欲率众归唐。汉文文献记载的"没陵赞",与《敦煌本吐蕃历史文书·大事纪年》记载的天宝六载(747)的"尚没陵赞"同名,他们有可能才是同一个人。

此外,汉文史料尚载有一些有关这次苏毗王子附唐的细节。《新唐书·吐蕃传》:"哥舒翰破洪济、大莫门诸城,收九曲故地,列郡县,实天宝十二载。于是置神策军于临洮西、浇河郡于积石西及宛秀军以实河曲。后二年,苏毗子悉诺逻来降,封怀义王,赐李氏。苏毗,强部也。"哥舒翰《奏苏毗王之悉诺逻降附状》:"自没凌赞送款事彰,家族遇

〔1〕王尧、陈践译注:《敦煌本吐蕃历史文书》,第 155 页。
〔2〕王尧编著:《吐蕃金石录》,第 84 页。
〔3〕王尧、陈践译注:《敦煌本吐蕃历史文书》,第 159 - 160 页。
〔4〕从《册府元龟》卷 977 陇右节度使哥舒翰所奏:"自没陵替[赞]送事彰,家族遇害二千余人"得知,以没·东则布家族为首参与这次事件的 2000 余苏毗人被杀。
〔5〕宗喀·杨正刚布:《苏毗与吐蕃及其他邻近政权的关系》,《西藏研究》1992 年第 3 期。

害二千余人,悉其种落,皆为猜阻。今此王子,又复归降,临行事泄,还遭掩袭,一千余人,悉被诛夷,犹独与左右苦战获免。且吐蕃、苏毗,互相屠戮,心腹自溃,灭亡可期,但其王逆逆归仁,则是国家盛事。伏望宣付史馆,旌其慕化。"[1]

《新唐书·王思礼传》:"王思礼,高丽人,入居营州。父为朔方军将。思礼习战斗,从王忠嗣至河西,与哥舒翰同籍麾下。翰为陇右节度使,思礼与中郎将周佖事翰,以功授右卫将军、关西兵马使。……天宝十三载,吐谷浑苏毗王款附,诏翰至磨环川应接。"《读史方舆纪要》"陕西九临洮府":"磨环川在卫西。唐天宝十三载,陇右节度使哥舒翰破吐蕃于临洮西关磨环川,于其地置神策军。宋祁云:军置于洮州西磨环川也。《会要》云:时置洮阳郡于此。又于郡内置神策军,去临洮郡二百里。至德中,沦于吐蕃。"今人唐耕耦著《唐代交通图考》,考辨诸种史籍后认为:天宝十二载(753),哥舒翰收吐蕃黄河九曲,明年分其地东南境置洮阳郡及神策军于磨禅川(磨环川),郡在洮水之北,军在洮水之南,约今西仓、新寺地区,东经102°30′,此岷洮道西通洮阳神策军,又西至黄河九曲吐蕃大莫门城,是亦西通吐蕃之一道[2]。苏毗王子款附唐朝,选择东至磨环川与哥舒翰会合,应该说当时苏毗族人就在青海省境内的黄河以南地区活动,这与前述河(黄河)北吐谷浑、河南即苏毗的分析相吻合。

天宝十四载归唐的苏毗王子,此后再无音讯。而《顿悟大乘正理决》记载,有"僧苏毗王嗣子须伽提"与汉僧大禅师摩诃衍在逻些相见,法国学者戴密微推测此人就是归唐的苏毗王子悉诺逻。但笔者不敢苟同,因为"僧苏毗王嗣子须伽提"是8世纪下半叶的792年前后在逻些与摩诃衍相见的,很难想象归唐的苏毗王子后来又重返吐蕃,或像戴密微推测的那样在吐蕃攻陷陇右时重新被俘,这两个苏毗王子出现的时

---

[1]《全唐文》卷406,哥舒翰:《奏苏毗王之悉诺逻降附状》。

[2]唐耕耦:《唐代交通图考》,中央研究院历史语言研究所专刊之八十三,1985年,第549–550页。

间、地点以至背景都不相同,不大可能是同一个人。[1]

2.3　中晚唐敦煌、西域的苏毗人

“安史之乱”爆发后(755),吐蕃先后占据了河陇地区,于是征调包括苏毗在内各个茹的千户,分别驻守于今青海北部、河西走廊及南疆等地,时间长约百年之久。这样,有一批苏毗人分别迁驻于上述地区,这从敦煌发现的藏文卷子及新疆出土的吐蕃简牍中得到了证实。

P. T. 1080《比丘尼为养女事诉状》:“往昔,兔年于蕃苏(bod sum)部落与吐谷浑(va zha)部落附近,多人饥寒交迫,行将待毙……”;P. T. 1083《禁止抄掠汉户沙州女子牒》:“亥年春,大论于陇州军帐会议上用印颁发之告牒:兹据唐人二部落使秉称:‘此前,沙州汉户女子每为蕃苏(bod sum)部落及个别尚论以婚配为名,抄掠而去,(实则)多沦为奴婢。凡已属赞普之子民均已向上峰呈报,不得随意抄掠。应如通颊之子女,不予别部婚配,而允于万户部落内部婚配。’”[2]以上文书提到“蕃苏(bod sum)部落”、“沙州汉户女子每为蕃苏(bod sum)部落”抄掠等,反映出吐蕃统治时期苏毗人曾经入住敦煌,因其已经高度“吐蕃化”而被称为“蕃苏”(bod sum)部落,说明他们当时处于统治者的地位。[3]

前面说过,苏毗的王族为“末氏”(vbal),而我们在出自敦煌的古藏文文献中,就发现了有苏毗“末氏”(vbal)在吐蕃统治下的敦煌任职的情况。P. T. 1089 号文书,被法国的拉露女士称作《公元 8 世纪大蕃

---

〔1〕戴密微著,耿昇译:《吐蕃僧诤记》,第 27 - 29 页;张广达:《唐代禅宗的传入吐蕃与有关的敦煌文书》,《西域史地丛稿初编》,上海古籍出版社 1995 年版,第 199 - 200 页。

〔2〕王尧、陈践译注:《敦煌吐蕃文献选》,四川民族出版社 1983 年版,第 48、51 - 52 页。“万户部落”原译“部落”,据日本学者岩尾一史的文章改译,见 K. Iwao, “On the Old Tibetan khri-sde”,沈卫荣主编:《西域历史语言研究集刊》第 1 辑,科学出版社 2007 年版,第 215 页。以下凡引此段同。

〔3〕有学者认为:bod sum 应译作“蕃苏”部落,意为“蕃化了的苏毗人”,其地位及任职序列均在后为吐蕃征服的吐谷浑人之上,基本与吐蕃人平等,见杨正刚:《苏毗初探(一)》,载《中国藏学》1989 年第 3 期,第 40 页。

欧·亚·历·史·文·化·文·库·

官吏诉请状》,它于 9 世纪 20 年代在敦煌被编成,其中提到有苏毗人"末·塔玛腊"(vbal dra ma legs)任沙州"小节儿"(rtse rje chungu)兼"州内守备长"(dgra blon go cu rub)[1],这一记载与前引 P. T. 1080《比丘尼为养女事诉状》、P. T. 1083《禁止抄掠汉户沙州女子牒》提到沙州及其附近驻有"蕃苏"(bod sum)部落的情况可以互相印证,说明吐蕃统治时期敦煌确实驻有出自苏毗的部落成员。

P. T. 1089 号文书中的一段文字,还记载了吐蕃凉州节度衙(mkhar tsan khrom)的情况,这个节度衙下属的几个千户中,就有"吐蕃化"的苏毗千户。约在 9 世纪 20 年代,这个节度衙内因官位之争,发生了各族官吏间的纠纷,对此,吐蕃当局曾进行过一些调整,经过调整后的各族千户官吏序列如下:"蕃苏(bod sum)之千户长,通颊与吐谷浑之千户长。……蕃苏(bod sum)之小千户长……通颊与吐谷浑之小千户长。"[2]可见在吐蕃凉州节度衙内,吐蕃化的苏毗人地位较高,通颊、吐谷浑次之,它反映出苏毗人在整个吐蕃统治体系中处于较高地位的事实。这些藏文文书反映了苏毗人被征调至河陇地区长期驻守,以后就留居于该地区的情况。

又,在今新疆米兰及麻扎塔格古戍堡出土了一批 8 至 9 世纪的吐蕃文书,在这些文书中记载了一些驻防该地的苏毗千户如上、下郭仓,七屯、那雪等。譬如有出自米兰的文书记载:"把箭、弓、箭袋、刀、盾交与'下郭仓'(rgod tshang)部落之纲木鲁贝……","下郭仓部落,箭、弓……腰带、盔甲、铠甲(交来?)","七屯(rtse vthon)部落的托古芒杰从朗赤勒处借得小麦和大麦各半克。偿还的时间定于蛇年仲秋月之二十日,地点为大罗布","……上部等地之田一突,其中半突由悉诺穷耕种,那雪(nag shod)部落……两突地,内有茹本农田一突和零星地一

〔1〕山口瑞凤:《沙州汉人によう吐蕃二军团の成立とmkhar tsan 军团の位置》,《东京大学文学部文化交流施设研究纪要》第 4 号(1980 年度),第 25 - 27 页。

〔2〕M. Lalou, "Revendications des Fonctionnaires du Grend Tibet au Ⅷe Siècle", *Journal Asiatique*, CCXⅢ, 1955, 1 - 4(2), p.177.

突。为军帐长官耕种"。[1]

出自麻扎塔格的《斥候名单残卷》,第2行提到了两个吐蕃人(bod nyis)和两个于阗人(li nyis)被安置在通则(mthong rtse),第4、5行提到了一个出自苏毗(sum pa)族的巡吏(tshugs pon),此人名叫牙莫孙(gya mog seng)。[2] 同出于此地的另一件古藏文写卷《某庄园呈塔桑阁下书》,正面是来自6个庄园面呈塔桑阁下的请愿书,主要内容涉及从羌若(skyang ro)送来3袋又11捆什物以及这个传令兵的身份,背面为一件不同内容的文书,提到了于阗僧(vu ten bande)洛桑勒的一位男性亲属,叫苏毗萨勒(sum pa gsas slebs),被送往尚论处接受审查。另一件藏文写本也记有苏毗的人名,此人叫做"苏毗人班卓"(sum pa pang kro)。[3]

值得一提的是,吐蕃对河陇的统治结束之后,仍然有苏毗人活动于从南疆到河西走廊一带。据著名的《钢和泰藏卷》记载,925年于阗王李圣天派使团前往沙州,其中被冠以"大论"头衔的首领名叫"末·颓心"(vbal rgyal sum),明显是苏毗人。该文书的古藏文呈请书(草稿1—23行)说:"于阗国之臣(yvu then gyi vbangs)末·颓心(vbal rgyal sum)与我等全体使臣谨禀请于太保王驾前:若不向人间之王太保呈请,就别无他处可求。我等微末贱臣去年被派作使臣由于阗分两次前来。末·颓心、守夏里(su sha li)、夏都(sha vdu)主仆4人从于阗启程先行。(途中发现敌人足迹,改从新路)上峰拨给骆驼两峰于途中死去,(我等)仅能活命来到人主太保之前。此后韩新佳(ham cin ca)、毕都督(vbye tu tu)、张都督(co tu tu)向我主狮子王呈请,一到沙州,即向君主(太保)禀报,恳请再次派后备(使者)从狮子王……此次去后未获

---

〔1〕王尧、陈践编著:《吐蕃简牍综录》,文物出版社1986年版,第30、47、55页。T. TAKEU-CHI, *Old Tibetan Manuscripts from East Turkestan in The Stein Collection of the British Library*, p.189.

〔2〕T. TAKEUCHI, *Old Tibetan Manuscripts from East Turkestan in The Stein Collection of the British Library*, p.15, no.47.

〔3〕F. W. Thomas, *Tibetan Literary Texts and Documents concerning Chinese Turkestan*, part Ⅱ, London, 1951, p.241. *T. TAKEUCHI*, Old Tibetan Manuscripts from East Turkestan in The Stein Collection of the British Library, p.51, no.153; p.68, no.207.

成功,只能另想他法。"[1]

《钢和泰藏卷》的于阗文呈请书第二段(7—24 行)所记内容,可与古藏文呈请书互补:"狮子王尉迟娑缚婆(viša' sambhata)十四年,鸡年,十月十二日。这个呈请书是由在沙州的使臣们:论·频心(bulunä rrgyadä sūmä)与唐古特(ttāgutta)地方的太守 Sarrnädattä,于阗 Hvamna 地方的太守 Samdū,和 Nampa jamñai 地方的太守 Švāmnakai 共同起草的,所有这些人都了解这些城镇。"[2]

以上使团为首者的于阗文名字拼作 bulunä rrgyadä sūmä"论·频心",在该呈请书的第 35 行又写作 badä rrgyadä sūmä,后者相当于古藏文的 vbal rgyal sum"末·频心",他显然是一个出自苏毗王族的人。以前托马斯等错误地认为 vbal 相当于古藏文中的 bal"泥婆罗",故认为此人似为原住"泥婆罗"之吐蕃人,后又在于阗供职,为李圣天所信任,6 次出使沙州,第 7 次仍由他率领第一批先行启程。[3] 对此,贝利已经指出,宁愿将 vbal 看成是一个吐蕃人的姓氏。[4]

通过对以上《钢和泰藏卷》记载情况的讨论,我们确知 9 世纪中叶吐蕃对河陇的统治结束之后,苏毗人还继续在于阗活动,而且其势力与影响尚存,这与该族长期在西北活动的历史不无关系。

2.4　小结

尽管吐蕃把被征服的苏毗各部编入其 5 茹范围之内,但苏毗作为一个民族还是相对独立的,因为到唐朝后期吐蕃政权行将崩溃之际,苏

---

〔1〕F. W. Thomas & S. Konow, "Two Medieval Documents from Tun- huang", *Oslo Ethnografiske Museums Skrifter*, 3.3, 1929, pp. 122 – 130;黄盛璋:《钢和泰藏卷与西北史地研究》,《新疆社会科学》1984 年第 2 期,第 60 – 73 页。

〔2〕H. W. Bailey, "The Staël-Holstein Miscellany", *Asia Major*, *A British Journal of Far Eastern Studies*, New Series vol. Ⅱ part Ⅰ, 1951, pp. 2, 8, 44.

〔3〕F. W. Thomas & S. Konow, "Two Medieval Documents from Tun- huang", *Oslo Ethnografiske Museums Skrifter*, 3.3, 1929, pp. 122 – 130;黄盛璋:《钢和泰藏卷与西北史地研究》,《新疆社会科学》1984 年第 2 期,第 60 – 73 页。

〔4〕H. W. Bailey, "The Staël-Holstein Miscellany", *Asia Major*, *A British Journal of Far Eastern Studies*, New Series vol. Ⅱ part Ⅰ, 1951, pp. 3, 8, 23, 44.

毗曾作为一个民族集团卷入了吐蕃的内部纷争。

《新唐书·吐蕃传》记载:会昌二年(842)吐蕃赞普死,遣论赞热等来告,唐朝派李璟等前往吊祠。因吐蕃赞普无子,以妃綝氏之兄尚延力3岁的儿子乞离胡为赞普,大相结都那不服被杀。吐蕃别将尚恐热为落门川讨击使趁机起事,此人"姓末,名农力",明显就是苏毗王族之后。尚恐热率万骑击鄯州节度使尚婢婢,又与宰相尚与思罗战薄寒山。思罗败走松州,合苏毗、吐浑、羊同兵8万保洮河自守,恐热谓苏毗等曰:"宰相兄弟杀赞普,天神使我举义兵诛不道,尔属乃助逆背国耶?"苏毗等疑而不战,恐热麾轻骑涉河,擒思罗缢杀之,苏毗、吐浑等10万余众归附尚恐热。正因为尚恐热是苏毗贵胄,对苏毗旧部尚有较大的号召力,故能在与宰相尚与思罗的对决中使"苏毗等疑而不战",趁机擒思罗缢杀之。

此后苏毗的活动踪迹不显,与青藏高原上其他被吐蕃征服的民族或部落一样,逐渐成为了吐蕃民族的一部分。至今在青海一些地方还仍然保留有以 sum pa 命名的村落名和地名,譬如贵德县就有一个村子叫 sum pa "松巴",而尖扎县的一个地名叫 sum pa vgag "松巴峡",它们的位置均是北纬36.1度、东经101.6度,应该是位于两县交界处的同一个地方。[1]

〔1〕国家测绘总局测绘科学研究所编:《青海省地名录》,1979年内部印刷,第136页。参见杨正刚:《苏毗初探》(一),载《中国藏学》1989年第3期,第41页。

3　吐蕃与多弥

《新唐书·西域传》有"多弥,亦西羌族,役属吐蕃,号难磨。滨犁牛河,土多黄金。贞观六年,遣使者朝贡,赐遣之"的记载,学者们研究已久。一般认为,唐初的多弥,还是一个相对独立的实体政权,尚能派出使臣向唐朝贡,此后成为吐蕃与唐朝争夺的对象,而最终被吐蕃征服。

3.1　汉文文献记载的"多弥"及其地望

《新唐书·西域传》载:多弥"滨犁牛河,土多黄金",从同传谓白兰羌"左属党项,右与多弥接"之句看,多弥的位置在黄河河源以下,所临"犁牛河"应为牦牛河,即今通天河上游。[1] 关于唐代多弥的来源,有学者认为可以追溯到《隋书·附国传》的"当迷",曰:在附国东北往往有羌,"大、小左封,昔卫,葛延,白狗,向人,望族,林台,春桑,利豆,迷桑,婢药,大碛,白兰,叱利摸徒,那鄂,当迷,渠步,桑悟,千碉,并在深山穷谷,无大君长。其风俗略同于党项,或役属吐谷浑,或附附国"。其中"当迷"即为多弥之异译,因为它所处的方位大致与唐代的多弥相近,名称的读音又基本相同。[2]

入唐之初,多弥的地理位置并无多大变化。杜佑撰《通典·吐蕃》记道:"其国出鄯城(今青海西宁)五百里,过乌海(今青海冬给措纳湖),入吐谷浑部落、弥多弥、苏毗及白兰等国,至吐蕃界。"[3]其中的

---

〔1〕参见谭其骧主编:《中国历史地图集》(五),地图出版社1982年版。

〔2〕周伟洲:《唐代吐蕃与近代西藏史论稿》,中国藏学出版社2007年版,第45页。

〔3〕《唐会要》卷999"吐蕃"条大致同此。

"弥多弥",应即多弥。释道宣撰《释迦方志》记唐使者赴印东道曰:"从河州(治今甘肃临夏)西北度大河,上漫天岭,减四百至鄯州(治今青海乐都)。又西减百里至鄯城镇(今青海西宁),古州地也。又西南减百里至故承风戍(今青海西宁南千户庄),是隋(隋)互市地也。又西减二百里至清海(今青海湖),海中有小山,海周七百余里。海西南至吐谷浑衙帐(今青海都兰一带)。又西南至国界,名白兰羌,北界积鱼城,西北至多弥国。又西南至苏毗国,又西南至敢国(拉萨北)。又南少东至吐蕃国……"根据此处记载,多弥国大致在白兰之西北。

多弥的情况除了汉文文献的记载以外,有学者还认为该族与藏文史料所记载的 nam 族或 nam 国有关,而 nam 正好对应《新唐书·吐蕃传》中与吐蕃源流有关的"南凉"的"南"。[1] 这样一来,至少就把多弥与汉文史料中的"喃国"或"南国"联系了起来,如《册府元龟·外臣部》载:"开元二十九年(741),十二月,女子国王赵曳夫……喃国王各遣其子来朝,具献方物。"同书《外臣部》"封册"条记:"唐玄宗天宝元年(742)正月,封女国王赵曳夫为归昌王,授左金吾卫大将军;佛逝国王刘滕未恭为宾义王,授右金吾卫大将军;喃国王杨多过为怀宁王,授左羽林大将军,并员外置,各赐帛八十匹,放还部落。"

此外,《册府元龟·外臣部》、《帝王部》还分别记载:"天宝十三载(754)二月,剑南节度奏:女国、南王国及白狗并率部落内属";"天宝十三载,女国、南国、狗国并率部落内属,其大首领皆授员外中郎将,以安慰。"后两条所指,当属同一事件。这里,女国应为东女国,狗国应即白狗羌,"喃国"、"南国"即"南"部族(南国),也即是多弥。

〔1〕F. W. Thomas, *Nam, An Ancient Language of the Sino-Tibetan Borderland*, London, 1948, pp. 58-61;闻宥:《论所谓南语》,《民族语文》1981 年第 1 期;托马斯著,于文华等译:《南语——选自〈敦煌南语文简介〉》,载《西藏研究》1992 年第 4 期。

3.2　敦煌、西域藏文文献记载的 nam pa

那么,《新唐书·西域传》所谓多弥"役属吐蕃,号难磨",多弥是否与藏文文献提到的 nam 族或 nam 国有关呢? 对此,学者们有不同的观点。

日本学者山口瑞凤认为多弥与古藏文的 nam 没有关系,而与 thong myi 有关。他引述《敦煌本吐蕃历史文书·大事纪年》"653 年"条"于多思麻,康·赤桑介达被通弥(thong myi)复仇而杀"的事件,指出其中的 thong myi 即指多弥,意即多弥的对音为 thong myi,理由是汉文文献提到苏毗与"多弥"毗邻,而康·赤桑介达即为苏毗的康氏。[1]

而国内的学者,近年撰文讨论此问题的,如周伟洲、张云等仍力主多弥号"难磨",即对藏文文献 nam 之说。他们认为,根据敦煌吐蕃文书的记载,"多弥"似可还原为"Ldong mi",即董弥,mi 为一般藏缅语族中的"人"之意,也就是"董族人"之意,此名可能为其他民族对"南族人"的称呼,故贞观六年南族人向唐朝贡时,译作"多弥"、"昨弥"或"弥多弥"。[2]

笔者亦同意多弥出自藏文文献的 nam 族之说,不过认为有关文献特别是古藏文文献尚须作进一步挖掘,以利于此问题的深入讨论。现根据文献问世的先后,列举古藏文文献中有关 nam 国或 nam pa 的记载,补正如下。

3.2.1　《敦煌本吐蕃历史文书》

《敦煌本吐蕃历史文书·小邦邦伯家臣表》说:"在各个小邦境内,遍布一个个堡寨,任小邦之王与小邦家臣者其历史如下",其中第十小邦王与小邦家臣为:……/ / yul klum ro vi ya sum na rje nam pa vi bu gseng ti / / blon po myang dang sbrang gnyis / /龙木若雅松之地,以南巴

---

〔1〕Z. Yamaguchi,The geographical location of Sum-yul,*Acta Asitica*,No. 29,1975,p. 26.

〔2〕张云:《丝路文化·吐蕃卷》,浙江人民出版社 1995 年版,第 84－86 页;周伟洲:《多弥史钩沉》,《民族研究》2002 年第 5 期。

之子森弟为王,其家臣为"娘"与"白兰"二氏。[1]

从以上引文可以看出,被称作王的 nam pa"南巴"之子名叫 gseng ti "森弟"。此外,在 P. T. 1040 这篇有关"苯教仪轨"的写本中,还多次见到一个被称作"森弟大人"(jo bo gseng lde)的人物,不知是否与 nam pa "南巴"的王族有关,待考。[2]

尽管后世 nam pa"南巴"王族的事迹不显,但有一与之相关的地名却频繁见于《敦煌本吐蕃历史文书·大事纪年》:

61条:"及至狗年(710)赞普驻于跋布川。祖母驻于准。于赤帕塘集会议盟,派员准备赞蒙公主来蕃之物事,以尚·赞咄热拉金等为迎婚使。赞蒙金城公主至逻些之鹿苑。冬,赞普及其眷属驻于札玛。祖母驻于耒岗园。多思麻之会盟于'则·南木夭'地方由尚·甲咄与达古日则布召集之。是为一年。"

71条:"及至猴年(720)赞普驻于董之虎园,默啜(可汗)之使者前来致礼。夏季会议由尚·赞咄热与论·绮力心儿于董之喀布集会议盟。征集大藏之王田全部土地贡赋。冬,于桑松园由尚·赞咄热与论·绮力心儿集会议盟。派定尚论往大藏地征集马料。攻陷唐之索格松城。多思麻之季会盟于'则南木夭'召集之。是为一年。"

73条:"及至狗年(玄宗开元十年,壬戌,722年)夏,赞普驻于跋布川,夏季会盟事由大论绮力心儿于扯卜纳召集之。冬,赞普驻于札玛。冬季会盟事由大论绮力心儿于喀尔查召集之。清查统计宫廷费用之盈亏数字。多思麻之会议于'则南木夭'地方由论·乞力徐囊恭召集议盟。是为一年。"

74条:"及至猪年(723)夏,赞普驻于跋布。于扯卜纳地方由论·绮力心儿集会议盟,放逐岸本朗卓·聂赞恭禄与森奇没陵赞蒙穷二人,以属庐·聂辛工与努布·绮力心儿诺赞二人补任之。冬,赞普驻于札

〔1〕王尧、陈践译注:《敦煌本吐蕃历史文书》,第141、142、173页。

〔2〕A. Spanien et Y. Imaeda, *Choix de documents Tibétains conservés à la Bibliothéque Nationale complété par queques Manuscrits de l' India Officeet du British Museum*, Tome II, Paris, 1979, pp. 317 - 318.

玛。祭祀母后赞玛道之遗体。于蒙噶尔地方由大论绮力心儿集会议盟。(将二人)财产均转赐予论绮力心儿及尚·绮力涅门松二人。多思麻之冬季会盟事于则南木夭地方由论乞力徐囊恭召集之。是为一年。"

81条:"及至马年(730)夏,赞普驻于巴局之丁丁塘。唐廷使者赵大夫前来致礼。王妃拉邦薨。冬,赞普驻于札玛,于喀尔查集会议盟,公主之论属庐·辛恭被撤职计以朗卓·孔赞补之。于则南木夭地方,由大论穷桑征东索之大料集。是为一年。"

106条:"及至鸡年(757)夏,赞普之牙帐驻于巴桑木之牦牛部上方,唐廷使者前来致礼。夏季会盟事由大论囊热与尚·野息二人于堆之蒙召集之。论思结卜藏甲贡任副大论多年,薨。多思麻之夏季会盟于日寨宗由尚·东赞、论·芒赞彭冈二人召集之。冬,赞普牙帐驻于堆之江浦。多思麻之冬季会盟由论芒赞、论多热二人于'则·南木夭'召集之,大论囊热等攻陷唐廷之大宗喀及临洮城二城。是为一年。"

107条:"及至狗年(758)夏,赞普赤松猎赞之牙帐驻于苏浦。大论囊热还至蕃土。多思麻之夏季会盟由尚·东赞于伍茹之辛聂克地方召集之,统计各地资财数字。冬,赞普牙帐驻于甲尔之江浦。多思麻之冬季会盟于'则·南木夭'召集之,亦统计资财数字。论·赤桑、思结卜藏悉诺囊等引劲旅至凉州城。是为一年。"[1]

据上可以看出,"则·南木夭"(gtse nam yor)这个地名与多思麻的会盟事件有关,因而它肯定是在多思麻地方,而且就位于《通典·吐蕃》记载的"出鄯城五百里,过乌海,入吐谷浑部落、弥多弥、苏毗及白兰等国"的"多弥"之地[2],因为唐代的"多思麻"包括黄河上游到河湟谷地,即习惯上所称的"安多"地区。在今天的青海地名中,还有一个被称作"囊羊"(gnam gyas)的村子(北纬33.1度,东经97.1度),位于今称多县境内。[3] gnam gyas这个名称与nam yor极其相似,完全有可

〔1〕王尧、陈践译注:《敦煌本吐蕃历史文书》,第101-110、150-155页。
〔2〕《唐会要》卷99"吐蕃"条大致同此。
〔3〕国家测绘总局测绘科学研究所编:《青海省地名录》,1979年内部印刷,第136页。

58

能就是同一个地点。

此外,《大事纪年》还记载了与 nam"南国"有关的一个地名 nam ldong prom"南木东兆木",其第 53 条说:"及至虎年(702)夏,赞普驻于邦赤牟登。母后赤玛类,驻于羊卓之君地。冬,赞普驻于赤寨,于'南木东兆木'(nam ldong prom)地方由曲·莽布支拉松与论芒赞东细二人主持多思麻之冬季集会议盟会。"关于此段文字,有学者认为,"南木东兆木"(nam ldong prom)中的 nam,即指南族,ldong 指董氏族,兆木(prom)即白色之意;而石泰安认为"南族"往往与"董氏族"连接在一起,称为 nam ldong[1],因而这也是一个与南族有关的地名。

3.2.2 《钢和泰藏卷》

此写卷文书系俄国人钢和泰(Baron Alexander von Staël Holstein)在北京收得,据述系自敦煌散出,携至北京,为时在北京大学任教的钢和泰所得。原件为已变苍白的写卷,正面包括于阗文与古藏文两种文书,皆为于阗出使沙州使臣于沙州所写之文稿。后又利用纸背面抄写汉文佛教经卷,与正面两种文字均无关。1927 年,钢和泰将照片分别寄给挪威的柯诺(S. Konow)与英国的托马斯(F. W. Thomas)。于阗文文书由柯诺研究,古藏文文书由托马斯研究,1929 年两人将研究成果合著为《敦煌所出两种中世纪文书》(Two Medieval Documents from Tun-huang),刊于《奥斯陆人类学博物馆丛刊》中。其中,古藏文部分为于阗使臣记录往河西之行程、地理(城镇)、职官、民族、在沙州的活动等,可称为《使河西记》。1947 年柯诺发表《钢和泰所藏于阗文书》,于转写外又进一步加以翻译与词汇注释。1951 年贝利发表《钢和泰所藏杂纂考》(The Staël-Holstein Miscellany),包括于阗文转写、词汇译注与地名、人名、职衔的考订以及原文英译,比较柯诺的研究又有所进展。

其中特别值得一提的是,《钢和泰藏卷》记载 925 年于阗王李圣天派使团前往沙州,第一批使团的首领便是出自苏毗的"末·颊心"(vbal

---

[1]王尧、陈践译注:《敦煌本吐蕃历史文书》,第 149 页;石泰安著、耿昇译:《川甘青藏走廊古部落》,四川民族出版社 1992 年版,第 63 页。

欧·亚·历·史·文·化·文·库·

rgyal sum），第二批使团首领的藏文名字叫"韩新佳"（ham cin ca），于阗文名字叫 Svāmnakai，而 Nam pa 之名是加在于阗文名字之前的，全名叫做 Nam pa-jamńa Sau Svāmnakai。其中，Sau 已经被考证是汉文地方长官"守"之对译，jamńa 当是于阗地名之一，只是具体地点不详，而 Nam pa 明显是用于指其所出的民族。现引出相关段落的文字如后。

于阗文呈请书第二段，7—24 行：

狮子王尉迟娑缚婆（viša'saṃbhata）十四年，鸡年，十月十二日。这个呈请书是由在沙州的使臣们：论·颊心（bulunä rrgyạđi sūmä）与唐古特（ttāgutta）地方的太守 Ṣarrnädattä，于阗 Hvaṃa 地方的太守 Ṣaṃdū，和 Naṃpa jamńai 地方的太守 Švāṃnakai 共同起草的，所有这些人都了解这些城镇。[1]

古藏文呈请书，1—23 行：

于阗国之臣（yvu then gyi vbangs）末·颊心（vbal rgyal sum）与我等全体使臣谨禀请于太保王驾前：若不向人间之王大保呈请，就别无他处可求。我等微末贱臣去年被派作使臣由于阗分两次前来。末·颊心、守夏里（su sha li）、夏都（sha vdu）主仆四人从于阗启程先行。（途中发现敌人足迹，改从新路）上峰拨给骆驼两峰于途中死去，（我等）仅能活命来到人主太保之前。此后韩新佳（ham cin ca）、毕都督（vbye tu tu）、张都督（co tu tu）向我主狮子王呈请，一到沙州，即向君主（太保）禀报，恳请再次派后备（使者）从狮子王……此次去后未获成功，只能另想他法。[2]

以上《钢和泰于阗文、藏文卷子》记载的情况，反映出 9 世纪中叶吐蕃王朝结束对于阗的统治之后，吐蕃统治的影响在于阗还继续存在，

---

〔1〕H. W. Bailey,"The Staël-Holstein Miscellany", *Asia Major*, *A British Journal of Far Eastern Studies*, New Series vol. Ⅱ part Ⅰ,1951,pp. 2,8,44.

〔2〕F. W. Thomas & S. Konow,"Two Medieval Documents from Tun-huang", *Oslo Ethnografiske Museums Skrifter*, 3.3, 1929, pp. 122 – 130;黄盛璋：《钢和泰藏卷与西北史地研究》，《新疆社会科学》1984 年第 2 期，第 60 – 73 页。

尚有被称为 nam pa 族的人在从于阗到沙州一线活动。

3.2.3 吐蕃简牍

　　20 世纪以来,在今新疆于阗北面的麻扎塔格、若羌东面的米兰戍堡中,先后出土了一批藏文古简牍。中外学者认为,这是一批 8—9 世纪吐蕃占领和统治西域(主要是天山以南地区)的遗物。在这批简牍中,常提到一个称为 nam 或 gnam、nam ru"浦茹"的部落。

　　麻扎塔格出土的 M. Tagh. c. ii. 0024 号简牍记道:dgravi shagri yan chad bya tshang smug phor nam ru pag sum tshugs / gchig vkhyam zhing so tshor stsald pavi dgra thabs"乍夏志以上,甲仓慕堡以下,在浦茹(nam ru),有三名斥候,一名逃散,由士兵至各处设法搜捕"[1] 又一编号为 M. Tagh. c. iv. 0036 的简牍记载:par ban gyi thad ka gyi sho rtsang vgram du nam ru pag gi gzhi dpon du mchis pavi"在巴尔本(par ban)对河,岸边关卡由浦茹巴(nam ru pag)充任地方长官(gzhi dpon)"。[2] 米兰出土的一枚简牍记载到:spevu chung nam chung"小浦部之碉楼"[3]。

　　可见,nam"南国"之人被吐蕃征服后,编入军旅,称为 nam ru"浦茹",服役到了南疆地面。这种情况与我们了解的吐蕃出入南疆的情况相符。藏文史籍《贤者喜宴》记载,吐蕃的军事区划分为 5 茹:伍茹、叶茹、茹拉、约茹、孙波茹,每一茹统率约 10 个千户[4],在吐蕃进攻河陇及西域等地的过程中,这些千户便纷纷离开原来的驻地,奔赴前线作战,之后即驻屯于各占领区。南疆麻扎塔格和米兰出土的古藏文文书中出现的千户名称,就分别属于约茹、茹拉、伍茹和叶茹,其中出现来自多弥的 nam 人是很自然的。

---

〔1〕王尧、陈践编著:《吐蕃简牍综录》,第 48 页编号 139。

〔2〕王尧、陈践编著:《吐蕃简牍综录》,第 59 页编号 272。

〔3〕王尧、陈践编著:《吐蕃简牍综录》,第 53 页编号 184。

〔4〕巴卧·祖拉陈瓦:《贤者喜宴》,第 185－188 页。

3.3 传世藏文文献记载的 nam pa

3.3.1 《于阗国授记》

托马斯于 1925 年编著《有关西域的藏文文献》一书时,说他在古藏文《于阗国授记》(li yul lung bstan pa)中读到如下一段文字:一个名叫尉迟难陀(bijaya nanda)的于阗王与一个叫"嗢末"(vu mar)的"南国王"(nam gyi rgal po)通婚[1],《大藏经》"丹珠尔"部收录的《于阗国授记》相关文字如下:

> de nas devi vog tu rgyal po bijaya nanda zhes bgyi ba nam gyi rgyal po vu mar bya bavi mchis vbrang dang / mjal bavi bu mo gcig cig mchis pa rab tu byung nas dgra bcom par gyur pas bl-tas na / bdag ni li rje bijaya ma tivi bu mo lags par thugs su chud nas vphags pa dharmabala de dang / dge slong ma vphags ma nyi shu / shu lig nas nam mkhav las ldings te li yul du gshegs nas rgyal po yab la thog mavi lo rgyus kyang bshad / rju vphrul rnam pa sna chogs kyang bstan pas rgyal po yang dad pa skyes nas bu mo vphags ma dgra bcom ma dharmabalavi slad du po yen dovi gcug lag khang brcigs te / da ltar rnam thos kyi sras dang / kluvi rgyal po vu lor bgyi bas srung /

此后,于阗的国王名叫尉迟难陀(bijaya nanda),他仅有的女儿嫁给一个名叫"嗢末"(vu mar)的"南国王"(nam gyi rgal po)为妃。她放弃世俗,修行达到阿罗汉尼(arhatship)之

---

[1]F. W. Thomas, *Tibetan Literary Texts and Documents concerning Chinese Turkestan*,Ⅱ, London, 1935, p. 130. R. E. Emmerick, *Tibetan Texts concerning Khotan*, London, Oxford University Press, 1967,pp. 66 - 67. 但托马斯在这里把《于阗国授记》误名为《于阗国编年史》,详见:G. Uray,"The old Tibetan Sources of the History of Central Asia up to 751 A. D. : A survey", Prolegomena to the Sources on the History of Pro-Islamic Central Asia, by J. HARMATTA(ed.), Budpest,1979, p. 288. 乌瑞著,荣新江译:《有关公元751 年以前中亚史的藏文史料概述》,《国外藏学研究译文集》5,西藏人民出版社1989 年版,第48 页。《于阗国授记》(li yul lung bstan pa),见《中华大藏经丹珠尔》(藏文对刊本)第96 卷,中国藏学出版社 2002 年版,第 1050 - 1106 页。

境界：她想我已经是于阗国王 Bijaya Mati 的女儿。当 Āryā Dharmabalā 与 20 位 Āryā 修女在一起，从 Shu lig 空行到于阗，讲到她的父亲于阗国王以及她的前世，同时显现各种不同的魔力。于是国王心中充满感激，为他的女儿建造了 Āryā Arhanti Dharmabalā，即 Po yen do 伽蓝。目前，毗沙门天王和一个被称为 Vu lor 的 Nāga 王护卫着这个国家。[1]

根据对《于阗国授记》中记载的于阗王世系与于阗文文献记载的于阗王世系的对比，我们发现，这个名叫尉迟难陀(bijaya nanta)的于阗王可能是于阗文文献记载的 8—9 世纪的尉迟系于阗王之一[2]，而这个名叫"嗢末"的"南国王"(nam gyi rgal po)，其活动时间也符合"嗢末"活动在唐中后期的史实。同时，这一记载与上引《钢和泰于阗文、藏文卷子》记载的，晚唐时于阗王派往敦煌的使者中还有出自 nam pa 的官员也是一致的。

3.3.2 《贤者喜宴》中的南巴(nam pa)财库王

巴卧·祖拉陈瓦撰《贤者喜宴》(约成书于 1564 年)记，松赞干布时有所谓"四方面王"或称"四外邻邦"：

nam pa lde rgyal /bal po li rgyal /sum pa lcags rgyal /mon rtse rgyal zhes phyogs kyi rgyal po bzhis dpya bsdus nas vbul bas vbangs la gtogs so/"南巴(nam pa)财库王、泥泊罗铜王、苏毗铁王及门地娱乐王：他们收集赋税上献，因此他们亦隶属于属民之中"[3]

以上引文中的"南巴"(nam pa)应即指南国(多弥)，且文中说明在松赞干布时南国是吐蕃的四个邻邦之一。

───────────

〔1〕R. E. Emmerick, Tibetan Texts concerning Khotan, London, Oxford University Press, 1967, pp. 66 - 67.

〔2〕张广达、荣新江：《于阗史丛考》，上海书店 1993 年版，第 51 页；李吟屏：《和田春秋》，新疆人民出版社 2006 年版，第 132 - 136 页。

〔3〕巴卧·祖拉陈瓦：《贤者喜宴》，第 189 页；黄颢：《〈贤者喜宴〉摘译(二)》，《西藏民族学院学报》1981 年第 1 期，第 10 页。"南巴"，原译作"囊巴"。

3.3.3 《拉达克王统记》

《拉达克王统记》中记载有"南钦董人"（nam chen ldong），托马斯与石泰安均认为他们也属于南族人之一。[1] 这首先是因为托马斯在其《南语考》一书中提到，安多地区有一个地名拼作 nam ldong[2]，他于是引用《拉达克王统记》中的"南钦董人"（nam chen ldong）以及苯教写本（P.T.493）中的"南巴董人"（nam pa ldong）来加以说明。[3]

〔1〕石泰安:《川甘青藏走廊古部落》,第63、64页。

〔2〕这就是我们已经在前面引用到的《大事纪年》第53条(702):于"南木东兆木"(nam ldong prom)地方举行冬季盟会。

〔3〕F. W. Thomas, Nam, *An Ancient Language of the Sino-Tibetan Borderland*, London,1948, p. 137, n. 2.

4 吐蕃与白兰

白兰自汉代开始出现,又名"白兰峒"、"白兰羌"等,分布于今青海南部、四川西部一带,以游牧为生。北周保定元年(561),遣使到京师朝贡。唐武德二年(619),遣使来朝,以其地置维、恭二州。其后被吐蕃所征服,成为吐蕃王国的一部分,在汉文文献中又称为"弥不弄羌",敦煌藏文文献则记作 vbrom khong。

4.1 汉文文献记载的白兰与"弥不弄羌"

早在东晋人常璩撰写的《华阳国志》"汶山郡"条下,就记载了当时在今四川阿坝州及其与甘、青交界处,活动有"六夷、羌胡、羌虏、白兰峒、九种之戎",其中"白兰峒"就是后来所称的"白兰羌"。《周书·异域传》、《北史·白兰传》并言:"白兰者,羌之别种也。"称为"别种",意为与羌族风俗相近,而语言有别。

其后,《隋书·西域传》"附国"条所举"其东北连山,绵亘数千里,接于党项,往往有羌"的数十种羌之中,亦有"白兰"。《新唐书·党项传》则直接称"白兰羌",曰:"又有白兰羌,吐蕃谓之丁零,左属党项,右与多弥接。胜兵万人,勇战斗,善作兵,俗与党项同。"冉光荣等认为,隋唐之际的白兰羌,位于今青海南部到四川西北之间,仍与《华阳国志》"汶山郡"条所载的"白兰峒"的地理分布相近,这与顾颉刚稍早提出"白兰"就是"巴颜喀喇"的观点相去不远。[1]

唐代文献记载"白兰羌"比较频繁。《新唐书·吐蕃传》:贞观十二

---

[1]顾颉刚:《白兰》,载《史林杂识初编》,中华书局1963年版,第74–75页;冉光荣、李绍明、周锡银:《羌族史》,四川民族出版社1984年版,第172页。

年(638),弄赞疑吐谷浑离间唐嫁公主事,"率羊同共击吐谷浑,吐谷浑不能亢,走青海之阴,尽取其赀畜。又攻党项、白兰羌,破之"。《新唐书·党项传》曰:"龙朔后,白兰、春桑及白狗羌为吐蕃所臣,籍其兵为前驱。""龙朔"系唐高宗李治年号,为 661—663 年,在此期间吐蕃攻占了吐谷浑地方,而"吐谷浑居甘松山之阳,洮水之西,南抵白兰",位于吐谷浑之南的白兰羌之地,自然已为吐蕃所占领。[1]

到唐朝中期,"白兰羌"已经被吐蕃统治近百年之久,应该说从称号和风俗上都与后者十分接近了。《册府元龟·外臣部》曰:天宝"十三载(754),闰十一月乙亥,吐蕃白兰二品笼官董占庭等二十一人来降,并授左武卫员外大将军。"此段文字以"吐蕃白兰"为前置词,后面具体提到"二品笼官董占庭",其意应为"吐蕃白兰部的二品笼官董占庭"云云。这种称呼法不外乎表明了两种含义:一是当时白兰为吐蕃同化很深,他们对外自称是吐蕃人,这种现象在同是唐代民族的突厥或回纥那里也能见到,就是所有被突厥或回纥所征服的北方草原部落,对外都以突厥或回纥自称;第二种解释就是"白兰"与吐蕃经过近百年的融合,双方在语言、服饰、习俗上已经非常接近,其他民族的人要想将两者区分开来已属不易,故将其视为吐蕃的一部,称为"吐蕃白兰"。

至于其中提到的"笼官",应即藏文 slung dpon 一词的翻译,为吐蕃封给被征服地区的地方驿传、军需官吏的称呼之一种,在这里将其封给白兰的酋长是再合适不过的。[2] 有学者还据此认为,既然白兰的首领为"董"姓,那么《华阳国志》所载"白兰峒"的"峒",应为"董"的异译,故"白兰峒"、"白兰羌"又可称为"白兰董"。如果以《格萨尔王传》称岭国王族为"木波董氏"之例,白兰羌甚至是藏族先民四大姓氏之一董氏的一个分支。[3]

白兰羌在汉文史籍中还有一个异称,就是"弥不弄羌"。《新唐

---

[1]《新唐书》卷 221《吐谷浑传》。

[2]陈践践:《笼馆与笼官初探》,《藏学研究》,中央民族学院出版社 1993 年版,第 171 - 182 页。

[3]陈庆英主编:《藏族部落制度研究》,中国藏学出版社 2002 年第 2 版,第 35 - 36 页。

书·吐蕃传》开元十六年(728)有一段文字,称吐蕃边吏曾致书唐朝边将,言双方和战关系,中华书局"二十四史标点本"《新唐书》刊载这封信的汉译文是:"论莽热、论泣热皆万人将,以赞普命,谢都督刺史:二国有舅甥好,昨弥不弄羌、党项交构二国,故失欢,此不听,唐亦不应听。"按笔者的理解,其中的"弥不弄羌"、"党项"是平行、并称的两个民族,"昨"是时间介词,是"此前"的意思。结合起来就是说:"前一段,由于弥不弄羌、党项离间唐朝和吐蕃,使两大国互相失去信任。现在,为了两大国重归于好,我吐蕃已经不听信两族的谗言,那么唐朝也不应再听信他们。"

而陈宗祥的标点是"昨弥、不弄、羌、党项交构二国"[1],意思是这里有4个并列的民族或部落,他们都曾在此之前离间过唐朝和吐蕃的关系,使两国"失欢"。那么,为了分析陈宗祥的标点是否正确,我们可以来看一下这4个民族或部落是否都成立,还有就是他们是否都曾在8世纪初期,一段时间投附唐朝,一会又归降吐蕃。

首先看这4个民族的称呼。毫无疑问,"羌"和"党项"都是有的,如《新唐书·郭子仪传》记载,大历九年(774)郭子仪上书曰:"今吐蕃兼吞河陇,杂羌、浑之众,岁深入畿郊,势逾十倍,与之角胜,岂易得邪?"又,《旧唐书·吐蕃传》贞元三年(787),"吐蕃率羌、浑之众犯塞,分屯于潘口及青石岭";同年,《新唐书·吐蕃传》载,吐蕃攻汧阳、华亭(今甘肃华亭一带),掠"男女万人以畀羌、浑,将出塞,令东向辞国,众恸哭,投堃谷死者千数"。这里"羌、浑"并举,根据《旧唐书·吐蕃传》广德元年(763)所载"吐蕃以吐谷浑、党项羌之众二十余万,自龙光度而东",《新唐书·吐蕃传》曰,唐代宗广德二年(764),"怀恩不得志,导虏兵(吐蕃)与回纥、党项羌、浑、奴剌犯边"等记载来看,"浑"就是"吐谷浑","羌"就是指"党项"。这里尚可举《资治通鉴》759—760年间,"党项等羌吞噬边鄙,将逼京畿"一例,可见"党项"在唐代习称"羌"。

---

〔1〕参见陈宗祥:《试论格萨尔与不弄(白兰)部落的关系》,《西南民族学院学报》1981年第4期,第22－24页。

这么一来,陈宗祥标点的"昨弥、不弄、羌、党项",其实"羌"是不能单列的,它应该属前并入"不弄",为"不弄羌"。而"昨弥"一词,除了能与汉代文献中的西南少数民族"笮夷"产生联想以外,笔者检索唐代文献,目前尚未找到一个被称作"笮弥"或"昨弥"的民族。因此,笔者认为这里的"昨"为时间介词,是"此前"的意思,"弥"应后属读"弥不弄羌"。这段文字连贯起来就是说:"前一段,由于弥不弄羌、党项离间唐朝和吐蕃,使两国互相失去信任"云云。所以,我们在引用这一段文献时,还是应该认同中华书局标点本的断句,读作"弥不弄羌、党项"。

可以看出,汉文文献记载的"白兰"、"白兰峒"、"白兰羌"、"弥不弄羌",从《华阳国志》所载的汉代事迹以来,直到唐朝中叶,已经有近一千年的历史,而其名称的延续不变,是民族称谓上的一个典型示例,是民族史和民族语言研究者需要十分重视的现象。

既然"白兰羌"的历史延续了一千年之久,而且历代以来与汉晋时期的羌族、隋唐时期的吐蕃关系如此密切,那么,应该说在唐代的藏文文献或文书中就应该找到相对应的词汇;但实际情况是,从近代史学或说当代民族史学者开始注意到"白兰峒"、"白兰羌"、"弥不弄羌"这些汉文文献记载的一个民族以来,可以说已经过去了将近一百年的时间,人们却始终没有将这些汉文译音的藏文词汇寻找出来,这不能不说是一种遗憾。所幸的是,笔者最近在研读唐代敦煌吐蕃文献"祈愿文"时,发现了其中的一个发愿文竟然就出自"弥不弄羌"的上层人物之手。在这一份藏文文献中,白兰羌所对应的藏文名称是 vbrom khong。

4.2 "弥不弄羌"与古藏文 vbrom khong

国内学术界最早考虑"弥不弄羌"藏文对应词的是王忠,他于所撰《新唐书吐蕃传笺证》一书中,提出"弥不弄羌"可能就是党项的藏文译音"弭药"的异译。[1] 但这种说法显然不能成立,因为《新唐书·党项

〔1〕王忠:《新唐书吐蕃传笺证》,科学出版社1958年版,第8、140页。

传》说，党项因吐蕃侵逼，"请内徙，始诏庆州置静边等州处之。地乃入吐蕃，其处者皆为吐蕃役属，更号弭药"。汉文"弭药"就是藏文 mi nyag 的音译[1]，如果 mi nyag 又音译为"弥不弄羌"的话，那么将其还原成汉文，《新唐书·吐蕃传》这句话不就成了"昨党项、党项交构二国"了！

虽然陈宗祥"昨弥、不弄、羌、党项"的断句不可取，但他指出"不弄"即"白兰"这一观点是正确的。因为"弥不弄"中的"不弄"就是指"白兰"，而"弥"字是用来翻译藏文前加字"m"的，这个藏文词就是出自敦煌古藏文写本《岱噶玉园会盟寺愿文》（P. T. 16 暨 I. O. 751）的 vbrom。

英国前印度事务部图书馆馆长托马斯（F. W. Thomas, 1867—1956）可能是最早读到 vbrom 一词的西方学者，而且他还专门讨论过汉文"白兰"的藏文对应词，但仍然与 vbrom 失之交臂。在翻译并注释载有 vbrom khong 一词的《岱噶玉园会盟寺愿文》时，他对 vbrom khong 没有多着一词，仅仅是照搬其拉丁字的转写，后来才注解说这是一个位于藏东北的地区。在出自新疆的古藏文写本中再次碰到 vbrom gi sde"白兰部落"、vbrom nang po rje"仲·莽布支"、vbrom stong"仲·董氏"这些部落名或人名时，托马斯仅仅解释说 vbrom 是一个驻有军事部落的地区。[2]

托马斯在其《南语——汉藏民族走廊的一种古代语言》一书中，曾将《岱噶玉园会盟寺愿文》中的地名"雅摩塘"（dbyar mo thang）引来与汉文"白兰"相对勘，他认为 dbyar mo thang 的 dbyar 可以对白兰的"白"，因此 dbyar mo thang 可以译成"白摩塘"，意为"白人的塘"。[3]

---

〔1〕巴卧·祖拉陈瓦：《贤者喜宴》，第 217、240 页。

〔2〕F. W. Thomas, *Tibetan Literary Texts and Documents concerning Chinese Tukestan* II , London, 1951, pp. 98、104、106、303；Ⅳ, London, 1955, p. 67. 根据藏、汉文对译的习惯，笔者在这里翻译 vBrom 时作了如下处理：作为民族或部落名译作"白兰"，作为氏族名，参照后世的习惯译作"仲"或"仲氏"。

〔3〕F. W. Thomas, *Nam, an Ancient Language of the Sino-Tibetan Borderland*, London , 1948, pp. 23 - 24. F. W. 托马斯编著，玉文华、杨元芳译，陈宗祥审校：《南语——汉藏民族走廊的一种古代语言》，普米文化研究丛书，丽江普米文化研究室 2003 年版，第 36 - 40 页。

　　不过托马斯的这一观点是站不住脚的。众所周知,"雅摩塘"(db-yar mo thang)是藏文文献中一个屡屡被提到的地点,它不是一个民族或部落的名称,而是一个地名。该地名又见于拉萨"达扎路恭记功碑",其中说:"于唐境之 dbyar mo thang……湟水之滨……开始纳贡。"藏文地理书《藏地广说》将其拼为 gyar mo thang,达斯《藏英词典》标明dbyar mo thang 在"康"(khams)境内。[1]

　　20 世纪 50 年代末,法国学者石泰安出版《西藏史诗与说唱艺人的研究》一书,提到在《岭格萨尔传说》中"格萨尔"总有一个前缀 phrom,他认为这是"罗马"一词的藏文对音,"东罗马"在伊朗文中拼作 frōm或 hrōm,在《北史·西域传》中译作"拂菻"。[2]

　　陈宗祥撰《试论格萨尔与不弄(白兰)部落的关系》一文,反驳了石泰安指 phrom 源自"东罗马"的伊朗文拼法的观点,认为 phrom 应为汉文文献所载的"不弄"的对音,与东罗马毫无关系,以此证明格萨尔传说中的祖先是源自汉代以来的"白兰"羌人。[3] 陈宗祥的文章问世之后,国内学术界基本上是认同的,认为他的这篇文章把唯一见载于《新唐书·吐蕃传》的"不弄"与"白兰"对应起来,解决了历史文献上悬而未决的一个问题。

　　就是因为大家都觉得汉文"白兰"的藏文对应词已经找到了,就是《格萨尔王传》中的 phrom,所以 20 世纪 90 年代,笔者在与刘忠合作翻译托马斯的《有关西域的藏文文献和文书》第 2 卷时,也就轻易地把vbrom khong 这个词放过去了,在译文中只是简单地按照对音的习惯将

〔1〕王尧编著:《吐蕃金石录》,第 75、84 页。T. V. Wylie ,*The Geography of Tibet according to the ' Dzam gling rgyas bshad — Text and English Translation*,Serie orientale Roma ⅩⅩⅤ,ISTITUTO ITALIANO PER IL MEDIO ED ESTREMO ORIENTE, 1962 ,pp.50、112、201。

〔2〕石泰安著,耿昇译,陈庆英校订:《西藏史诗与说唱艺人的研究》,西藏人民出版社 1993年版,第 822 - 824 页。

〔3〕参见陈宗祥:《试论格萨尔与不弄(白兰)部落的关系》,《西南民族学院学报》1981 年第 4期,第 22 - 24 页。

其译为"仲孔",没觉得它与"白兰"有什么关系。[1]

笔者近期因课题需要,反复研读敦煌古藏文《岱噶玉园会盟寺愿文》,发现其中的藏文 vbrom khong 一词,就是唐代"弥不弄羌"或"白兰羌"的对音。其中,vbrom 可对"弥不弄"即"白兰",khong 对"羌",这一点可以在保留许多古藏语特点的安多方言中找到例证。据研究,安多方言的复辅音发音有如下特点:当前加字 v 位于 b 前面的时候,这两个辅音都要发音,称作二合复辅音或三合复辅音。[2] 那么,vbrom 就应读作 mbrom,将其逐字音译成汉文就是"弥(m)不(b)弄(rom)"。[3] 另外,据陈宗祥的研究,出自敦煌藏经洞的《南语写卷》所记的"白兰"拼作 vbah vrag。[4] 不难发现,南语的 vbah vrag 与古藏文的 vbrom 是十分接近的,这也就辅证了 vbrom 是"白兰"的古藏文词的合理性。

将 khong 翻译成"羌",从对音上看也是没有问题的。但这里的"羌"应该理解为是一种泛称,因为唐代不管是中原的汉人还是青藏高原的吐蕃,对于那些处于汉藏之间的高山深谷中的民族或部落是否有区别,并不十分清楚,往往就在其名称后缀以"羌"字而统称之。就像《隋书·西域传》"附国"条所载,"其东北连山,绵亘数千里,接于党项,往往有羌",举不胜举,达数十种之多。

---

〔1〕托马斯编著,刘忠、杨铭译注:《敦煌西域古藏文社会历史文献》,民族出版社 2003 年版,第 85 页。在这之前周伟洲、黄颢撰《白兰考》一文,不同意白兰的藏文对音是 Phrom,但也没有提出新的对音词,故笔者未能采用,见《青海民族学院学报》1983 年第 2 期,第 7 页。

〔2〕格桑居冕、格桑央京:《藏语方言概论》,民族出版社 2002 年版,第 174、178 页所举"安多方言的语音特点"一节中,"二合复辅音"的词例举"泽库话"有:vbul(奉赠),读作 mbu;vphar(增加),读作 mphar;vbras(米),读作 mdzi;"三合复辅音"的词例举"道孚话":vbras(米),读作 mbre;vbjar(粘住),读作 mbjar。

〔3〕关于古藏语、安多语的前加字 v 发 m 的音,还可以参见周季文等著:《敦煌吐蕃汉藏对音字汇》,中央民族大学出版社 2006 年版,第 115–116、242 页。古藏文前缀对译成汉字的,这里再举一例:《通典》卷 190《边防》称汉、藏间的另一民族"多弥"为"弥多弥"。"多弥"的藏文对音词,有学者认为是 stong mi 或 ldong mi,不过笔者更倾向于考虑 mdo mi。mdo gams 在唐代的范围包括今天甘肃的河西走廊和青海大部,"多弥"自然在其中。而 mdo mi 即"朵地之人",按照安多方言复辅音的发音正好读作"弥多弥"。参见张云:《丝路文化·吐蕃卷》,浙江人民出版社 1995 年版,第 85 页。

〔4〕陈宗祥:《隋唐婢药(附国)历史研究——兼论该国为"格萨尔王传"重要史料来源之一》,《中国藏学》2008 年第 3 期,第 30 页。

根据上述背景来看《岱噶玉园会盟寺愿文》,我们发现 khong 这个词是添写于 vbrom 之后的,位置比书写行低了约 1/3 个字。[1] 笔者认为,这种书写格式传达的信息是:vbrom 是一个专有名词,而 khong 是一种表示族属或地区的后缀,可以加也可以不加,因为在出自新疆的古藏文写本中,就有"仲·莽布支"(vbrom nang po rje)、"白兰部落"(vbrom gi sde)等称号,其中 vbrom 之后均不缀 khong 一词。至此,也就更容易理解为什么汉唐间的汉文文献有时记载的是"白兰",如《北史·白兰传》所载"白兰者,羌之别种也",有时记载的是"白兰羌",如《新唐书·吐蕃传》、《新唐书·党项传》均直呼"白兰羌"。因为"羌"与古藏文的 khong 一样,作为一种族属后缀,可以加也可以不加。在同一个时代,当人们说到"白兰"与"白兰羌"时,均会视为是同一个民族,不会产生歧义。

我们不仅在敦煌古藏文文献中找到了"白兰羌"的对应词就是 vbrom khong,而且还在大约是 815 年写成的吐蕃《噶琼多吉英寺崇佛誓约》中,于"王侯、将军人等署名"一栏的第 7 位读到了"仲氏论·结热卡孜"(vbrom blon rgyal bzher kha tsi),第 18 位"仲氏论·噶古"(vbrom blon sga vgu),以及名次更靠后的"仲·色日当"(vbrom sa ri stong)、"仲·扬斯"(vbrom yang gzigs)等。显然这是出自"白兰"的几名贵族,已赫然位居吐蕃"王侯、将军"之列了。[2]

根据藏文文献记载,出自"白兰"(vbrom)族的人,在唐以后被习惯译为"仲"(vbrom)氏,其代表人物有作为阿底峡弟子、在宋仁宗时

〔1〕A. Spanien et Y. Imaeda, *Choix de documents Tibétains conservés à la Bibliothéque Nationale complété par queques Manuscrits de l' India Office et du British Museum*, Tome Ⅱ, p.16.

〔2〕巴卧·祖拉陈瓦:《贤者喜宴》,第 413 页;黄颢:《〈贤者喜宴〉摘译(十二)》,《西藏民族学院学报》1983 年第 4 期,第 47、48 页。多吉英寺建于拉萨河下游南岸的若玛岗村,该寺已破败,20 世纪 50 年代尚存四周基址,以及石碑、佛塔等遗迹。参见杜齐著,阿沛晋美译:《藏王墓考》,中央民族学院藏族研究所编《藏族研究译文集》(1),1983 年,第 17 页;王尧编著:《吐蕃金石录》,第 148 页。

（1053）建"热振寺"的仲·敦巴（vbrom ston pa）。[1] 这样一来,日本学者山口瑞凤根据地理相邻、读音相近等,认为"白兰"就是 sum pa（汉文文献的"苏毗"）之 rlangs 氏的观点,就难以成立。[2] 而陈宗祥关于《格萨尔王传》中的 phrom 是"不弄"即"白兰"藏文对应词的说法,因从文献学的角度来审视,phrom 比 vbrom 晚出,故笔者持保留态度。

4.3 "弥不弄羌"敬奉的愿文

为了全面理解 vbrom khong 就是弥不弄羌或白兰羌的对应词,在此引出载于《岱噶玉园会盟寺愿文》之中的 vbrom khong 族人敬奉的愿文,以便作进一步分析。《岱噶玉园会盟寺愿文》是由包括弥不弄羌（vbrom khong）在内的吐蕃朵甘思王侯（mdo gams dbang po）们提供的,目的是对 9 世纪上半叶举行的唐蕃"长庆会盟"表示祝贺。[3] 其中所见的吐蕃朵甘思王侯及其驻地如下:

德伦（bde blon）:吐蕃占领河陇后设置的"德伦会议"（bde blon vdun tsa）的主持人。

雅摩塘大节度使（rgyar mo tang khrom chen po）:吐蕃鄯州节度使,驻地在今青海乐都。

姑臧大节度使（mkhar tsan khrom chen po）:吐蕃凉州节度使,驻地在河西走廊的凉州,凉州古称姑臧（mkhar tsan）,今甘肃武威。

瓜州大节度使（kva cu khrom chen po）:吐蕃瓜州节度使,驻地在河西走廊的瓜州,今甘肃安西县。

---

〔1〕布顿大师著,郭和卿译:《佛教史大宝藏论》,民族出版社 1986 年版,第 190－192 页及相应的注释。达斯《藏英词典》（Rai Sarat Chandra Das,*A Tibetan English Dictionary*）在解释唐代以后的 vbrom 氏时称:"vbrom 是西藏的一个古老的氏族。"Motilal Banarsidass, Reprint Edition: Delhi, p. 935. 张怡荪主编《藏汉大辞典》解释 vbrom 一词时也说:"名词。种氏。古代拉萨西面堆龙普色地方一牧民氏族。"见民族出版社 1985 年版,第 2009 页。

〔2〕山口瑞凤:《白兰とSum paのrLangs 氏》,《东洋学报》第 52 卷第 1 号,1969 年,第 1－61 页;《吐蕃王国成立史研究》,第 204、252、345 页。

〔3〕按照石泰安的观点,可以把《岱噶玉园会盟寺愿文》的书写时间断在 823 年,与"唐蕃会盟碑"的建成同时。见石泰安著、耿昇译:《敦煌写本中的印—藏和汉—藏两种词汇》,载《国外藏学研究译文集》（八）,西藏人民出版社 1992 年版,第 186 页。

擘三千户长及其下属(phyug tsams stong pon dpon gyog):吐蕃统治时期住于瓜州、沙州(今敦煌)之间的吐蕃千户。[1]

弥不弄羌(vbrom khong):即白兰羌,唐初时位于今青海湖西南,今玛多县一带[2],后被吐蕃征服,融合于吐蕃。

以下是由"弥不弄羌"(vbrom khong)族人敬奉的"愿文":

愿文由弥不弄羌(vbrom khong)地区敬奉:君主为高居天上的神,国家大臣们感悟良深。上天断裂,经神的启示,大臣们用神术给以织补;地球劈开,由有权有势的大臣加以拼合,极乐世界得以出现。依靠大和盟约,迅速控制敌人,前线不再有敌对的危险,而境内的牦牛也不再受鞭挞(?)……仅仅这样还不够,仅仅吐蕃人民享受欢乐和幸福也不够,要使不管多么弱小的国王,在统一的阳光下,尽管会使他们忧虑不安,担心其国家的沦亡,但却不是处于受压迫的状态,而是在快乐地生活。如此伟大的仁慈,已由君主和大臣们施予,受到神灵启示的捐献者们,像太阳升起似的,一个与吐蕃人共享欢乐的时代已经来临。这个国家犹如处于夏季幸福时光的草原,到处盛开着鲜花。在岱噶玉园的一座寺庙已经由大论·尚绮心儿和大尚·塔藏及其随从们和其他人共同建造起来,以四海之内皆兄弟的方式提供奉献。

祝愿王子赤祖德赞陛下万寿无疆,坚不可摧;祝愿大论·尚绮心儿和大尚·塔藏心想事成,事事如意;祝愿吐蕃君臣的

---

〔1〕关于吐蕃统治河陇时期军政机构的设置及所在位置,详见杨铭:《吐蕃时期河陇军政机构设置考》,《中亚学刊》4,北京大学出版社 1995 年版,第 113 – 121 页。参见 G. Uray, "KHROM: Administrative Units of the Tibetan Empire in the 7th – 9th Centuries", *Tibetan Studies in Honour of Hugh Richardson* ed. by Michael Aris and Aung San Sua Kyi, Aris and Pillips LTD. Warminster England, 1979, p.313.

〔2〕关于"白兰"的地理位置,文献有诸多记载,笔者认为唐道宣《释迦方志》的记载较清晰,较为可信,其卷上《遗迹篇》第四云:"(青)海西南至吐谷浑衙帐。又西南至国界,名白兰羌,北界至积鱼城,西北至多弥国。又西南至苏毗国,又西南至敢国。又南少东至吐蕃国,又西南至小羊同国。"范祥雍点校本,第 14 页。参见李文实:《西陲古地与羌藏文化》,青海人民出版社 2001 年版,第 370 页。

寺庙犹如太阳似的,永存不毁,寺庙建筑坚固不破;祈愿我们自己和其他所有人等,可以涤除世间邪恶,让人们生活于诸神中最高之神——佛陀的庭院中。[1]

从上文可以看出两点:一是弥不弄羌(vbrom khong)的愿文虽然名列朵甘思王侯之末,但与它并列的均是吐蕃位于河陇的地方机构或官吏,说明到唐中叶以后,弥不弄羌即白兰羌已经是被当做吐蕃的一部分来看待了,这种情况正与《册府元龟·外臣部》所载"吐蕃白兰二品笼官董占庭等二十一人来降"的情况相符,即藏、汉史料都说明中唐以后的白兰与吐蕃已经融合至深,而被视为一体了。

其次,弥不弄羌(vbrom khong)用"弱小的国王"来比喻自身君主的地位,称其在吐蕃君主、大臣的统治下并非"处于受压迫的状态,而是在快乐地生活",而且称"一个与吐蕃人共享欢乐的时代已经来临","四海之内皆兄弟"。这些词汇的表达,完全与白兰被吐蕃征服较早、藏化很深的特点相符合,这就从历史和时代的背景上,再次证明了笔者的观点:vbrom khong 即"弥不弄羌",也就是汉代以来汉文史籍所载的"白兰羌"。

4.4　小结

综上所述,《新唐书·吐蕃传》载的"弥不弄羌",就是自汉代以来就出现的白兰羌,藏文名称作 vbrom khong。其中,vbrom 与"弥不弄"即"白兰"是一种稳定的对应,而 khong 作为一种表示族属或地区的后缀,有时附加于 vbrom 之后。到了宋代,vbrom 被习惯翻译为"仲"氏,则完全是以吐蕃氏族的面目出现了。

---

〔1〕金雅声、郭恩主编:《法国国家图书馆藏敦煌藏文文献》,上海古籍出版社 2006 年版,第 77－83 页;托马斯编著,刘忠、杨铭译注:《敦煌西域古藏文社会历史文献》,第85－86 页。

5　吐蕃与党项诸羌

党项源出鲜卑,后南下、西迁于我国的西北地区,由于其统治和融合了原居西北的羌族部落,故后世的文献多记载其为西羌的一支。[1]北周灭宕昌、邓至羌后,党项部兴起。隋开皇四年(584),党项首领拓拔宁丛内附,授大将军。贞观初,细封步赖举部归唐,唐以其地置轨州,授刺史领之,其地大致在今青海省东南部河曲与四川松潘以西山谷地带。另外,分布于今阿坝州茂汶、里县、黑水、汶川以西,直至甘孜藏族自治州、西藏昌都界内的"东女国"和"西山八国",也是古代羌人的后裔,与党项有着密切的关系,故在此章中一并讨论。

5.1　唐代党项的分布及其与吐蕃的关系

《新唐书·党项传》:"党项,汉西羌别种,魏、晋后微甚。周灭宕昌、邓至,而党项始强","其地古析支也,东距松州,西叶护,南春桑、迷桑等羌,北吐谷浑。处山谷崎岖,大抵三千里",即今天的青海祁连山以南的河湟平原和甘肃西南部的洮河上游一带,"以姓别为部,一姓又分为小部落,大者万骑,小数千,不能相统,故有细封氏、费听氏、往利氏、颇超氏、野辞氏、房当氏、米禽氏、拓拔氏,而拓拔最强"。

据《新唐书·地理志》载:贞观二年(628),党项酋长细封步赖内附,其后诸姓酋长相率亦内附,皆列其地置州县,以其地为崌、奉、严、远四州,首领拜刺史,隶松州都督府。《新唐书·党项传》:"有拓拔赤辞者,初臣吐谷浑,慕容伏允待之厚,与结婚,诸羌已归,独不至。……赤

---

[1]汤开建:《党项源流新证》,《宁夏社会科学》1996年第1期,第53-62页。

辞从子思头潜纳款,其下拓拔细豆亦降。赤辞知宗族携沮,稍欲自归,岷州都督刘师立复诱之,即与思头俱内属。以其地为懿、嵯、麟、可三十二州,以松州为都督府,擢赤辞西戎州都督,赐氏李,贡职遂不绝。"可见唐朝建立之初,为安定西部地区,对党项诸部采取招抚政策,以内迁部落居住地设置府州,拜各部首领为刺史,实行羁縻政策,于是诸部纷纷内附。特别是贞观九年(635)唐灭吐谷浑后,原依附于吐谷浑的党项诸部加快了归附唐朝的步伐。

此时吐蕃强盛起来,迅速向东北方向发展,即与党项接触。据《新唐书·吐蕃传》记,贞观八年(634),弄赞(松赞干布)遣使入朝,唐太宗以行人冯德遐为使下书临抚。弄赞闻突厥、吐谷浑皆得尚公主,乃遣使送币求婚唐朝,太宗未许,"弄赞怒,率羊同共击吐谷浑,吐谷浑不能亢,走青海之阴,(吐蕃)尽取其赀畜。又攻党项、白兰羌,破之。勒兵二十万入寇松州"。据此可知,吐蕃借口唐朝未允其请婚转而攻掠吐谷浑,并殃及党项、白兰。

据《新唐书·太宗纪》记载,吐谷浑王诺曷钵向唐朝请婚在贞观十年(636)十二月,而吐蕃使者请婚未果,归咎于吐谷浑使者的"离间",吐蕃遂有出兵攻打吐谷浑之举,事在贞观十一至十二年间(637—638)。贞观十二年(638)七月,吐蕃已破党项、白兰,并进掠唐朝弘州。八月,率兵20万屯松州(今四川省松潘)西境,原属唐的党项部落首领阔州[1]刺史别丛卧施、诺州刺史把利步利以所统羁縻州叛归吐蕃。此后,吐蕃加快了进攻党项的行动,高宗乾封二年(667)二月,吐蕃击破都、流、厥、调、凑、般、匐、迩、率、差等12个党项羁縻州,诸州废。咸亨二年(671),唐朝又废除蚕、黎2州。羁縻州的废置,说明唐已无法统治这些地区,而原先依附于唐朝的党项部落,除一部分被迫向内地迁徙以外,大部分被吐蕃征服,成为吐蕃统治下的属民。

被吐蕃征服的党项人,分布范围十分广阔,到唐高宗永隆元年(680)前后,吐蕃尽收诸羌之地,党项人聚居的懿、嵯、麟、可、诺、阔、

---

[1]《资治通鉴》卷195,原文作"阆州"误,应为"阔州"。

欧·亚·历·史·文·化·文·库·

奉、岩、远等州均为所据。依今天的地理分布来看,从河首大碛石山(今青海湖东南大积石山)以东,四川木里、康定、理县、松潘以西,及甘肃迭部、夏河以西、以南,青海湖东南部的广大地区,不管是党项部落的原来居地,还是唐朝所置的党项州府,均被吐蕃所征服。[1] 这部分党项的情况,据《新唐书·吐蕃传》称,"其处者皆为吐蕃役属,更号弭药"[2]。汉文"弭药",藏文作 mi nyag,字典《同音》注西夏文的"弭药"二字意思是"弭人"。

在吐蕃的统治下,广大的党项族众充当了进攻唐朝州县的先锋。《旧唐书·吐蕃传》广德元年(763)载"吐蕃以吐谷浑、党项羌之众二十余万,自龙光度而东";《新唐书·吐蕃传》曰,唐代宗广德二年(764),怀恩不得志,导虏兵(吐蕃)与回纥、党项羌、浑、奴刺犯边。在对党项采取"籍其兵为前驱"政策的同时,吐蕃对党项部众的统治十分严厉。《新唐书·南诏传》载南诏王致韦皋书曰:"吐蕃阴毒野心,辄怀搏噬。……往退浑王为吐蕃所害,孤遗受欺;西山女王,见夺其位;拓拔首领,并蒙诛刈;仆固志忠,身亦丧亡。"其中,"拓拔首领"即指被征服的党项族首领。有学者据此认为,在吐蕃统治下,党项部落被解散,部众沦为奴婢,吐蕃"出师必发豪室,皆以奴从,平居散处耕牧",或即指此。[3] 对吐蕃的严酷统治,党项部众也进行反抗。《新唐书·吐蕃传》谓:长寿元年(692),吐蕃属部首领"率贵川部与党项种三十万降",稍后又有"羌、蛮八千"来附。

内徙的这部分党项族,被唐朝迁往庆州(今甘肃庆阳一带)地区,侨治静边等州安置。[4] 根据史书记载,内徙的党项族主要为拓拔部,《旧唐书·党项羌传》载:"拓拔氏渐为所逼,遂请内徙,始移其部落于庆州,置静边等州予以处之。"此外,同时内徙的还有野利部、把利部、

〔1〕《新唐书》卷216《吐蕃传》、卷37《地理志》。参见张云:《唐代吐蕃史与西北民族史研究》,第234页。
〔2〕《新唐书》卷221《党项传》。
〔3〕王忠:《论西夏的兴起》,《历史研究》1962年第5期,第22页。
〔4〕《新唐书》卷221《党项传》。

破丑部等。[1] 这些党项部落迁入庆州后,又有一部分自发向北迁徙,迁往灵、胜二州,扩散到河套地区。为防止党项等民族的反抗,唐政府专门设置东、中、西三"受降城"为据点,"其意,以中城、东城连振武,为左翼;以西城丰州连定远,为右臂,南制党项,北制匈奴"[2]。

吐蕃自"安史之乱"后攻占河陇,仍与迁往河套地区的党项羌保持联系。《新唐书·党项传》载:"先是,庆州有破丑氏族三、野利氏族五、把利氏族一,与吐蕃姻援,赞普悉王之,因是扰边凡十年。"唐朝任工部尚书路嗣恭为朔方留后,将作少监梁进用为押党项部落使,置行庆州,其用意在于"党项阴结吐蕃为变,可遣使者招慰,芟其反谋,因令进用为庆州刺史,严逻以绝吐蕃往来道"。又置静边、芳池、相兴3州都督,长史、永平、旭定等7州都督府,"于是破丑、野利、把利三部及思乐州刺史拓拔乞梅等皆入朝,宜定州刺史折磨布落、芳池州野利部并徙绥、延州"[3]。尽管如此,大历末(779)"野利秃罗都与吐蕃叛,招余族不应,子仪击之,斩秃罗都,而野利景庭、野利刚以其部数千人入附鸡子川"[4]。

此后,内迁党项继续与吐蕃相呼应,屡侵边镇。杜佑曾撰《论边将请系党项及吐蕃疏》,透露个中原因,其曰:"臣伏见近者党项与西戎潜通,屡有降人指陈事迹,而公卿廷议,以为诚当谨兵戎,备侵轶,益发甲卒,邀其寇暴。此盖未达事机,匹夫之常论耳。……党项小蕃,杂处中国,本怀我德,当示抚绥。间者边将非廉,亟有侵刻,或利其善马,或取其子女,便贿方物,征发役徒,怨苦既多,叛亡遂起,或与北狄通使,或与西戎寇边。"[5] 又有李德裕《请发陈许徐汝襄阳等兵状》曰:"河典党项向与回鹘有仇,至河冰合时,深虑可汗突出过河,兼与吐蕃连结,则为患

---

〔1〕《新唐书》卷221《党项传》。

〔2〕李吉甫:《元和郡县图志》卷4,"关内道四·丰州·天德军"条。

〔3〕原作"又置静边、芳池、相兴王州都督、长史"。据《通鉴考异》卷334改。

〔4〕《新唐书》卷221《党项传》。

〔5〕《全唐文》卷477,杜佑:《论边将请系党项及吐蕃疏》。杜佑贞元三年(787)累拜尚书左丞,转刑部尚书,十九年(803)拜检校司空同中书门下平章事。元和元年(806)册拜司徒,封岐国公。此疏当为其作检校司空同中书门下平章事时所作。

不细,深要防虞。"[1]可见在 9 世纪上半叶,内迁河套的党项一方面因受唐朝边将"侵刻","怨苦既多,叛亡遂起",一方面因与回鹘有仇,故与吐蕃联结,屡为边患。

至唐武宗会昌二年(842),吐蕃政权内部矛盾激化,赞普朗达玛被杀,吐蕃无主,河陇诸将接连内讧。唐宣宗大中元年(847),吐蕃洛门川讨击使论恐热乘唐武宗新丧,诱党项及回纥余众抄掠河西,被河东节度使王宰击败。[2]此乃吐蕃诏诱党项寇唐活动之余音。次年,沙州人张议潮趁势起兵收复河陇,吐蕃大军溃。与此同时,党项平夏部从混乱中发展起来,后来建立起西夏王朝,这已经不在我们讨论范围。

5.2 东女、西山诸羌与吐蕃的关系

在吐蕃对诸羌的统治中,不能不提到东女、西山诸羌。《旧唐书·东女国传》记载:贞元九年(793)七月,其王汤立悉与哥邻国王董卧庭、白狗国王罗陀忽、逋租国王弟邓吉知、南水国王侄薛尚悉曩、弱水国王董辟和、悉董国王汤息赞、清远国王苏唐磨、咄霸国王董藐蓬,各率其种落诣剑南西川内附。

根据已有的研究,"东女国"和"西山八国"分布的位置大致相当于今阿坝州的茂汶、里县、黑水、汶川以西,直至甘孜藏族自治州、西藏昌都界内的崇山峻岭中。由于这一带地处唐朝和吐蕃交往的要冲,是双方不断厮杀的战场,所以羌人是双方都要竭力争夺的对象,而吐蕃约占上风。史载:东女及西山诸羌,"自中原多故,皆为吐蕃所役属。其部落,大者不过三二千户,各置县令十数人理之。土有丝絮,岁输于吐蕃"[3]。以下对"东女国"、"西山八国"的地理位置、民族属性及其与吐蕃的关系逐一讨论。

---

〔1〕《全唐文》卷 705,李德裕:《请发陈许徐汝襄阳等兵状》。
〔2〕《资治通鉴》卷 248,《新唐书》卷 156《王宰传》。
〔3〕《旧唐书》卷 197《东女国传》。其地理分布参见冉光荣等:《羌族史》,第 174 页。

5.2.1 "东女国"、"西山八国"的地理位置

5.2.1.1 东女国

《旧唐书·东女国传》:"东女国,西羌之别种,以西海中复有女国,故称东女焉。俗以女为王。东与茂州、党项接,东南与雅州接,界隔罗女蛮及白狼夷。其境东西九日行,南北二十日行。有大小八十余城,其王所居名康延川,中有弱水南流,用牛皮为船以渡。"

一般认为此女国东与茂州(今茂汶一带)接,东南与雅州(今雅安一带)接,即今茂汶以西,雅安以西北地区,正是嘉绒地区,因此可以肯定古代东女国的范围也包括今嘉绒地区。但女国的中心不在嘉绒地区,因为史载"其王所居名康延川,中有弱水南流","康延川"即今日的昌都一带,"弱水"即澜沧江或怒江。由此可知,东女国实包括今阿坝茂汶以西,甘孜州巴塘、理塘以北,范围十分广大。[1]

近年又有学者补充指出:《隋书》、《北史》说川藏间东女国在今昌都地区,两《唐书》等又说它在今大金川地区,所以使人颇有些不知所从,学术界历来为此聚讼纷纭,迄今未得一致。其实还有两种解释:一种解释是,川藏间东女国也有两个,一在昌都地区,一在大金川地区;另一种解释是,从北朝到唐初,川藏间东女国在昌都地区,后迁徙到大金川地区。比较而言,当以"迁徙说"较胜。[2]

5.2.1.2 哥邻国

《旧唐书·东女国传》:"贞元九年七月……哥邻国王董卧庭……率其种落诣剑南西川内附。""哥邻",《敦煌本吐蕃历史文书·大事纪年》中称为 gos yul"葛延",yul 即嘉绒语"地方",gos yul 即 gos(葛、戈、哥)人的地方;《安多政教史》中称为"杂绒"(tsha rons)、"杂瓦绒"(tsha ba rong),今译为"嘉绒"(rgyal rong)。rong 为嘉绒语"谷地",rgyal rong 即"rgyal(嘉、杂)人的谷地"之意,可见哥邻国确与葛(戈、哥、杂、嘉)人有关,其王即以葛人(董氏)为之。李绍明谓"哥邻羌"即《隋

---

〔1〕格勒:《论藏族文化的起源形成与周围民族的关系》,第79-83页。

〔2〕郭声波:《唐代弱水西山羁縻部族探考》,《中国藏学》2002年第3期,第454-455。

书·附国传》之"嘉良夷","盖哥邻译自自称,嘉良译自他称,二部实为一部也"[1]。

嘉绒主要分布在四川省阿坝州内金川、小金、马尔康、理县、黑水和汶川部分地区,以及甘孜州、雅安地区、凉山州等地,讲藏语方言嘉绒话,并以农业生产为主,藏区称此地的藏民为"绒巴"(农区人)。"嘉绒"一名因嘉莫墨尔多神山而得名,意指墨尔多神山四周地区。据汉文史料记载,嘉绒自古以来生息于今阿坝州东南部河谷一带,称为"嘉良夷"(嘉梁)、"白狗羌"、"哥邻人"、"戈基人"等,是这一地区的土著先民。由于唐代吐蕃移民及驻军于此地,他们逐渐融合成为藏族的一部分。

5.2.1.3　白狗国

《新唐书·党项传》曰:"龙朔后,白兰、春桑及白狗羌为吐蕃所臣,籍其兵为前驱。"天宝元年(742),吐蕃白狗国及索磨等诸州笼官等三百人欲入奏;当年十月,白狗羌四品笼官苏唐封及狗舟川五品笼官薛阿封归唐。天宝十三载(754),白狗羌又率部内附。[2]《旧唐书·东女国传》:"贞元九年七月……白狗国王罗陀忽……各率其种落诣剑南西川内附。"

《旧唐书·地理志》武德七年(624)"白狗羌降附,乃于姜维故城置维州",《元和志》"茂州通化县(治今理县通化区)近白狗生羌",多数学者据此认为隋唐之际的白狗羌在今理县境内。武德七年以其地置羁縻维州,贞观元年羁縻维州白狗羌"邓贤佐部"西走,但并非白狗羌"举族西走",理县境内白狗羌余部如西恭州仍留在原处,不久改为斧州,开元间犹存。至于后来"弱水西山八国"中的白狗国,当是吐蕃以西走的白狗羌部落置,其使者在开元末曾与索磨川笼官一起道经奉州(今理县西)入贡,可见白狗国亦居于今马尔康县境(梭磨河为钵南羌居地,故白狗国可能居于马尔康县北部),而与留居在理县境内的白狗羌

---

〔1〕李绍明:《唐代西山诸羌考略》,《四川大学学报》1980 年第 1 期,第 86–90 页。
〔2〕《新唐书》卷 221《党项传》,《册府元龟》卷 170、975,《唐会要》卷 98。

不相关涉,只是贞元九年以后弱水西山的白狗国内附,行保州(在今理县东)又增加了一些白狗羌部落民而已。《册府元龟》天宝元年有被吐蕃征服的白狗国、狗舟川笼官薛阿封等,"狗舟川"疑得名于"弱水西山六十八州"中的鼓州。[1]

据《通典·食货》《元和志》及《新唐书·地理志》"维州维川郡"条,白狗羌居维州、笮州,产牦牛、麝香、羌活、当归等,其风俗《隋书》云:"地本氐羌,人犹劲悍,性多质直,工习射猎。"《舆地纪胜》"威州"条引《郡国志》云:"衣褐羊皮、革玄革各,妇人多带金花,串以瑟瑟,穿悬珠以为饰。"反映其生活仍以畜牧狩猎为主。又以笮州州名观之,白狗羌亦当善治笮桥。唐时,维、笮二州白狗羌首领俱姓"邓氏"。

5.2.1.4　逋租国

《旧唐书·东女国传》:"贞元九年七月……逋租国王弟邓吉知……率其种落诣剑南西川内附",唐朝授予邓吉知"试太府少卿兼丹州长史"。李绍明考证"丹州"乃"冉州"之误,据《旧唐书·地理志》,"冉州"在今阿坝州茂县境内,距离今县城不远。[2]

贞元十七年(801),"诏韦皋出兵成都西山以纾北边。皋遂命……雅州经略使路惟明与三部落主赵日进等率兵三千进攻逋租、偏松等城,黎州经略使王有道率三部落郝金信等兵二千过大渡河深入吐蕃界,嶲州经略使陈孝阳与行营兵马使何大海、韦义等及磨些蛮三部落主苴那时率兵四千进攻昆明、诺济城"[3]。这里说贞元十七年剑南西川节度使韦皋分兵9路进击吐蕃,其中一路由雅州经略使路惟明与三部落主赵日进等率兵3000分别出灵关、夏阳,进攻逋租、偏松等城,郭声波认为"灵关"在雅州北,今宝兴县南,"逋租城"在今四川阿坝州小金县沃日河一带。贞元间韦皋遣军出雅州灵关道攻吐蕃逋租城,显见"逋租

---

〔1〕李绍明:《唐代西山诸羌考略》,《四川大学学报》1980年第1期,第90-91页;郭声波:《唐代弱水西山羁縻部族探考》,《中国藏学》2002年第3期,第28-37页。
〔2〕李绍明:《唐代西山诸羌考略》,《四川大学学报》1980年第1期,第92页。
〔3〕《旧唐书》卷196《吐蕃传》。

国"乃在今小金县境,其部落当系唐前期之"千碉羌"。[1]

5.2.1.5 南水国

《旧唐书·东女国传》:"贞元九年七月……南水国王侄薛尚悉曩……率其种落诣剑南西川内附",唐朝授予"薛尚悉曩试少府少监兼霸州长史"。后"南水国王薛莫庭"又与"汤息赞、董藐蓬,女国唱后汤拂庭、美玉钵、南郎唐"等一起"并授银青光禄大夫、试太仆卿"。《旧唐书·地理志》:"霸州下天宝元年,因招附生羌置静戎郡。乾元元年,改为霸州也。领县一,户一百七十一,口一千八百六十一。至京师二千六百三十二里,至东都三千二百七十一里。"李绍明考证所谓"南水"即今"黑水","霸州"的位置应在今黑水县及茂县西北的赤不苏一带。[2]

5.2.1.6 弱水国

《旧唐书·东女国传》:"贞元九年七月……弱水国王董辟和……率其种落诣剑南西川内附。"《旧唐书·东女国传》曰:"东女国……东与茂州、党项接,东南与雅州接,界隔罗女蛮及白狼夷。其境东西九日行,南北二十日行。有大小八十余城。其王所居名康延川,中有弱水南流,用牛皮为船以渡。……弱水王即国初女国之弱水部落。"《唐会要·东女国》、《寰宇记·东女国》、《册府元龟·外臣部》"国邑"及《新唐书·东女传》与此大同小异。隋唐之际川藏间东女国既在今昌都地区,则弱水国应该在澜沧江之中下游的藏东察雅、芒康一带。[3]

5.2.1.7 悉董国

《旧唐书·东女国传》:"贞元九年七月……悉董国王汤息赞……率其种落诣剑南西川内附。"《旧唐书·东女国传》曰:悉董国"在弱水西,故亦谓之弱水西悉董王"。李绍明认为,悉董国应在今藏东怒江及其支流鄂宜河一带;而郭声波认为弱水国在今金川县西部及壤塘县南

---

〔1〕郭声波:《川西北羌族探源——唐宋岷江西山羁縻州部族研究》,《中南民族大学学报》2002 年第 4 期,第 74 - 79 页;郭声波:《唐代弱水西山羁縻部族探考》,《中国藏学》2002 年第 3 期,第 28 - 37 页。

〔2〕李绍明:《唐代西山诸羌考略》,《四川大学学报》1980 年第 1 期,第 92 页。

〔3〕李绍明:《唐代西山诸羌考略》,《四川大学学报》1980 年第 1 期,第 93 页。

水羌西北的渠步羌位置大致相合,可知其
[1]

国

贞元九年七月……清远国王苏唐磨、咄霸
剑南西川内附。"郭声波根据宋本《历代地
安戎城西北标有清远城、正北标有土霸城
清远城在今阿坝县境,咄霸国的都城土霸城
出霸国分别是由隋代的"迷桑羌"和"春桑

、武后之际自茂州西迁之"葛延羌"置,位于
国(狗国)乃以唐初自维州西迁之"白狗羌"
部;逋租国乃以"千碉羌"置,位于今四川小
"置,位于今青海班玛县;弱水国乃以"弱水
西部及壤塘县南部;悉董国乃以"渠步羌"
部;清远国乃以"迷桑羌"置,位于今四川阿坝
春桑羌"置,位于今四川红原县南部及阿坝县

族属与敦煌吐蕃文书的相关记载

族属问题,石泰安曾经撰文提出:(1)剑南以西
族人的王后及其大相(肯定为同一氏族)都姓
有一位王后出生于汤旁氏。[4] 686 年的王后的

考略》,《四川大学学报》1980 年第 1 期,第 93 页;郭声波:《川西
廓州部族研究》,《中南民族大学学报》2002 年第 4 期,第 74 - 79
部族探考》,《中国藏学》2002 年第 3 期,第 28 - 37 页。

羁縻部族探考》,《中国藏学》2002 年第 3 期,第 28 - 37 页。

源——唐宋岷江西山羁縻廓州部族研究》,《中南民族大学学报》
声波:《唐代弱水西山羁縻部族探考》,《中国藏学》2002 年第 3

741 年间,女国的王后们还有其他姓氏中的人,除了汤氏之外,
权的俄氏和741 年临朝的赵氏。石泰安著,耿昇译:《川甘青藏
992 年版,第76 页。

大相也姓汤,王后的长兄叫汤朔。女国的一位"唱后"叫拂

该王国临朝执政的是一位国王,而不是王后,国王名叫汤

(可能为藏文 sdong 的汉文对音)国的国王(或王后)叫汤

该国位于弱水之西,附属于女国。(2)以下人物姓董:a. 62

那蓬从唐朝手中夺得了松州,即今之松潘地区;b. 在 793 年

提到董卧庭,他为哥邻或诃陵的国王;c. 董卧卿,这是所有

一大首领;d. 董辟和,这是弱水(可能为藏语 nyagchu 的汉语

的国王;e. 董藐蓬,他是咄霸地区的一位国王;f. 董辟忽,这

能为藏语 rongnag 的汉语对音)部落的国王,附属于女国。

　　石泰安认为,在有关这些王国的问题上,汉文文献记载

王后及其近侍相嫔们的名字,其中经常遇到"董"和"汤"

称,可以认为它们系指藏族的"董"(ldong)和"东"(汤,sto

但无论是在语音方面,还是在词形方面,东族(stong)部落

与董族(ldong/gdong)部落相混淆,而 ldong 是用以指木雅人

gtong 则系指苏毗人。如果按石泰安上述观点来划分,《旧》

国传》所记"西山八国"及其东女国的国王族属如下:

表 5 - 1　"西山八国"分布与国王族属一览表[1]

国名	王名	族属	其他成员
东女国	汤立悉	苏毗人	
			汤拂庭、美玉、钵南、
悉董国	汤息赞	苏毗人	
哥邻国	董卧庭	木雅人	
弱水国	董辟和	木雅人	
咄霸国	董藐蓬	木雅人	
白狗国	罗陀忽	不详	

〔1〕详见石泰安著,耿昇译:《川甘青藏走廊古部落》,第 75 - 76 页。

国名	王名	族属	其他成员
			白狗羌四品笼官苏唐封[1]
			白苟(狗)羌酋邓贤佐[2]
逋租国	(王弟)邓吉知	不详	
南水国	薛莫庭	不详	
			(王侄)薛尚悉曩
清远国	苏唐磨	不详	

　　张云基本同意石泰安的观点,他通过对西夏国名中的"白"字的考察,认为西夏人不仅与党项人早期活动的地域即白水有关,而且和党项族称与白色的特殊关系有关。如此,西夏人的祖先来自青藏高原,是古羌部落党项人的后裔,而"西山八国"中的"董氏"(ldon)即出自党项族。[3]但李绍明不完全同意石泰安的观点,他认为唐代西山八国均是古代羌人之后,其中哥邻后来即演变成今嘉绒藏族,而白狗等与哥邻同族,他们与苏毗没有关系,石泰安等之所以出现错误,是因为他把属于苏毗族的女国与位于今昌都地区的东女国混淆起来了。[4]

　　格勒指出,在上述"西山八国"地区,即今川西北、滇西、藏东一带,在藏族的传说中有 6 个原始的部落,他们是:色(se)、哲(sbra)、董(ldon)、东(ston)、珠(bru)、戈(lga)。其中"东"(ston),古藏语应读作两个音节,即"悉东",与汉文史书中记载的"西山八国"之一的吐蕃"悉董国"相同;《旧唐书·东女国》记载哥邻国王也姓董,说明"董"(ston)为藏族传说中介于汉地和藏地之间的"六族"(bod kyi mi bu gdun

〔1〕《册府元龟》卷 962《外臣部》"官号":"白狗羌有[四]品笼官五品笼官";"天宝元年,十月己卯投降吐蕃白狗国四品笼官苏唐封及狗舟川五品笼官薛阿封等各赐紫袍银钿带金鱼袋及帛三十疋。"

〔2〕《旧唐书》卷 41《地理志》"维州"下:"武德七年,白苟(狗)羌酋邓贤佐内附,乃于姜维城置维州,领金川、定廉二县。"

〔3〕张云:《党项、吐蕃关系杂议》,《西夏学》第 5 辑(首届西夏学国际论坛专号上),上海古籍出版社 2010 年版,第 190－195 页。

〔4〕李绍明:《唐代西山诸羌考略》,《四川大学学报》1980 年第 1 期,第 93 页。

drug)之一,因而"西山八国"的主要民族成分是一些与藏族有密切渊源关系而又各有不同种姓的古羌人。[1]

郭声波也认为,"弱水西山"是唐朝与吐蕃长期争夺之地,他通过考察唐前期和中期该地区的部落分布及其社会经济、文化及人口发展情况,认为唐代中后期的"西山八国",基本上是由唐前期弱水西山 68 羁縻州部落所建,他们是古代羌人的后裔、现代嘉绒藏族的先民。如果细分,其族属在隋唐时期的对应关系如下:

唐	隋
哥邻国	葛延羌
白狗国	白狗羌
逋租国	千碉羌
南水国	那鄂羌
弱水国	弱水羌
悉董国	渠步羌
清远国	迷桑羌
咄霸国	春桑羌[2]

在有关"西山八国"的族属问题上,笔者基本上同意李绍明、格勒以及郭声波的观点。当然对于每一个所谓"国"的地望、族属及其迁徙,还有作进一步考证的空间和必要。这里,笔者补充两条证明"白狗"属于羌族的史料:一条是《册府元龟·外臣部》"种族"曰:"白马羌在蜀汉,其种别、名号皆不可纪知也,一云:白兰、白狗皆西羌别种也";《册府元龟·外臣部》"朝贡第三"说:"武德六年(619)十二月,白兰、白狗羌、高丽、突厥、吐谷浑并遣使朝贡。"

此外,笔者近来反复阅读《敦煌吐蕃历史文书》及其他卷子,发现其中有的 byang ka snam brgyad "北方南木结"一词原意为"北方八南国",可能就是指的"西山八国",其中 P. T. 1286《小邦邦伯与家臣》://

---

〔1〕格勒:《论藏族文化的起源形成与周围民族的关系》,第 79 – 83 页。

〔2〕郭声波:《唐代弱水西山羁縻部族探考》,《中国藏学》2002 年第 3 期,第 28 – 37 页。

（22）rgyal pran bcu gnyis na / se re khri dang bcu gsum / blon po（23）nyi shu rtsa bzhi na / skyang re gnag dang nyi shu rtsa lnga / mkhar bcu gnyis na / dbu lde［dam（/ngam）］pa dang bcu gsum /（24）yul bcu gnyis na / byang ka snam brgyad dang bcu gsum /"十二小邦加上斯日赤共为十三，家臣二十有四，加上江日那共二十五家，堡寨十二，加上崇高中央牙帐共为十三。十二地域加上北方南木结，共为十三。"其中的"北方南木结"原意为"北方八南国"，即"西山八国"。[1]

---

〔1〕王尧、陈践译注：《敦煌本吐蕃历史文书》，第142、173页。参见保罗：《解读敦煌吐蕃文书 P. T. 1286号写卷及其历史内容》，《西藏研究》2008年第3期，第13页。

欧·亚·历·史·文·化·文·库

6 吐蕃与吐谷浑

吐谷浑,亦称吐浑,本为辽东鲜卑慕容部的一支。西晋末,首领吐谷浑率部西迁到枹罕(今甘肃临夏)。后扩展,统治了今青海、甘南和四川西北地区的氐、羌部落,建立国家。至其孙叶延,始以祖名为族名、国号,南朝称之为"河南国",邻族称之为"阿柴虏"或"野虏"。6 世纪中叶,其王夸吕自号可汗,都伏俟城(青海湖西)。开皇十一年(591),隋以光化公主妻其王,后又取其地置西海、河源、鄯善、且末四郡。隋末,吐谷浑复其故地。贞观九年(635)唐遣军击之,立诺曷钵为可汗,后嫁以弘化公主,加封青海王。此后逐步被吐蕃征服。

6.1 吐蕃对吐谷浑的征服

吐蕃对吐谷浑的征服和统治,有 3 个阶段:第一阶段从贞观十二年(638)吐蕃"率羊同共击吐谷浑"始至龙朔三年(663)灭吐谷浑止;第二阶段从麟德元年(664)至天宝十四载(755);第三阶段从天宝十五载(756)以降吐蕃攻占河陇、西域等地至 9 世纪中叶其在河陇的统治结束。

先说第一阶段。贞观九年(635),唐朝击灭吐谷浑,以其为属国,立慕容诺曷钵为吐谷浑可汗[1]。随即吐蕃松赞干布遣使到唐朝请婚,遭唐婉言谢绝,吐蕃遂迁怒于吐谷浑,发兵击之。大致在贞观十一年至十二年间(637—638),松赞干布"率羊同共击吐谷浑,吐谷浑不能亢,

---

[1]关于此次战争经过和结果,请参见周伟洲:《吐谷浑史》,宁夏人民出版社 1985 年版,第 86 – 95 页。

走青海之阴,尽取其赀畜"[1]。《敦煌本吐蕃历史文书·赞普传记》亦记:"其后赞普(松赞干布)亲自出巡,在北道,既未发一兵抵御,亦未发一兵进击,迫使唐人及吐谷浑人,岁输贡赋,由此,首次将吐谷浑人收归辖下。"[2]文中所云首次将吐谷浑收为辖下,即与上述吐蕃率羊同击吐谷浑一事相关。

贞观十五年(641),吐谷浑内部以丞相宣王为首的亲吐蕃势力抬头,他们阴谋以祭山神为名,挟持吐谷浑可汗诺曷钵投吐蕃。诺曷钵知宣王阴谋后,率骑与弘化公主(贞观十四年下嫁吐谷浑诺曷钵的唐宗室女)奔唐鄯城(今青海西宁),所部威信王率部迎护。唐鄯州刺史杜凤举遣果毅都尉席君买与威信王合兵袭击宣王,杀其兄弟三人,国内扰乱。太宗命民部尚书唐俭、中书舍人马周持节抚慰,"其众乃安"[3]。从此可知,吐谷浑内部已形成两派:一以诺曷钵为首,依附唐朝,反对吐蕃势力北上;一以宣王为首,阴结吐蕃,反对唐朝。双方矛盾激化,唐朝助诺曷钵暂时抑止了吐谷浑内部亲吐蕃势力。[4]

同年,唐朝以宗室女封文成公主嫁给吐蕃松赞干布,因此吐蕃与唐朝及其所属之吐谷浑的关系有所改善。同时蕃、浑之间也结成了甥舅关系。据《贤者喜宴》记载,松赞干布之子恭松恭赞13岁执政,曾娶吐谷浑妃蒙洁赤嘎,生子芒松芒赞。[5] 至650年松赞干布去世后,因恭松恭赞早于父王去世,故由其子芒松芒赞即赞普位。因芒松芒赞年幼,大权掌握在大论禄东赞兄弟手中。据《敦煌本吐蕃历史文书·大事纪年》,唐显庆四年(659)、显庆五年(660)、龙朔元年(661)、龙朔三年至麟德二年(663—665),吐蕃大论禄东赞在吐谷浑境,当与吐蕃攻灭吐

---

〔1〕《新唐书》卷216《吐蕃传》。

〔2〕王尧、陈践译注:《敦煌本吐蕃历史文书》,第165页。

〔3〕《新唐书》卷221《吐谷浑传》。周伟洲指出:《吐谷浑传》内云诺曷钵逃至"鄯善城"(今新疆若羌)误,应以《册府元龟》卷385作"鄯城",是;又《新唐书》卷221《吐谷浑传》云"鄯州刺史杜凤举"击宣王,《册府》仅云"果毅都尉席君买",参此两种记载,当为鄯州刺史遣果毅都尉执行。周伟洲:《唐代吐蕃与近代西藏史论稿》,中国藏学出版社2007年版,第72页。

〔4〕周伟洲:《吐蕃与吐谷浑关系史述略》,《藏族史论文集》,四川民族出版社1988年版,第303–304页。

〔5〕转见黄颢:《〈贤者喜宴〉摘译(三)》,《西藏民族学院学报》1981年第2期。

· 欧 · 亚 · 历 · 史 · 文 · 化 · 文 · 库 ·

谷浑的战争及处理善后有关。汉文史籍亦有相关记载。《资治通鉴》"唐显庆五年"条记:"八月,吐蕃禄东赞遣其子起政(论钦陵)将军击吐谷浑,以吐谷浑内附故也。"当时,吐蕃与吐谷浑均遣使至唐,请兵援助,高宗"皆不许之"。至龙朔三年,禄东赞亲率大军进攻吐谷浑,时吐谷浑内亲吐蕃的大臣素和贵逃奔吐蕃,尽言吐谷浑内虚实,因而吐蕃大军顺利攻入吐谷浑境,在黄河边上击溃了吐谷浑军,诺曷钵及弘化公主等数千帐逃至唐凉州(治今甘肃武威)。至此,吐谷浑政权正式灭亡。[1]

第二阶段从麟德元年(664)至天宝十四载(755),唐朝与吐蕃皆以吐谷浑为对象而展开争夺青海的战争。

吐蕃灭亡吐谷浑后于唐麟德二年(665)遣使至唐,"请与吐谷浑平憾,求赤水地(今青海共和一带)牧马"[2],遭到唐朝拒绝。乾封元年(666),吐蕃大论禄东赞从吐谷浑返回本土。同年五月,唐朝"封河源郡王慕容诺曷钵为青海王"[3]。从这一封号看,唐朝决心使诺曷钵重返青海为王。总章二年(669)七月,唐朝以"左卫大将军契苾何力为乌海道行军大总管,以援吐谷浑"[4]。乌海系吐谷浑旧地,可见唐朝这一任命是针对吐蕃的,试图以武力护送诺曷钵重返故地。但是因为唐朝内部对采取这一行动有异议,所以这次出师并未成行。同年九月,高宗诏命诺曷钵等移至凉州祁连山一带,但又怕吐蕃深入袭击,于是朝议是否先发兵击吐蕃,由于意见分歧,久议不决,吐谷浑诺曷钵部仍暂住凉州南山。[5]

此时,吐蕃加强了对被其征服的吐谷浑的统治。据《敦煌本吐蕃历史文书·大事纪年》:"及至蛇年(669)……吐谷浑诸部前来致礼,征

---

〔1〕《新唐书》卷221《西域传》"吐谷浑"条记:"吐谷浑自晋永嘉时有国,至龙朔三年吐蕃取其地,凡三百五十年,及此封嗣绝矣。"

〔2〕《新唐书》卷216《吐蕃传》;《资治通鉴》卷201"唐麟德二年"条。

〔3〕王尧、陈践译注:《敦煌本吐蕃历史文书》,第146页;《册府元龟》卷964《外臣部》"封册"。

〔4〕《新唐书》卷3《高宗纪》。又《旧唐书》卷5《高宗纪》"乌海道行军大总管"作"驾海道行军大总管"。

〔5〕《册府元龟》卷991《外臣部》"备御"。

其入贡赋税。是为一年。"[1]咸亨元年(670),吐蕃向唐朝西域发动进攻,"入残羁縻十八州,率于阗取龟兹(今新疆库车)拔换城(今新疆阿克苏),于是安西四镇并废"。是年四月,唐朝以威卫大将军薛仁贵为逻娑道行军大总管,右卫员外大将军阿史那道真、左卫将军郭待封为副,领兵5万以击吐蕃,同时"护吐谷浑还国"[2]但这次战争唐军大败,全军覆没[3],最终使吐谷浑诺曷钵依靠唐朝力量复国的希望归于破灭。从此,吐谷浑作为一个民族分别归吐蕃、唐朝所统治,散居在青海、新疆东部及甘肃、陕西、宁夏等地。

此后,吐蕃与唐朝为争夺吐谷浑所在的青海地区多次发生战争:

中宗嗣圣元年(684),"麹·都赞、埃·启玛日、吐谷浑阿豺三者前来申诉是非,牛疫大作"。

武则天长寿二年(693),"大论钦陵往吐谷浑"。

武则天证圣元年(695),"大相钦陵在吐谷浑,于虎山、汉坟场与唐元帅王尚书大战,杀唐人甚多"。

玄宗开元二十三年(735),"大论穷桑前往吐谷浑"。

玄宗开元二十九年(741),石堡城复为吐蕃所夺取。

天宝五载(746),唐河东、朔方、河西、陇右节度使王忠嗣数出战于青海、积石,大破吐蕃;又击破附属于吐蕃的吐谷浑于墨离[4]

天宝七载(748),唐陇右节度使哥舒翰率王难得、李光弼等击吐蕃、吐谷浑于积石军(在今青海贵德西)[5]

天宝八载(749),哥舒翰再次夺回石堡城,改振武军为神武军[6]

到天宝十四载"安史之乱"后,哥舒翰率河陇军东守潼关,河陇空

---

〔1〕王尧、陈践译注:《敦煌本吐蕃历史文书》,第146页。

〔2〕《新唐书》卷216《吐蕃传》;《旧唐书》卷5《高宗纪》。

〔3〕关于大非川之战可参见王忠:《新唐书吐蕃传笺证》,科学出版社1958年版,第39-40页。

〔4〕《新唐书》卷133《王忠嗣传》。按《新唐书》卷37《地理志》"鄯城"下注有"莫离驿",莫离即墨离,地在今青海共和南。又或此墨离指墨离海(川),则地在今青海西北苏干淖尔。参见周伟洲:《大非与墨离》,载《西北历史研究》,三秦出版社1990年版。

〔5〕《册府元龟》卷358《将帅部》"立功"。

〔6〕《新唐书》卷216《吐蕃传》。

虚,不久青海、陇右、河西相继陷于吐蕃。

第三阶段:天宝十五载(756)以降,吐蕃攻占河陇,原居于河陇的吐谷浑部众又受治于吐蕃,直至其统治结束。《敦煌本吐蕃历史文书·大事纪年》:乾元二年(759)夏,"论绮力卜藏,尚·东赞二人赴吐谷浑"[1]。广德元年(763)前后,恩兰·达扎路恭率部"克唐廷藩局阿豺(吐谷浑)部"[2]。这一阶段的内容将在下节中讨论。

6.2　吐蕃统治下的吐谷浑

6.2.1　吐蕃治下的吐谷浑小王

讨论唐代吐蕃与吐谷浑的关系,有必要首先说明蕃属吐谷浑可汗的情况。

吐蕃征服吐谷浑后,为了加强对附蕃的吐谷浑王族成员的笼络和控制,通过其统治散居于原吐谷浑境内的各部,扶植了一个吐谷浑王来进行管理。《敦煌古藏文历史文书·大事纪年》"689 年"条记:"赞蒙赤邦嫁吐谷浑王为妻",至 8 世纪初,赞蒙赤邦与吐谷浑王所生之子"莫贺吐浑可汗"(新一代吐谷浑王)见载于史籍,他以吐蕃小邦王子的身份统治吐谷浑各部。[3]

现列出《敦煌本吐蕃历史文书·大事纪年》、《赞普传记》和斯坦因

〔1〕王尧、陈践译注:《敦煌本吐蕃历史文书》,第 155 页。
〔2〕"恩兰·达扎路恭纪功碑"立于广德元年(763)以后不久,见王尧编著:《吐蕃金石录》,第 84 页。
〔3〕见周伟洲、杨铭:《关于敦煌藏文写本〈吐谷浑(阿柴)纪年〉残卷的研究》,《中亚学刊》3,第 95－108 页。

vol. 69,fol. 84 号藏文写本《吐谷浑(阿柴)纪年》[1],及其他汉藏文献有关吐谷浑可汗(小王)的记载如下:

永昌元年(689),赞蒙赤邦嫁吐谷浑王为妻。

景龙二年(708),吐谷浑莫贺吐浑可汗(ma ga tho gon kha gan)任免本国官吏。

景龙四年(710),金城公主入藏,途中于吐蕃地面停留,吐浑可汗与母后赤邦率众亲迎,双方互致礼节。

景云二年(711),吐蕃朵地大论到吐浑可汗处;同年,吐蕃授予一吐谷浑贵族玉石告身。

开元二年(714),吐谷浑国有难,吐蕃派员前往支持。

开元十五年(727),吐蕃赞普"任命外甥吐谷浑小王(dbon va zha rje)、尚·本登忽、韦·达扎恭禄三人为大论"[2]。此"吐谷浑小王"有可能就是《吐谷浑(阿柴)纪年》提到的莫贺吐浑可汗(ma ga tho gon kha gan)。

天宝四载(745),唐廷元帅马将军引廓州之唐人斥堠军至。王甥吐谷浑小王(dbon va zha rje)、论·莽布支二人攻下计巴堡寨,引军追击来犯之唐廷斥堠军。

天宝七载(748),唐陇右节度使哥舒翰率王难得、李光弼等击吐蕃于积石军(在今青海贵德西),"擒吐浑王子悉弄恭及子婿悉颊藏"。[3]

大历十四年(779),吐蕃桑耶寺兴佛"第一诏书"中,居于盟誓者首位的有"甥吐谷浑王"(dbon va zha rje);第二诏书也写道"兹晓谕所辖

〔1〕《吐谷浑纪年》,有人又称《公主纪年》。英国学者 F. W. 托马斯认为,此文书所记为634—643 年间吐蕃与吐谷浑之间的重要事件。其中提到的唐公主,即下嫁吐蕃松赞干布的文成公主。匈牙利学者乌瑞近年撰文指出:此文书包括的年代应为 706—715 年,文书记载的唐公主是金城公主。笔者倾向于乌瑞的观点。参见:F. W. Thomas, Tibetan Literary Texts and Documents concerning Chinese Tukestan, London,Ⅱ,1951,pp. 8 - 16;托马斯编著,刘忠、杨铭注:《敦煌西域古藏文社会历史文献》,民族出版社 2003 年版,第 7 - 10 页。G. Uary ,"The Annals of the Va-zha Principality—The Problems of Chronology and Genre of the Stein Document, Tun - hung, vol. 69, fol. 84 .", Proceedings of the Csoma de Körös Memorial Symposium, edited by Louis Ligeti, Budpest, 1978, pp. 541 – 548.

〔2〕王尧、陈践译注:《敦煌本吐蕃历史文书》,第 147、148、152 页。

〔3〕《册府元龟》卷 358《将帅部》"立功"。

属民、小王、吐谷浑王(va zha rje)等并诸纰论及囊论"等。[1]

贞元九年(793),南诏王异牟寻降唐,在送给唐剑南节度使韦皋的帛书中提到:"往退浑王为吐蕃所害,孤遗受欺;西山女王,见夺其位"云云。[2] "退浑王"当指吐蕃所立之吐谷浑王,他因何事为吐蕃所杀,子弟又如何受欺,暂不可考。

赤德松赞(798—815)时立下的《噶琼多吉英寺崇佛誓约》,其首写道:"小邦发誓者:外甥吐谷浑王堆吉布什桂波尔玛噶吐谷浑可汗(dbon va zha rje dud kyi bul zhing khud por ma ga tho yo gon kha gan)、工噶波莽波支、娘尊赤波。宰相同平章事及大小臣工发誓者……"[3]

上述材料说明,在吐蕃统治下,有附蕃吐谷浑王世系相传,他们在诸小邦王中占有比较重要的地位。但最初吐蕃所立吐谷浑小王,亦即赞蒙赤邦所嫁的吐谷浑王是谁,汉藏文献均无确切的记载。《敦煌古藏文历史文书·大事纪年》中,有 653 年"达延莽布支(da rgyal mang po rje)征收农田贡赋",675 年"坌达延赤松(vbon da rgyal khri zung)贡金鼎",706 年"坌达延赞松(vbon da rgyal btsan zung)与大论乞力徐二人主持集会议盟"等等记载。有学者认为坌达延赤松、坌达延赞松等应是吐谷浑王子,因为"坌"(vbon)不仅指甥舅,也指侄子或女婿[4],而在 689 年吐蕃公主赤邦下嫁吐谷浑王之前,吐蕃与吐谷浑已有甥舅关系。因此,达延莽布支、坌达延赤松、坌达延赞松等很可能均出自附蕃的吐谷浑王族。[5]

而台湾学者林冠群对上述观点有所怀疑,他认为《吐谷浑纪年残卷》中记载了 706—715 年吐谷浑可汗的活动,表明了当时的吐谷浑统治者为莫贺吐浑可汗,又称"阿豺王"(va zha rje),亦即至少于 706—

〔1〕巴卧·祖拉陈瓦:《贤者喜宴》,第 372–375 页;黄颢:《〈贤者喜宴〉摘译(九)》,《西藏民族学院学报》1982 年第 4 期,第 36、37 页。

〔2〕《新唐书》卷 222《南诏传》。

〔3〕巴卧·祖拉陈瓦:《贤者喜宴》,第 411 页;黄颢:《〈贤者喜宴〉摘译(十二)》,《西藏民族学院学报》1983 年第 4 期,第 46 页。

〔4〕藏密微著,耿昇译:《吐蕃僧诤记》,第 7–8 页。

〔5〕陈庆英主编:《藏族部落制度研究》,中国藏学出版社 2002 年版,第 73–74 页。

715 年,在吐谷浑本土有称 va zha rje 的莫贺吐浑可汗存在,此与约于707—719 年间在蕃廷中任要职的垒达延赞松是相重叠者。亦即吐谷浑本土有吐浑可汗,在吐蕃本部有垒达延赞松,二人同时存在。而且在《大事纪年》中并未记载垒达延赞松具有 va zha rje 之头衔。因此垒达延赞松的身份绝非吐谷浑可汗。他认为达延莽布支、垒达延赤松、垒达延赞松这一支,可能是吐谷浑诸部中反唐亲蕃的一部,受吐蕃的倚重,吐蕃王室可能与其联姻,因此获"dbon"(姻亲)的头衔。而莫贺吐浑可汗可能是吐谷浑伏允次子尊王这一系统的后代,至 8 世纪初,特别是727 年赤德祖赞赞普任命 dbon va zha rje 为众相之后,即莫贺吐浑可汗正式取代垒达延系进入蕃廷任要职之后,垒达延系便退出历史舞台,不复见载于吐蕃史册。[1]

需要强调的是,附蕃的吐谷浑王的活动并不止于 9 世纪上半叶。唐朝收复河陇后,原来附蕃的吐谷浑邦国仍在活动,其中心在沙州至鄯善一带。敦煌遗书中有一份《张议潮变文》,内记大中十年(856)左右,张议潮曾率军向西南千里至退浑(吐谷浑)国内,击败退浑王,"退浑王怕急,突围便走,登涉高山,把险而住。其宰相三人,当时于阵面上生擒,祇向马前,按军令而寸斩。生口细小等活捉三百余人,收夺得驼马牛羊二千头匹,然后唱《大阵乐》而归军幕"[2]。此虽俗讲文学作品,但从中可反映一些吐谷浑王的情况,证明当时吐谷浑国仍然存在的事实。

敦煌遗书《张淮深修功德记》残卷(P.2762)的背面,有汉藏文对译的字书,内汉文"退浑王"对译藏文为"阿柴"(va zha)。张淮深系议潮兄议谭长子,咸通十三年(872)议潮在长安死去,淮深为留后,到唐昭宗大顺元年(890),淮深为议潮女婿索勋所杀。因此,此文书当书写于淮深任职时(872—890)或以后。据此,可知吐谷浑国在 9 世纪 90 年代仍然存在,自五代以后便基本上不见于文献记载。

---

〔1〕林冠群:《唐代吐蕃史论集》,第 30-33 页。
〔2〕向达等编:《敦煌变文集》,人民文学出版社 1957 年版,第 114-115 页。

6.2.2 吐蕃治下的吐谷浑臣僚与民众

吐蕃所属"吐谷浑国"的活动范围,大致在东濒青海湖,西抵鄯善,北邻敦煌,南包柴达木盆地这个区域内,基本上就是原吐谷浑的活动地。吐蕃攻占河陇地区后,蕃属吐谷浑的活动范围更向北、向西发展。根据敦煌藏文文书的记载,在于阗、鄯善、沙州、凉州一线,都有吐谷浑的部众活动,鄯善有"吐谷浑(阿柴)上部万人部落"(va zha khri sde stod pa),沙州(敦煌)附近有"吐谷浑(阿柴)路"(va zha steg)、吐谷浑"千户"(stong sde),而吐蕃凉州节度使属下,紧接吐蕃、苏毗千户长之后,有"通颊与吐谷浑(阿柴)千户长"(mthong khyab dang va zhavi stong pon)。[1]

史载,吐谷浑"有城郭而不居,随逐水草,庐帐为室,肉酪为粮"[2],是典型的游牧社会。吐谷浑被吐蕃征服之后,仍然保留了原有的部落形式。在敦煌和新疆米兰发现的藏文文书中,记载有"吐谷浑(阿柴)新万户"(va zha khri sde gsar)、吐谷浑"千户"(stong sde)、吐谷浑"万户长"(khri dpon)、"都护"(spyan)、"千户长"(stong pon)等名称。[3]但是,吐谷浑部落中的这些官吏,似由吐蕃当局指派。Ch. vol. 5b, fol. 72 号藏文写本是一份申请担任吐谷浑千户长的文书,其中提到吐谷浑地面两个小镇的前任千户长是经"德伦盟会"任命的,申请人说这次该他们出任了,他们受到了垒阿柴王(吐谷浑王)和大论的推荐,恳请上峰批准。[4] P. T. 1222 号写本,记载了发给吐谷浑新万户长、都护告身

---

〔1〕以上参见周传洲:《吐谷浑史》,宁夏人民出版社 1985 年版,第 180 页;托马斯编著,刘忠、杨铭译注:《敦煌西域古藏文社会历史文献》,第 14 - 16、18 - 21 页;杨铭:《吐蕃时期河陇军政机构设置考》,《中亚学刊》4;《唐代吐蕃统治于阗的若干问题》,《敦煌学研究》(《西北师院学报》专刊)1986 年第 5 期,第 43 页。

〔2〕《旧唐书》卷 198《吐谷浑传》。

〔3〕托马斯编著,刘忠、杨铭译注:《敦煌西域古藏文社会历史文献》,第 20、23 页;M. Lalou, *Invendaire des Manuscrits tibétains de Touen-houang Conservés à la Bibliothéque Nationale*, Ⅱ, Paris, 1950, pp. 58, 86;同作者 "Revendications des Fonctionnaires du Grend Tibet au Ⅷe Siècle", *Journal Asiatique*, CCXLⅢ, 1955, 1 - 4(2), p. 177。

〔4〕托马斯编著,刘忠、杨铭译注:《敦煌西域古藏文社会历史文献》,第 18 - 21 页。"德伦盟会"是吐蕃攻占河西地区后,为协商解决该地区民众的各类事务而设置的一个新的盟会。

的情况。这些事实说明,吐蕃当局对吐谷浑部落官吏的任命有最后的决定权,这与吐蕃任命敦煌汉人官吏的情况是一致的。[1]

敦煌遗书中有一份《关于吐谷浑莫贺延部落奴隶李央贝事诉状》(P.T.1081)的藏文卷子,为吐蕃统治沙州或稍后的一份文书。契约文书上"盖有吐谷浑及通颊长官之印及绮立当罗索之手印","莫贺延部千户长与副千户长证词"以及"吐谷浑慕罗瓦部"、"慕罗瓦部千户长达管丹萨"等。[2]

吐蕃对吐谷浑部众的统治是十分严酷的。《敦煌本吐蕃历史文书·大事纪年》记载:吐蕃与吐谷浑高官连续于万岁通天元年(696)、开元二年(714)、开元二十二年(734)、天宝元年(742),征吐谷浑大料集并镇压吐谷浑部落的反抗。《新唐书·南诏传上》云:"大料兵,率三户出一卒,虏(吐蕃)法为大调集。"

M.I.xxiv,0031号藏文木简记载:"吐谷浑(阿柴)农夫被分派进行耕种时,要派出军队进行监视。"[3]这应是一件发给吐蕃米兰驻军官吏的命令,进行监视的目的,可能在于督察生产,防止部落纠纷,便于粮食、物品的征收等。另一支木简记载了吐蕃向吐谷浑部众征收贡赋的情况:"吐谷浑(阿柴)上部万人部落,凡属唐所辖者……每户征收五升(青稞);万人部落田赋以六成计征,所征青稞混合堆置一处,一部分(青稞)如以羊驮运不完,可派牛运。"还有一件藏文写本记载,敦煌附近的一个吐谷浑部落,向敦煌吐蕃官吏交纳了30担粮食。[4]这些记载表明,吐蕃统治者对吐谷浑部众的征敛是不轻的。

吐蕃役使吐谷浑的另一重要方式,是驱使其部众为战争服役。据藏文史书《贤者喜宴》记载,早在松赞干布时期,被征服的吐谷浑部众

〔1〕M. Lalou, *Invendaire des Manuscrits tibétains de Touen-houang Conservés à la Bibliothéque Nationale*, Ⅱ, p. 86;参见山口瑞凤:《敦煌の历史·吐蕃支配时代》,《讲座敦煌》第2卷,大东出版社昭和五十五年版,第213–225页。

〔2〕均见王尧、陈践译注:《敦煌吐蕃文献选》,第48–50页。

〔3〕托马斯编著,刘忠、杨铭译注:《敦煌西域古藏文社会历史文献》,第22–30页。

〔4〕王尧、陈践编著:《吐蕃简牍综录》,第38页。文中"凡属唐所辖者",似指以前属唐新近被吐蕃征服的吐谷浑部众。托马斯编著,刘忠、杨铭译注:《敦煌西域古藏文社会历史文献》,第14页。

就被派驻积石山(今阿尼玛卿山)一带,为吐蕃守边。该书 ja 函记载:"所谓'下勇部'在玛朋木热以下、嘎塘陆茨以上,由通颊九政权部和吐谷浑(阿柴)六东岱所据。""玛朋木热"应在积石山一带。在后来的唐蕃战争中,吐谷浑人经常被吐蕃所驱使。如《大事纪年》记载,734 年"于'岛儿'集会议盟,征集吐谷浑之青壮兵丁"[1];《旧唐书·吐蕃传》广德元年(763),"吐蕃以吐谷浑、党项羌之众二十余万,自龙光度而东";同书《吐蕃传》贞元三年(787),"吐蕃率羌、浑之众犯塞,分屯于潘口及青石岭"。

出自新疆南部的古藏文简牍,记载了吐蕃对吐谷浑部落的调遣。M.I.xiv,51 号木简记载:吐蕃在吐谷浑部众中建立了"桂(武士)之部"。M.I.xxiv,0031 号简牍称:"吐谷浑人户有多少?长住户若干?根据所计住户之数,决定派求边隅斥候人数。"M.I.viii,91 号木简:"详细统计数字,如前所颁。彼此多(日来)日夜巡逻,午前、午后均十分警惕。去时,如发现可疑足迹,即在该地竖立标记,务使清晰可见。首先,别碰掉足迹,到跟前立标记。如在萨毗地面发现可疑足迹,由吐谷浑(军)负责……"M.I.59.RM(5)号木简是一件求援文书,曰:"卑职之父没陵岩茹噶,心情急躁,遇(敌人)属彭辟昝,被杀。我已四面被围,别无他法……请从吐谷浑部或通颊派援兵……十人,消除危险,乞予垂怜!"M.Tagh.ci,0053 号简牍道出了吐谷浑部落所处的困境:"河东菊慕之口粮;吐谷浑军坐哨之干粮连一顿也没有。"[2]

直到吐蕃统治河陇末期,吐谷浑人还受到吐蕃的调遣。贞元二十年(804),出使吐蕃的唐使吕温写过一首《蕃中答退浑词》,序曰:"退浑种落尽在,而为吐蕃所鞭挞,有译者诉情于予,故以此答之。"词中有"万群铁马从奴虏,强弱由人莫叹时"之句,形象地反映了吐谷浑部众受吐蕃奴役的情况。[3]《新唐书·吐蕃传》会昌二年(842)载,尚恐热

---

〔1〕巴卧·祖拉陈瓦:《贤者喜宴》,第 189 页。引自黄颢:《〈贤者喜宴〉摘译(二)》,《西藏民族学院学报》1981 年第 1 期,第 10 页;王尧、陈践译注:《敦煌本吐蕃历史文书》,第 153 页。

〔2〕王尧、陈践编著:《吐蕃简牍综录》,第 36、47、48、57、63 页。

〔3〕《全唐诗》卷 371。"退浑",即吐谷浑,"语谬为退浑",见《新唐书》卷 221《吐谷浑传》。

"略地至渭州,与宰相尚与思罗战薄寒山,思罗败走松州,合苏毗、吐浑、羊同兵八万保洮河自守"。

汉文文献中不乏吐谷浑部众脱离吐蕃、投奔唐朝的记载,如:武后长寿元年(692)左右,王孝杰曾奏请,将降唐的吐谷浑耽尔乙句贵部从河源迁徙到灵州(治今宁夏吴忠西南)。不久,耽尔乙句贵又叛逃回青海。至圣历二年(699),因吐蕃器弩悉弄(赤都松)成年,不满意钦陵兄弟专权,遣军攻钦陵,迫其自杀。钦陵弟赞婆、子论弓仁率部降唐,弓仁所率即"吐浑七千帐"。[1] 又《资治通鉴》记此年七月丙辰,有"吐谷浑部落一千四百帐内附"。按《新唐书·吐谷浑传》记圣历三年有吐谷浑"余部诣凉、甘、肃、瓜、沙等州降",此可能即指前一年2批约8000余帐归降的吐谷浑部。而其中诣瓜、沙二州来降的吐谷浑部情况,还可从吐鲁番阿斯塔那225号墓出土的25、38、33、28、26、29、27号残文书中窥其大概。[2]

唐玄宗开元三年(715),又有吐谷浑大酋慕容道奴等降唐,唐处之于河南(黄河河套南),并封道奴为左武卫将军兼刺史、云中郡公。[3] 到开元十一年(723),居于今祁连山南、受吐蕃统治的吐谷浑,又有一部分诣沙州降唐,玄宗诏河西节度使张敬忠抚纳,并降书嘉之。[4] 这部分归降的吐谷浑可能被安置于河西。开元二十二年(734),又有吐谷浑部落发动叛乱,反对吐蕃统治。[5]

6.3 小结

通过上述可知,吐谷浑是吐蕃征服较早的民族之一,由于两族在社

〔1〕《新唐书》卷110《论弓仁传》。又《张说之文集》卷17《拨川郡王碑》也记其事。

〔2〕齐东方:《吐鲁番阿斯塔那二二五号墓出土的部分文书的研究》,载《敦煌吐鲁番文献研究论集》(二),北京大学出版社1983年版;陈国灿:《武周瓜沙地区的吐谷浑归朝事迹》,载《全国敦煌学术讨论会文集·文史遗书篇》,甘肃人民出版社1987年版。

〔3〕《册府元龟》卷964《外臣部》"封册"。

〔4〕《册府元龟》卷977《外臣部》"降附"。

〔5〕《新唐书》卷221《吐谷浑传》;《资治通鉴》卷206,卷212;王尧、陈践译注:《敦煌本吐蕃历史文书》,第153页注释。

·欧·亚·历·史·文·化·文·库·

会形态及生产、生活习俗上接近,所以吐蕃征服吐谷浑后,采取了扶植小王、保存部落、驱以为用的政策。由于这些原因,吐谷浑小王及其官吏在吐蕃征服的人众中占有相对优越的地位。这一点从吐谷浑小王在桑耶寺等兴佛盟誓中的地位,以及吐蕃凉州节度使属下的吐谷浑千户长仅次于吐蕃千户长等情况中,可以得到说明。[1] 但吐谷浑普通民众的情况就有所不同,他们常被吐蕃奴役驱使,因而对吐蕃的统治强烈不满,故史料中不乏吐谷浑部众脱离吐蕃、投奔唐朝的记载。

---

[1] 参见山口瑞凤:《敦煌の历史·吐蕃支配时代》。

7 吐蕃与勃律

勃律或曰布露,在汉文文献中,从东晋智猛的《游行外国传》、北魏宋云的《宋云行记》和惠生的《行记》到唐代著述,先后有波沦、钵卢勒、钵露勒、钵露罗、钵罗、勃律等不同译名,藏文文献作 Bru zha 或 Bru sha,可还原为 balura 或 balora,今名 balitistan,在今克什米尔西北段。

勃律又有大小之分,一般认为大勃律即《大唐西域记》之钵露罗,而小勃律在亚兴(yasin)河流域。[1] 慧超《往五天竺国传》曰:"大勃律原是小勃律王所往之所,为吐蕃来逼,走入小勃律国坐。首领、百姓在彼大勃律不来。"看来,勃律国起初并无大小之分,只是因为被吐蕃占据了一部分,其王出走,居于一隅,故以大勃律、小勃律区别之。[2] 以下分别考述。

7.1 吐蕃对大勃律的征服

《新唐书·西域传》曰:"大勃律,或曰布露。直吐蕃西,与小勃律接,西邻北天竺、乌苌。地宜郁金。役属吐蕃。"大勃律何时起役属于吐蕃,史无明文。但慧超在开元初由天竺返国时,已知大勃律属吐蕃管辖。《往五天竺国传》曰:"又迦叶弥罗国东北,隔山十五日程,即是大勃律国、杨同国、娑播慈国。此三国并属吐蕃所管,衣着言音人风并别。"[3] 慧超途经勃律,约当唐玄宗开元十五年(727),可知在此之前,

〔1〕季羡林等:《大唐西域记校注》,第299页。
〔2〕张毅:《往五天竺国传笺释》,中华书局1994年版,第69页。
〔3〕张毅:《往五天竺国传笺释》,第64页。

103

大勃律即为吐蕃所征服。

有学者提出了更为精确的观点,认为:就现有的各种资料来看,吐蕃自长寿元年(692)被逐出西域以后,到万岁通天元年为止,只有延载元年(694)这一次重新进入西域,因此,实际上大勃律役属吐蕃从而吐蕃开通进入西域的西道,只能是长寿元年至延载元年这两年中间的事。[1]

吐蕃对勃律的经略,有其深刻的历史原因。7世纪初叶,吐蕃迅速强盛起来后,由于对外扩张的需要,它不仅向东和向西发展,而且也瞄准了中亚这块民族众多、小国林立的空间。尽管唐朝在中亚设立了众多的羁縻州,但是真正能够控制住的,只是葱岭以东、碎叶水东南的地区,这基本上就是今天中国的新疆部分。而且就是这一部分,也经常受到吐蕃的进扰。

吐蕃开始出现在西域,是7世纪的60年代。在那个世纪后半叶的几十年中,吐蕃频繁地进攻于阗、疏勒、龟兹等,迫使唐朝多次放弃这些地方。在这一系列进攻中,吐蕃军队所取的路线,多半是从青海湖往西,过柴达木盆地,出鄯善而至四镇的"吐谷浑道",以及从今西藏阿里取道于阗南山进入西域的"于阗道"。但是到7世纪末,形势有了变化。唐朝自武则天长寿元年(692)重新夺回四镇以来,加强了对西域东南部的控制,四镇周围都配以重兵把守,使吐蕃欲再寻"吐谷浑道"、"于阗道"出入西域,已为不易,因而它极力要另寻通往西域的通道。这就是吐蕃经略勃律地区的根本原因。[2]

吐蕃是如何策划、怎样行动,才攻占大勃律的,史文阙载,但是仍可以从史籍中找出一点线索。《通典·边防》"吐蕃"条载,万岁通天二年(697),吐蕃大论钦陵遣使请和,武则天遣郭元振至野狐河与之议事。钦陵请唐朝拔去西域镇守,使四镇诸国、西突厥十姓各建王侯,人自为守,既不款汉,又不属蕃,其理由之一是:"十姓中,五咄六部诸落,僻近

〔1〕王小甫:《唐、吐蕃、大食政治关系史》,第119页。
〔2〕参见杨铭:《吐蕃—勃律道考》,载西北大学西北历史研究室编《西北历史研究》,1987年号,三秦出版社1988年版。

安西,是与吐蕃颇为辽远。俟斤诸部,密近蕃境,其所限者,唯界一碛,骑士腾突,旬日即可以蹂践蕃庭,为吐蕃之巨蠹者,唯斯一隅。""俟斤诸部",即西突厥五弩失毕部,分布在今中亚的碎叶水西南一带。其地与今拉萨的吐蕃王廷相去甚远,钦陵何以谓其"密近蕃境","旬日即可以蹂践蕃庭"呢?

结合上文对形势的分析来看,可以理解为唐朝收复四镇以后,吐蕃已着手经略能够从西面进入四镇的勃律道,至7世纪末,已进入今帕米尔地区,此区与五弩失毕部弥近,故有钦陵视其为"吐蕃之巨蠹者"之说。于此,尚可举一材料佐证之。开元初年,慧超从护密国经播蜜川(帕米尔)至葱岭镇(今塔什库尔干)时,虽见"此即属汉,兵马见今镇押",但他也了解到"此即旧日王裴星国境,为王背叛,走投吐蕃"[1]。既曰"旧日",足见其王走投吐蕃已有一定年月,其时间似可追溯至8世纪之初。此可证明7至8世纪之际,吐蕃确已在帕米尔地区活动,而当时的勃律地区,还在帕米尔之南,其已为吐蕃所控制,自是预料中的事情,至少大勃律是如此。

令人费解的是,在大勃律被吐蕃征服约半个世纪后的天宝年间,唐朝为了驱逐吐蕃在帕米尔地区的势力,发起了一场意在夺回大勃律的战争。《旧唐书·段秀实传》载,天宝十二载(753)"封常清代仙芝,讨大勃律,师次贺萨劳城,一战而胜。常清逐之,秀实进曰:'贼兵赢,饵我也,请备左右,搜其山林。'遂歼其伏,改绥德府折冲"。这是大勃律第一次受到唐军的远征,虽然吐蕃军没有能把它守住,但看来唐朝也没有将其真正地控制于自己手中。因此有学者评价说,如果说751年怛罗斯战争具有东部唐朝和西部大食决定中亚命运的性质,那么753年唐军在大勃律的活动似乎是难以理解的[2]。

---

〔1〕张毅:《往五天竺国传笺释》,第146页。

〔2〕森安孝夫:《吐蕃の中央アジア进出》,《金泽大学文学部论集·史学科篇》4,1984年,第43页。

7.2　吐蕃与小勃律的关系

吐蕃吞并大勃律之后,进一步向北发展,兵力达及小勃律国。《新唐书·西域传》曰:小勃律"东南三百里大勃律,南五百里箇失密,北五百里当护密之娑(婆)勒城","开元初,王没谨忙来朝,玄宗以儿子畜之,以其地为绥远军。国迫吐蕃,数为所困。吐蕃曰:'我非谋尔国,假道攻四镇尔!'"看来,开元初年(713 左右),小勃律已为吐蕃所攻扰,故其王亲至唐廷,以求声援,玄宗以其地为"绥远军"而嘉之。

至开元十年(722),吐蕃进围小勃律,夺其九城,其王没谨忙求救于北庭,节度使张孝嵩率兵前往,在小勃律兵的配合下,"大破吐蕃,杀其众数万,复九城",自嵩此征之后,吐蕃不敢西向。[1]但十余年后,小勃律王"为吐蕃阴诱,妻以女,故西北二十余国皆臣吐蕃,贡献不入。安西都护三讨之无功"[2]。《敦煌本吐蕃历史文书·大事纪年》亦记载了吐蕃控制小勃律的情况,第 88 条曰:及至牛年(737),"论·结桑龙(东)则布引兵至小勃律国。冬,赞普牙帐居于扎玛,小勃律王降,前来致礼";第 91 条:及至龙年(740),"嫁王姐赤玛类与小勃律王为妻"[3]。

由于从小勃律北上便可控制葱岭的东西通道,故吐蕃控制其地后,便会阻断西域各国与唐朝的交通,使唐朝在西域的辖制权受到威胁。因而,天宝六载(747),唐玄宗诏安西副都护高仙芝征讨小勃律。是年,高仙芝率马步万人出安西(龟兹),经拨换城、疏勒、葱岭守捉(喝盘陀)、播蜜川(帕米尔)、五识匿国(什格南)、护密国(瓦汗)、婆勒川(萨尔哈德)[4]、坦驹岭(兴都库什山山口)、阿弩越城,及至小勃律之孽多

---

〔1〕《新唐书》卷 221《西域传》。
〔2〕《新唐书》卷 221《西域传》。
〔3〕王尧、陈践译注:《敦煌本吐蕃历史文书》,第 153 页。
〔4〕王小甫认为婆勒川即今瓦罕河,婆勒川其实是 Baroghil 的音义合译。见王小甫:《七八世纪之交吐蕃入西域之路》,田余庆主编:《庆祝邓广铭教授九十华诞论文集》,河北教育出版社 1997 年版,第 74–85 页。

城,一举克之。破城后,仙芝令官兵断娑夷水(吉尔吉特河)之绳桥,拒吐蕃援军于对岸。[1]

唐朝平定小勃律之事,在《敦煌本吐蕃历史文书》中亦有记载,《大事纪年》第103条曰:"及至猪年(747)夏,赞普驻于那玛,廓州一带出现唐人斥堠军兵。勃律、高地被击溃。"[2]可见,汉、藏文史料对此事件的记载是一致的。

高仙芝平小勃律后,携小勃律王及吐蕃公主班师还朝,诏改小勃律国号"归仁",置归仁军,以数千士兵镇之。唐朝此举,对西域诸国皆有震动,"于是拂林、大食诸胡七十二国皆震慑降附"[3]。吐蕃在此役中虽受挫折,但并未因此而放弃对勃律之地的经略,《册府元龟·外臣部》曰:

> [天宝]八载(749),吐火罗叶护夫里尝伽罗遣使来朝。

表曰:"臣邻境有一胡,号曰揭师,居在深山,恃其险阻,违背圣化,亲辅吐蕃。知勃律地狭人稠,无多田种,镇军在彼,粮食不充,于箇失密市易盐米,然得支济,商旅来往,皆着揭师国过。其王遂受吐蕃货求,于国内置吐蕃城堡,捉勃律要路。自高仙芝开勃律之后,更益兵二千人,勃律因之。揭师王与吐蕃乘此虚危,将兵拟入。臣每忧思,一破凶徒,若开得大勃律已东,直至于阗、焉耆,卧凉、瓜、肃已来,吐蕃更不敢停住。望安西兵来载五月到小勃律,六月到大勃律。"

吐火罗(twkhara),在今阿富汗北境。从其王称叶护可看出,此似指臣服于西突厥阿史那氏叶护可汗的吐火罗国。揭师,从其扼小勃律至箇失密(克什米尔南段)商道的情况看,其地当在巴基斯坦北境之吉德拉尔(chitral)一带。吐火罗使者的表奏说明,吐蕃在小勃律失利之后,转而拉拢揭师,在其国筑城驻军,控制小勃律至箇失密间的商道,欲使驻守小勃律的唐军受困,其目的在于重新打通自大勃律至小勃律,然

---

[1]《旧唐书》卷104《高仙芝传》。

[2]王尧、陈践译注:《敦煌本吐蕃历史文书》,第155页。

[3]《新唐书》卷221《西域传》,《旧唐书》卷104《高仙芝传》。

后北去护密、东向四镇的道路。唐朝在吐火罗王的请求下,再度遣高仙芝出兵,"破揭师,虏其王勃特没",另立其兄"素迦为揭师王",其时在天宝九载(750)[1],这就阻止了吐蕃欲卷土重来小勃律的计划。直到"安史之乱"(755)爆发以前,小勃律之地似掌握在唐朝手中。

"安史之乱"爆发后,唐朝忙于平定内部,无力西顾,吐蕃乘势在东线攻占河陇,西面攻占于阗等地,葱岭诸国及小勃律之地,似均为吐蕃所据。这种情况,虽汉史不载,但从藏文史料中却可看出端倪。

8世纪下半叶,桑耶寺建成后,吐蕃赞普赤松德赞决心奉佛教为国教。为防止发生灭佛事件,遂制定《不得灭法之诏书》,召诸大臣及小邦王进行盟誓。盟誓诏书存于桑耶寺府库,人们今天得见于《贤者喜宴》ja 函之中。其中,第一诏书结尾部分写道:

> 有关叙述佛法在吐蕃前后产生情况之文书有正副两本,如是之抄本共十三份,其中一份置于地窖,两份盖印之后分存于大昭寺及红岩桑耶寺。十份均于(文书)下部盖印,分别置于大昭寺、桑耶寺、昌珠之扎西拉玉寺、王宫所属僧团、逻些之汉人所建小昭寺、红岩三界不变解脱寺、勃律地区、象雄地区、多麦及各地地方长官,对于上述诸寺院之僧团各赐以盟誓文书一份。[2]

很明显,收到盟誓诏书的,包括"勃律地区"(bru sha yul),它是与羊同(zhang zhung)、多麦(mdor smad)地区并列的收藏诏书的 10 个单位之一,可以看出,到 8 世纪下半叶,勃律在吐蕃诸辖地中占有举足轻重的地位。

我们还可以举出一条史料,来说明勃律地区在吐蕃王朝中的重要性。大致是在 9 世纪,译师达玛菩提、达那剌乞答等在勃律完成了《金

---

〔1〕《资治通鉴》卷 216"天宝九载二月"条。其下引《考异》曰:《实录》,去载十一月,吐火罗叶护请使安西兵讨揭师,上许之。不见出师。今载三月庚子,册揭师国王勃特没兄素迦为王,册曰:'顷勃特没,于卿不孝,于国不忠',不言揭师为谁所破。按十载正月,高仙芝擒揭师王来献;然则揭师为仙芝所破也"。

〔2〕巴卧·祖拉陈瓦:《贤者喜宴》,第 372 页。引文参见黄颢《〈贤者喜宴〉摘译(九)》,《西藏民族学院学报》,1982 年第 4 期,第 35 - 36 页。

刚瑜伽成就授记》的译本,在译本的题记中,出现了 bru shavi yul gyi khrom 这样一个地名。bru sha 就是勃律的藏文拼法,而且很多学者都认为,bru sha 实际上是指小勃律,因为在《敦煌本吐蕃历史文书·大事纪年》中,有关 bru sha 的记载,其年代与内容都与汉文史书中记载的小勃律相符。至于 khrom,现代藏语的含义是市场、集市,但它在吐蕃时代却有另外一层含意。根据匈牙利藏学家 G. 乌瑞的研究,khrom 是吐蕃时期设在边境,或至少是在东、北和极西边境地区的军镇组织,它的长官实际上就是敦煌汉文文书或唐史中提到的吐蕃节度使、留后使等。根据目前所能见到的资料来看,吐蕃设立了玛曲(黄河)军镇、野猫川(青海湖东)军镇、姑藏军镇、瓜州军镇、小勃律军镇等。[1] 这里再一次证明,勃律地区在吐蕃向外扩张的前沿要塞中,有着重要的战略地位。

此外,近年才见于国内学术期刊的巴尔蒂斯坦的古藏文石刻,也能反映大、小勃律为吐蕃所占领的重要地方。据了解,这段古藏文石刻长 180.34 厘米,宽 20.32 厘米,厚 5 英寸(12.7 厘米)。从内容看,这是一件碑刻的最下面的部分。长条形的石刻上部有明显的用錾子凿断的痕迹,因此它原来应该是一通宽约 2 米的大型石碑,是被人有意凿断的,至于是凿成几个长条形,还是仅将碑刻上面部分凿下来改作他用,下面的底部因为埋在底下而幸存下来,还难以判断。不过从碑宽约 2 米这一点,可以设想石碑原来的高度应该有 2 米以上。

现存的长条形石刻上有 3 行文字,但是第 1 行仅残存几个字,无法辨读。第 2 行文字为:……myi vjig par gso zhing gces pa dang/mngon par byang cub kyi mchod pavi dus su/ce te mchod pavi rkyen-yang/so so sgo sgos phul nas/mngon par byang cub kyi lha ris dang thang yig gzhung gcig tu brisbzhag go////◎◎◎◎//ce te vdi rnams“……使其不坏而保养和爱护,在现证菩提的供祭之时,供祭的顺缘(物品)也由各家各户奉献。现证菩提的神佛画像和记事文书也一并写造成一册放置。如是此等

---

〔1〕G. Uray,"KHROM: Administrative Units of the Tibetan Empire in the 7th - 9th Centuries", *Tibetan Studies in Honour of Hugh Richardson* ed. by Michael Aris and Aung San Sua Kyi, Aris and Pillips LTD. Warminster England,1979, pp. 310 - 318.

……"

第3行文字为：……gyog rnams so/◎◎◎◎/ce te vdivi yon kyis// lha btsan po sku tshe ring/chab srid che/mthar bla na med med pavi go vphang bsnyes pa dang/bdag cag dad pa mthun par gso dang/……bla na med pavi sangs rgyas su grub par shog//"……仆人等。如是，因此功德，祈愿天神赞普圣寿绵长，国政广大，最终证得无上果位，对我等以共同信仰养育……成就无上佛陀！"

上面刻有"祈愿天神赞普圣寿绵长，国政广大"等这一吐蕃王朝文献中常用的习语，说明这一碑刻的年代应该是这几位赞普在位的时期，也即是8世纪中叶到9世纪中叶这一段吐蕃王朝统治巴尔蒂斯坦的时期。这一发现，再一次证明巴尔蒂斯坦即大、小勃律地区是吐蕃通过印度到中亚地区的重要通道，也是佛教北传的重要通道。在吐蕃统治以前当地居民就信奉佛教，而吐蕃王朝在新占领的信仰佛教的地区，扶植佛教，将当地的佛教和吐蕃王室密切联系起来，是吐蕃为巩固对新占领的地区的统治而采取的一个重要策略。[1]

7.3　余论

尚须补充的是，波斯文文献中又称大勃律为"小西藏"（tibet i-khord），今天巴尔蒂斯坦分布的200多个村庄20余万居民中，有一部分竟是唐代吐蕃人的远裔，其使用的巴尔蒂语可算是藏语的一个分支，民间口头文学则以说唱《格萨尔》最为有名。[2] 可不可以说，这是唐代吐蕃经略"勃律道"而留下的一个历史遗响呢？

---

〔1〕陈庆英、马丽华、穆罕默德、尤素夫、侯赛因阿巴迪：《巴基斯坦斯卡杜县发现的吐蕃王朝时期的藏文碑刻》，《中国藏学》2010年第4期，第98－101页。
〔2〕陆水林：《巴基斯坦》，第152－153页；同作者：《乾隆时期巴尔蒂斯坦（小西藏）与清朝关系初探》，《中国藏学》2004年第1期，第28－33页。

第二编 吐蕃与天山南北诸族的关系

天山南北基本上包括新疆及其唐代曾经有效管辖过的地方。这是一个相对独立的地理环境的名词，天山山脉把新疆划为两个部分：天山以北为北疆，与阿尔泰山一同环抱准噶尔盆地，古尔班通古特沙漠坐落其间；天山以南为南疆，与昆仑山脉合围形成塔里木盆地，其中铺展着塔克拉玛干大沙漠。塔里木盆地是世界最大的内陆盆地，达53万平方千米。天山全长1700千米，在它的南北两侧，依附着难以数计的谷地、6890多条大小冰川，以及200多条河流的起源地，最高峰托木尔峰海拔7435.3米。帕米尔高原是天山、昆仑山交汇的山结，海拔多在3200～4500米之间，有『万山之祖』的说法，古代又名『葱岭』，典籍多有记载，是丝绸之路的要冲。

天山南北古称『西域』，隋唐时活动着突厥、突骑施、回纥、沙陀以及南疆诸国等。吐蕃进入西域始于唐高宗龙朔初年(661)，当时，归属唐朝的西突厥弥射、步真可汗相继死去，西突厥『十姓无王，附于吐蕃』[1]。咸亨元年(670)，吐蕃『入残羁縻十八州，率于阗取龟兹拔换城，于是安西四镇并废』[2]。之后，唐朝联合西域诸国进行反击，使吐蕃在西域的攻势有所减弱。至仪凤二年(677)，吐蕃又联合西突厥阿史那都支『寇安西』。武则天垂拱年间(685—688)，唐朝收复四镇。延载元年(694)，吐蕃联合西突厥阿史那俀子进攻唐朝在西域的驻军据点，未遂。8世纪初，吐蕃加强对西域的进攻，迫使唐朝再次放弃了安西四镇。武后长寿初年(692—693)，唐朝收复四

[1]林《唐会要》卷94《西突厥》。
[2]《新唐书》卷216《吐蕃传》。第3—8页。

吐蕃攻占鄯善。开元三年（715），吐蕃联合大食共攻拔汗那。开元五年（717），吐蕃与突骑施、大食谋取四镇，围钵换及大石城。[1]开元十六年（728），吐蕃与突骑施围攻安西。『安史之乱』爆发后，吐蕃于上元元年（760）一度攻占庭州，宝应二年（763）攻占伊州。在攻占北庭、西州（790—792）后，吐蕃攻占了于阗（790—796）、龟兹（808）。至此，吐蕃有效控制了从鄯善到于阗等塔里木盆地南缘的地方。

下面讨论先后与吐蕃有密切交往关系的民族，除了唐代天山南北的主体民族以外，也包括主要地域在蒙古高原，但也曾活动于天山附近的民族，如回纥等。

8 吐蕃与突厥

突厥先世源出于丁零、铁勒,5世纪中叶被柔然征服,徙于金山南麓(今阿尔泰山),因金山形似战盔"兜鍪",俗称突厥,因以名其部落。546年,突厥合并铁勒部5万余落(户),势力逐渐强盛;552年又大败柔然,以漠北为中心在鄂尔浑河流域建立政权。突厥最盛时疆域东至辽海(辽河上游),西濒西海(今咸海),北至北海(今贝加尔湖),南临阿姆河南。582年分裂为东突厥和西突厥,其中东突厥可汗汗室为原统一突厥可汗正支嫡系之后,故东突厥仍经常被直呼为"突厥"。638、659年,东西突厥先后统一于唐。680年,南迁的东突厥之后北返复国,建立后突厥汗国,745年亡于回纥。

隋唐时吐蕃兴起后,由于地理上的接近等原因,吐蕃与突厥之间有过密切的交往。《新唐书·吐蕃传》记载:"太宗贞观八年(634),(吐蕃)始遣使者来朝,帝遣行人冯德遐下书临抚。弄赞闻突厥、吐谷浑并得尚公主,乃遣使赍币求婚,帝不许。"[1]这是汉文文献中首次并列提到吐蕃与突厥的记录。以后,吐蕃向北征服吐谷浑之地,7世纪中叶进入西域,与一些不满唐朝统治的西突厥王公贵族联合,多次攻陷唐之西域重镇及属国。7世纪末后突厥汗国复兴后,吐蕃也多次与之通使、联合。故《敦煌吐蕃本历史文书·大事纪年》及汉文史书中不乏此类记载。

8.1 吐蕃与西突厥的关系

583年东西突厥分裂后,西突厥射匮可汗广开疆土,东起金山西到

---

[1]岑仲勉注《旧唐书》同传同条时说:"唐初突厥无尚公主之事,或指来降者言之。"见岑仲勉:《突厥集史》(上),中华书局1958年版,第213页。

西海诸国都在他的统治之下,汗庭建在龟兹北面的三弥山。其弟统叶护可汗把汗庭迁到石国(今乌兹别克塔什干)北面的千泉,派吐屯驻西域各国,收敛征赋。贞观初年,统叶护被伯父所杀,西突厥内部变乱迭起,贵族争立。651年,阿史那贺鲁自立为沙钵罗可汗,建牙帐在双河(今新疆博乐、温泉一带)和千泉,总领十姓部落,控制西域各国,进攻唐朝的庭州等地。657年,唐朝派苏定方等征讨西域,俘获贺鲁,西突厥灭亡。

《敦煌本吐蕃历史文书·赞普传记》说:松赞干布之父囊日伦赞"灭顽敌魁渠森波杰,芒波杰孙波逃遁突厥矣",是已有"突厥"之名出现。但是,根敦琼培著《白史》译此处为"吐谷浑";张琨著《敦煌本吐蕃纪年分析》一文也说:"650—763年,dru gu指突厥。"所以,笔者没有引用这一段材料。[1]

从汉、藏文献的记载来看,吐蕃与唐朝争夺西域的过程,就是双方争夺西突厥的过程。仅从汉文文献来看,吐蕃与突厥最早发生的接触,似乎为贞观二十二年(648)唐朝征西突厥乙毗射匮可汗之役。《资治通鉴》载:贞观二十一年十二月,"壬申……龟兹王伐叠卒,弟诃黎布失毕立,浸失臣礼,侵渔邻国。上怒,戊寅,诏使持节、昆丘道行军大总管、左骁卫大将军阿史那社尔,副大总管、左骁卫大将军契苾何力,安西都护郭孝恪等将兵击之,仍命铁勒十三州、突厥、吐蕃、吐谷浑连兵进讨"。《册府元龟·外臣部》也说,是役"又发铁勒兵牧十有三部,突厥、侯王十余万骑,沸涌动沙场之地,呼吸振广漠之风,道自金微,会于葱岭。又遣吐蕃君长,逾玄菟而北临,步摇酋渠绝昌海而西骛;齐飞白羽,周设天罗"。据此,有学者在分析此役唐军与西突厥军队没怎么正面交战就取得了胜利时,认为是由于吐蕃出昆仑山攻其后,吐谷浑出青海道攻其东,阿史那贺鲁率军攻其北,所以很快就获得了大胜;甚至于吐蕃乘此次出兵占据了鄯善、且末及昆仑山以北地区,直至显庆四年

〔1〕法尊大师译,西北民族学院研究所刊本;Chang Kun,"Analysis the Tun-huang Tibetan Annals",*Journal of Oriental Studies*,vol. 5. Nos. 1 - 2,1959—1960,p.148.

（659）苏定方驰救于阗、平定西突厥都曼之乱，才将这一地区收回。[1]

但笔者对此说法尚有疑问，除了前面所引的唐朝出师前的檄文以外，从记载此次战役的各种文献中，均未找到吐蕃军队行动的记录，因此难免使人怀疑此役吐蕃军队无非是进行了声援，被唐朝用来虚张声势而已！当然，考虑到同样是在贞观二十二年吐蕃曾应王玄策之请，出兵击败了中天竺对唐朝使团发动的攻击，显示当时吐蕃和唐朝具有亲密的关系，所以多数学者都认为不能断然怀疑此次战役中吐蕃确实派出了一支军队。

对于此次吐蕃军队行进的路线，有出自"吐谷浑道"与"于阗南山道"两说，王小甫倾向于后者，并推测此次吐蕃军队出于阗南山后，是沿着五俟斤路向北在朱俱波（今新疆叶城）、疏勒（今新疆喀什）一带活动。[2]

之后，属于西突厥别部的弓月曾在显庆四年（659）、龙朔二年（662）、咸亨元年（670）三次与吐蕃联军，在疏勒（今新疆喀什）到龟兹一线与唐军对抗。[3] 到高宗仪凤二年（677）又发生了吐蕃与西突厥联兵进攻安西的事件，《新唐书·高宗纪》曰："是岁，西突厥及吐蕃寇安西，诏吏部侍郎裴行俭讨之。"同书《裴行俭传》记此事曰："仪凤二年，十姓可汗阿史那都支及李遮匐诱蕃落以动安西，与吐蕃连合。"《大事纪年》第27条："及至鼠年（676），论赞聂领兵赴突厥（dru gu）。"[4]

联系上引，大论赞聂领兵赴突厥事，应与西突厥都支等联合吐蕃攻安西有关，理由是：第一，《大事纪年》与汉文史料记载此事的时间相

---

〔1〕薛宗正：《安西与北庭——唐代西陲边政研究》，第59－60、108页。

〔2〕森安孝夫认为：这一次吐蕃是和吐谷浑一起派兵的，因此可以认为这一次吐蕃军是从西藏的东北方向征战的。而王小甫认为此役吐蕃只能从其西北翻越于阗南山而进入西域。见森安孝夫：《吐蕃の中央アジア进出》，《金泽大学文学部论集·史学科篇》4，1984年，第1－85页；王小甫：《唐、吐蕃、大食政治关系史》，第44、47页。

〔3〕《唐会要》卷73"安西都护府"；《册府元龟》卷449《将帅部》"专条"；《资治通鉴》卷201"咸亨元年（670）"条；卷202"咸亨四年（673）十二月"条。又唐《阿史那忠墓志》："而有弓月扇动，吐蕃侵逼。延寿莫制，会宗告窘。"据研究即指咸亨元年事。见王小甫：《唐、吐蕃、大食政治关系史》，第69页。

〔4〕王尧、陈践译注：《敦煌本吐蕃历史文书》，第147页，以下引文未注出处者均同此书。

近,前者为高宗仪凤元年(676),后者为二年(677),由于《敦煌本吐蕃历史文书》中所记的"突厥"基本就是指西突厥活动之地,因此"论赞聂领兵赴突厥(dru gu)",实际上就是率兵赴今南疆,与西突厥的阿史那都支等联合进攻安西都护府所在地龟兹。第二,当时东突厥政权已覆亡近半个世纪,其余众分布在河套南北,后突厥汗国尚未复起;而西突厥自7世纪60年代归附唐朝后,唐朝所封的西突厥弥射、步真可汗相继死去,史称"十姓无王,附于吐蕃"[1],吐蕃势力乘机进入西域。从当时吐蕃欲得西域、联络西突厥十姓部落的一系列活动来看,《大事纪年》称大论赞聂领兵赴突厥一事,应与上引仪凤二年事有关。

10年之后,吐蕃在西域发动了更大的攻势。《新唐书·则天皇后纪》曰:"垂拱三年(687)十二月壬辰,韦待价为安息道行军大总管,安西大都护阎温古副之,以击吐蕃。"《旧唐书·韦待价传》叙其事曰:"(韦待价)军至寅识迦河,与吐蕃合战,初胜后败。又属天寒冻雪,师人多死,粮馈又不支给,乃旋师弓月,顿于高昌。"同书《唐休璟传》补充此事曰:"垂拱中,迁安西副都护。会吐蕃攻破焉耆。安息道大总管、文昌右相韦待价及副使阎温古失利,休璟收其余众,以定西土。"

《大事纪年》第38条:"及至猪年(687),大论钦陵领兵赴突厥(dru gu)'固山之境'。"第40条:"及至牛年(689)……大论钦陵自突厥(dru gu)引兵还。""固山"(gu zan),托马斯认为或许是汉文"古城"或"五城"的译音,汉属车师后部,突厥语称"别失八里";而张广达认为,Gu zan即波斯文献《世界境域志》之K.sān,《新唐书·地理志》于阗西200里的"固城镇"[2]。

《大事纪年》所载大论钦陵领兵赴突厥"固山"之事,似与汉文史书记载垂拱中吐蕃陷焉耆等有关。"寅识迦河",胡三省据《旧唐书·韦待价传》的记载,考订其"当在弓月西南",王小甫认为应在碎叶(今哈

〔1〕《唐会要》卷94《西突厥》。
〔2〕托马斯编著,刘忠、杨铭译注:《敦煌西域古藏文社会历史文献》,第243-245页;王小甫:《唐、吐蕃、大食政治关系史》,第34、64页。

萨克斯坦的托克马克)附近,而薛宗正考证就是今天南疆的阿克苏河。[1] 笔者比较倾向于王小甫的观点,这样可以推测这一路吐蕃军是在出于阗南山、攻陷疏勒后,向北推进到碎叶附近与唐军作战的。随后,吐蕃军队还攻陷了焉耆。垂拱年间,吐蕃在西域的攻势,如陈子昂上书所言:"……国家近废安北,拔单于,弃龟兹,放疏勒"[2],使唐朝再一次罢四镇。

到武后长寿元年(692),唐朝派武威军总管王孝杰率军收复四镇,摧毁了吐蕃对西域的控制,然后回师北上西突厥十姓可汗故地,消灭了吐蕃所立十姓可汗仆罗。此后在吐蕃的扶持下,西突厥部立阿史那俟子为可汗,继续与吐蕃联合滋扰唐朝在西域的军镇。[3]

在新疆米兰和麻扎塔格出土的藏文木简中,亦有零星有关西突厥部落或居民的记载。如一枚木简提到诸借粮人:"萨贝之妻,门婆领取一升,色吉、约尔诺、布穷三人领取三升。突厥(drug)人芒顿之妻领取谷子六升。"另一枚木简载:"拉通向上至唐人笼(rgya slungs)、下至突厥郡(dru gu vjon)的虎兵禀告。"[4] 米兰藏文木简中还有"突厥啜尔"(dru gu vjor)、"突厥郡"(dru gu vjon)、"上部突厥"(stod gyi dru gu)等职官名或地名[5],反映出吐蕃统治下的鄯善和于阗地区,突厥人不在少数。

8.2 藏文文书记载的"东叶护可汗"

《敦煌本吐蕃历史文书·大事纪年》650—747 中有所谓"东叶护可

〔1〕《资治通鉴》卷 204,胡三省注;王小甫:《唐、吐蕃、大食政治关系史》,第 88 页;薛宗正:《安西与北庭——唐代西陲边政研究》,第 152 – 153 页。

〔2〕《资治通鉴》卷 204"垂拱四年十二月"条。胡三省注:"废安北,拔单于,以突厥畔援也;弃龟兹,放疏勒,以吐蕃侵逼也。"

〔3〕《新唐书》卷 125《突厥传》;王小甫:《唐、吐蕃、大食政治关系史》,第 115 页。

〔4〕王尧、陈践编著:《吐蕃简牍综录》,第 39 页;F. W. Thomas, *Tibetan Literary Texts and Documents concerning Chinese Turkistan*,Ⅰ,London,1951,pp. 276 – 277.

〔5〕王尧、陈践编著:《吐蕃简牍综录》,第 59、60 页;F. W. Thomas, *Tibetan Literary Texts and Documents concerning Chinese Turkistan*,Ⅰ,London,1951,pp. 123 – 124.

汗"(ton ya bgo kha gan)在吐蕃活动的记载,其人是谁,至今未见令人信服的解释。笔者试搜索有关史料,作一探讨。

《大事纪年》中有关"东叶护可汗"的文字有如下三处:

第45条:"及至马年(694)……冬,赞普驻于'若乌园',东叶护可汗前来致礼。"

第50条:"及至猪年(699)……冬,赞普驻于'兑'之'玛尔玛',封赐忠心耿正文书,并颁赏物品。东叶护可汗前来致礼。"

第51条:"及至鼠年(700)夏,赞普自蒙噶尔将牙帐迁往下枯零、孙可。遣送东叶护可汗往突厥。秋,赞普亦往,引兵至河州。"〔1〕

据王尧疏证:"兑"在西藏西南极边地区,"下枯零、孙可"似为孙波之故地,"河州"即唐之河州〔2〕。综上所引,可知"东叶护可汗"曾于694、699年两次至赞普驻地,700年被遣回突厥。

关于"东叶护可汗",英国学者 F. W. 托马斯在编著《有关西域的藏文文献和文书》一书时指出,其突厥人的名字和称号与一个早期的著名可汗很相似,但藏文文书中没有材料能进一步说明,其人是否就是统叶护(tun yo ku)。托马斯是把有关"东叶护可汗"的材料放在其书第五章"突厥"(dru gu)篇中的,按其意见,dru gu 一词的最初含意,是指唐代庭州—西州乃至包括整个天山地区(含汉代乌孙地)的部落〔3〕。由此,东叶护可汗应属当时西突厥十姓部落的首领。

日本学者佐藤长曾于《古代チベット史研究》一书中指出:《大事纪年》"694年"条所载"东叶护可汗前来致礼"一事,与唐史中同年所载"阿史那俀子"事有关,但其间具体关系如何不明〔4〕。约10年后,意大利学者伯戴克提出了充分的证据,将"东叶护可汗"比定为阿史那俀子,说他曾被吐蕃封为十姓可汗,在694年惨败于唐朝,后来由于吐蕃

---

〔1〕王尧、陈践译注:《敦煌本吐蕃历史文书》,第148-149页。
〔2〕王尧、陈践译注:《敦煌本吐蕃历史文书》,第223页。
〔3〕托马斯编著,刘忠、杨铭译注:《敦煌西域古藏文社会历史文献》,第234、245、246页。
〔4〕佐藤长:《古代チベット史研究》,同朋舍昭和五十二年再版,第355-356页。

的帮助,阿史那俀子在700年以后一段时间内还在拔汗那掌权。[1]

王尧在《敦煌本吐蕃历史文书》疏证中讲:"东叶护可汗又作统叶护可汗,西突厥射匮可汗之弟,并铁勒,征波斯、罽宾,有兵数十万,徙庭千泉,统治西域诸地,分授其首领'颉利发'称号,强大于一时。与吐蕃王廷发生联系,并结为婚姻。这里似指这一部落,不一定指可汗本人。"[2]

西突厥统叶护可汗在位的时间为615—628年[3],贞观二年(628)为其叔莫咄贺所杀。王尧说其曾"与吐蕃王廷发生联系,并结为婚姻",不知何据? 而东叶护可汗既为其后世部落之人,则似应为7至8世纪之交时的西突厥首领。

虽然已知"东叶护可汗"为7至8世纪之际的西突厥十姓部落首领,但为防止疏漏,线索清楚,我们将活动于此期间的后突厥、西突厥首领皆列入表8-1、8-2中。[4]

表8-1 后突厥世系

名称	系属	生卒年	备注
骨咄禄	颉利疏属	约开耀二年(682)自立为可汗;天授二年(691)病卒。	
默啜	骨咄禄之弟	初为骨咄禄封为"杀",天授二年(691)自立为可汗;开元四年(716)为拔野古所杀。	《大事纪年》中有以其名 vbug cor 为号的突厥部落。
咄悉匐	骨咄禄之弟	初为骨咄禄封为"叶护",圣历二年(699)十月为默啜封为"左厢察";卒于开元四年(716)或十六年(728)。	"左厢察"辖地在蒙古草原东部。

---

〔1〕L. Petech, "Glosse agli Annali di Tun-huang", Rivista degli Studi Orientali, Ⅻ, 1967, p. 270. G. Uray, "The old Tibetan Sources of the History of Central Asia up to 751 A. D. : A Survey", p. 281. 日本学者森安孝夫也认为东叶护可汗就是吐蕃的傀儡阿史那俀子其人,见《吐蕃の中央アジア进出》,《金泽大学文学部论集·史学科篇》4,1984年,第20页。

〔2〕王尧、陈践译注:《敦煌本吐蕃历史文书》,第220页。

〔3〕此取冯承钧说,见沙畹编,冯承钧译:《西突厥史料》,中华书局1958年版,第95页补注。

〔4〕参见岑仲勉:《西突厥史料补阙及考证》,中华书局1958年版,第124-126页;林幹:《西突厥纪事》,《新疆社会科学》1984年第1期。

续表 8 - 1

名称	系属	生卒年	备注
默棘连	骨咄禄之子	圣历二年(699)十月为默啜封为"右厢察";开元四年(716)为阙特勤等拥立为可汗;开元二十二年(734)被大臣梅录啜毒死。	有"毗伽可汗碑"传世,未记有关入蕃事。
阙特勤	骨咄禄之子	约生于嗣圣元年(684);开元十九年(731)卒。	有"阙特勤碑"传世,未记有入蕃事。

表 8 - 2 西突厥世系

名称	系属	生卒年	备注
阿史那元庆	弥射之子	垂拱元年(685)袭"兴昔亡可汗";如意元年(692)被诛。	
阿史那仆罗	元庆之弟	曾被吐蕃册为可汗。	
阿史那俀子	元庆之子	曾被西突厥部众立为可汗,亦被吐蕃册为可汗。	
阿史那献	元庆之子	长寿元年(692)流配崖州,长安三年(703)召还;景龙二年(708)袭"兴昔亡可汗";开元中(713—741)卒。	
阿史那斛瑟罗	步真之子	垂拱二年(686)袭"继往绝可汗";天授元年(690)入居内地;久视元年(700)出镇碎叶,后不详。	
阿史那怀道	斛瑟罗之子	长安四年(704)册为十姓可汗。	
(阿史那)拔布	准室点密系	曾被吐蕃册为可汗。	

综观两表:(1)骨咄禄、元庆与"东叶护可汗"活动时间不符,应排除。(2)《大事纪年》"720年"条提到过"默啜"(vbug cor),似指当时后

突厥以其名义与吐蕃建立的联盟[1]，故将默啜排除。（3）默棘连、阙特勤皆有著名的突厥文碑传世，在较详细地记叙其生平功绩的碑文中未提入蕃事，亦应排除。（4）咄悉匐在任叶护及左厢察时，辖地均在后突厥王廷（乌德鞬山）以东，无由西至吐蕃，故排除。[2]（5）阿史那献、斛瑟罗、怀道等皆为唐朝所封可汗，其在唐的活动清楚可稽，故亦排除。这样，《大事纪年》中的"东叶护可汗"应于阿史那俀子、仆罗及拔布三人中求得。

以下，我们试从活动时间相近、与吐蕃关系相似两方面考证"阿史那俀子"、"东叶护可汗"为同一人。《新唐书·突厥传》曰："其明年，西突厥部立阿史那俀子为可汗，与吐蕃寇，武威道大总管王孝杰与战冷泉、大领谷，破之；碎叶镇守使韩思忠又破泥熟俟斤及突厥施质汗、胡禄等，因拔吐蕃泥熟没斯城。"同书《吐蕃传》则曰："首领勃论赞与突厥伪可汗阿史那俀子南侵，与孝杰战冷泉，败走，碎叶镇守使韩思忠破泥熟没斯城。"《资治通鉴》载此事于延载元年（694）二月，所记略同，但因"语不可晓"，删去"又破吐蕃万泥勋没驮城"等文字。此外，《新唐书·则天皇后纪》也载此事于延载元年。此战中"冷泉"与"大领谷"的位置，顾祖禹考证前者在焉耆东南，后者属西宁西境。[3]

阿史那俀子，据《旧唐书·郭元振传》有"献父元庆、叔仆罗、兄俀子"等语看，其应为唐所立兴昔亡可汗阿史那元庆之子。"冷泉"之战后，史称俀子等"败走"，而此年恰好是"东叶护可汗"首次至吐蕃之年，从两者活动时间吻合上看，有理由认为"东叶护可汗"就是"败走"的阿史那俀子。

上述延载元年事件后，阿史那俀子几不见载于史籍，还是在《旧唐书·郭元振传》中，透露出一点与俀子有关的消息。

---

〔1〕王尧、陈践译注：《敦煌本吐蕃历史文书》，第151页。

〔2〕《新唐书》卷215《突厥传》谓：骨咄禄"乃自立为可汗，以弟默啜为杀，咄悉匐为叶护"；对照"毗伽可汗碑"所曰："彼（骨咄禄）于是整顿突利失人及达头人，为之立一叶护及一设"，则咄悉匐为叶护，所统为突利失，其方位与后来的"左厢察"同，在突厥王廷之东。详见岑仲勉：《突厥集史》，中华书局1958年版，第895、912页。

〔3〕《读史方舆纪要》卷64、65。

景龙二年(708)郭元振因突骑施部将忠节事上疏朝廷,其中披露出:"往年(郭)虔瓘已曾与忠节擅入拔汗那税甲税马,臣在疏勒具访,不闻得一甲入军,拔汗那胡不胜侵扰,南勾吐蕃,即将俀子重扰四镇。"此事件发生的具体时间、过程,史已阙载,但能从郭元振的生平中求得一些证明。郭元振于大足元年(701)迁凉州都督、陇右诸军州大使,"在凉州五年",后"迁左骁卫将军、兼检校安西大都护",其时在神龙初(705—)。[1] 忠节等入拔汗那事,为其"在疏勒具访"而得,是此事应在这前几年,即8世纪最初的几年。而这个时间恰好又是"东叶护可汗"由吐蕃遣回的时间。两者活动时间再度吻合,更有理由认为"东叶护可汗"与"阿史那俀子"即为一人。

佐藤长认为郭虔瓘、忠节入拔汗那"税甲税马"与延载元年事件有关,是有问题的。因为这两次事件除去均涉及阿史那俀子外,其起事的背景及参加人都不相同。首先,延载元年事起因于阿史那元庆被诬受诛,十姓部众强烈不满,遂立俀子为可汗,与吐蕃联合攻安西[2];而"拔汗那事件"则因虔瓘、忠节等擅入拔汗那(费尔干纳)征发兵马,引发该地居民联合吐蕃、俀子欲"重扰四镇"。其次,郭虔瓘、阙啜忠节均系8世纪初年方出现于西域的人物,《资治通鉴》景龙二年(708)曰:"郭虔瓘者,历城人,时为西边将。"因而说其早在694年就已擅自征拔汗那兵马,令人难以置信。总之,延载元年事件与征发拔汗那兵马事件没有联系,后者应发生于8世纪初年。

再者,《大事纪年》谓东叶护可汗数至吐蕃王廷,后来才被遣回,说明其在7世纪最后数年中逗留于吐蕃,这也就解释了自延载元年事件后,汉史对阿史那俀子阙载的原因。

"东叶护可汗"、阿史那俀子除特定的活动时间相近外,两人与吐蕃均有特殊关系。仍据前引郭元振上疏,在论及元庆、斛瑟罗、怀道等虽被册为可汗,但均未能招附十姓部落后,其谓:"又,吐蕃顷年亦册俀

---

〔1〕《旧唐书》卷97《郭元振传》。
〔2〕《新唐书》卷215《突厥传》。

子及仆罗并拔布相次为可汗,亦不能招得十姓,皆自磨灭。何则？此等子孙非有惠下之才,恩义素绝,故人心不归,来者既不能招携,唯与四镇却生疮痏,则知册可汗子孙,亦未获招胁十姓之算也。"《新唐书·郭元振传》所记略同。由此可知,吐蕃确曾封俀子等为可汗[1]。册封的时间,恐不在延载元年,因史书记其年事有"西突厥部立阿史那俀子为可汗"等语[2],是知彼时非为吐蕃所立。如据郭元振上疏时间(708)的"顷年"(近年)推算,略能定在8世纪初,即前述"拔汗那"事件前后,或许在事件之中。据汉文史料来看,阿史那俀子等是唯一被吐蕃册为可汗的人。

另一方面,在《大事纪年》中,除与吐蕃有婚姻关系的突骑施可汗外,"东叶护可汗"是唯一被称作"可汗"的人。这个情况反映了"东叶护可汗"与吐蕃关系密切。可以认为,《大事纪年》的编者在记叙此段历史事件及人物时,按与其王朝的亲疏关系,将与吐蕃结为婚姻或被册为可汗者冠以"可汗"二字,如"突骑施可汗"、"东叶护可汗",其他虽与吐蕃有联盟,但无前述关系者,则径呼其名,如后突厥之"默啜"等。"东叶护可汗"与吐蕃的密切关系和阿史那俀子与吐蕃的关系极其相似,加之两者在活动时间上吻合,因此有理由认为"东叶护可汗"即阿史那俀子其人。

8.3　吐蕃与后突厥的关系

自唐初东突厥亡国以后,在差不多半个世纪以后,东突厥的一些上层人物开始了复国运动。调露元年(679)冬十月,单于大都护府下属突厥酋长阿史德温傅、奉职率所辖二部反唐,立阿史那泥熟匐为可汗。次年反叛的突厥诸部被唐军攻破,泥熟匐可汗兵败后为部下所杀,突厥

---

〔1〕薛宗正先后认为,《大事纪年》中的"东叶护可汗"应相当于上述文献中的"阿史那拔布"或者"所指应自阿史那俀子直至阿史那拔布等三人"。见《安西与北庭——唐代西陲边政研究》,第164－166页;《噶尔家族与附蕃西突厥诸政权——兼论唐与吐蕃间的西域角逐》,《中国边疆史地研究》2002年第4期,第23－35页。

〔2〕《新唐书》卷215《突厥传》。

余众迎颉利可汗族侄伏念立为可汗。开耀元年(681),伏念亦向唐军投降。永淳元年(682),颉利可汗族人阿史那骨咄陆又叛,聚众占领黑沙城(今内蒙古自治区呼和浩特市北),并抄掠九姓铁勒大批羊马,从而势力逐渐强盛,自立为颉跌利施可汗,任命其弟默啜为"杀"(设,官名),咄悉匐为叶护,从此开始了后突厥时期。

7世纪末后突厥汗国复兴后,吐蕃多次与之通使、联合。《敦煌本吐蕃历史文书·大事纪年》第71条曰:"及至猴年(720),赞普驻于董之虎园,默啜(vbug cor)(可汗)之使者前来致礼。"默啜可汗或作"墨啜",后突厥汗国之可汗,即阿波干可汗,名环,骨咄禄弟。691年,骨咄禄死,默啜继立为可汗。开元四年(716),默啜为拔野古部所杀,这里似指其死后吐蕃与后突厥建立的联盟[1]。

关于默啜可汗在位前后吐蕃与后突厥的交往,汉文史书中有明确记载。早在武后万岁通天元年(696),就有钦陵与默啜约同出兵,分别进攻洮州和凉州,杀唐凉州都督许钦明之事[2] 以后数年间,又发生"突厥、吐蕃联兵寇凉州"的事件,《资治通鉴》记载:长安元年(701)十一月,"以主客郎中郭元振为凉州都督、陇右诸军大使。先是,凉州南北境不过四百余里,突厥、吐蕃频岁奄至城下,百姓苦之。元振始于南境硖口置和戎城,北境碛中置白亭军,控其冲要,拓州境千五百里,自是寇不复至城下"。《全唐文》载张说所撰《兵部尚书代国公赠少保郭公行状》:"(701)吐蕃与突厥连和,大入西河,破数十城,围逼凉州,节度出城战没,蹂禾稼斗米万钱。则天方御洛城门酺宴,凉州使至,因辍乐,拜公为凉州都督兼陇右诸军大使,调秦中五万人,号二十万,以赴河西。"可见吐蕃和突厥入寇时,事前已经取得了联系,所以出现了联合进攻河西的事件。

此后在718年左右,吐蕃和突厥又有使节交往,《册府元龟·外臣部》载:

---

〔1〕王尧、陈践译注:《敦煌本吐蕃历史文书》,第151页。
〔2〕见新、旧唐书《吐蕃传》,及《新唐书》卷90《许钦明传》。此说见任乃强、曾文琼:《〈吐蕃传〉地名考释》6,《西藏研究》1984年第1期,第83-94页。

又以北突厥骨吐禄共吐蕃交通者,旧时使命实亦交通。中间舅甥和睦已来,准旧平章,其骨吐禄,阿舅亦莫与交通,外甥亦不与交。今闻阿舅使人频与骨禄交通,在此亦知为不和。中间有突厥使到外甥处,既为国王,不可久留外国使人,遂却送归,即日两国和好,依旧断当。吐蕃不共突厥交通,如舅不和,自外诸使命,何入蕃任伊去来?阿舅所附信物,并悉领。外甥今奉金胡瓶一,玛瑙杯一,伏维受纳。[1]

其后约十年吐蕃进攻唐瓜州,事先曾遣使突厥,约与联合行动。《资治通鉴》系此事于开元十五年(727):"突厥毗伽可汗遣其大臣梅录啜入贡。吐蕃之寇瓜州也,遣毗伽书,欲与之俱入寇,毗伽并献其书。"又说:"会吐蕃遣使间道诣突厥,王君㚟帅精骑邀之于肃州。"可见,此事分别从突厥和唐朝方面得到了确认。

可以看出,在吐蕃与后突厥的交往中,双方使臣往来是较为明显的活动之一。上述万岁通天元年(696)吐蕃、突厥共寇边时,陈子昂在其《上军国机要八条》中说:"臣闻吐蕃近日将兵围瓜州,数日即退;或云此贼通使墨啜,恐瓜、沙止遏,故以此兵送之。"[2]当然,突厥、吐蕃双方交使也有庆贺、礼尚往来的一面。如《大事纪年》所记开元八年默啜可汗的使者到吐蕃致礼;又,唐玄宗开元二十年(732),突厥毗伽可汗为纪念其亡弟阙特勤而建碑,其碑文曰:"今朕弟阙特勤死矣……吐蕃可汗派来一论(bölön)。"[3]

其后的天宝四载(745),回纥首领骨力裴罗击杀后突厥白眉可汗,其国亡,吐蕃与后突厥的关系落下帷幕。

---

〔1〕王忠著《新唐书吐蕃传笺证》对此段文字颇多论述,其引《新唐书》突厥、回鹘等传,证葛逻禄与突骑施即狭义之突厥,又以册命突骑施可汗皆有"骨咄禄毗伽"等字样,说明上文中"骨咄禄"当指突骑施而言。而日本学者森安孝夫认为,上引《新唐书》所载"突厥"、"骨咄禄"是突厥的默啜或毗伽可汗,而不是像王忠所说那样是突骑施的可汗,见《吐蕃の中央アジア进出》,《金泽大学文学部论集·史学科篇》4,1984 年,第 31–32 页。笔者采取后一观点。

〔2〕《陈拾遗集》(八)。岑仲勉按:"吐蕃围瓜州,不详。按表文已知张玄遇等丧律(万岁通天元年八月),又请募死士三万人,长驱贼庭,盖万岁通天元年末随武攸宜出征时所代作也,是吐蕃围瓜州应在本年。"岑仲勉:《突厥集史》,第 332 页。

〔3〕岑仲勉:《突厥集史》,第 886 页。

还必须提及的是,敦煌发现一份藏文文献,即《北方若干国君之王统叙记》(P. T. 1283),中外学者对此文书研究成果颇多。学者们大多认为,这份文书大致写于回纥汗国兴起时期,即 8 世纪中叶[1]。吐蕃通过这份可能是译自回纥文的文书,了解到在汉人称之为"室韦"(ji ur)的方向,有"突厥(dru gu)默啜(bug chor)十二部落",其具体的名称是:王者阿史那部(rgyal po zha ma mo ngan)、颉利部(ha li)、阿史德部(a sha sde)、舍利突利部(shar du li)、奴剌部(lo lad)、卑失部(par sil)、移吉部(rngi kevi)、苏农部(so ni)、足罗多部(jol to)、阿跌部(yan ti)、悒怛部(he bdal)、葛罗歌布逻部(gar rga pur)。[2]

其中,虽然"默啜"即藏文 bug chor,但有学者认为,这些平均只拥有"胜兵 500 人"的部落不可能属于阿波干可汗或毗伽可汗时代的突厥汗国,应是在突厥汗国崩溃之后又从整个突厥社会中招募的部落,如北方的、西方的和居住在汉族与突厥族交界地区的部落。[3]

---

〔1〕森安孝夫:《チブット语史料中に现ゎれる北方民族—DRU-GUとHOR》,《アジア·アフリカ言语文化研究》1977 年第 14 期。

〔2〕王尧:《敦煌本吐蕃文书〈北方若干国君之王统叙记〉》,载《敦煌学辑刊》1983 年第 2 辑。

〔3〕李盖提著,岳岩译:《北方王统记述考》,《国外敦煌吐蕃文书研究选译》,甘肃人民出版社 1992 年版,第 355、360 页注 35。

9 吐蕃与突骑施、沙陀

突骑施原属西突厥的一部,7世纪50年代初期受西突厥可汗阿史那贺鲁统属。658年,唐平定阿史那贺鲁后,以突骑施索葛莫贺部置嘅鹿都督府,突骑施阿利施部置絜山都督府,又置昆陵、蒙池两都护府以统之,并隶安西都护府。武则天时,以原领五弩失毕部之阿史那斛瑟罗为竭忠事主可汗、蒙池都护。斛瑟罗残暴,不为突厥所附。突骑施首领乌质勒本为斛瑟罗之莫贺达干(突厥官名),能抚士,有威信,胡人顺附,由此崛起,置20都督,各督兵7000,以楚河流域之碎叶城为大牙,伊犁河流域之弓月城(今新疆霍城西北)为小牙。[1]

沙陀原名处月,亦为西突厥别部。处月分布在金娑山(今新疆维吾尔自治区博格多山,一说为尼赤金山)南、蒲类海(今新疆东北部巴里坤湖)东,名为“沙陀”的大沙漠一带,因此号称沙陀突厥,简称沙陀,亦作“沙陁”。唐代文献将沙陀原来的名称处月,译写成“朱邪”,作为沙陀统治者氏族的姓氏。

吐蕃兴起后,于7世纪中叶开始进入西域,史称:“其地东与松、茂、嶲接,南极婆罗门,西取四镇,北抵突厥,幅圆余万里,汉、魏诸戎所无也。”[2]8世纪初,原属于西突厥的突骑施、沙陀两部兴起后,吐蕃也多次与之通使、联合,以下分别讨论。

9.1 吐蕃与突骑施的关系

699年突骑施乌质勒遣子入朝,706年受封为怀德郡王。708年封

---

[1]薛宗正:《中亚内陆——大唐帝国》,新疆人民出版社2005年版,第84页。
[2]《新唐书》卷216《吐蕃传》。

西河郡王,使者未至而乌质勒死,子鹿都督娑葛代统其众,胜兵至 30 万,唐封之为金河郡王。其将阙啜忠节与之不和,唐相宗楚客受忠节赂,支持忠节。娑葛遂袭擒忠节,杀唐使冯嘉宾,败唐安西副都护牛师奖。安西大都护郭元振以娑葛理直,表请赦除其罪,娑葛乃降,唐朝封娑葛为"十姓可汗"。

开元二年(714)突骑施发生内讧,后突厥默啜乘机攻杀娑葛,于是西突厥十姓大乱,纷纷归附唐。其后不久,十姓之地被突骑施车鼻施部首领苏禄所据有。开元三年(715),苏禄向唐遣使朝贡,玄宗封其为左羽林大将军、金方道经略大使。

此时,吐蕃由于其染指西域的需要,很快就与苏禄结成联盟,共同谋取唐朝在西域设置的诸军镇、守捉等。《资治通鉴》"开元五年(717)七月"条记载:"安西副大都护汤嘉惠奏突骑施引大食、吐蕃,谋取四镇,围钵换及大石城,已发三姓葛逻禄兵与阿史那献击之。"《全唐文·请缓令王惠充使往车鼻施奏》称:"嘉会表称,突骑施车鼻施勾引大食、吐蕃,拟取四镇,见围拨换及大石城;嘉会已发三姓葛逻禄兵,与史献同掩袭。臣等伏以突骑施等迹已叛涣,葛逻禄等志欲讨除,自是夷狄相攻,元非朝廷所遣。"胡三省注《资治通鉴》认为,"钵换即拨换城,大石城盖石国城也",根据《中国历史地图集》第 5 册的标注,"拨换城"即今新疆阿克苏,"石国城"即今乌什。

事隔十年之后,又发生吐蕃与突骑施联合进攻安西的事件。《旧唐书·玄宗纪》开元十六年(728)曰:"突骑施苏禄、吐蕃赞普围安西,副大都护赵颐贞击走之。"《敦煌本吐蕃历史文书·大事纪年》第 80 条曰:sbrul gyi lo la/……blon chen po cung bzang gyis/dgun vdun skyi sho ma rar bsdu ste/mun mgi snon god brtsis/dmag dru gu yul du drang pha slar vkhordpar log chig. "及至蛇年(729),大论穷桑于畿、萧玛苑集会议盟。征集、增加预备军旅之数字,引兵赴突厥(dru gu)地,还。是为一年。"

以上《大事纪年》所记大论穷桑引兵赴突厥事,相关的汉文史料不详,应与汉文史籍记载开元十六年突骑施引大食、吐蕃谋取四镇之事有关。因为，汉、藏文献在这里所记的年代是相符的，开元十六年发生突骑施引大食、吐蕃谋取四镇之事，十七年大论穷桑已引兵自突厥还。

此后吐蕃与突骑施频频交使，以致联姻，引起了唐朝的不满。[1]由于唐朝要全面控制西域，而突骑施要坐大一方的矛盾，加之大食（阿拉伯帝国）的离间政策，终于发生了唐朝与突骑施之间的战争。《新唐书·玄宗纪》曰，开元二十四年（736）"正月丙午，北庭都护盖嘉运及突骑施战，败之。……八月甲寅，突骑施请和"；《资治通鉴》开元二十四年所记略同。据今人研究，唐朝与突骑施此次冲突，发生于开元二十二年夏至二十四年之间。[2]

此次唐朝讨伐突骑施的战争历时两年，进行得十分激烈。唐朝方面曾联络后突厥、大食及中亚诸国共讨突骑施，其间吐蕃定有所闻。据同一时期内由张九龄起拟的《敕陇右节度阴承本书》讲，"彼（吐蕃）心有异，操持两端，阴结突骑施，密相往来，事既丑露，却以怨尤。乃云姚巂用兵，取其城堡。略观此意，必欲为恶"。[3]据此可知，在唐朝与突骑施的战争期间，吐蕃与突骑施联系密切，欲作声援，并且付诸行动。

《全唐文》记张九龄撰《敕吐蕃赞普书》："……近闻莽布支西行，复有何故？若与突骑施相合，谋我碛西，未必有成，何须同恶？"唐朝得知的"莽布支西行"一事，与《敦煌本吐蕃历史文书·大事纪年》第87条的记载略同，其曰：byi bavi lo la/……cog ro mang po rje khyi chung gyis/dru gu yul du drang."及至鼠年（736）……属庐·莽布支绮穷领兵赴突厥（dru gu）。"结合汉藏文献所载，可见这里说的"莽布支绮穷领兵赴突厥"，就是前往西域，增援突骑施。

果然，张九龄所撰另一件《敕吐蕃赞普书》道出了下文："皇帝问吐蕃赞普：比亦觉彼事势有异，略加防备，仍未益兵。今得安西表来，莽布支率众已到，今见侵轶军镇，并践暴屯苗，先知彼有异谋，犹未自将至此

〔1〕有关吐蕃与突骑施联姻，详见本书第四编"专论"第二章。

〔2〕薛宗正：《中亚内陆——大唐帝国》，新疆人民出版社2005年版，第99－103页。

〔3〕《全唐文》卷285，张九龄：《敕陇右节度阴承本书》。按，开元二十年（732），张九龄为知制诰；二十二年至二十四年为宰相，上引敕文当为此期所作。

者。且莽布支西出,朕先知之,前令问其行由,得报自缘别事,今乃为贼,负心如何?"可见,属庐·莽布支绮穷开元二十四年领兵赴西域,确为增援突骑施而动,并且"率众已到","侵轶军镇","践暴屯苗",付诸了战争行为。

结合《敕西州都督书》及《敕安西节度书》,可以看出此次事件中吐蕃军队进入了西州,因为这些文书描述了此次吐蕃侵扰西域之过程。其中《敕西州都督张待宾书》说:"吐蕃背约,入我西镇。观其动众,是不徒然。必与突骑施连谋,表里相应。或恐贼心多计,诸处散下。铁关于术四镇咽喉,倘为贼所守,事乃交切。已敕盖嘉运与卿计会,简练骁雄,于要处出兵,以为声援。仍远令探候,知其有无,自外临时,皆委卿量事。"[1]"铁关"乃铁门关,非中亚之铁门关,"于术"乃于术手捉,均在今焉耆到库尔勒境内,清楚说明莽布支自东而西的进军路线,已经突破了焉耆,进入到安西都护的驻地(今新疆库车)。[2]

关于唐朝与突骑施战争的导火线之一,有学者认为是突骑施使者阙伊难如携银瓶、香子、赤麖等厚礼,越唐界,逾葱岭,往结吐蕃,为唐军所获。[3] 但笔者认为此种观点不妥,突骑施使者阙伊难如之事,不是发生在战争之前,而是发生在战争末期,因为《全唐文·敕突骑施毗伽可汗书》曰:

> 又可汗正为寇败,阙伊难如从我界过,葱岭捕获,并物奏来。所有蕃书,具言物数,朕皆送还赞普,其中一物不留,可汗亦以此为词,谓言朕留此物。且蕃中贫薄,所见不广:银瓶香子,将作珍奇;黑毯赤麖,亦为好物。我中国虽在贫下,固不以此为贵,可汗宜识此意,勿妄生词。且阙伊难如越界,可汗复边头作梗,如此不捉,更捉何人?[4]

---

〔1〕《全唐文》卷287,张九龄:《敕西州都督张待宾书》。
〔2〕郭平梁:《突骑施苏禄传补阙》,《新疆社会科学》1988年第4期,第58-59页。
〔3〕薛宗正:《中亚内陆——大唐帝国》,新疆人民出版社2005年版,第101页;同作者于《安西与北庭——唐代西陲边政研究》一书,把此次突骑施使者阙伊难如赴吐蕃而被捉的时间定在开元二十年(732),第232页。
〔4〕《全唐文》卷286,张九龄:《敕突骑施毗伽可汗书》。

上文说"可汗正为寇败"之际,"阙伊难如从我界过",被葱岭守捉捕获,证明了此事发生在唐朝击败突骑施之后。这起事件的处理,以唐朝欲通过吐蕃将所获物品交还给突骑施为了结,《全唐文》载张九龄撰《敕吐蕃赞普书》记载了这一经过:

> 皇帝问赞普:缘国家先代公主既是舅甥,以今日公主即为子婿:如是重姻,何待结约?遇事足以相信,随情足以相亲,不知彼心,复同然否?近得四镇节度使表云,彼使人与突骑施交通。但苏禄小蕃,负恩逆命,赞普既是亲好,即合同嫉顽凶,何为却与恶人密相往来,又将器物交通赂遗?边镇守捉防遏是常,彼使潜行,一皆惊觉,夜中格拒,人或死伤,比及审知,亦不总损,所送金银诸物及偷盗人等,并付悉诺勃藏却将还彼。

也就是说,唐朝将捉拿的突骑施使者及其物品交由吐蕃使者悉诺勃藏带回,意在由吐蕃间接归还给突骑施。顺便指出,有学者误认为这里的处理结果,是指《册府元龟·外臣部》"朝贡"开元二十三年(735)二月,"吐蕃赞普遣其臣悉诺勃藏来贺正,贡献方物,兼以银器遗宰臣",而唐朝即以"金银诸物"付悉诺勃藏带回。[1] 但通过以上分析,我们得知此实为两回事情。

此战之后,突骑施实力大减,加之苏禄年老多病,内部分裂,大首领莫贺达干、都摩支争权不已,势力大衰。开元二十六年(738),苏禄为莫贺达干所杀,其子骨啜立为吐火仙可汗,据碎叶。次年,唐朝遣安西都护盖嘉运联合莫贺达干,擒吐火仙可汗。唐朝以阿史那昕为十姓可汗,并派兵护送至十姓地,遂引起莫贺达干不满,发兵拒之。开元二十八年(740),唐朝立莫贺达干为可汗,以统突骑施部众。天宝元年(742),莫贺达干击杀阿史那昕,稍后自己被唐安西节度使击杀,突骑施部遂立伊里底密施骨咄禄为可汗。

此后,吐蕃与突骑施之间仍有遣使往来,《大事纪年》第95条:猴年(744),rgyavi po nya/cang vgvan vge dang/dur gyis gyi po nya pyag vt-

---

〔1〕顾建国:《张九龄年谱》,中华书局2005年版,第222页。

shald"唐廷使者张员外、突骑施(dru gyis)使者前来致礼"。不过,这之后突骑施衰落,而吐蕃乘"安史之乱"逐步占有唐朝河陇之地,要忙于治理这一大片新控制的地域,因此有关双方关系的记载稀见于文献。

还需提及的是,前文说突骑施使者携带银瓶等物,越唐界,逾葱岭,往结吐蕃,为唐军所获,其后"所有蕃书,具言物数,朕皆送还赞普,其中一物不留",也就是说银瓶等物归还了吐蕃。

就是上述事件过去 1000 多年以后的 1959 年,中央文化部西藏文物调查工作组在拉萨大昭寺的松赞干布殿内调查到一件大型银瓶。该件器物通高约 70 厘米,瓶口细长,瓶口上端开圆口,口外壁饰山岳状花瓣,其下饰一空心立体羊首,瓶口下接一圆形的瓶体,瓶身上饰有鎏金浮雕人物图案。著名考古学家宿白认为,从此壶的形制与风格看,约是7 至 9 世纪波斯和粟特地区流行的器物,应是在阿姆河流域南迄呼罗珊以西地区所制作,经今新疆、青海区域或由克什米尔、阿里一线传入拉萨的。[1] 德国学者冯·施罗德(Schroeder)更加明确地指出,这件银瓶是在塔吉克斯坦制作的,年代为 8 世纪。[2]

那么,在了解到 1000 多年前的吐蕃与突骑施之间的上述交往事件以后,我们有理由相信,在大昭寺发现的这件大型银瓶有可能就是由唐朝退还的突骑施可汗赠送给吐蕃赞普的礼品之一,因为突骑施使者阙伊难如越唐界,逾葱岭,往结吐蕃时,所携礼品中正有"银瓶"一物。

9.2　吐蕃与沙陀的关系

唐永徽四年或五年(653、654),唐在征讨西突厥阿史那贺鲁叛乱过程中,于处月地置金满、沙陀二羁縻州。龙朔二年(662),处月部酋长沙陀金山从武卫将军击铁勒诸部有功,授"墨离军讨击使"。武周

---

〔1〕宿白:《拉萨地区佛寺调查记》,载《藏传佛教寺院考古》,文物出版社 1996 年版,第 10 - 11 页。

〔2〕U. Von Schroeder,"Buddhist Sculptures in Tibet", *Visual Dharma Publications*, Hong Kong, 2001(2).

长安二年（702），授处月酋长沙陀金山"金满州都督"。先天元年（712），金山因"避吐蕃，徙部北庭，率其下入朝"[1]。

唐天宝初年，回纥汗国兴起于漠北，其活动的范围往西到达今阿尔泰山一带，于是居北庭一带的沙陀诸部与回纥有了交往，故唐朝曾以沙陀辅国子骨咄支为"回纥副都护"。"安史之乱"后，骨咄支率部随回纥助唐平乱。[2] 广德二年（764），吐蕃占据陇右诸州，后又随仆固怀恩进攻长安，时任唐河西节度使的杨志烈从凉州遣军5000攻怀恩后方灵州，以解关中之危。怀恩回军夜袭唐军于灵州，唐军死者过半，而吐蕃遂攻凉州，杨志烈逃至甘州（治今甘肃张掖），又出玉门，巡视伊州以西管内，结果"为沙陀所杀"。[3]

唐德宗贞元五年（789），吐蕃开始进攻北庭。当时，沙陀、葛逻禄、白眼突厥等皆附吐蕃，与之共陷北庭。唐北庭大都护杨袭古向回纥求援，而赵凤撰《后唐懿祖纪年录》则记：

> 德宗贞元五年，回纥葛禄部及白眼突厥叛回纥忠贞可汗，附于吐蕃，因为乡导，驱吐蕃之众三十万寇我北庭。烈考（朱邪尽忠，骨咄支子）谓忠贞可汗曰："吐蕃前年屠陷灵、盐，闻唐天子欲与赞普和亲，可汗数世有功，尚主，恩若骄儿，若赞普有宠于唐，则可汗必无前日之宠也。"忠贞曰："若之何？"烈考曰："唐将杨袭古固守北庭，无路归朝，今吐蕃、突厥并兵攻之，傥无援助，陷亡必矣。北庭既没，次及于吾，可汗得无虑乎！"忠贞惧，乃命其将颉干迦斯与烈考将兵援北庭。[4]

据上，似乎是沙陀部酋朱邪尽忠劝说回纥可汗出兵援北庭，但赵凤书多为后唐溢美之词，不能确信。此次北庭之战，以回纥及杨袭古的失

---

〔1〕《新唐书》卷218《沙陀传》。《册府元龟》卷971《外臣部》"朝贡"记：先天元年"十月，突厥汝（沙）陀金山……并遣使来朝"。同书卷974"褒异"条记：开元二年"十二月壬戌，沙陀金山等来朝，宴于内殿"。

〔2〕《新唐书》卷218《沙陀传》。

〔3〕杨志烈为河西节度使，此职从广德元年起兼任伊西庭观察留后，杨志烈到甘州后，出玉门巡视伊州以西管内，且调兵援河西，被伊西庭留后周逸唆使沙陀杀害。见王小甫：《唐、吐蕃、大食政治关系史》，第204页。

〔4〕见《通鉴考异》卷11引赵凤《后唐懿祖纪年录》。

败而告终,沙陀部 7000 帐遂降附于吐蕃。[1]

吐蕃陷北庭后,迁沙陀部众于甘州,封其首领尽忠为"军大论",在对唐战争中,常驱其众为前锋。"大论"一词,藏文作 blon ched po,吐蕃王朝中只有王族高官才享有此衔,如 P. T. 1083《据唐人部落禀帖批复的告牒》,开始部分为:"亥年春,大论于陇州会上用印发出之告牒。"[2]吐蕃封尽忠为"军大论",似因沙陀早先助其陷北庭有功,迁甘州后,又常为"前锋"等缘由。

《册府元龟·外臣部》记:"沙陀突厥在甘州,习俗左老右壮,混杂男女,略与吐蕃同,其悍捷便弓马胜之。"这说明,由于沙陀"悍捷便弓马",所以常被吐蕃驱为"前锋"。在吐蕃统治之下,沙陀保持了原有的部落组织,汉文史书记载沙陀归唐时,朱邪尽忠"帅部落三万"东来[3],就可证明。

沙陀从贞元五年后到唐元和三年(808),在甘州大约居住了 17 年。此年回纥攻取凉州,吐蕃惧沙陀复投回纥,议徙沙陀部于河外(黄河外,即今青海之地),引起沙陀部众的疑惧,加以时任唐灵盐节度使范希朝多方招诱沙陀附唐,因此朱邪尽忠及其子执宜商议,准备投唐。《新唐书·沙陀传》载:

> 元和三年,悉众三万落循乌德鞬山而东,吐蕃追之,行且战,旁洮水,奏石门,转斗不解,部众略尽,尽忠死之。执宜哀瘵伤,士裁二千,骑七百,杂畜橐它千计,款灵州塞,节度使范希朝以闻。诏处其部盐州,置阴山府,以执宜为府兵马使。沙陀素健斗,希朝欲藉以捍虏,为市牛羊,广畜牧,休养之。其童耄自凤翔、兴元、太原道归者,皆还其部。尽忠弟葛勒阿波率

---

〔1〕周伟洲:《唐代吐蕃与北方游牧民族关系史研究》,《西北民族论丛》第七辑,中国社会科学出版社 2009 年版,第 113 页。

〔2〕A. Spanien et Y. Imaeda, *Choix de documents Tibétains conservés à la Bibliothéque Nationale complété par queques Manuscrits de l' India Office et du British Museum*, Tome Ⅱ, Paris, 1979, p. 429. 此处汉译文,参见王尧、陈践译注:《敦煌吐蕃文献选》,第 51 页。

〔3〕《新唐书》卷 218《沙陀传》。

残部七百叩振武降,授左武卫大将军,兼阴山府都督。[1]

　　沙陀由甘州东迁至灵州的路线,史籍记载不尽相同。综合来看,沙陀朱邪尽忠父子率部众"三万落"[2],最初欲"循乌德鞬山(今蒙古杭爱山东麓)而东",从回纥道南下至灵州,以避吐蕃之。然而"行三日"后,吐蕃追兵至,于是朱邪尽忠父子南下洮水,且战且行,经石门(今宁夏固原西石门关),最后达灵州塞。[3] 以上所说抵达灵州的沙陀部众人数,"士裁(才)二千,骑七百",是执宜所率的主要部分,加上陆续会合的沙陀残部,应该有近万人。[4]

　　沙陀脱离吐蕃、投奔唐朝的事件,汉文史书有两种说法。一是元和三年(808),回纥一度从吐蕃手中夺取凉州,吐蕃怀疑此役中沙陀与回纥暗通了消息,欲迁沙陀于河外,沙陀不服,于是举众归唐。[5] 二说是元和年间,唐朔方灵盐节度使范希朝闻沙陀"勇劲,希朝诱致之,自甘州举族来归,众且万人"。[6] 这两种说法反映的事件可能都是真实的,只是时间略有先后而已。应该强调,吐蕃对河陇诸族的役使和掠夺是十分沉重的,沙陀部众所以要脱离吐蕃归唐,主要的原因还在于不堪吐蕃役使。

　　〔1〕《资治通鉴》卷237"唐元和三年五月"条记载与《新唐书》略同。又赵凤《后唐懿祖纪年录》云此事为贞元十七年事,误。见《通鉴考异》卷11。
　　〔2〕此"三万落",或为3万人之误,或为原7000帐十余年发展至3万落(帐)。
　　〔3〕樊文礼:《唐末五代的代北集团》,中国文联出版社2000年版,第40－41页。
　　〔4〕《资治通鉴》卷213"唐元和三年五月"条记为"犹近万人";《旧唐书》卷151《范希朝传》记为"众且万人"。
　　〔5〕《资治通鉴》卷237;《旧五代史·唐书·武皇纪》。
　　〔6〕《旧唐书》卷151《范希朝传》;《新唐书》卷170《范希朝传》。

·欧·亚·历·史·文·化·文·库·

10　吐蕃与回纥

回纥(后称回鹘),是隋唐时漠北草原上韦纥、仆固、同罗、拔野古等游牧部落的总称。6世纪中叶,突厥汗国兴起,包括回纥在内的铁勒诸部均为突厥所役属。隋大业元年(605),东突厥处罗可汗攻胁铁勒诸部,于是"韦纥乃并仆骨、同罗、拔野古叛去,自为俟斤(官号),称回纥"[1],标志着回纥部落联盟初步建立。唐贞观四年(630),唐朝灭东突厥汗国后,回纥为铁勒中薛延陀所建汗国的组成部分之一。贞观二十一年(647),回纥助唐灭薛延陀汗国,首领吐迷度自称可汗,接受唐朝的管辖,唐在其地分置6府、7州(今蒙古鄂尔浑河、土拉河一带),设瀚海都督府以统之。

10.1　吐蕃与回纥的早期关系

唐永淳元年(682)后突厥汗国兴起,回纥及铁勒诸部复役属于后突厥汗国。武周时(684—704),默啜继立为后突厥可汗后,"迫夺铁勒之地,故回纥、契苾、思结、浑四部度碛徙居甘(治今甘肃张掖)、凉(治今甘肃武威)之间以避之"[2]。其后,唐凉州都督的王君㚟因与此四部有矛盾,故诬奏四部阴谋反叛,朝廷不查,流放回纥部首领、瀚海大都督承宗于瀼州。承宗族子瀚海司马护输,乘王君㚟出兵攻击吐蕃使者返回之际,杀君㚟于甘州南巩笔驿,"载其尸奔吐蕃",后为凉州兵追及,护输弃尸而走。[3]

〔1〕《新唐书》卷217《回鹘传》。
〔2〕《资治通鉴》卷213"唐开元十五年九月"条;《新唐书》卷217《回鹘传》。
〔3〕《资治通鉴》卷213"唐开元十五年九月"条。

天宝三载(744)回纥首领骨力裴罗自立为骨咄禄毗伽阙可汗,并遣使至唐,唐玄宗封其为怀仁可汗,回纥汗国正式建国。其时,回纥汗国"斥地愈广,东极室韦一,西金山,南控大漠,尽得古匈奴地"[1]。回纥建国后,与唐朝一直保持着和好的关系。这段历史在敦煌藏文《北方若干国君之王统叙记》文书中也有记载:"其北,有拔悉密(ba sme)五部落,与回纥(hor)、葛逻禄(gor log)三方联盟,击溃默啜(bug chor)可汗。拔悉密部落长乃即可汗大位。后,回纥又与葛逻禄合谋杀拔悉密可汗。(突厥或铁勒)九部落联盟之首长,名之为回纥都督,汉人(指唐朝)册封为可汗。"[2]

　　天宝十四载(755)"安史之乱"爆发后,长安失陷,至德元年(756)八月,"回纥可汗、吐蕃赞普相继遣使请助国讨贼(安禄山军),宴赐而遣之"[3]。此后,吐蕃势力北上,先后占据了陇右诸州,并于广德元年(763)一度攻陷长安。唐代宗广德二年(764),吐蕃已攻占陇右等地,势欲东进,此时恰逢唐将仆固怀恩叛乱,于是怀恩联合回纥、吐蕃进攻邠州。次年秋,怀恩又导吐蕃与回纥、党项、羌、浑、奴剌等犯边。吐蕃大酋尚结息、赞摩、尚悉东赞等众20万至醴泉、奉天。[4] 后因怀恩暴卒,尽管吐蕃与回纥还合兵围泾阳,但因吐蕃与回纥争长,加之唐将郭子仪居间劝导,遂使回纥"旨子仪请击吐蕃自效。子仪许之。使白元光合兵攻吐蕃于灵台西,大破之"。这次吐蕃、回纥连兵遂告失败。[5]

　　此后,吐蕃攻占河西诸州,并继续向西域发展,这就威胁到回纥与西域等地的交通,双方关系遂致恶化。早在唐上元元年(760),吐蕃就曾短暂地攻占过庭州,只不过很快就被唐军所收复。[6] 至唐德宗贞元五年(789)吐蕃攻占河陇诸州后,开始进攻北庭。据《新唐书·沙陀

〔1〕《资治通鉴》卷215"唐天宝三载"条;《新唐书》卷217《回鹘传》。
〔2〕王尧:《敦煌本吐蕃文书〈北方若干国君之王统叙记〉》,《敦煌学辑刊》1983年第2辑。
〔3〕《资治通鉴》卷218"唐至德元年八月"条。
〔4〕《新唐书》卷216《吐蕃传》。司马光将此事件系于永泰元年丙寅。见《资治通鉴》卷223"永泰元年"条下。
〔5〕《新唐书》卷216《吐蕃传》。
〔6〕《旧唐书》卷40《地理志》"北庭都护府"条:"至上元元年,陷吐蕃。"

传》,当时回纥派兵与唐军共同守城,而沙陀、葛逻禄、白眼突厥等因恨回纥"多渔撷",皆附吐蕃,"与共寇北庭,陷之",据《旧唐书·吐蕃传》的记载其时在贞元六年(790)。事件的经过是这样的:当初,唐朝北庭、安西两地驻军,均需假道于回纥朝奏,又有沙陀部6000余帐与北庭相依,亦属于回纥。而回纥肆其抄夺,尤所厌苦。其"葛禄部"及"白眼突厥"素与回纥通和,亦憾其夺掠。此时吐蕃便对"葛禄部"、"白眼突厥"采取厚赂的政策,使后两者投靠之。于是吐蕃率葛禄、白眼之众于贞元五年开始轮流进攻北庭。回纥大相颉干迦斯率众援之,频战败绩,吐蕃攻围颇急。"北庭之人既苦回纥,是岁乃举城降于吐蕃,沙陀部落亦降焉。北庭节度使杨袭古与麾下二千余人出奔西州,颉干迦斯不利而还。"

吐蕃占领北庭还引起一系列后续事件,其一是导致回纥恼羞成怒杀害唐朝北庭节度使杨袭古等人。起因是贞元七年(791)秋,回纥"又悉其丁壮五六万人,将复北庭,仍召袭古偕行,俄为吐蕃、葛禄等所击,大败,死者大半。颉干迦斯绐之曰:'且与我同至牙帐,当送君归本朝也。'袭古从之,及牙帐,留而不遣,竟杀之"。汉文史书记载吐蕃攻占北庭之后,"自是安西阻绝,莫知存否,唯西州之人,犹固守焉。颉干迦斯既败衄,葛禄之众乘胜取回纥之浮图川,回纥震恐,悉迁西北部落羊马于牙帐之南以避之"[1]。

但是在791—792年之间,吐蕃在西域的攻势遭到回纥的抵抗,《旧唐书·回纥传》记载,回纥夺回了北庭,并"遣使献败吐蕃、葛禄于北庭所捷及其俘畜"。在P.3918(2)号敦煌写本中记载,有一位名叫赵彦宾的人,为"西州没落官",当吐蕃暂时据有西州时,此人是该城的一名汉人高级官吏。大约在792年,吐蕃被回纥从西州和庭州驱逐出来后,赵彦宾才被吐蕃人带到甘州[2]。同样,在P.2732号敦煌写本的背面结

---

〔1〕《旧唐书》卷196《吐蕃传》。

〔2〕森安孝夫:《ウィグルと吐蕃の北庭争奪戦及びその后の西域情势について》,《东洋学报》第55卷4号,1973年,第77-79页;《增补:ウィグルと吐蕃の北庭争奪戦及びその后の西域情势について》,流沙海西奖学会(编):《アジア文化史论丛3》,山川出版社1979年版,第229页。

尾处,写着"西州没蕃僧"几个红字,并注有日期为贞元十年(794),这名僧侣可能也是出于同样的原因从西州被带到甘州的。[1]

此后的数十年间,回纥与吐蕃、葛逻禄在龟兹(今库车)、疏勒(今喀什)一线进行了一系列大战,并逐渐占据了上风。据和田出土的于阗文文书记载:大约在于阗某王三十二年(798),回纥人攻入了疏勒,吐蕃官吏通知于阗王,要其治下的人畜进入坎城避难。[2] 而"九姓回鹘毗伽可汗碑"汉文部分中,记载了9世纪初,一次"吐蕃大军,围攻龟兹,天可汗领兵救援。吐蕃落荒,奔入于术";此后,回纥军队又"攻伐葛禄、吐蕃,掣旗斩馘,追奔逐北,西至拔贺那国,克获人民及其畜产"。[3] 这些史料均能证明,从8、9世纪之交开始,回纥就牢牢控制了整个天山北麓及以南的疏勒、龟兹等地,而把吐蕃的势力遏制在今塔里木盆地以南的鄯善、于阗一带。

与此同时,回纥与吐蕃在河西走廊之北到河套一带进行争夺。据《旧唐书·回纥传》记载,8世纪末,回纥进攻占据灵州的吐蕃,"夜以火攻",将吐蕃军队击退,并将俘虏的吐蕃大首领结心送至长安献捷。元和四年(809),吐蕃大举反攻,夺回了灵州,数万骑兵进到了丰州以北的"参天可汗道"上,"掠回鹘入贡还国者"[4]。《旧唐书·李吉甫传》记载,元和八年(813)十月,"回纥部落南过碛,取西城柳谷路讨吐蕃",进行战略反击。到元和十一年(816),吐蕃又发大军进攻回纥在漠南的牙帐,结果无功而还。P.T.1294号文书记载此事曰:"大尚论·尚绮心儿与论·赞热、论·多赞引汉人部落赴攻回纥(hor)牙帐。"[5]

---

〔1〕杨富学、李吉和:《敦煌汉文吐蕃史料辑校》,甘肃人民出版社1999年版。

〔2〕吉田丰:《コータン出土8—9世纪のコータン语世俗文书に关する觉え书き》"第一部コータン出土の世俗文书をめぐって",《神户市外国语大学研究丛书》38,2006年,第1-48页;广中智之译,荣新江校:《有关和田出土8—9世纪于阗语世俗文书的札记(一)》,《敦煌吐鲁番研究》第11卷,上海古籍出版社2009年版,第167-169页。

〔3〕程溯洛:《从〈九姓回鹘毗伽可汗碑〉汉文部分看唐代回鹘民族和祖国的关系》,《新疆社会科学》1986年第2期,第20-28页。

〔4〕《资治通鉴》卷238。

〔5〕M. Lalou, *Invendaire des Manuscrits tibétains de Touen-houang Conservés à la Bibliothéque Nationale*, Ⅲ, Paris, 1961, p. 4.

《册府元龟·奉使部》记,长庆元年(821)吐蕃都元帅尚书令尚绮心儿对唐使刘元鼎说:"回鹘小国也,我以丙申年逾碛讨逐,去其城郭二日程。"丙申即元和十一年(816)。

长庆元年(821),唐穆宗将太和公主出嫁回纥可汗,惹怒了吐蕃,遂于当年六月出击盐州一带,企图切断唐朝与回纥的交通。回纥则"以万骑出北庭,万骑出安西",沿居延道东向布防,"拒吐蕃以迎公主"。[1] 太和公主出嫁的次年(822),吐蕃与唐朝会盟,随之也与回纥确立了和好的关系,这在藏文《德噶(de ga)寺会盟愿文》及后世的藏文文献中被称作唐(rgya)、吐蕃(bod)、回纥(drug)的"三国会盟"。[2]

尽管吐蕃与回纥为争夺西北地区导致对立,但由于历史的原因,部分回纥人曾经成为吐蕃统治下的臣民。7—8世纪之交,因后突厥政权强大,"迫夺铁勒之地,故回纥、契苾、思结、浑四部度碛徙居甘、凉之间以避之"[3]。《旧唐书·地理志》记:"吐浑、契苾、思结等部,寄在凉州界内,共有户五千四十八,口一万七千二百一十二。"可见甘、凉之间的回纥人为数不少。前文已经提到,开元十五年(727)发生过一起回纥人袭杀唐朝河西节度使王君㚟、载其尸奔吐蕃的事件。吐蕃攻占河陇后,有一批回纥人留居甘、凉之间,元和三年(808),回纥一度从吐蕃手中夺取凉州,可能就得到过这些人的帮助。[4]

840年,黠戛斯人击破回纥,"有回鹘相驱职者,拥外甥庞特勤及男鹿并遏粉等兄弟五人、一十五部西奔葛逻禄,一支投吐蕃,一支投安西"[5]。842—843年,又有"特勤叶被沽兄李二部南奔吐蕃",估计这

---

〔1〕《新唐书》卷216《吐蕃传》。

〔2〕托马斯编著,刘忠、杨铭译注:《敦煌西域古藏文社会历史文献》,第80-86页。琐南则摩(1142—1182)的著作《佛教入门》(chos la vjug pavi sgo)第316页a面第3行,提到了843年缔结的"三国会盟",见《萨迦全集》Nga卷,第263-317页。另外,8世纪末至9世纪,吐蕃有将北方回纥人、突厥人混称的习惯,故这里的Drug可能就是回纥,详见森安孝夫:《チベット语史料中に现われる北方民族Dru-guとHor》,《アヅア.アフリカ言语文化研究》14,1979,第43页。

〔3〕《资治通鉴》卷213。

〔4〕《资治通鉴》卷237。

〔5〕《旧唐书》卷195《回纥传》。

两部约有一万人。[1] 这些投奔吐蕃的回纥人大概也处于甘、凉一带，唐末五代的甘州回纥政权就是以他们为主建立起来的。《新五代史·四夷附录》记，回纥"其国本在娑陵水上，后为黠戛斯所侵，徙天德、振武之间，又为石雄、张仲武所破，其余众西徙，役属吐蕃。是时吐蕃已陷河西陇右，乃以回鹘散处之"。这段文字大致叙述了回纥余众投奔吐蕃的经过。

10.2　吐蕃与回纥的晚期关系

会昌二年(842年)，吐蕃王室分裂，属部叛离，统一的王朝随之瓦解。这种混乱的形势也影响到其统治的河陇地区。原吐蕃洛门川(今甘肃武山)讨击使论恐热乘机参与吐蕃王室的内争，与原吐蕃鄯州(治今青海乐都)节度使尚婢婢混战不已。在这种形势下，投奔吐蕃的回纥曾被充作攻唐的兵力之一，《新唐书·王宰传》记载，宣宗初(大中元年，847)，"吐蕃引党项、回鹘寇河西，诏代北诸军进击"。

大中二年(848)，沙州汉人首领张议潮一举驱逐吐蕃守将，据瓜、沙二州；大中三、四年又据肃、甘、伊州；五年，议潮遣兄议谭向唐献11州地图，唐朝遂于沙州设归义军，以议潮为节度使。咸通二年(861)张议潮取得凉州之后不久，迁入河西的回纥便兴起于甘州(治今甘肃张掖)。敦煌遗书 S.5139 号咸通六年(865)《凉州节院使押衙刘少晏状》称："甘州回鹘兵强马装[壮]，不放凉州使人拜奉沙州……"乾符元年(874)，甘州回纥屡次遣使至唐要求册命，但后"为吐谷浑、嗢末所破，逃遁不知所之"。

中和四年(884)回纥又卷土重来，向据有甘州的龙家、吐蕃、吐谷浑发动进攻。龙家向凉州的嗢末求援，请其发兵 300 家至甘州，并说："如若不来，我甘州便共回鹘为一家，讨尔嗢末，莫道不报。"最后，龙

---

[1]《旧唐书》卷195《回纥传》。此二部系回纥国破时，随乌介可汗南下的 13 部之一，史载此 13 部"犹称十万众"，故知。

家、吐谷浑等退出甘州,甘州复为回纥所据有。[1]

此后,回纥据有甘州,建立甘州回纥政权,成为河西一大割据势力。在敦煌发现的古藏文写卷中,有 3 件出自甘州回纥,其中 2 件出自回纥王室,1 件出自回纥地方官府,于此,吐蕃与甘州回纥的关系可见一斑。

出自回纥王室的 2 件诏书,其一为 P. T. 1188《登里回纥可汗告牒》,有文字 21 行,其上盖印。字迹相当乱,但仍可看出是回纥登里可汗于天福(then phug)七年(942)阴金兔年(辛卯)春季正月十五日所发,授予悉董那旺论军功告身的诏令。[2] 诏令称悉董那旺论之先祖曾攻克朵喀尔城堡,先后为王施政,广益功德,四处征战,不惜人马,以其功业而委以乌浒尔伊难支于迦之职。[3] 登里即回纥文 Tangri 之音译,意为"天"。"天可汗"、"天王"、"天大王"常见于于阗王与回纥可汗的称号之中,但从未发现于阗王以回纥自称的先例。考虑到这一因素,有学者认为,这里的登里可汗应为甘州回纥的可汗,根据回纥可汗的世系,此人应是仁裕(?—960)。[4] 悉董那原为吐蕃的千户长,以其先人之功业,而被授予"伊难支于迦"之职。"伊难支"回纥文作 Inanch,常见于回纥人名、官号中;"于迦"古藏文写作 vu ga,系借自回纥文,是典型的回纥官号。[5]

第二件诏书为 P. T. 1082《登埃里可汗回文》,是甘州回纥登里可汗颁给"野(猫川)切巴坡属民"的藏文诏书,共 40 行,卷面多处残损。全文分为 6 段,内容大意是先向"野切巴坡属民"致意,随后叙事,并记有回纥使者、凉州嗢末[6]以及有关唐王与京师长安的消息,对吐蕃使者

---

〔1〕见敦煌遗书 S.0389《肃州防成都状上》。状文年代,见唐长孺:《关于归义军节度使的几种资料跋》,载《中华文史论丛》第 1 辑,中华书局 1962 年版,第 275 - 298 页。

〔2〕此处之天福七年,据乌瑞考证,应为天福八年,这样才能与文中所记干支合。见乌瑞著,熊文彬译:《藏人使甲子纪年法的早期例证》,载《国外藏学研究译文集》第 5 辑,西藏人民出版社,1989 年版,第 97 页。

〔3〕乌瑞著,耿昇译:《吐蕃统治结束后甘州和于阗官府中使用藏语的情况》,载《敦煌译丛》第 1 辑,甘肃人民出版社 1985 年版,第 212 - 230 页。

〔4〕孙修身:《五代时期甘州回鹘可汗世系考》,《敦煌研究》1990 年第 3 期,第 39 - 40 页。

〔5〕王尧、陈践编著:《敦煌吐蕃文书论文集》,四川民族出版社 1988 年版,第 179 - 185 页。

〔6〕"凉州嗢末",王尧等原译"下凉州",笔者的考释详见本书第三编第三章。

出使葭戎、野猫川以及野猫川使者前往俄塔布与尼玛冻等也有记录。文中提到吐蕃人声称拟于秋季七月初发兵,但探马消息迟迟不到,而不得不按兵不动;还提到甘州城墙官寨已破损,有工匠前来修缮,并转告金匠监工派有名的金匠来打造金器。[1]

出自回纥地方官府的文献是 P. T. 1189《肃州长官向天德王禀帖》,计 28 行,首尾完整,字迹清晰整齐,系肃州司徒给大王的报告,称有强盗入肃州骚乱,已捉得二人,请求发落,同时派张安札腊等前往致礼,反映了沙州归义军政权与甘州回纥所属肃州(原治今甘肃酒泉)的关系。[2]

回纥何以用藏文撰写自己的文书呢? 这与吐蕃长期统治西域与河西地区,古藏文遂成为诸民族间交流与贸易的工具这一因素不无关系。吐蕃统治结束后很久,当地不同民族仍在继续使用这一语言,甚至在西夏人统治河西很久以后,勒立于夏仁宗三十七年(1176)的张掖黑水桥碑上还有用藏、汉两种文字书写的圣旨——《告黑水河诸神敕》[3],体现了吐蕃文化对各民族的深刻影响。

此外,敦煌发现的古藏文写卷 P. T. 1283《北方若干国君之王统叙记》也反映了吐蕃与回纥的密切关系。该文献现存 109 行,是 5 位回纥(hor)[4]使者撰写的报告。该报告详细记录了 8—9 世纪中国北方突厥、默啜、契丹、乌护、回纥等 30 几个大小部落的名称、地理分布及其习俗、经济与文化生活等,其中对回纥人的内政、外交形势有着非常重要的翔实描述。文书一开头就声称:"往者,回纥王颁诏:北方究竟有多少国君? 命 5 名回纥人前往侦察,此即其汇报文书,系取自玉府也。"其中,关于回纥与突厥的一段文字说:"自默啜(bug chor)而西,番人称

[1]王尧、陈践译注:《敦煌吐蕃文献选》,第 50 - 51 页。
[2]王尧、陈践编著:《敦煌吐蕃文书论文集》,第 192 - 193 页。
[3]王尧:《西夏黑水桥碑考补》,《西藏文史考信集》,中国藏学出版社 1994 年版,第 100 - 117 页。
[4]Hor 一词在吐蕃文献中多次出现,除 P. T. 1283 外,敦煌出土的吐蕃文写卷 P. T. 246《藏汉词汇对照》以及新疆发现的吐蕃文简牍中也有出现,它所对应的词便是"回鹘"。参见王尧、陈践编著:《吐蕃简牍综录》,第 49、58 页。

·欧·亚·历·史·文·化·文·库·

之为突厥(drug gu)九姓。九姓部落联盟之酋长,名之为'回纥都督'(vu yi kar du tog),汉人册封为'可汗'(kha gan)。其族姓为'药罗葛'(yag le ker),门上均竖有九面幡标。"[1]此"突厥九姓",如学者指出,即是"九姓铁勒",包括回纥、同罗、思结、拔野古、浑、契苾、仆骨、拔悉密、葛逻禄等。

这份汇报从头至尾围绕回纥问题展开描述,内容涉及回纥军事、政治、经济、文化、部落组成及其与周邻关系等诸多方面,这是目前所知藏文文献中对回纥最集中的报道。如前文所言,这份文书是回纥使者呈奉王室的报告,其原本应为回纥文,藏文本应是从回纥文翻译过来的,藏文文献本身保存有大量回纥语借词,即可作为这一结论的佐证。[2]

---

〔1〕王尧、陈践译注:《敦煌吐蕃文献选》,第162页。

〔2〕J. Bacot, Reconnaissance en Haute Asie Septent rionale par ci nq envoyes ouigours au Ⅶ e siecle, *Journal Asia* 2 tique, 1965. 李盖提著, 岳岩译:《北方王统记述考》, 载《吐蕃文书研究选译》, 第341 – 374页。

11 吐蕃与鄯善

今新疆东南的若羌地区,大致西过且末,东北至罗布泊,南临阿雅格库木库勒,即汉唐地理书所载的鄯善。鄯善本名楼兰国,旧都在楼兰城(遗址在今新疆罗布泊西北岸)。汉朝昭帝元凤四年(前77),汉遣傅介子刺杀其王安归,更立王弟尉屠耆,改国名为鄯善,始迁都于扞泥城。东汉光武帝建武十四年(38),鄯善王安遣使入朝贡献,后向匈奴称臣,兼并小宛、精绝、且末等小国,称雄南道。明帝永平十六年(73),班超出使鄯善,杀匈奴使者,鄯善遂降汉。

此后,北魏曾于鄯善设镇,隋亦于鄯善置郡。唐贞观中,中亚康国酋帅康艳典率众迁居鄯善旧城,亦曰典合城,其北有蒲桃城,东有七屯城,西南有新城,南有萨毗城,西有且末城。唐朝曾于上元初年(675—676)在鄯善置石城镇,隶属沙州;在且末置播仙镇,隶属安西大都护府。景龙二至三年间(708—709),唐朝碎叶镇守使周以悌曾移军于播仙,劝阿史那忠节联络吐蕃以击突骑施。从当时的形势看,鄯善旧城至萨毗一线已非唐所有,而为吐蕃及附蕃的吐谷浑占领。

11.1 吐蕃进入鄯善

吐蕃势力进入鄯善,有一定历史背景。其一是对吐谷浑的征服,我们知道吐谷浑的活动地域东过青海,西抵且末;其二是除与唐朝争夺河陇外,吐蕃在7世纪中叶开始进入西域,以图在西面获得较大的发展,这样,鄯善自然成为吐蕃进出西域的理想据点。

学术界对吐蕃究竟何时因何事而进出鄯善,有着不同的看法。第一种观点认为,从汉文文献来看,吐蕃最早进出鄯善似乎在贞观二十二

欧·亚·历·史·文·化·文·库·

年(648)唐朝征西突厥乙毗射匮可汗之役。《资治通鉴》载:贞观二十一年十二月,"壬申……龟兹王伐叠卒,弟诃黎布失毕立,浸失臣礼,侵渔邻国。上怒,戊寅,诏使持节、昆丘道行军大总管、左骁卫大将军阿史那社尔,副大总管、左骁卫大将军契苾何力,安西都护郭孝恪等将兵击之,仍命铁勒十三州、突厥、吐蕃、吐谷浑连兵进讨"。据此,有学者认为由于参战的吐蕃出昆仑山攻其后,乘机就占据了鄯善、且末及昆仑山以北地区,直至显庆四年(659)苏定方驰救于阗、平定西突厥都曼之乱才将这一地区收回[1]。但笔者在前面分析过,这种推测没有确凿的文献记载作为根据,显然不可取。

第二种观点认为吐蕃进入鄯善在其征服吐谷浑之后:贞观十二年(638),吐蕃借口吐谷浑阻其向唐请婚,"率羊同共击吐谷浑";之后,经过显庆五年(660)、龙朔三年(663)的战争,吐蕃破吐谷浑之众,"遂有其地"[2]。之后出现了吐蕃进出鄯善的记载,如《敦煌本吐蕃历史文书·大事纪年》第19、21条:"及至龙年(668),赞普驻于'扎'之鹿苑,且于'几玛郭勒'(ji ma gol)建造堡垒。是为一年";"及至马年(670),赞普驻于'倭塘'。于'几玛郭勒'(ji ma gol)击唐军多人。是为一年"[3]。ji ma gol,托马斯等认为在新疆东部,佐藤长认为即且末一带[4]。而山口瑞凤、白桂思、黄布凡等认为该地即为青海的"大非川",因为恰好汉文史料记载咸亨元年(670)薛仁贵于大非川被吐蕃击败[5]。言外之意,当年吐蕃并未占据鄯善。

第三种观点认为吐蕃占领鄯善的时间更晚,据写于开元初年的

〔1〕薛宗正:《安西与北庭——唐代西陲边政研究》,黑龙江教育出版社1998年版,第59-60、108页。

〔2〕《新唐书》卷216《吐蕃传》;《新唐书》卷221《吐谷浑传》。

〔3〕王尧、陈践译注:《敦煌本吐蕃历史文书》,第146页。

〔4〕J. Bacot et F. W. Thomas et Ch. Toussaint, *Documents de Touen-Houang elatifs à l'histoire du Tibet*, Paris, Librairie Orientaliste Paul Geuthner 12, Rue Vavin, Ⅵe 1940—1946, p. 33;佐藤长:《古代チベット史研究》,同朋舍昭和五十二年再版,第316-318页。

〔5〕山口瑞凤:《吐蕃王国成立史研究》;Christopher I. Beckwith, *The Tibetan Empire in Central Asia*, Princeton University Press, Princeton, 1987;黄布凡、马德:《敦煌藏文吐蕃史文献译注》,甘肃教育出版社2000年版。

《沙州图经》说:"大周天授二年(691)腊月,得石城镇将康拂耽延弟地舍拨状称,其蒲昌海水"云云,因此天授二年石城镇还在唐朝的控制中。后来在长寿元年(692)与延载元年(694)吐蕃联合突厥两次攻打沙州时,在后一次战争中攻占了鄯善的石城镇、播仙镇,但很快就被唐军所收复,以至于在《敦煌本吐蕃历史文书·大事纪年》中,出现了当年吐蕃大将"噶尔·达古"被移居鄯善的粟特人所擒的事件。[1]

笔者认为有一点是可以确定的:7世纪后半期,鄯善已成为吐蕃进出西域的交通要道。因为从662年始,吐蕃就进入西域,以后665、676、687等年均有吐蕃活动于西域的记录。[2] 吐蕃进出西域的路线,当时主要为从青海西抵鄯善的"吐谷浑道",成书于676—695年的《沙州图经》说:"萨毗城,右西北去石城镇四百八十里,其城康艳典造。近萨毗泽(?)日六十里,山险,恒有吐蕃、吐谷浑来往不绝。"[3] 这条史料证明,吐蕃当时确实已经开始染指鄯善地区。

这之前的武则天永昌元年(689),吐蕃曾嫁公主赤邦(khri bang)给归属的吐谷浑王,到8世纪初赤邦已做母后,其子是吐谷浑莫贺吐浑可汗(ma ga tho gon kha gan)。709年赤邦母子"定夏宫于se tong",托马斯认为se tong即"七屯"[4],据此可认为8世纪初吐蕃、蕃属吐谷浑已控制了鄯善地方。[5] 此后有学者认为,开元元年(713)吐蕃曾沿"吐谷浑路",取道鄯善、且末,进围唐西州的属县柳中,与进逼庭州的后突厥形成南北呼应之势。[6] 但由于没有举出任何文献来说明,故此说只能暂时存疑。

---

〔1〕李宗俊:《敦煌寿昌县的废置与唐前期对西域石城、播仙二镇地区的经营》,《中国边疆史地研究》2008年第2期,第27页。

〔2〕参见杨铭:《〈大事纪年〉所载吐蕃与突厥关系考》,《中亚学刊》5,第127-131页。

〔3〕池田温:《沙州图经考略》,《榎博士还历记念东洋史论丛》,明和印刷株式会社1975年版,第93页。

〔4〕王尧、陈践译注:《敦煌本吐蕃历史文书》,第148页;托马斯编著,刘忠、杨铭译注:《敦煌西域古藏文社会历史文献》,第7-10页;哈密顿著,耿昇译:《仲云考》,《西域史论丛》第2辑,新疆人民出版社1985年版,第166页。

〔5〕但荣新江的观点与托马斯不同,他认为se tong应当位于吐谷浑的大本营——青海湖与河源一带。荣新江:《通颊考》,载《文史》第33期,中华书局1990年版,第119-144页。

〔6〕薛宗正:《安西与北庭——唐代西陲边政研究》,第196页。

开元二十二年到二十四年(734—736),吐蕃曾在突骑施与唐朝的战争中声援前者,甚至派出军队进入西域,有学者推测在此期间吐蕃很有可能又占据了鄯善地区[1]。但大约在不到十年后的天宝年间,《新唐书·尉迟胜传》记载尉迟胜曾与高仙芝联合收复了萨毗和播仙,冯承钧认为其事或在天宝六载(747)高仙芝讨小勃律之役[2]。王小甫认为:高仙芝以天宝六载破勃律功拜安西节度,《旧唐书·高仙芝传》天宝八载入朝无献俘事,《资治通鉴》天宝十载(751)春正月入朝献所擒吐蕃酋长、突骑施可汗等,故高仙芝破萨毗、播仙事当在天宝八、九两载间(749—750)[3]。

天宝十三载(754),诗人岑参于北庭写有《献封大夫破播仙凯歌六章》,其中有"官军西出过楼兰","千群面缚出蕃城"等句[4]。可认为此两次唐军所破,均为驻鄯善的吐蕃人或吐谷浑人。天宝十四载(755)"安史之乱"爆发,唐朝抽调大批河陇驻军东向平叛,吐蕃军队乘虚进据河陇。有学者推测,鄯善地区的石城、屯城复入吐蕃乃至德、乾元(756—760)间事[5],鄯善也就成为吐蕃控制西域的中心。

11.2　吐蕃驻鄯善的官吏

吐蕃是怎样统治鄯善的呢?这可以从吐蕃于鄯善所设置的军政职官上反映出来。在敦煌或米兰藏文文书中都出现过 khrom 一词,现代藏语释作"市场"。20 世纪 20 年代,英国学者托马斯在编译《有关西域的藏文文献和文书》时,亦释 khrom 为"市"[6]。但匈牙利学者乌瑞著文指出:藏文文书中所谓 khrom,就是敦煌汉文写本中的吐蕃"节度使",是吐蕃在 7—9 世纪中统治河陇、西域等地的一级军政机构。乌瑞

〔1〕李宗俊:《敦煌寿昌县的废置与唐前期对西域石城、播仙二镇地区的经营》,《中国边疆史地研究》2008 年第 2 期,第 29 页。

〔2〕沙畹编,冯承钧译:《西突厥史料》,冯承钧"补注",中华书局 1958 年版,第 118 页。

〔3〕王小甫:《唐、吐蕃、大食政治关系史》,第 194 页。

〔4〕陈铁民、侯忠新:《岑参集校注》,上海古籍出版社 1979 年版,第 153 - 154 页。

〔5〕王小甫:《唐、吐蕃、大食政治关系史》,第 217 页注释 18。

〔6〕托马斯编著,刘忠、杨铭译注:《敦煌西域古藏文社会历史文献》,第 250 - 251 页。

指出,吐蕃时期,khrom 的分布地是:玛曲(黄河上游)、雅莫塘(青海东北)、凉州、瓜州、小勃律等。至于鄯善地区,乌瑞认为吐蕃很有可能曾于萨毗设一节度使(khrom),但他尚未提出具体的史料依据。[1]

笔者也认为,吐蕃占据萨毗较早,其地又有将军(dmag pon)、茹本(ru pon)等高级官吏,鄯善地区的节度使似设于萨毗。与在瓜州设节度使一样,吐蕃在萨毗设节度使,总领鄯善方面的军政事务是很自然的,节度使之职就是调节、统一诸部之间的行动,以维系吐蕃对鄯善的统治。以下列举出吐蕃驻鄯善的主要官吏,加以讨论:

11.2.1　将军(dmag pon)与节度使(khrom)

米兰藏文文书《通颊属员琛萨波噶上昆赤热书》(大英图书馆东方文献部编号 Or.15000/265)是一封通颊属员琛萨波噶致昆赤热的信,其中写道:"我等来自朗迷(lang myi)部落,从父辈起就……[遵]命来通颊(mthong khyab)服役,萨毗将军(dmag pon)审查了服役者","我们弟兄五六人,皆一仆人之子,有两兄弟在通颊的服役中堪称能手,如果君王及其母后有命令,在令中指示萨毗将军和巡察使(spyan)[发出通知],通颊之属员应得到他们的佣金,如此我们即能免去一死。"[2]

《未年节度使文书残卷》(大英图书馆东方文献部编号 Or.15000/334)在卷首提到"羊年"(lug gi lo)举行了"节度使会盟"(khrom gyi vdun sa),其后的文字提到"通颊千户"([mthong] khyab stong sde)为参加会盟的成员之一,或会盟议事的对象。该文书的背面一行文字为"小罗布"(nob [chu]ngu),为收信地址。[3]《勒春借麦契残卷》(大英图书馆东方文献部编号 Or.15000/315)记载:某年冬,"论赞·松歇尔(dgun blon btsan sum bzher)于辰年一月十五日召集节度使盟会",通告

〔1〕G. Uray,"KHROM: Administrative Units of the Tibetan Empire in the 7th – 9th Centuries", *Tibetan Studies in Honour of Hugh Richardson* ed. by Michael Aris and Aung San Sua Kyi, Aris and Pillips LTD. Warminster England, 1979, pp.310 –314. 荣新江译:《释 KHROM(军镇):公元七—九世纪吐蕃帝国的行政单位》,载《西北史地》1986 年第 4 期,第 106 –113 页。

〔2〕托马斯编著,刘忠、杨铭译注:《敦煌西域古藏文社会历史文献》,第 116 –118 页。

〔3〕T. TAKEUCHI, *Old Tibetan contracts from Central Asia*, Daizo Shuppan, Tokyo, 1995; *Old Tibetan Manuscripts from East Turkestan in The Stein Collection of the British Library*, p.143, no.435.

下属各自将所借物品在限期内归还。[1]

米兰藏文文书《桑沛致妥勒讷书残卷》(大英图书馆东方文献部编号 Or.15000/274),正面是桑沛(sam spes)写给妥勒讷(tor leg smed)的一封信,背面残存 4 行古藏文,另存一印记,内容与正面的明显不同,大概是一件司法文书,其中有"要求参加将军(dmag pon)和都护(spyan)的会盟"等语。[2] 这种有将军(dmag pon)和都护(spyan)参与的会盟,应该就是"节度使会盟"(khrom gyi vdun sa),其中有"将军"(dmag pon)身份的人,相对汉文史料就是吐蕃"节度使"。对这一新刊文书的分析有两层意义:一是它再次证明了吐蕃是由将军(dmag pon)级官吏出任节度使并主持会盟的;二是继于阗之后,发现吐蕃在鄯善同样驻有"将军"(dmag pon)这样的高官,它佐证了乌瑞推测吐蕃在鄯善地区驻有节度使的观点。

11.2.2　节儿(rtse rje)

吐蕃的节儿一官相当于唐刺史,吐蕃统治下的沙州,就设有节儿一官,为州最高军政长官。[3] 据此可推测吐蕃不仅在大鄯善,而且在小鄯善、萨毗、且末等城镇均设有节儿一职。

米兰藏文文书《大尚论尚赞心扎致小罗布节儿书残卷》(大英图书馆东方文献部编号 Or.15000/276),是大尚论尚赞心扎(zhang lon ched po zhang btsan sum sgras)致小罗布节儿(nob chunguvi rtse rje)等官吏的信,信中还提到小罗布的另一官吏"岸奔轮葛"(mngan slungs)。《节儿论致论达桑大人书》(大英图书馆东方文献部编号 Or.15000/480)是小罗布的节儿官鲁(klu rtse rje blon)呈论·达桑大人(jo co blon stag

[1]T. TAKEUCHI, *Old Tibetan contracts from Central Asia*, Daizo Shuppan, Tokyo, 1995; *Old Tibetan Manuscripts from East Turkestan in The Stein Collection of the British Library*, p. 136, no. 416.

[2]T. TAKEUCHI, *Old Tibetan contracts from Central Asia*, Daizo Shuppan, Tokyo, 1995; *Old Tibetan Manuscripts from East Turkestan in The Stein Collection of the British Library*, p. 124, no. 375.

[3]藤枝晃:《吐蕃支配期の敦煌》,《东方学报》31 册,1961 年,第 221－223 页。

bzang)的信,内容涉及一起债务纠纷的处理。[1]

11.2.3　千户长(stong pon)

千户是吐蕃的基层军事单位。藏文史籍《贤者喜宴》载,吐蕃5茹加羊同共有61千户。在吐蕃向外发展的过程中,5茹和羊同中的一些千户离开原地开赴河陇。米兰藏文文书中出现不少的千户名称,反映了进驻鄯善的吐蕃千户的情况。其中大英图书馆东方文献部Or.15000/282号,是某人致尚婆·莽布支的书信残卷,内容涉及土地分配,并出现"千户长"(stong pon)等字样。[2]

由上面所举可见,吐蕃进入鄯善后,在此设置或进出的官吏一是级别较高,二是官吏名称、职级等与吐蕃设于敦煌等地的官吏基本相同,可以反映出其统治河陇地区的职官的一些共性。

11.3　吐蕃驻鄯善的千户与经济活动

据藏文史书记载,唐代吐蕃在原有统治区内设立的军政区划为"茹—东岱"制,共有5茹,61千户。[3] 从米兰出土的藏文写本及木简中,可以见到如下一些吐蕃千户的名称,说明在吐蕃攻占河陇等地的过程中,这些千户或其中的一批成员进入了鄯善地区。

岛岱千户。米兰藏文简牍中有"岛岱(dor te)部落之……"岛岱,在《贤者喜宴》中作dor sde,是吐蕃伍茹的千户之一。在吐蕃对唐战争中,岛岱千户以勇猛善战著称,《敦煌本吐蕃历史文书·赞普传记》"赤

---

〔1〕T. TAKEUCHI, *Old Tibetan contracts from Central Asia*, Daizo Shuppan, Tokyo, 1995; *Old Tibetan Manuscripts from East Turkestan in The Stein Collection of the British Library*, p. 124, no. 377, p. 202, no. 596.

〔2〕T. TAKEUCHI, *Old Tibetan Manuscripts from East Turkestan in The Stein Collection of the British Library*, p. 126, no. 383.

〔3〕"5茹"为:伍茹、叶茹、约茹、茹拉、孙波茹,加上羊同的10个千户,共有61个千户,见巴卧·祖拉陈瓦:《贤者喜宴》,第185-188页。参见山口瑞凤:《吐蕃王国成立史研究》,第912-914页。需要说明的是,在新疆出土的简牍及写本文书上,冠于吐蕃千户名称后面的一般均无stong sde这种完整的形式,一般是在其名称后冠以sde,即某某"部",但通过比较可以看出,其名称与《贤者喜宴》所载的吐蕃61东岱中的名称相同。王尧等在汉译出现于此的苏毗千户时没有使用"千户"这一译名,而是使用了"部落"这一名称,对此笔者没有改动,特此说明,以下同。

松德赞"一节记有:"民庶之中岛岱部与致三部英勇善战之勇夫,颁赐虎皮牌。"[1]可以认为,由于对唐朝作战的需要,吐蕃岛岱千户曾远征河陇,且驻于鄯善,故留名于米兰藏文简牍之上。

局巴千户。一支木简记:"局巴(zom)部落……"局巴在《贤者喜宴》中作 com pa,也是吐蕃伍茹的千户之一。

支村千户。一支木简记:"支村(vbri cher)部落下部之岛巴芒金之(地、房)契约。"支村在《贤者喜宴》中作 vbri mtshams,属吐蕃伍茹的千户之一。vbri cher,《吐蕃简牍综录》译作"大必力"。

朗迷千户。一件写本说:"我等来自朗迷(lang myi)部落,从父辈起就遵命……在通颊服役。"朗迷在《贤者喜宴》中作 lang mi,是吐蕃叶茹的千户之一。

那雪千户。记载那雪千户的藏文简牍较多,王尧、陈践编著的《吐蕃简牍综录》一书中有 186、210、211、233、252、253 等编号。其中一枚木简记:"那雪(nag shod)部落之阿郭包尔赞。"那雪在《贤者喜宴》中记作 nags shod stong bu chung,意为"那雪小千户",为吐蕃孙波茹的千户之一。此外,简牍中又有 nag khrid gyi sde"那赤部落",托马斯认为那赤与那雪有关。

郭仓千户。两枚简牍记载:"上郭仓(rgod tshng stod)部落东木江地方之拉珠赞";"亲为换工。下郭仓(rgod tshang smad)部落长之田,三突。"一件写本提到了"郭仓(rgod tsang)部落的十三个巡哨"[2]。上下郭仓在《贤者喜宴》中记作 rgod tshang stod smad,是孙波茹的两个千户。记有郭仓的米兰藏文简牍,在《吐蕃简牍综录》中还有 128、186、246、249、250、251 等编号。

喀若千户。有 4 枚出自米兰遗址的古藏文简牍提到了这个千户。其中一枚较为完整的可能为一份名册,前半段文字为:"驿吏为喀若(kha dro)部落之郎鲁顿,寮属为管仓部落之萨东鲁道,男伙夫为那雪

---

〔1〕王尧、陈践译注:《敦煌本吐蕃历史文书》,第 167 页。译名有改动。

〔2〕T. TAKEUCHI, *Old Tibetan Manuscripts from East Turkestan in The Stein Collection of the British Library*, p. 176.

部落之拆通玛,伙夫之仆役为恰拉部落之甲木萨肖。"另一枚则提到了"喀若(kha dro)部落之王田(rje zhing)"。喀若在《贤者喜宴》中记作kha ro,同样是孙波茹的一个千户。

七屯千户。一件契约文书写道:"七屯部落(rtse vthon gyi sde)的托古芒杰从朗赤勒处借得小麦和大麦各半克(khal)。偿还的时间定于蛇年仲秋月之二十日,地点为大罗布(nob chen por)。"[1]七屯在《贤者喜宴》中记作 rtse mthong,亦是孙波茹的一个千户。

恰拉(cha sla)千户。上引简文提到了"伙夫之仆役为恰拉(cha sla)部落之甲木萨肖"。cha sla 为吐蕃与孙波边界的下羊同的一个千户,见表 11 - 1 所列。

通颊千户。一支木简记载:"通颊(mthong khyab)部落所属之巴若赤。"一写本记有"通颊部落"(mthong khyab stong sde);一件借契提到借出方为"通颊部落的东仁(thong kyab kyi sde ldong pring)"。[2] 通颊在《贤者喜宴》中记作 stong khyab,是附在孙波茹之后的汉人千户。在敦煌汉文文书中,常能见到"通颊"这个名称,在《赞普传记》、《大蕃官吏呈请状》等藏文写本中,也有 mthong khyab 的拼法。[3]

《吐蕃简牍综录》第 187 - 191 号,记有一个"宗木"(vdzom)部落,并分为上下两部,其中第 190 号木简有:"上宗木(vdzom stod)部落之蔡邦·通究。"蔡邦(tshe spang)是吐蕃古老的氏族之一,《敦煌本吐蕃历史文书》中常见这个家族姓氏,因此,上下"宗木"可能是吐蕃本土千户的名称。《贤者喜宴》记载,吐蕃叶茹有一个松岱(gzong sde)千户,与"宗木"(vdzom stod)读音接近,可能为同一千户名称的异写。

---

〔1〕T. TAKEUCHI, *Old Tibetan Manuscripts from East Turkestan in The Stein Collection of the British Library*, p.189。

〔2〕T. TAKEUCHI, *Old Tibetan Manuscripts from East Turkestan in The Stein Collection of the British Library*, pp.143、201.

〔3〕"通颊"是吐蕃的一种役职部落的名称,它起源于吐蕃本土,人员主要用于巡逻、守卫等。吐蕃攻占唐朝河陇地区后,曾把这种建制引入被征服的民族之中,在河西各地编制了 5 个通颊万户,主要由汉人、粟特人充任。详见杨铭:《通颊考》,《敦煌学辑刊》1987 年第 1 期,以及本书第三编第一章。

表 11-1 吐蕃"茹—东岱"的建制、名称以及进入鄯善的千户

茹名及地望	十东岱名	进入鄯善的千户
伍茹 （吐蕃中部地区）	岛岱（dor sde）、岱村（sde mtshams）、球村（phuyg mtshams）、章村（vgrang mtshams）、局巴（com pa）、支村（vbri mtshams）、畿堆（skyi stod）、畿买（skyi smad）、叶若布小千户、东侧近卫队	岛岱（dor te）、局巴（zom）、支村（vbri cher）
叶茹 （吐蕃西部地区）	东钦（ston chen）、象钦（shang chen）、朗迷（lang mi）、帕噶尔（phod dkar）、辗克尔（nyen mkhar）、章村（vgrang mtshams）、约若（sbo rab）、松岱（gzong sde）、象小千户、西侧近卫队	朗迷（lang myi）、松岱（宗木，vdzom stod）
约茹 （吐蕃东部地区）	雅垅（yar lung）、秦垅（vphying lung）、雅村（yar mtshams）、玉邦（gyu vbangs）、达布（dvags po）、娘聂（nya nyig）、聂（dmyal）、洛札（lho brag）、洛若小千户、北侧近卫队	
茹拉 （吐蕃与羊同之间）	芒噶（mang kar）、赤森木（khri phams）、枕巴（grom pa）、拉孜（lha rtse）、娘若（myang ro）、赤塘（khri vthang）、康萨（khang sar）、岗呈木（gang phram）、措俄小千户、南侧近卫队	
羊同 （吐蕃与突厥、孙波之间）	俄局（vo co）、芒玛（mang ma）、尼玛（gnye ma）、杂毛（tsa mo）、巴嘎小千户（以上为上羊同）；古格（gug ge）、恰拉（cog la）、计藏（spyi gtsang）、雅藏（yar gtsang）、即岱小千户（下羊同）	恰拉（cha sla
孙波茹 （吐蕃与唐朝之间，包括通颊在内）	七屯（rtse mthon）、博屯（pho mthon）、上下郭仓（rgod tshang）、上下烔（vjong）、上下支（dre）、喀若（kha ro）、卡桑（kha zangs）、那雪小千户	那雪（nag shod）、上下郭仓（rgod tshang）、七屯（rtse mthon）、喀若（kha dro）

以下将吐蕃"茹—东岱"的建制、名称以及进入鄯善的千户列出，以便对照[1]：

从米兰出土的古藏文文书可以看出，吐蕃在鄯善设有负责经济事务的官员，如"农田官"、"秋收监临官"、"税吏"等。考古工作者在米兰发现了吐蕃时期的戍堡，其中有麦穗、糜子、葫芦籽等农作物，戍堡外不远还发现了渠道遗址，反映了吐蕃在鄯善地区进行生产的情况。[2] 出自米兰的藏文文书中，也记录了有关经济的情况，根据这些记载，似可把吐蕃统治下鄯善的土地占有情况分为3种：

一类是"官田"，或可称"俸禄田"（mngan zhing）、"王田"（rje zhing），是吐蕃占领鄯善后划给各千户官吏、酋帅的土地，以及当地土豪归附吐蕃后保留的土地。前者可称作俸禄田，后者多称为"某某小王田"。官田的份额多为一人一突（dor，10 亩），但也有多出或不足的情况，如"……之农田一突，邦布小王农田一突，资悉波农田一突半，悉斯赞新垦荒地在通颊有两突，零星散地一突"，"下桂仓部落长之田，三突"，"税吏开桑和则屯有差地一突"，"门穹俸禄田一突"。[3] 以上数支藏文木简，记录了财务官（资悉波）、邦布小王、千户长、税吏等人的授田或占田情况。

第二类是千户成员领受的土地。吐蕃进驻鄯善后，除千户官吏有权占用外，当局还把一些土地分给各个千户，由千户内部进行划分，如木简所谓"纳雪（部落）之田三突"，"纳雪（部落）……两突地"等。部落民的占田额，多为一人一突，如"鲁拉错领受田一突"，"洛卓有中等田一突"，"老总之农田一突"。

第三类是垦荒地。吐蕃驻鄯善当局鼓励千户成员开垦荒地，垦荒地虽要记入木简，但占田量似乎要宽一些，如前揭"悉斯赞新垦荒地在

---

〔1〕巴卧·祖拉陈瓦：《贤者喜宴》，第 187 页。千户的译名参见王尧、陈践译注：《敦煌本吐蕃历史文书》，第 209－210 页；5 茹的方位，参见山口瑞凤：《吐蕃王国成立史研究》，912 页附图。

〔2〕陈戈：《新疆米兰古灌溉渠道及相关的一些问题》，《考古与文物》1984 年第 6 期，第 92－93 页

〔3〕王尧、陈践编著：《吐蕃简牍综录》，第一章经济类下土地篇，第 24－32 页，以下未注出处者均同。俸禄田和差地，鄯善地方吐蕃官吏或小王占田的情况，于此可见一斑。

·欧·亚·历·史·文·化·文·库·

通颊有两突",就是一例。另一枚木简记录:"保超地方新开荒四突。"吐蕃当局鼓励垦荒,反映出鄯善地方耕地不足。唐朝在全国实行均田制时,由于西州等地田地太少,百姓受田还不足狭乡的给田量,故在西州实行过严格的一丁十亩制,因此可认为,吐蕃在鄯善地方的配田份额是受唐制的影响。[1]

此外,还有分佃千户官吏土地耕种的情况,如"班丹领受:资悉波之田地三突,军官俸田一突,茹本之新垦荒地一突,副先锋官田一突……""七屯地一突,又一突半,由玉通耕种,佣资付给小麦"。[2]千户官吏的土地除与千户成员分佃外,一部分也由他们所属的佣奴耕种,如"那松之农田佣奴三人……(领受)农田三突","论赞之农田佣奴领受聂拉木以上查茹拉(地方)农田四突"。

以下,简略谈谈藏文木简中反映的赋税制度。藏文木简中所见的赋税情况大致可分为3种:一是农产品地租(zhing zhun),通常交纳实物,如青稞、小麦等,一支木简说:"吐谷浑上部万人部落,凡属唐所辖者……每户征收五升(青稞);万人部落田赋以六成所征,征青稞混合堆置一起,一部分(青稞)如以羊驮运不完,可派牛运。"[3]第二是按户或口数计征的税(khral),也是交纳实物,如"论悉冲木热等,前往小罗布,交纳赋税:岸钟悦青稞二克[4],麦子三克"。第三是劳役地租,以服役形式完成纳税任务,如米兰木简中有 blavu 字样,即现代藏文"乌拉(差)"(vu lag)之异体,这是一种由上派下的劳役。吐蕃在鄯善实行的赋税制度,在形式上略与唐制同,但从征收量上看比唐制大得多,如所征吐谷浑部落田赋为6/10。这除与吐蕃奴隶制政权的性质有关外,也

---

[1]池田温著,龚泽铣译:《中国古代籍帐研究》(概论),中华书局1984年版,第189页;吐蕃曾在小鄯善地方"依照权限与以往的分田制度"划分田地,见托马斯编著,刘忠、杨铭译注:《敦煌西域古藏文社会历史文献》,第138-140页。

[2]托马斯编著,刘忠、杨铭译注:《敦煌西域古藏文社会历史文献》,第144页。

[3]王尧、陈践编著:《吐蕃简牍综录》,第一章经济类赋税篇,第37-38页,以下未注出处者均同。

[4]藏文 khal,现代藏文译"克",约合28市斤。但吐蕃时期,khal 的量还应大一些,参见王尧、陈践编著:《吐蕃简牍综录》,第33页。上文所举吐谷浑部落纳田赋文中,"升"藏文为 bre,20升=1克。

可看出鄯善地区吐蕃驻防千户较多,沉重的负担不得不转嫁到千户成员,尤其是非吐蕃的当地属民身上。

11.4　小结

吐蕃统治鄯善的结束,与其退出河陇地区的时间略同,即 9 世纪中叶。此后,似仍有吐蕃人活动于鄯善,后晋天福年间(936—943)高居海等出使于阗,称:"自灵州渡黄河至于阗,往往见吐蕃族帐,而于阗常与吐蕃相攻劫。"是知于阗近旁亦有吐蕃人。当然,其时鄯善地方的主要居民已为仲云等族了。[1]

---

〔1〕《新五代史·附录·于阗》;哈密顿著,耿昇译:《仲云考》,《西域史论丛》第 2 辑,第163 - 164、168、172 页。

12　吐蕃与于阗

今新疆和田地区,大约东到民丰,西至皮山,就是汉唐地理书记载的于阗国。西汉通西域后,于阗属西域都护管辖;东汉初,为莎车所吞并。汉明帝永平四年(61),贵族广德立为于阗王,灭莎车;永平十六年(73),汉军司马班超至于阗,广德杀匈奴使者降汉。魏晋南北朝时期,兼并戎卢、扜弥、渠勒、皮山等国,仍向中原王朝进贡。西晋时,与鄯善、焉耆、龟兹、疏勒并为西域大国,统治者曾被封为"亲晋于阗王"。北魏年间,曾先后被吐谷浑、柔然攻袭,国势渐衰。唐太宗贞观年间,于阗王遣子入侍唐廷。唐高宗显庆三年(658),编于阗为唐安西四镇之一。[1]

12.1　吐蕃进入于阗

吐蕃进入西域约始于7世纪中叶,特别是唐高宗龙朔初年(约661)以后数年间。麟德二年(665),史书记载:"疏勒、弓月两国共引吐蕃之兵,以侵于阗。诏西州[2]都督崔知辩及左武卫将军曹继叔率兵救之。"这是目前看到的汉文文献中吐蕃进攻于阗的最早记录。尽管有学者认为这次崔知辩等出兵取得了胜利[3],但以后数年间于阗可能仍然受吐蕃控制,因为据《新唐书·吐蕃传》记载,咸亨元年(670),吐蕃"入残羁縻十八州,率于阗取龟兹拨换城。于是安西四镇并废"[4]。之

---

〔1〕包括于阗在内的"安西四镇"的初置,《旧唐书》卷198《龟兹传》记为唐太宗贞观二十二年(648),而薛宗正考证应为唐高宗显庆三年(658),详见《安西与北庭——唐代西陲边政研究》,第83-87页。

〔2〕《册府元龟》卷995《外臣部》,原作"西川",据《通鉴考异》卷10改。

〔3〕王小甫:《唐、吐蕃、大食政治关系史》,第53页。

〔4〕《唐会要》卷73《安西都护府》:"咸亨元年四月二十二日。吐蕃陷我安西。罢四镇。"

后,唐朝联合西域诸国进行反击,使吐蕃在西域的攻势有所减弱。《旧唐书·高宗本纪》曰:上元元年(674)十二月"于阗王伏阇雄来朝",上元二年正月"以于阗为毗沙都督府,以尉迟伏阇雄为毗沙都督,分其境内为十州,以伏阇雄有击吐蕃功故也",是知于阗又复归唐朝控制。调露元年(679),唐朝复置安西四镇,于阗亦为其中之一。[1]

武则天垂拱年间(685—688),吐蕃加强了对西域的进攻。从《旧唐书·唐休璟传》、《汜德达告身》等记载看,此时因吐蕃的进攻,迫使唐朝再次放弃了包括于阗在内的安西四镇。[2] 王小甫认为,自论钦陵687年领兵入西域到692年王孝杰复四镇,吐蕃在西域统治了6年,其中687—689年论钦陵率兵占领西域,689年以后吐蕃主事西域的是钦陵幼弟勃论赞刃,此人就是吐鲁番出土《张怀寂墓志铭》中提到的"贼头跛论"。[3] 森安孝夫将其比定为汉文史籍中的勃论/勃论赞/勃论赞刃,并认为他就是《大事纪年》"羊年(695)"条所载被处死的 mgar btsan nyen gung rton,也就是藏文《丹珠尔》所收《于阗国授记》(li yul lung bstan pa)里出现的 mgar blon btsan nyen gung sto,此人曾在垂拱年间(685—688)至长寿元年(692)之间统治于阗,并在当地兴建寺院。[4] 从当时吐蕃入西域均越于阗南山并主要沿五俟斤路活动,以及钦陵曾说咄陆诸部近安西、俟斤诸部近蕃境而求取俟斤部落等情况来看,王小甫推测当时的于阗已经成为吐蕃统治西域的中心。[5]

武后长寿元年(692),唐朝收复四镇,同时册立于阗王尉迟璥,由武威军总管王孝杰护送归国。白桂思把于阗王尉迟璥比定为藏文《于

---

〔1〕《册府元龟》卷995《外臣部》。

〔2〕参见周伟洲:《略论碎叶城的地理位置及其作为唐安西四镇之一的历史事实》,《新疆历史论文集》,新疆人民出版社1978年版,第141-143页;杨铭:《〈大事纪年〉所载吐蕃与突厥关系考》,《中亚学刊》5,第130-131页。

〔3〕王小甫:《唐、吐蕃、大食政治关系史》,第87页。

〔4〕森安孝夫:《吐蕃の中央アジア进出》,《金泽大学文学部论集·史学科篇》4,1984年,第20-21及67页注106。

〔5〕王小甫:《唐、吐蕃、大食政治关系史》,第88页。

阗国授记》里的著名国王 bijaya sanggrama。[1] 据《于阗国授记》说:在此之前,于阗国长期与外敌相互攻伐,到 bijaya kirti 为王时又遭到突厥人入侵,寺庙大都被焚毁,国土疮痍;"此后,bijaya kirti 之子,名叫 bijaya sanggrama 的七岁时成了国王。他成年以后,询问诸长老与大臣:'此国为谁所灭?何为竟成丘墟?'长老及大臣遂详为奏上此前突厥 vamo no shod 诸人灭国之状。bijaya sanggrama 即令众臣皆调集彼处军队,杀奔前此废毁该地之诸国而去,将其国土夷为废墟,大肆屠戮"[2]。王小甫认为白桂思的比定似可接受,因为《于阗国授记》说尉迟璥成年后率军伐突厥以复灭国之仇的情节,与《张怀寂墓志铭》所说唐军驱逐勃论以后,"十箭安氄幕之乡,四镇复飞泉之地"的记载是一致的。[3]

此后一直到"安史之乱"以前,由于唐朝加强了在西域各地的戍卫,吐蕃未能在于阗得手。[4] 但从 8 世纪初年起,吐蕃已控制了与于阗毗邻的鄯善。[5] 天宝六载(747),于阗王尉迟胜就曾经随安西节度使高仙芝进讨鄯善的吐蕃驻军。[6] 唐玄宗天宝十四载(755),"安史之乱"爆发,唐朝抽调河陇驻军东向赴援,吐蕃乘机攻占河陇诸州(756—787)。其间,于阗也受到吐蕃军队的困扰。于阗东境丹丹乌里克遗址出土的大历三年(768)文书曰:"……被镇守军牒称:得杰谢百姓胡书,

〔1〕Christopher I. Beckwith, *The Tibetan Empire in Central Asia*, Princeton University Press, Princeton,1987,p.53.

〔2〕R. E. Emmerick, *Tibetan Texts concerning Khotan*, London, Oxford University Press, 1967, pp.50 - 53. 此处译文引自王小甫:《唐、吐蕃、大食政治关系史》,第 114 页。

〔3〕王小甫:《唐、吐蕃、大食政治关系史》,第 115 页。

〔4〕而薛宗正认为,其间的开元十三年(725)吐蕃唆使于阗王尉迟眺叛唐,为唐朝迅速镇压下去,并立新王以替之。按,《旧唐书》卷98《杜暹传》曰:"于阗王尉迟眺阴结突厥及诸蕃国图为叛乱,暹密知其谋,发兵捕而斩之,并诛其党与五十余人,更立君长,于阗遂安。"从中看不出有吐蕃参与其间,故不采。薛宗正还引用《敦煌本吐蕃历史文书·大事纪年》"开元十七年"条的蕃相穷桑"引兵赴突厥地"一句,指称吐蕃在当年曾攻入安西大都护控制的四镇与西突厥十姓地,同样不能落实,亦不采。见《安西与北庭——唐代西陲边政研究》,第 221、230 页。

〔5〕森安孝夫:《吐蕃の中央アジア进出》,《金泽大学文学部论集·史学科篇》4,1984 年,第 1 - 85 页。

〔6〕《新唐书》卷110《尉迟胜传》;冯承钧:《西突厥史料》(补注),中华书局 1958 年版,第 118 页。

翻称、上件百姓□□深忧养苍生。顷年被贼损,莫知□□计。"[1]从杰谢镇处于于阗东境的位置看,"贼"字所指,似即从鄯善西向进扰于阗的吐蕃军队。

但于阗全境的陷落是在贞元六年(790)吐蕃攻占北庭之后,因为贞元四年(788)左右路过于阗的悟空记道:"次至于阗,梵云瞿萨怛那,王尉迟曜,镇守使郑据,延住六月。"表明当时的于阗还在唐军及尉迟王的掌控之中。[2] 贞元七年(791),吐蕃攻陷西州,这才腾出军队来全力进攻于阗。于阗东面安得悦遗址发现的残壁刻书,透露了于阗陷落的消息,刻书谓:"贞元七年记……至建闻其兵马使死,及四镇大蕃……和大蕃官太常卿秦嘉兴归本道。"[3]"兵马使"似即驻守于阗的唐军将领,其人战死,和蕃官秦嘉兴等散归本道,故刻书以记其事。《敦煌本吐蕃历史文书·赞普传记》也记载了吐蕃攻占于阗的史实和时间下限,曰:"此王(赤松德赞,755—797)之时,没庐·赤苏茹木夏领兵北征,收抚于阗于治下,抚为编氓并征其贡赋。"[4]可见,汉、藏文书对吐蕃攻占于阗的记载,大致是相符的。据此,我们认为吐蕃攻占于阗的确切时间是在791—796年之间。[5]

近年张广达、荣新江根据和田出土的一件汉文、于阗文双语官文书《唐贞元十四年(798)闰四月四日典史怀□牒》(Hedin 24)的内容,考订贞元十四年相当于尉迟曜在位的第32年。而和田出土 Hedin 16,Hedin 15,Dumaqu C,Dumaqu D 等汉文、于阗文双语文书上,都有与 Hedin 24 上相同的"判官富惟谨"等文字,年代相距不远。其汉文纪年为

〔1〕M. A. Stein, Ancient Khotan, vol. Ⅰ, Oxford, 1907(Repr., New York,1975), p. 523.

〔2〕《悟空入竺记》,杨建新主编:《古西行记选注》,宁夏人民出版社 1987 年版,第 125 页。

〔3〕M. A. Stein, Ancient Khotan, vol. Ⅰ, p. 546;"贞元七年"说,见森安孝夫:《吐蕃の中央アジア进出》,第 57 - 58 页。

〔4〕王尧、陈践译注:《敦煌本吐蕃历史文书》,第 167 页。

〔5〕日本学者吉田丰近年撰文提出,于阗陷蕃的确切年代应在790—796年之间,见吉田丰:《コータン出土 8—9 世纪のコータン语世俗文书に关する觉え书き》"第二部アーカイブ问题と历史",神户市外国语大学研究丛书 38,49 - 96,2006;中译文见荣新江、广中智之译:《有关和田出土 8—9 世纪于阗语世俗文书的札记(二)》,《西域文史》第 3 辑,科学出版社 2009 年版,第 94 - 96 页。

·欧·亚·历·史·文·化·文·库·

"巳年"和"午年",于阗王(尉迟曜)纪年为第 35 年和 36 年,应相当于贞元十七年辛巳(801)和十八年壬午(802)。文书不用唐朝年号,与敦煌吐蕃统治时期纪年方式相同,表明于阗已经进入吐蕃统治时期。而文书内容是 6 城地区征收进奉绉绅的账历,这里的绉绅可能就是要进奉给吐蕃赞普的,以表示于阗对吐蕃王国的归顺。如此,则吐蕃占领于阗的时间当在 798—801 年之间。在最近的《补记:对 1997 年以后发表的相关论点的回应》中,张广达、荣新江虽然表示同意日本学者吉田丰关于于阗在 790—796 年之间陷蕃的观点,但强调中间曾一度被唐军收复,最后才于 798—801 年之间再次陷落。[1]

12.2　吐蕃驻于阗的官吏与千户

吐蕃文献表明,吐蕃统治于阗时期,在今和田市以及其北面约 185 公里的麻扎塔格都驻有军队和官吏。特别是麻扎塔格,此地当时被称作"神山",吐蕃在此构筑的军事要塞,不仅与于阗各地保持有经常的联系,甚至吐蕃本土、鄯善以至于吐蕃在西域最远的据点的文书都曾经被送到这里,其重要性不言而喻,其中一个很明显的作用是防止来自北路龟兹方面的唐朝军队。[2] 我们今天就是依据出土于此的古藏文文书,才得以探讨吐蕃统治于阗的一些历史真相。

12.2.1　吐蕃统治于阗的军政官吏

12.2.1.1　将军(dmag pon)

一件出自麻扎塔格的藏文文书曰:"从热桑等地推荐下民,由驻于阗将军(dmag pon)之官邸签署。"[3] 敦煌藏文文书 P.T.1089 号也记载

---

〔1〕张广达、荣新江:《8 世纪下半与 9 世纪初的于阗》,《唐研究》第 3 卷,北京大学出版社 1997 年版,第 339 – 361 页,后收入同作者:《于阗史丛考》(增订本),中国人民大学出版社 2008 年版,第 240 – 263 页;同作者:《补记:对 1997 年以后发表的相关论点的回应》,同书,第 264 – 266 页。

〔2〕托马斯编著,刘忠、杨铭译注:《敦煌西域古藏文社会历史文献》,第 173、174、183 页;杨铭:《吐蕃简牍中所见的西域地名》,《新疆社会科学》1989 年第 1 期,第 90 – 91 页。

〔3〕托马斯编著,刘忠、杨铭译注:《敦煌西域古藏文社会历史文献》,第 171 页。

了"统治于阗的持银告身的吐蕃论"以及"持红铜告身的节儿"[1],这说明吐蕃驻于阗的最高长官为持银告身的将军。根据《贤者喜宴》的记载,吐蕃时期茹的军事长官就称为"将军"(dmag pon),可见吐蕃派驻于阗的官吏级别是很高的。在麻扎塔格出土的藏文文书中,还见有jo cho、jo po 与 nang rje po 等称号,参照敦煌藏文文书关于沙州吐蕃官吏的记载,可知这是吐蕃部落民及属民对上级官吏的尊称。一般说来,jo cho 可用于将军,而后两者用于节儿。[2]

古藏文写本《莽仁支勒买马契残卷》(大英图书馆东方文献部编号Or.15000/138),提到参加某次节度使会盟(khrom[gyi vdun sa])的官员有论·玉热(blon gyu bzher)、论·多杰(blon thog rje)等,又说:当论·玉热等在节度衙盟会之时,列斡颊(snyel vor rgyal)部落的莽仁支勒(mang ring rtsi slebs)买了一匹马云云。[3] 另一件写本《经济文书残卷》(大英图书馆东方文献部编号 Or.15000/152)亦提到"将军"(dmag pon)这一名称,该文书还提到了"于阗"(vu ten)、"神山"(shing shan)等地名。[4] 这些内容均佐证了吐蕃驻于阗高官为"将军"的观点。

12.2.1.2 节儿(rtse rje)

于阗驻有吐蕃的"节儿",一支木简记载:"由……送往神山的节儿和官衙……"[5]另一支木简说:"阿摩支尉……向神山节儿请示。"[6]"阿摩支尉"是于阗官员,他的行动受吐蕃节儿支配,表明吐蕃节儿是统治于阗的主要官吏。"节儿"(rtse rje),是吐蕃攻占河陇后设置的州

---

〔1〕山口瑞凤:《沙州汉人による吐蕃二军团の成立とmkhar tsan 军団の位置》,《东京大学文学部文化交流研究施设研究纪要》第 4 号(1980 年度),第 16 页。

〔2〕托马斯编著,刘忠、杨铭译注:《敦煌西域古藏文社会历史文献》,第 196、207 页;参见山口瑞凤:《敦煌の历史·吐蕃支配时代》,《讲座敦煌》第 2 卷,第 218 页。

〔3〕T. TAKEUCHI, *Old Tibetan contracts from Central Asia*, Daizo Shuppan, Tokyo, 1995; *Old Tibetan Manuscripts from East Turkestan in The Stein Collection of the British Library*, p.66, no.200.

〔4〕T. TAKEUCHI, *Old Tibetan contracts from Central Asia*, Daizo Shuppan, Tokyo, 1995; *Old Tibetan Manuscripts from East Turkestan in The Stein Collection of the British Library*, p.71, no.214.

〔5〕托马斯编著,刘忠、杨铭译注:《敦煌西域古藏文社会历史文献》,第 182 页。

〔6〕托马斯编著,刘忠、杨铭译注:《敦煌西域古藏文社会历史文献》,第 169 页。"尉",原件作 yong,托马斯认为或可转写为 yod。罗常培《唐五代西北方音》(中央研究院历史语言所单刊甲种之十二),古藏文韵母 o、u 可互换,故 yod 又作 yud,是译作"尉"。

一级官吏的名称,它相当于唐朝的州刺史,如吐蕃统治下的沙州就设有节儿一官,负责当地的军事、民政事务。[1] 吐蕃在于阗也设置节儿一官,其职能相同。

出自于阗的古藏文写本中,该名称亦多有所见。《致神山节儿书残卷》(大英图书馆东方文献部编号 Or. 15000/212 背面)是一封信的左半部,第 5 行为一行倒文,意为:"送给驻神山(shing shan)的节儿(rtse rje)。"[2]

12.2.1.3　都护(spyan)

在于阗发现的古藏文写本中,都护(spyan)这个官名出现的频率也较高。spyan 在现代藏文中仍然使用,可译作"王之眼"、"都护"或"巡察使"。在敦煌或新疆出土的古藏文文书中,Spyan 一词频频出现,如 P. T. 1089 号文书中有"翼都护亲任官"(ru spyan nang kor las bskos pa)、"事务都护"(rtsis spyan)、"牧地管理都护"(gzhis pon spyan)、"汉人万户都护"(rgyavi khri spyan)、"汉人都护"(rgyavi spyan)等。[3] 很明显,这些官吏虽然均冠有 Spyan 一名,但不属于一个层次。

如同敦煌古藏文写本中 Spyan 一词可以配伍成各种层次、各种执掌的官吏一样,新刊西域古藏文写本中也有 Spyan 与其他术语配伍,构成其他职官名称的。大英图书馆东方文献部编号 Or. 15000/143《经济文书残卷》,记载的日期是"仲秋月和季秋月",地名为"神山"(shing shan),提到的官吏名称有"农田都护"(zhing spyan)。[4]

12.2.1.4　岸奔(mnagn)

在吐蕃驻西域各地的官吏中,岸奔(mnagn)和守备长(dgra blon)

〔1〕藤枝晃:《吐蕃支配期の敦煌》,《东方学报》31 册,1961 年,第 221 - 223 页。

〔2〕T. TAKEUCHI, *Old Tibetan contracts from Central Asia*, Daizo Shuppan, Tokyo, 1995; *Old Tibetan Manuscripts from East Turkestan in The Stein Collection of the British Library*, p. 91, no. 276, p. 124, no. 377, p. 186, no. 555.

〔3〕杨铭:《关于敦煌藏文文书〈吐蕃官吏呈请状〉的研究》,《马长寿纪念文集》,西北大学出版社 1993 年版,第 363 - 386 页。

〔4〕T. TAKEUCHI, *Old Tibetan contracts from Central Asia*, Daizo Shuppan, Tokyo, 1995; *Old Tibetan Manuscripts from East Turkestan in The Stein Collection of the British Library*, p. 67, no. 205.

也是常常见于古藏文文书,且又比较重要的一类。除了西域古藏文写本,在古藏文简牍、敦煌古藏文写本中亦见有 mngan 一词,但真正完整地拼作 Mngan pon,能与汉文"岸奔"这一译音对勘的,目前仅见于唐蕃会盟碑右侧第 32 行的一段文字。[1] 这可能提示,那些出现在西域古藏文写本和简牍中的 mngan,不能与列名于唐蕃会盟碑上的 Mngan pon 和出现于《敦煌本吐蕃历史文书》中的 mngan 相提并论,前者应属于吐蕃的低层官吏。

大英图书馆东方文献部编号 Or. 15000/231《勒赞致某人书残卷》,寄信人为勒赞(legs tshan),其中提到的物品有"丝绸"(myen tri)、"羊毛"(bal),官名即有"岸奔"(mngan),信中还表达了送信人为圣神父、子祈祷等内容。[2] 大英图书馆东方文献部未编号(《古代于阗》图版45)《付粮牒残卷》,为一件请求岸奔(mngan)支付粮食的付粮牒,其中提到了粮食的数量和会计的结算,以及两双"鞋"或是两对"刀具"等物品,行尾有类似"付讫"的文字。另有一件《书信残卷》(大英图书馆东方文献部编号 Or. 15000/5 背面),径直称"神山之岸奔"(shing shan gyi mngan)。[3] 从古藏文书信的具款形式看,这个"神山之岸奔"应为收件方。

12.2.1.5　守备长(dgra blon)

吐蕃驻西域官吏系统中,另一重要角色是"守备长"(dgra blon)。大英图书馆东方文献部编号 Or. 15000/101 是一件文书残卷,其记道:季春月之首日,应下人科札(khor zhag)之请,守备长赞巴(dgra blon bt-

〔1〕王尧编著:《吐蕃金石录》,第 19、52 页。

〔2〕T. TAKEUCHI, *Old Tibetan contracts from Central Asia*, Daizo Shuppan, Tokyo, 1995; *Old Tibetan Manuscripts from East Turkestan in The Stein Collection of the British Library*, p. 47, no. 142, p. 98, no. 2.

〔3〕T. TAKEUCHI, *Old Tibetan contracts from Central Asia*, Daizo Shuppan, Tokyo, 1995; *Old Tibetan Manuscripts from East Turkestan in The Stein Collection of the British Library*, p. 40, no. 125, p. 19, no. 59.

san ba)派遣娘・塔通(myang lho mthong)等一行人前来。[1] 大英图书馆东方文献部编号 Or. 15000/187《书信残卷》说:宁某在于阗(vu ten)征集到共计 15 汉升粮食,受命供给守备长尚・塔热(zhang po dgra blon lha bzher)。[2]

　　除上述吐蕃驻于阗的将军和节儿等官吏之外,还有一些负责具体事务的官吏,试列表概括如下:[3]

表 12 - 1　吐蕃统治于阗官吏简表

名　称	出　处
将军 (dmag pon)	《文书》,195 - 196 页;P. T. 1089
节儿 (rtse rje)	《文书》,193、211 页;P. T. 1089
军事长 (dpung pon)	《文书》,179、445 页
内务官 (mngon)	《文书》,200、211 页
守备长 (dgra blon)	《综录》,194 页
小节儿 (rtse rje chung)	《文书》,466 页
农田官 (zhing pon)	《综录》,194 页
司牧官 (pyug pon)	《综录》,174 页
驿站长 (tshugs pon)	《文书》,171 页

　　从表 12 - 1 可以看出,目前见到的吐蕃驻于阗官吏的种类虽然不多,但重要的职官都已具备。军事方面有军事长、守备长,民政方面有农田官、司牧官等,他们分别负责地区范围内的作战、斥卫、驿传和征收粮畜产品等。

　　在上述官吏系统之下,吐蕃千户成员主要负责斥卫和驿传事务。

---

〔1〕T. TAKEUCHI, *Old Tibetan contracts from Central Asia*, Daizo Shuppan, Tokyo, 1995; *Old Tibetan Manuscripts from East Turkestan in The Stein Collection of the British Library*, p. 54, no. 163, p. 73, no. 222.

〔2〕T. TAKEUCHI, *Old Tibetan contracts from Central Asia*, Daizo Shuppan, Tokyo, 1995; *Old Tibetan Manuscripts from East Turkestan in The Stein Collection of the British Library*, p. 83, no. 251.

〔3〕表中《文书》是指:F. W. Thomas, *Tibetan Literary Texts and Documents concerning Chinese Turkestan*, part Ⅱ: Documents, London, 1951;《综录》是《吐蕃简牍综录》的缩写。

166

如一件写本说:"朗迷(千户的)达通,驿站长。"[1]一支木简记载吐蕃人充任斥候,"绮力拓拔向俄东菊慕两名吐蕃斥候交代"[2]。另一件写本记载:"在喀则,两名吐蕃人,两名于阗人","在于阗扦弥,两名吐蕃人,一名于阗人"[3]。从这些记载来看,吐蕃统治时期,于阗地区的斥卫、驿传等事务是由吐蕃人和于阗人共同承担的,不言而喻,吐蕃人在其中起着监领的作用。

吐蕃千户成员有这么一个特点:战时是战士,和平时期是生产者。这种情况也会反映到吐蕃驻于阗的军队中间。一支木简记载了吐蕃人与于阗人因争占草场而发生纠纷的情况:"宇结向部落酋长乞力玛吉禀报:住在此地之于阗住户及吐蕃住户,他们在草场方面如若不和,请于阗人找些牧地,不另找一合适牧地不行。"[4]可以看出,吐蕃军队在于阗除参与斥卫、驿传等事务外,还从事畜牧等生产,以养活自己。

12.2.2 进出于阗的吐蕃千户

在和田东北约100公里处的麻扎塔格遗址出土的藏文简牍和写本中,记有许多吐蕃千户的名称,现列举如下:

章村千户。斯坦因所获麻扎塔格藏文文书(以下简称 M. Tagh.)0614 号木简:"桑俄尔部落之古局穹,从章村(vbrong tsams)部落囊玛家,借马去巡察农田分布情况及界标。"章村在《贤者喜宴》中记作 vbrang mtshams,在吐蕃的伍茹和叶茹中各有一个章村千户,此简所记的章村千户,不知属于哪一个茹,暂列为伍茹。

畿堆千户。M. Tagh. 0027 号木简:"畿堆(skyi stod)部落之阔安切息。"畿堆在《贤者喜宴》中记作 skyid stod,是属于伍茹的一个千户。

叶若布千户。M. Tagh. 1616 号木简:"交与叶若布(yel rab)部落之洛列松。"在《贤者喜宴》中,叶若布是属于伍茹的小千户,记作 yel rab

〔1〕托马斯编著,刘忠、杨铭译注:《敦煌西域古藏文社会历史文献》,第 152 页。"驿站长",原译"班长"。

〔2〕王尧、陈践编著:《吐蕃简牍综录》,第 55 页。

〔3〕托马斯编著,刘忠、杨铭译注:《敦煌西域古藏文社会历史文献》,第 154 页。

〔4〕王尧、陈践编著:《吐蕃简牍综录》,第 67 页。

stong buv chung。

　　达布千户。M. Tagh. 0332 号木简:"达布(dags po)部落之斯库尔顿。"达布是吐蕃古老的小邦之一,后被悉补野家族征服。《敦煌本吐蕃历史文书·赞普传记》说:伦赞赞普时,"于达布地方,有已入编氓之民户谋叛,赞普与诸大论相聚而议降服达布王"。达布在《贤者喜宴》中记作 dags po,是约茹的 10 个千户之一。

　　聂千户。M. Tagh. 0075 号木简:"聂(mnyal)部落之托巴尔孜勒。"聂在《贤者喜宴》记作 dmyal pa,也是约茹的 10 个千户之一。

　　洛札千户。M. Tagh. 0028 号木简:"洛札(lho brag)部落之罗布尔启请。"洛札在《贤者喜宴》中亦记作 lho brag,也是约茹的 10 个千户之一。

　　辗克尔千户。M. Tagh. 0193 号木简:"辗克尔(nyen kar)部落之阔阿木拉列,担任小节儿总管职务后去军中。"辗克尔在《贤者喜宴》中也记作 nyen kar,是吐蕃叶茹的千户之一。此外,《吐蕃简牍综录》第 241、242 号,亦见辗克尔之名。

　　朗迷千户。M. Tagh. 0077 号木简:"朗迷(lang myi)部落之牧鲁勒囊继续充当斥候……"在《吐蕃简牍综录》中,出现朗迷千户名称的简牍还有 200、201、249 等编号。《贤者喜宴》中,朗迷记作 lang mi,是属于吐蕃叶茹的千户之一。

　　帕噶尔千户。M. Tagh. 0291 号木简:"帕噶尔(phod kar)部落之噶瓦鲁。"《贤者喜宴》中帕噶尔记作 phod dkar,为叶茹的千户之一。

　　象千户。M. Tagh. 0025 号木简:"象(shang)部落之哇·梅斯策布。"象在《贤者喜宴》中记作"象小千户"(shangs stong bu chung),是属于叶茹的千户之一。

　　芒噶千户。M. Tagh. 0343 号木简:"向芒噶(mang dkar)部落……"芒噶在《贤者喜宴》中记作 mang kar,为吐蕃茹拉的千户之一。

　　赤森木千户。M. Tagh. 0033 号木简:"赤森木(khri boms)部落之引彭拉顿。"赤森木在《贤者喜宴》中记作 khri phom,是属于茹拉的千户之一。

娘若千户。M. Tagh. 0016 号木简:"……娘若(myang ro)……"娘若在《贤者喜宴》中也记作 myang ro,是属于茹拉的千户之一。

赤塘千户。M. Tagh. 009 号木简:"赤塘(khri dang)部落之支彭列。"赤塘在《贤者喜宴》中记作 khri vthang,是属于茹拉的千户之一。

岗呈木千户。M. Tagh. 0239 号木简:"……恩南·门列。岗呈木(gad sram)部落之卓木通阿领糌巴三升。"岗呈木在《贤者喜宴》中记作 gad pram,是属于茹拉的千户之一。《吐蕃简牍综录》中,225、453 号木简亦记有岗呈木。

计藏千户。M. Tagh. 0016 号木简:"计藏(spying rtsang)部落之斯古赞巴。"《贤者喜宴》中计藏写作 spyi gtsang,是下羊同的千户之一。

雅藏千户。M. Tagh. 002 号木简:"雅藏(yang rtsang)部落贵如黄金的黄色骠马死去。"雅藏在《贤者喜宴》中记作 yar gtsang,也是下羊同的千户之一。

将上述进入于阗的吐蕃千户列如表 12-2,以便对照。

此外,在麻扎塔格出土的藏文简牍中,有一倭措巴(vo zo po),与《贤者喜宴》所记羊同上部之火州(vo co)千户音相近,两者似为同一千户名称的异写。又有桑俄尔(bzang vor),似为叶茹的千户之一松岱(gzong sde)的不同写法。[1]

据藏文史籍《贤者喜宴》记载,吐蕃的军事区划分为 5 茹:伍茹、叶茹、茹拉、约茹、孙波茹,每一茹统率约 10 个千户。[2] 在吐蕃进攻河陇及西域等地的过程中,这些千户纷纷离开原来的驻地,奔赴前线作战,之后即驻屯于各占领区。麻扎塔格文书中出现的上述千户,就分别属于约茹、茹拉、伍茹和叶茹。当然,并不是说在吐蕃统治时期,于阗地方一下就进驻了这么多的吐蕃千户,实际上是这些千户先后驻守过于阗,或者是来自这些千户的吐蕃人曾经到过该地区,这两种情况都有可能。我们知道,吐蕃攻占河陇之后,要统治的地区很广,战线拉得太长,人力

---

〔1〕以上千户名称见王尧、陈践编著:《吐蕃简牍综录》,第 35、41、50-58 页;巴卧·祖拉陈瓦:《贤者喜宴》,第 186-188 页。

〔2〕巴卧·祖拉陈瓦:《贤者喜宴》,第 185-188 页。

表 12 – 2　进入于阗的吐蕃千户

茹名及地望	十东岱名	进入于阗的千户
伍茹 （吐蕃中部地区）	岛岱（dor sde）、岱村（sde mtshams）、球村（phuyg mtshams）、章村（vgrang mtshams）、局巴（com pa）、支村（vbri mtshams）、畿堆（skyi stod）、畿买（skyi smad）、叶若布小千户、东侧近卫队	章村（vbrong tsams）、畿堆（skyi stod）、叶若布（yel rab）
叶茹 （吐蕃西部地区）	东钦（ston chen）、象钦（shang chen）、朗迷（lang mi）、帕噶尔（phod dkar）、辗克尔（nyen mkhar）、章村（vgrang mtshams）、约若（sbo rab）、松岱（gzong sde）、象小千户、西侧近卫队	辗克尔（nyen kar）、朗迷（lang myi）、帕噶尔（phod kar）、象（shang）
约茹 （吐蕃东部地区）	雅垅（yar lung）、秦垅（vphying lung）、雅村（yar mtshams）、玉邦（gyu vbangs）、达布（dvags po）、娘聂（nya nyig）、聂（dmyal）、洛札（lho brag）、洛若小千户、北侧近卫队	达布（dags po）、洛札（lho brag）、聂（mnyal）
茹拉 （吐蕃与羊同之间）	芒噶（mang kar）、赤森木（khri phams）、枕巴（grom pa）、拉孜（lha rtse）、娘若（myang ro）、赤塘（khri vthang）、康萨（khang sar）、岗呈木（gang phram）、措俄小千户、南侧近卫队	芒噶（mang dkar）、赤森木（khriboms）、岗呈木（gad sram）、赤塘（khri dang）、娘若（myang ro）
羊同 （吐蕃与突厥、孙波之间）	俄局（vo co）、芒玛（mang ma）、尼玛（gnye ma）、杂毛（tsa mo）、巴嘎小千户（以上为上羊同）；古格（gug ge）、恰拉（cog la）、计藏（spyi gtsang）、雅藏（yar gtsang）、即岱小千户（下羊同）	计藏（spying rtsang）、雅藏（yang rtsang）
孙波茹 （吐蕃与唐朝之间，包括通颊在内）	则屯（rtse mthon）、博屯（pho mthon）、上下郭仓（rgod tshang）、上下烔（vjong）、上下支（dre）、喀若（kha ro）、卡桑（kha zangs）、那雪小千户	

170

显然不够,自然不会以 5 茹中的 17 个千户全部用于于阗的屯守。相反,如果说这些千户或其中的成员轮流驻守过该地区,则是很有可能的。

另一方面,记载这些千户名称的藏文写本和简牍,多是以"某部落某人何事"的格式出现的,如"洛札部落之罗布尔启请"、"辗噶尔部落之阔阿木拉列担任小节儿总管职务后去军中"云云,加之在出土于麻扎塔格的文书中,至今尚未见到有万户长、千户长及小千户长的记载,因此有理由认为吐蕃驻守于阗的完整的千户并不多,一些人员可能是从邻近地区的千户中抽调去的。总之,在河陇诸地中,吐蕃攻占于阗较晚,在人力缺乏的情况下,吐蕃轮流抽调一些千户或这些千户中的部分人员驻守于阗,均有可能。

12.3 吐蕃治下的于阗

今麻扎塔格是吐蕃统治于阗的一个重要的军事据点,吐蕃于其地驻扎有军队和节儿等官,但该地距离于阗较远,看来吐蕃的统治,主要是通过于阗地方政权来实现的。

P.T.1089 记载了吐蕃统治下于阗王及其主事大臣的情况:"有如于阗国主,与(其)贡献相符,上峰御恩感昭,赐以王号,许以王者威仪,却处于(统治)于阗的银告身(吐蕃)论之下。于阗主事大臣等,虽被授予金告身(及玉石告身)等,仍处于(吐蕃方面)红铜告身的节儿之下。"[1]可知吐蕃统治时期,原先的于阗王世系仍然存在。这种情况,与吐蕃征服其他民族后,设小邦王作为附庸的情况相似,如吐蕃征服吐谷浑之后就扶植了吐谷浑可汗(或称小王)以统属部[2]。

---

〔1〕山口瑞凤:《沙州汉人による吐蕃二军团の成立とmkhar tsan 军团の位置》,《东京大学文学部文化交流研究施设研究纪要》第 4 号(1980 年度),第 16 页;参见 M. Lalou, "Revendications des Fonctionnaires du Grend Tibet au VIIIe Siècle", Journal Asiatique, CCXLIII, 1955, 1 – 4(2), p. 177.

〔2〕参见周伟洲、杨铭:《关于敦煌藏文写本〈吐谷浑(阿柴)纪年〉残卷的研究》,《中亚学刊》3,第 95 – 108 页。

荣新江认为,吐蕃是使于阗降服而不是强行攻占的,因为占领一事发生不久,所以原来的社会组织和人员都还没有变动。吐蕃同唐朝一样,在于阗采取羁縻性质的统治方式。和田出土的一件于阗文写本(MT. b. ii. 0065)是对于阗王尉迟诘(viša' kīrti)的颂词,其中称:"自最优秀的藏人守卫于阗国,其统治已进入第六个年头。"表明于阗尉迟氏王统并未断绝。属于同一国王时期的另一件文书(MT. c. 0018)称:"于阗王尉迟诘四年十二月十八日。此年间,刺史、阿摩支、守(?)尉迟拉呵(viša' raka)……"可见于阗尉迟氏王族在地方的统治体制也没有被打破。[1]

吐蕃之所以保留于阗王世系,有两个重要的原因。一是自 7 世纪 60 年代以来,吐蕃屡次进出于阗地区,双方虽时有战争,但也有过联盟;其二,于阗是西域佛教圣地之一,而佛教在 8 世纪下半叶已盛行于吐蕃[2],为保护西域的佛教僧人,吸收佛教文化,吐蕃自然在统治政策上有所让步。当然,如上文所示,于阗王虽有"王者威仪",但他实际的地位却在统治于阗的吐蕃大论之下,也即在前文论及的将军之下,这种"字(告身)高位卑"的政策,是吐蕃统治河陇、西域诸族施政的主要特点。吐蕃统治下的敦煌,也出现过这种情况,为此,敦煌的汉人官吏还向吐蕃当局提出过申诉,要求提高他们的实际地位。而上文所示的于阗王及其主事大臣的情况,就是由敦煌汉人部落的吐蕃人千户长和小千户长举出的,他们的意图是想用于阗王的例子,来提醒上司不要提高汉人官吏的实际地位,这就恰恰反映了于阗王及其主事大臣作为吐蕃统治者附庸的事实。

一件出自麻扎塔格的古藏文写本说:"对马年冬论·禄扎等在斜坦会上所作决断之回复。雅藏部落的娘·塔通向于阗王(li rje)的兵吏于阗人巴纳索取丝绸两匹做利息。交付期限为孟冬月之二十三

---

〔1〕荣新江:《唐宋时代于阗史概说》,《龙谷史坛》97,京都,1991 年,第 28 - 38 页。林梅村也认为 P. T. 1089 中所记的于阗王就是 9 世纪初期的于阗王 viša' kīrti(他译作"尉迟健"),见《新疆和田出土汉文——于阗文双语文书跋》,《西域文明——考古、民族、语言和宗教新论》,第 230 页。
〔2〕参见王辅仁:《西藏佛教史略》,青海人民出版社 1982 年版,第 32 - 48 页。

日。"[1]另一件写本是于阗王向吐蕃官吏赤热等人的汇报书,其中提到在于阗赫格(hel ge)和纳(nog)地方发生了抢劫案件,于阗王说他已将一个犯案的于阗人送到了吐蕃有关人员处,并承诺要尽快处置其他犯案者。[2] 这些材料说明,于阗王的职责是处理本民族民众间发生的一般事务,并协助吐蕃官吏处理一些较为重大的事件,总之其行动是受吐蕃官吏节制的。

前揭古藏文木简说:"阿摩支尉……向神山节儿请示。"其中"阿摩支"原文作 amaca,源于梵文 amātya,意为大臣、辅相,所以日本学者山口瑞凤在 P. T. 1089 号文书的释读中,译作"主事大臣"。在《册府元龟·外臣部》和《新唐书·西域传》中,"阿摩支"是作为于于阗王和疏勒王的称号用的,但鉴于 P. T. 1089 号写本中,阿摩支之上已有"于阗国主"等文字,故山口氏译作"主事大臣"是恰当的。上揭文献表明,"阿摩支"这个称号在吐蕃统治于阗时期还存在,而且冠此称号者,仍为于阗王族姓氏"尉迟",这说明吐蕃的统治是以维持于阗原贵族阶层的地位为前提的。这种情况与同时期吐蕃在敦煌的统治一样,吐蕃当局维护了汉人世家豪族原有的政治、经济地位。[3] 但是在吐蕃统治时期,"阿摩支"的地位似乎开始降低,在于阗甚至有相当于乡、村一级的官吏也冠有此称号。[4]

在吐蕃统治下,于阗人除了有自己的王、主事大臣外,在神山戍堡内也驻有于阗官吏,其职责应是协助吐蕃人处理日常事务。一件古藏文写本说:"呈神山的于阗官府:于阗人布桂的请求书。"[5]这条材料也反映了于阗官吏的附庸地位。

关于于阗民众受吐蕃役使的情况,麻扎塔格文书中也有一些记载,

〔1〕托马斯编著,刘忠、杨铭译注:《敦煌西域古藏文社会历史文献》,第 166 – 167 页。

〔2〕托马斯编著,刘忠、杨铭译注:《敦煌西域古藏文社会历史文献》,第 163 – 164 页。

〔3〕参见史苇湘:《丝绸之路上的敦煌与莫高窟》,《敦煌研究文集》,甘肃人民出版社 1982 年版,第 74 – 75 页。

〔4〕此外"阿摩支"也有用于吐蕃官吏的情况,详见文欣:《于阗国官号考》,《敦煌吐鲁番研究》第 11 卷,上海古籍出版社 2009 年版,第 126 页。

〔5〕托马斯编著,刘忠、杨铭译注:《敦煌西域古藏文社会历史文献》,第 180 页。

除前文所示于阗人与吐蕃人一起充任斥候外,还涉及驿传、纳粮等。一支木简记载了于阗人充任驿传的情况:"从于阗驿站发给神山岸奔书信:一天一夜要行五个驿站,此木牍迅速紧急送往高齐巴。木牍不能按时到达或有失误,依法惩办,从于阗……日……"关于于阗民众向吐蕃交纳粮食及其他物品的记载,一支木简记载:"交与使者沙弥,于阗人布乌寄往神山之青稞与木牍";另一支木简说:"此木牍上所载及以下……首领,神山之青稞二百克四升……已交托于阗布多,彼往神山,收到青稞后木牍仍交与布多。"[1] 还有一件写本提到,一个吐蕃官吏已收到油和羊毛等物品。[2] 这些记载表明,驻于阗的吐蕃官吏曾向于阗人征收粮食和物品,至于具体措施、数量如何,须作进一步探讨。

除对于阗人进行役使、征敛外,吐蕃对于阗人的惩治也较严厉。如一件藏文写本说,马年初春月考核士兵,决定处死一名叫苏达的于阗人,原因是此人在服役中多次惹起麻烦,死刑将在于阗士兵面前进行。[3] 一支木简记载:"凡出现让敌人脱逃者,应惩处(处死)。"[4] 这有可能也是针对于阗人的。吐蕃的统治激起了于阗人的不满,他们用各种方法来进行反抗。一支木简记载:"悉诺谢之驿吏向大兄赞巴报告,于阗山一名坐哨于十一日夜逃跑,哨口空阗,无人防守。"[5] 另一件古藏文写本说,于阗人拦劫了运往吐蕃据点的粮食及其他物品。[6]

12.4　小结

9世纪中叶,吐蕃王朝在贵族混战、奴隶和平民大起义中崩溃了,其对河陇的统治也相继结束,于阗恢复了尉迟王的统治。[7] 但是吐蕃

〔1〕王尧、陈践编著:《吐蕃简牍综录》,第59页;"神山"原译"鄯善",依托马斯译文改。

〔2〕托马斯编著,刘忠、杨铭译注:《敦煌西域古藏文社会历史文献》,第353页。

〔3〕托马斯编著,刘忠、杨铭译注:《敦煌西域古藏文社会历史文献》,第216 – 217页。

〔4〕托马斯编著,刘忠、杨铭译注:《敦煌西域古藏文社会历史文献》,第388页。

〔5〕王尧、陈践编著:《吐蕃简牍综录》,第48页。

〔6〕托马斯编著,刘忠、杨铭译注:《敦煌西域古藏文社会历史文献》,第163 – 164页。

〔7〕参见张广达、荣新江:《关于唐末宋初于阗国的国号、年号及其王家世系问题》,《于阗史丛考》,上海书店1993年版,第32 – 52页。

统治的影响在于阗并没有很快消退,反而存在了很长一段时间。据钢和泰写本记载,925 年于阗王李圣天派使团前往沙州,带队的就是吐蕃人,使团向沙州方面递交的呈请书分别用于阗文和藏文写成。[1] 从已刊布的敦煌文书看,这一时期的许多官方文书也是用藏文写成的。[2] 可见吐蕃的影响,在河陇到西域地区,尤其是在于阗、敦煌等地还长期存在。

〔1〕F. W. Thomas & S. Konow," Two Medieval Documents from Tun-huang", *Oslo Etnografiske Museums Skrifter*, 3.3, 1929, pp. 122 – 160;黄盛璋:《钢和泰藏卷与西北史地研究》,《新疆社会科学》1984 年第 2 期,第 60 – 73 页。

〔2〕G. Uray,"L' Emploi du tibétain Dans les Chancelleries des États du Kan-sou et Khotan Postérieurs à la Domination tibétaine", *Journal Asiatique*, Tome 269, 1981, pp. 81 – 90. 耿昇译:《吐蕃统治结束后甘州和于阗官府中使用藏语的情况》,《敦煌译丛》1,甘肃人民出版社 1985 年版,第 212 – 220 页。

河西走廊位于中国甘肃省西北部的狭长平地，在祁连山以北，合黎山、龙首山以南，乌鞘岭以西。因位于黄河以西，为两山夹峙，故名。又因在甘肃境内，也称甘肃走廊。走廊分为3个独立的内流河盆地，东西长约1000公里，南北宽数十公里，海拔1500米左右，大部分为山前倾斜平原。走廊分为3个独立的内流河盆地：玉门、安西、敦煌平原，属疏勒河水系。张掖、高台、酒泉平原，大部分属黑河水系，小部分属北大河水系，武威、民勤平原，属石羊河水系。在整个走廊地区，以祁连山冰雪融水所灌溉的绿洲农业较盛。走廊自古为沟通西域要道，『丝绸之路』经过这里，是历史上中西交通要道，是从古都长安通往西域的必经之路。

河西走廊自古以来就是一个民族迁徙、流动的通道，自秦汉以来，先后有氐羌、月氏、匈奴、鲜卑、突厥、吐谷浑等民族在这里活动。唐代，河西走廊一度属于分治后的河西道统领，辖凉、甘、肃、瓜、沙、伊、西7州。吐蕃对河西诸州的进攻是很早的，高宗咸亨三年（672）吐蕃曾进攻凉州，仪凤二年（677）再攻凉州。武后万岁通天元年（696）吐蕃与突厥约同出兵，一攻洮州，一攻凉州，杀唐凉州都督许钦明。久视元年（700）吐蕃攻凉州，次年与突厥联合『大入河西』。开元十四年（726）吐蕃将悉诺罗领兵攻甘州，次年陷瓜州，遂攻玉门军，围常乐。开元十六年（728），攻至瓜州。开元二十六年（738），吐蕃大入河西。『安史之乱』后，吐蕃于广德二年（764）攻占凉州，永泰二年（766）占甘州、肃州。再经十载，于大历十一年（776）攻占瓜州，贞元二年（786）陷沙州，贞元七年（791）陷西州。至此，河西7州尽为吐蕃占有。

《敦煌本吐蕃历史文书·大事纪年》载吐蕃攻占河西的事件云：『及至兔年（727）攻陷唐之瓜

州晋昌』、『及至狗年（758）……论·赤桑、思结卜藏悉诺囊等引劲旅至凉州城。是为一年』。《赞普传纪》于赤德祖赞时期说：『唐地财富丰饶，于西部各地聚集之财宝贮之于瓜州者，均在吐蕃攻陷之后截获。』[1]

吐蕃与河西走廊各民族的关系十分紧密，从7世纪中后期吐蕃开始进攻凉州算起，到8世纪下半叶占领河西诸州，直至9世纪中叶其在河陇的统治结束，约有两百年的时间跨度。在此期间，吐蕃与生活在这里的汉族、嗢末、通颊、粟特、南山等各民族有着直接的交往关系，以下详述之。

[1]王尧、陈践译注：《敦煌本吐蕃历史文书》'第152、155、166页。

13 吐蕃与通颊

　　11 敦煌藏文文书中,常见有 mthong khyab 一词。关于此词的实际含义,历来说法不一。托马斯在《有关西域的藏文文献和文书》中,将其释为"烽火瞭望哨"[1]。拉露认为这是一个具体地名或一种人的名称[2]。佐藤长在《古代チベット史研究》中,译为"张台",与托马斯略同[3]。山口瑞凤在《苏毗の领界》一文中,首次译 mthong khyab 为"通颊",把汉、藏文写本中出现的这两个词对应起来。之后,山口瑞凤著《汉人及び通颊人にょる沙州吐蕃军团の编成时期》一文,认为通颊是一种部落名称,它与汉人、吐谷浑部落,应有民族上的区别,lho 似为通颊人的姓之一,但他对通颊的来源和性质未加以说明[4]。

13.1 通颊的性质

　　据藏文史书《贤者喜宴》记载,早在松赞干布建立行政区划、定法律、委任官吏时,就有了"通颊"的建制。该书 ja 函记载:"松赞干布对众臣逐一颁布委任,任命:吐蕃之奎本为噶尔·东赞域松,象雄之奎本为琼波莽松孜,苏毗之奎本为霍尔恰秀仁波,齐布之奎本为韦赞桑贝

---

　　〔1〕F. W. Thomas, Tibetan Literary Texts and Documents concerning Chinese Turkestan, Ⅱ, London, 1951, pp. 122 – 123.

　　〔2〕M. Lalou, "Revendications des Fonctionnaires du Grend Tibet au Ⅷe Siecle", Journal Asiatique, CCXLⅢ, 1955, p. 202.

　　〔3〕同朋舍昭和五十二年再版,第 253 页。

　　〔4〕《东洋学报》第 50 卷 4 号,1968 年,第 1 – 69 页;《东京大学文学部文化交流施设研究纪要》第 5 号(1981 年度),第 10 – 11 页。

·欧·亚·历·史·文·化·文·库·

来,通颊(mthong khyab)之奎本为久若结岑扬恭等。"[1]可见在行政区划和官吏的委任中,通颊与吐蕃本部、羊同、苏毗等是平行的。《贤者喜宴》本函下文又说:"所谓'下勇部',在玛朋木热以下、嘎塘陆茨以上,由通颊(mthong khyab)九部落及吐谷浑六东岱所据……"[2]"玛朋木热"似在唐代积石山(今阿尼玛卿山)一带[3],原为吐谷浑驻地,松赞干布时吐蕃"首次将吐谷浑收归辖下",占领了青海、黄河以南的大片地方。[4] 为防止唐朝军队的进攻,以便自己进一步向北扩张,吐蕃自然要在该地区设防,以通颊部落和归附的吐谷浑部落驻守。此外,吐蕃还在孙波茹中设有一个由汉人组成的通颊部落。[5] 从这些记载看,"通颊"似为一种驻守唐蕃边界的斥候军。

出自米兰的藏文文书,能进一步说明通颊的性质。一支古木简说:"向大王主子禀报:上面在小罗布二城议会时,我等在通颊一段加入当初的守城军。敌部斥候军,杀我眷属,割下头颅,粮筒中所有粮食悉为敌部抢尽,(我等)遭受如此残害。"[6]另一支木简记载:"在大萨毗所辖地面,通颊北边驻有个别守边斥候。根据旧令及新建万人部落之令,不可像盗匪般使庶民不信任,不可抢劫。"[7]这两条材料都说明通颊是一种斥候军,多用于巡逻、守卫等,它与吐蕃茹军事制度下的千户是有区别的。汉文史料记载的吐蕃守境者,也有类似通颊的。《通鉴考异》"建中元年(780)"条引《建中实录》:"(唐使者)及境,境上守陴者焚楼橹、弃城壁而去。初,吐蕃既得河湟之地,土宇日广,守兵劳弊。""楼橹",似为一种木质瞭望塔,吐蕃"守陴者"见唐使入境,竟仓皇而逃,可见其战斗力很差,与藏文史料记载的斥候相似。《敦煌本吐蕃历史文书·赞普传记》载:赤松德赞时(755—797),"韦·赞热咄陆等,引军攻

---

[1]巴卧·祖拉陈瓦:《贤者喜宴》,第185页;黄颢:《〈贤者喜宴〉摘译(二)》,《西藏民族学院学报》1981年第1期,第6—7页。

[2]巴卧·祖拉陈瓦:《贤者喜宴》,第189页;山口瑞凤:《吐蕃王国成立史研究》,第881页。

[3]黄颢:《〈贤者喜宴〉摘译(二)》,第26页注46。

[4]王尧、陈践译注:《敦煌本吐蕃历史文书》,第165页;《新唐书》卷216《吐蕃传》。

[5]巴卧·祖拉陈瓦:《贤者喜宴》,第188页。

[6]王尧、陈践编著:《吐蕃简牍综录》,第64页。

[7]王尧、陈践编著:《吐蕃简牍综录》,第51页。

姑臧以上各部,连克八城,守城官员均收归编氓,国威远震,陇山山脉以上各部,均入于掌握矣! 设置通颊(mthong khyab)五万户,新置一管辖区域宽广之安抚大使"[1]。"姑臧"(mkhar tsan)即凉州(今甘肃武威)的古称[2],"安抚大使"(bde blon)又译作"德伦",是吐蕃攻占河西数州后设置的地方盟会——"德伦会议"(bde blon dun tsa)的主持人。[3]据此,文中提到的"通颊五万户"应是置于河西地区的。

13.2　通颊的分布

13.2.1　凉州

P. T. 1089 号文书,被法国拉露女士称作《公元 8 世纪大蕃官吏呈请状》。近年,山口瑞凤对这份写本重新作过翻译、注释,认为它出于 9 世纪 20 年代的敦煌。这份写本中的一段文字,记载了吐蕃凉州节度衙(mkhar tsan khrom)的情况。[4] 这个节度衙下属的几个千户中,就有"通颊"千户和小千户,其余有吐蕃、苏毗和吐谷浑千户。约在 9 世纪 20 年代,这个节度衙内因官位之争,发生了各族官吏间的纠纷,对此吐蕃当局曾进行过一些调整。经过调整后的各族千户官吏序列如后:"蕃苏(bod sum)之千户长,通颊(mthong khyab)与吐谷浑之千户长。

---

〔1〕王尧、陈践译注:《敦煌本吐蕃历史文书》,第 167 页。引文略有改动,"姑臧"(mkhar tsan)原译"小城","八城"(mkhar cu pa brgyad)原译"一十八城","通颊五万户"(mthong khyab khri sde lnga)原译"五道节度使"。

〔2〕藏文 mkhar tsan(又作 khar tsan、khar tshan)一词,应是凉州古称"姑臧"的对音。"姑臧"系月氏语,上古音作 ka tsang,4 世纪的粟特文作 katsān,8 世纪的突厥文作 kacan,参见哈密顿著、耿昇译:《鲁尼突厥文碑铭中的地名姑臧》,《甘肃民族研究》1985 年第 3、4 期合刊,第 105 - 106 页。

〔3〕山口瑞凤:《敦煌の历史·吐蕃支配时代》,《讲座敦煌》第 2 卷,大东出版社 1980 年版,第 203 页。

〔4〕山口瑞凤:《沙州汉人にょる吐蕃二军团の成立と mkhar tsan 军团の位置》,《东京大学文学部文化交流施设研究纪要》第 4 号(1980 年度),第 25 - 27 页;《汉人及び通颊人による沙州吐蕃军団の编成时期》,《东京大学文学部文化交流施设研究纪要》第 5 号(1981 年度),第 5 页。参见杨铭:《吐蕃时期河陇军政机构设置考》,《中亚学刊》4,第 116 页。

……蕃苏之小千户长……通颊与吐谷浑(va zha)之小千户长。"[1]

可见,在吐蕃凉州节度衙内,吐蕃、苏毗人的地位较高,通颊、吐谷浑次之。它反映出,这个通颊千户可能是由被征服的当地百姓组成的。

13.2.2 甘州

甘州(治今甘肃张掖)有通颊部落,在吐蕃统治时期的敦煌汉、藏文文书上尚未发现,但 S.0389《肃州防戍都状上》记载了甘州有通颊部落的情况。这件文书是肃州(治今甘肃酒泉)防戍都给沙州归义军的报告,约写成于唐僖宗中和四年(884)。文中讲到甘州龙家"恐被回鹘侵凌",便拣到丁壮及细小百余人,随退浑(吐谷浑)数十人、"旧通颊肆拾人"等,并入肃州。[2] 既称"旧通颊",表明是吐蕃统治时留下的部落名称。由是而知吐蕃曾于甘州编创通颊部落。

13.2.3 沙州与瓜州

P.T.1113 号写本,记载了吐蕃在沙州(治今甘肃敦煌)设置通颊部落的情况,"……王与论·冲热辰年春于陇州会议,向德伦下达盖有通达敕印[之文书],决定于沙州创设一新通颊(mthong khyab)部落"[3]。

据考订,文中"论·冲热"的活动年限为 815—835 年。他签发的另一件同具"辰年"的文告中,已见有"沙州汉人二部落"(阿骨萨、悉董萨),而这两个汉人部落的成立在 820 年。820 年以后到 835 年之间只有一个"甲辰",即 824 年,沙州新通颊千户的编成应在此年。[4]

P.T.1113 号文书,既称于辰年(824)"创设一新通颊部落",那么在此之前吐蕃似已于沙州地方编创了此类部落。具体时间据前引《赞普传记》,应在吐蕃占领敦煌(786)以后的 10 年间。吐蕃统治结束后,

---

〔1〕M. Lalou , "Revendications des Fonctionnaires du Grend Tibet au Ⅷe Siècle", Journal Asia-tique, CCⅩLⅢ, 1955, 1–4(2), p.177.

〔2〕黄永武主编:《敦煌宝藏》,第 3 册,台湾新文丰出版公司 1985 年版,第 303 页。参见前田正明:《河西の历史地理学研究》,如川弘文馆昭和三十九年版,第 242 页。

〔3〕A. Spanien et Y. Imaeda, *Choix de Documents tibétains conservés à La Bibliothèque National complété par quelques manuscrits de L' India Office et du British Museum*, Ⅱ. Paris, 1979, p.449;参见山口瑞凤:《汉人及び通颊人による沙州吐蕃军团の编成时期》,第 7 页。

〔4〕山口瑞凤:《汉人及び通颊人による沙州吐蕃军团の编成时期》,第 7–10 页。

归义军时期的文书称瓜、沙二州尚有"通颊、退浑十部落"[1],也说明吐蕃在瓜、沙地区创设的通颊部落不止一个。

13.2.4　鄯善

吐蕃统治下的鄯善(今新疆若羌)地区有通颊部落。一支出自米兰的藏文木简记载:"通颊(mthong khyab)部落所属之巴若赤。"另一件藏文借契提到借出方为"通颊部落的东仁(thong kyab kyi sde ldong pring)"。[2] 前面说过,鄯善约在7世纪后半叶即为吐蕃所控制[3],吐蕃在此地设通颊部落,作巡逻、守卫之用,十分自然。

对照以上通颊部落的分布,似可认为《赞普传记》所称"通颊五万户",是分置于河西的凉、甘、肃、瓜、沙、鄯善等地的,而敦煌和米兰藏文文书中所见的"万户"或"万户长"(吐谷浑万户除外),似多指通颊万户及其长官。[4]

13.3　通颊的民族成分

由于吐蕃在本土与河陇地区均设有通颊部落,所以组成这种部落的人员比较复杂,不止一两个民族,以下试分析之。

13.3.1　吐蕃人

M.I.i,23号藏文写本记载:"我等来自朗迷部落,从父辈起就遵命……在通颊(mthong khyab)服役。"[5]"朗迷"(lang myi)系吐蕃本部叶茹所辖的一个千户[6],是知通颊部落中有吐蕃人。此外,一支藏文木

〔1〕S.4276《表状》、图版及录文见土肥义和:《敦煌の历史·归义军节度使支配时代》,《讲座敦煌》第2卷,第244页。

〔2〕T. TAKEUCHI, *Old Tibetan Manuscripts from East Turkestan in The Stein Collection of the British Library*, pp. 143,201.

〔3〕托马斯编著,刘忠、杨铭译注:《敦煌西域古藏文社会历史文献》,第116页;池田温:《沙州图经考略》,第93页;参见谭其骧主编:《中国历史地图集》(五)。

〔4〕据目前所见的资料,唐代吐蕃本土未见有"万户"或"万户长"之称,敦煌和米兰藏文文书中所见的"万户"或"万户长",见于萨毗、鄯善、沙州、凉州等,故有此推测。

〔5〕托马斯编著,刘忠、杨铭译注:《敦煌西域古藏文社会历史文献》,第117页。

〔6〕巴卧·祖拉陈瓦:《贤者喜宴》,第187页。

简载:"通颊部落所属之巴若赤。""巴若赤"应是一吐蕃人名。[1]

13.3.2 汉人

吐蕃在敦煌设有通颊部落,应有汉人参加。出于归义军时期的汉文写本 P.3711《唐景福二年(893)正月瓜州营田使武安君牒》,是一份处理土地纠纷的文书,涉事一方被称作"通颊董悉"。判文称:该地系武安君"先祖产业","董悉卑户,则不许入权且丞(承)种"。[2] "董悉"为汉人姓名[3],从被称作"卑户"看,似为身份低于普通百姓而略高于奴婢的杂户。

13.3.3 粟特人

P.T.1094 号写本,有"通颊色通人千户长何农六蔡(lho blon klu sgra)"等文字[4],S.1485《己亥年六月安定昌雇佣契》载:"己亥年六月五日立契,通颊乡百姓安定昌家内欠少人力,遂于赤心乡百姓曹愿通面上(雇佣?下残)。"[5]唐代西北地区的何、安、史、康等姓,多系中亚昭武九姓之移民或后裔,其中以粟特人居多,是知鄯善、敦煌的通颊部落中有一批昭武九姓移民。敦煌的"通颊乡"即主要由昭武九姓移民组成。据敦煌文书记载:8 世纪中叶敦煌县城东面一里处,有一个粟特人聚居的村落,被称作"从化乡",为敦煌 13 乡之一。吐蕃攻占敦煌后,"从化乡"与敦煌其他乡都被取消,大部分粟特人沦为寺户。[6] 归义军政权初期,当局曾释放了一部分寺户,使他们成为乡管百姓。[7]"通颊乡"似主要由被释放的昭武九姓移民组成,其位置当在"从化乡"

---

〔1〕王尧、陈践编著:《吐蕃简牍综录》,第 56 页。

〔2〕池田温:《中国古代籍帐研究》,东京大学出版会 1979 年版,第 591 页。

〔3〕"董"姓,北朝时为氐、羌姓氏;但隋唐以降,居于中原、河西地区的"董"姓,应视为汉人了。

〔4〕A. spanien et Y. Imaeda, *Choix de Documents tibétains conservés à La Bibliothèque National complété par quelques manuscrits de L' India Office et du British Museum*, II, p. 437.

〔5〕黄永武主编:《敦煌宝藏》,第 11 册,第 184 页。

〔6〕池田温:《8 世纪中叶におる敦煌のソグド人聚落》,《ユーラッア文化研究》1,1965 年,第 53 - 89 页。

〔7〕史苇湘:《丝绸之路上的敦煌与莫高窟》,载《敦煌研究文集》,甘肃人民出版社 1982 年版,第 84 - 85 页。

旧地。

13.3.4　突厥人

一支米兰藏文木简记有"小突厥通颊"(mthong khyab drug cun)[1]，是知吐蕃在鄯善编成的通颊部落中，包括被征服的突厥人。不过8世纪末至9世纪，吐蕃有将北方回鹘人、突厥人混称的习惯，故"小突厥"或指回鹘人。[2]

由上可见，"通颊"只是一种役职部落的名称，其民族成分随具体地区具体参加者而定。不仅构成通颊部落的民族成分是复杂的，而且有材料表明，这些成员多来自某些民族的下层。M. I. i,23号藏文写本就提到，来自朗迷的吐蕃通颊成员，"弟兄五六人，皆一仆人之子"[3]。《新唐书·吐蕃传》载："虏法，出师必发豪室，皆以奴从，平居散处耕牧。"这些被编入通颊的吐蕃人，似即豪室之奴。

沙州的通颊部落中，似有一些人身依附关系很强的寺户、杂户参加。前揭P. 3711号文书，就称"通颊董悉"为"卑户"。P. T. 1083《禁止抄掠汉户沙州女子牒》，记载了吐蕃大论于陇州(long cu)会上发出的一道命令，内容是禁止吐蕃下级官吏抄掠汉户沙州女子。文告说：今后汉户女子"可如通颊之女子"，"在万户部落内部寻择配偶"[4]。对照归义军政权规定寺户"亲伍礼则便任当部落结媾为婚，不许共乡司百姓相合"[5]，可看出通颊部落与寺户的婚媾情况是相同的。这反映出吐蕃、归义军时期，敦煌有一批人身地位低于普通民户的寺户和杂户等，其婚媾只能在内部进行。通颊部落的婚姻形式与之相同，则可认为在吐蕃统治时期，通颊部落中的相当一部分成员来自寺户或杂户。

〔1〕托马斯编著，刘忠、杨铭译注：《敦煌西域古藏文社会历史文献》，第237页。
〔2〕森安孝夫：《チベット语史料中に现われる北方民族 – DRU・GUとHOR –》，《アツア.アフリカ言语文化研究》14,1977年，第43页。
〔3〕托马斯编著，刘忠、杨铭译注：《敦煌西域古藏文社会历史文献》，第117页。
〔4〕王尧、陈践译注：《敦煌吐蕃文献选》，第51 – 52页。
〔5〕史苇湘：《丝绸之路上的敦煌与莫高窟》，第84 – 85页。

13.4　小结

　　综上所述,"通颊"(mthong khyab)是一种役职部落的名称,它起源于吐蕃本土,其人员主要用于巡逻、守卫等。8世纪后半叶,吐蕃攻占唐朝河陇等地,随之把这种建制援引入被征服的民众中,在河西各地编创了5个通颊万户。吐蕃统治时期,河西各地民族分布复杂,同一民族中又有不同阶层之分,通颊部落多由这些民族中的下层民众组成。吐蕃在敦煌设置一般部落,以管理普通民户,又设置通颊部落,管理人身地位较低的寺户、杂户,反映出其统治政策是以区分被征服民族的不同阶层为前提的。

14   吐蕃与南山

南山或南山部族,作为族名在敦煌汉文写本中已发现 8 个编号。近年有学者提出,这些写本中所记载的"南山"或"南山部族",就是晚唐、五代分布于河西至西域东部的"仲云",系汉代小月氏的余裔。[1]据笔者考察,"南山"这一族名是在吐蕃统治结束以后的敦煌汉文写本中出现的,其由来应与吐蕃有关。以下,笔者检索吐蕃统治时期的敦煌藏、汉文写本中有关的记载,引以讨论"南山"的来源、族属以及与吐蕃的关系。

14.1   藏文文献记载的 lho bal

记载有 lho bal 一词的敦煌藏文写本,目前已知的有 P. T. 1085、P. T. 1089、P. T. 1071、P. T. 986 及印度事务部图书馆编 589 号。其中的 lho bal 一词,国外学者曾译为"南泥婆罗"[2],现已证实此译法并不准确。较新的观点认为古藏文词汇 lho bal 有以下 3 层含义:a. 其词释义既非"泥婆罗",又非指某一具体民族共同体,而只是广义上的"非藏人",即藏人以外的其他民族;b. 其词被藏人用来作"非藏人"的蔑称,或者被"非藏人"用于自称,以表示其卑微的地位;c. 它相当于汉语中用于非汉人的"蛮邦"或"四夷"。[3]

但笔者认为,上述观点虽然与 P. T. 1085、P. T. 1071、P. T. 986 等敦

---

[1]黄盛璋:《敦煌文书中"南山"与仲云》,《西北民族研究》1989 年第 1 期,第 4 – 12 页。

[2]M. Lalou , "Revendications des Fonctionnaires du Grend Tibet au Ⅷe Siècle", Journal Asiatique, CCⅩLⅢ , 1955, 1 – 4(2), p. 200.

[3]T. TAKEUCHI,"On the Old Tibetan Word Lho -bal", *Preceedings of the Sixth International Congress of Human Sciencesin Asia and North Africa* Ⅱ . Tokyo, 1984. pp. 986 – 987.

煌藏文写本的内容相符,但不适用于 P. T. 1089 号《吐蕃官吏呈请状》文书。P. T. 1089 号文书中所载的 lho bal 一词,不能简单地勘同于"蛮邦",它应与"南山"部落有关。根据日本学者山口瑞凤的考订,P. T. 1089 号文书写成的时间是在吐蕃统治敦煌的中后期,具体的时间段可定在 820 至 832 年之间,其主要内容涉及吐蕃凉州节度衙(mkhar tsan khrom)内各族官吏间因官位之争发生的纠纷及调整措施。以下引述该卷子的有关段落,加以讨论:

> (第 21 - 22 行):根据沙州汉人官吏之奏请,沙州的都督们自行奏请居我等千户长和小千户长之上位。但被任命为 lho bal 的都督和副千户长的官吏们,位居[吐蕃方面任命的]正式官吏之上一事,还不曾有过这种做法和相应的实例……(第 24 - 28 行)统率 lho bal 千户的万户长、千户长和小千户长虽持有玉石告身及金告身之位阶,但据说还不及持大藏之位的[吐蕃方面的]大将校,而在持藏之位的小将校之下。这样一来,中央与边区[分别订立了]的二种序列与位阶[之原则]因是过去规定的,所以即使附上了既定规则,这样的御定准则仍保存在官廷里。任命的沙州都督与副千户长等,与其他奏上的 lho bal 大集团相比,自然贡献并不大,故位阶亦不高,所以序列与位阶应遵循从前所定的相应实例……(第 42 行)lho bal 之小将校。……(第 67 - 76 行)没琳·页赞贡于宣誓时曰,[仍旧]根据以前的制度,吐蕃方面任命的小将校等处于 lho bal 内之万户长和小千户之长上。然而,[其后]因支恩本被任命为辅佐达喀布的副千户长,故 lho bal 的副千户长位居 lho bal 的吐蕃方面任命的小千户长之上。对于王廷下达的这种序列与位阶曾实行一段时间之后,lho bal 的千户长们[用]相同之实例向王廷奏请。其后,决定他们也位居小将校之上。然而,尽管御印[已]盖封,可是在猴年夏季,小将校们反过来向王廷上奏。之后,呈请事务局和秘书局撤销审议。翻过来之后,小将校们的位阶在从 lho bal 人中任命的颇

罗弥告身及金告身的某些万户长等人之上。尚·赞桑、尚·
弃赞、尚·结桑、尚·弃都杰。[1]

笔者结合其他文献分析上引文书,提出3点初步的认识。首先,被
称作 lho bal 的部落,是活动在吐蕃凉州节度使管辖范围内以及敦煌附
近的,在这种部落中有万户长、都督、千户长和小千户长等官吏,这些官
吏受吐蕃"将校"的监领。综合这些情况,表明整个 lho bal 部落处于一
种附庸或被统治的地位。[2]

其次也是最主要的,P. T. 1089 号卷子中的 lho bal 显然不能简单地
译为"蛮夷"或"边鄙之民"。因为,在此卷中除吐蕃、苏毗(bod sum)之
外,与 lho bal 相并列被提到的还有汉(rgya)、于阗(li)、通颊(mthong
khyab)、吐谷浑(va zha)、回纥(drug)等其他民族。[3] 这些民族,尤其
是汉、于阗、突厥对于吐蕃来说,肯定属于"治外蛮夷",即属于广义的
lho bal 的范畴。但在 P. T. 1089 号中,他们与 lho bal 排列在一起,被冠
以人们熟知的藏文称呼,那么这里的 lho bal 肯定是指一个具体的民族
或部落了。

第三,lho,藏文的意思是"南",lho bal 既是指一种部落,则可译成
"南境之部落"。汉唐之间,凉州、沙州之南有"姑臧南山"、"敦煌南
山"等,其实都是指祁连山,因祁连山在河西走廊之南而得名。吐蕃凉
州节度使治下及敦煌附近的 lho bal,有可能就分布于南山之中,故可译
作"南山"或"南山部落"。在 P. T. 1089 号卷子中,关于 lho bal 部落官
吏的情况,就是由担任沙州汉人部落的千户长、小千户长的吐蕃人披露
的,说明 lho bal 部落所活动的南山距沙州不远。那么,吐蕃统治时期
的敦煌汉文卷子中,一定会有关于 lho bal 活动的记录。

----

〔1〕山口瑞凤:《沙州汉人による吐蕃二军团の成立とmkhar tsan 军团の位置》,《东京大学文
学部文化交流施设研究纪要》第 4 号(1980 年度),第 14 - 21 页。

〔2〕杨铭:《有关敦煌藏文文书〈吐蕃官吏呈请状〉的研究》,载《马长寿纪念文集》,西北大学
出版社 1993 年版,第 379 页。

〔3〕山口瑞凤:《沙州汉人による吐蕃二军团の成立とmkhar tsan 军团の位置》,《东京大学文
学部文化交流施设研究纪要》第 4 号(1980 年),第 14 - 21 页。

·欧·亚·历·史·文·化·文·库·

14.2　敦煌汉文写本中的"南山"

　　S.0542v8 号卷子,日本学者池田温定名为《吐蕃戌年(818)六月沙州诸寺丁仕车牛役簿(附亥年—卯年[823]注记)》。整个卷子较长,记有沙州龙兴寺、大云寺、莲台寺、开元寺等 14 座寺院 185 户寺户的丁仕车牛役情,其中第 49 笔为"李加兴:六月修仓两日。南波厅子四日。送节度粳米。子年十二月差春稻两驮。落回纥",第 60 笔"成善友:南波厅子四日。子年十二月差春稻两驮"[1]。

　　以上的"南波"二字与藏文 lho bal 有对应关系。首先,lho bal 如译作南山或南山部落,是作地名或族名讲的,而上文中的"南波"二字作为寺户服役的地点或对象来讲,同样是一个地名或族名。其次,"南波"二字可与 lho bal 勘同,"南"正好对藏文的 lho(南),"波"则恰好是藏文 bal 的读音。因此,我们认为"南波"就是藏文 lho bal 一词的不规则对译,两词所指系同一地名或族名,这就是前面说的"南山"或"南山部族"。关于"厅子",《集韵》卷 4:"厅,古者治官处,谓之听事。后语省,直曰听,故加广。"故"厅子"可释为公差。这样,"南波厅子四日",可解释为"送南山(部落)公文(或什物)往返共四日"。

　　既然敦煌藏、汉文卷子中分别存有 lho bal"南山"的记载,那么 lho bal 即"南山"一词的来源和族属究竟如何呢?这里不妨先从"南山"或"南山部族"说起。前面说过,有学者提出敦煌汉文卷子中所记载的"南山",就是晚唐、五代分布于河西至西域东部的"仲云",系汉代小月氏的余裔。证实这种观点有两条很重要的史料,一是 P.2790 于阗文《使臣奏稿》说"仲云(cimudas)一名南山人(namsans)"[2],二是高居诲《使于阗记》曰"云仲云者,小月支之遗种也"。归纳上述可以说,lho bal 是指南山,南山就是仲云,仲云即小月氏的后裔。以下拟从历史、地

　　〔1〕池田温:《中国古代籍帐研究》,东京大学出版社 1979 年版,第 526 页。

　　〔2〕H. W. Bailey, "ŚRĪVIŚA ŚŪRA and the Ta-Uang", Asia Major, New Series. vol. XI. part I , 1964, p.4.

理、语言等方面加以分析。

据《史记·大宛列传》记载,月氏始居敦煌、祁连间,后为匈奴所破,大部分迁葱岭以西,"其余小众不能去者,保南山羌,号小月氏"。小月氏退入河西走廊以南的祁连山中,依靠"南山羌"生存下来,自己也就成为汉唐间活动于南山中的"南山部族"或"南山人",这就是敦煌卷子中 lho bal 或"南山"来源的基本历史背景。但值得注意的是,在唐中期吐蕃攻占河西走廊及西域东部以前,敦煌汉文卷子并不见"南波"或"南山"(部落)等记载,有关的藏文名称 lho bal 也是在吐蕃统治敦煌时期出现的。这就提示出,虽然小月氏遗裔自汉以来就活动于祁连山中,但其被称为"南山"(lho bal),却直接与吐蕃有关。

仅据粗略的统计,从 696 至 764 年,吐蕃发兵进攻河西走廊诸州达十余次。[1] 吐蕃在穿越今祁连山脉进攻河西诸州的过程中[2],为了保障交通路线的畅通,首要的任务便是征服和驱使分布于河西走廊南山的民族,而小月氏余裔首当其冲。正因为小月氏余裔分布在南山之中,所以吐蕃以 lho bal 相称,然后反映到敦煌汉文卷子中,就写成"南山"或"南山部族"。

说 lho bal 指南山或仲云,尚有 3 条佐证。其一,bal 的藏文译意为"羊毛"或"绵羊毛",lho bal 之组合自然指一种以牧羊为主的民族。汉晋间的小月氏属游牧民族,自不待言,晚唐五代的南山也是以放牧马、羊为业的。P. 2482 背《常乐副使田员宗启》称,南山"述丹宰相,阿悉兰禄都督二人称说:发遣龙家二人为使,因甚不发遣使来?沙州打将羊数多少分足得,则欠南山驼马,其官马群在甚处,南山寻来。龙家言说:马七月上旬遮取沙州去"[3]。据启文,是因沙州掠取了南山的羊和马,

〔1〕《旧唐书》卷 196《吐蕃传》、《新唐书》卷 216《吐蕃传》。

〔2〕《新唐书》卷 216《吐蕃传》载钦陵对郭元振说:"甘、凉距积石道二千里,其广不数百,狭才百里,我若出张掖、玉门,使大国春不耕,秋不获,不五六年,可断其右。"又载:"后二年(726),悉诺逻兵入大斗拔谷,遂攻甘州,火乡聚。"这些记载表明,吐蕃常从祁连山脉的交通孔道中进犯河西诸州。

〔3〕唐耕耦、陆宏基主编:《敦煌社会经济文献真迹释录》第 4 辑,全国图书馆文献缩微复制中心 1990 年版,第 501－502 页。

南山为了报复,欲夺沙州的官马群。P. 3257《寡妇阿龙牒》及其后所附索怀义、索佛奴状文,亦说某南山人"见沙州辛苦难活,却投南山部族","其叔□□□居沙州,不乐苦地,却向南山为活"。以上均说明南山人以游牧为业,不习沙州务农生活。

其次,月氏人多以"支"为姓,故文献金石中又称其为"支胡"。如《晋书·怀帝纪》曰:"支胡、五斗叟郝索聚众数千为乱。"前秦"邓太尉祠碑"有"卢水"、"白虏"、"支胡"、"粟特"之名。月氏人的"支"姓,上古音为章(照三)声支韵,按王力的观点,构拟出来是 tçe。[1] 而 P. T. 1089 号写本第 68 行所记 lho bal 副千长,名叫 ce nge pong(古音 tçe ŋe poŋ),正是姓"支"。此可证明 lho bal 人与小月氏,确属同族。

第三,按前所引,lho bal 部落内不仅有万户长、千户长、小千户长,而且还设有都督(to dog)一职。同样,南山部落及仲云中也有都督,如所谓"阿悉兰禄都督"、《使于阗记》中的仲云"都督三十七人候晋使者"云云。

14.3　小结

综上所述,P. T. 1089 号写本中的 lho bal 与 S. 0542 号写本中的"南波"可以勘同,它们与敦煌汉文卷子记载的"南山"或"南山部族"也可以勘同。而南山人与仲云人,实则是汉晋间小月氏的余裔。lho bal 一词的来源,与吐蕃向北发展有关。吐蕃在进出西域及河西走廊的过程中,征服了分布、活动于南山中的小月氏余裔,于是依其所在的地域概念称之为 lho bal。关于这一点,从当时的历史、地理条件及经济生活、姓氏、职官几方面,均有史实加以说明。至于 lho bal 一词后来被用作称呼吐蕃统治下的其他民族,是 lho bal 一词的广义用法。但其狭义的用法仍然存在,就像我们在 P. T. 1089 号写本中看到的那样,lho bal 仍然是指小月氏的余裔——南山人。

---

〔1〕王力:《汉语音韵》,中华书局 1980 年版,第 138、165 页;唐作藩:《上古音手册》,江苏人民出版社 1982 年版,第 6、171 页。

15 吐蕃与嗢末

8世纪中叶唐朝爆发"安史之乱"后,兴起于青藏高原的吐蕃相继攻陷了唐朝的河陇之地,统治达百年之久。在其统治末期,一个以前不见记载的民族登上了历史舞台,《通鉴》唐懿宗咸通三年(862)十一月记:"是岁,嗢末始入贡。嗢末者,吐蕃之奴号也。吐蕃每发兵,其富室多以奴从,往往一家至十数人,由是吐蕃之众多。及论恐热作乱,奴多无主,遂相纠合为部落,散在甘、肃、瓜、沙、河、渭、岷、廓、叠、宕之间,吐蕃微弱者反依附之。"由此可见,"嗢末"是吐蕃统治河陇后期逐步形成的一个特殊的民族共同体,其与吐蕃的关系较为复杂,以下从嗢末名称的由来以及其职官、姓氏等方面进行探讨。

15.1 嗢末的古藏文对音

15.1.1 历来对"嗢末"藏文对音的研究

《新唐书·吐蕃传》:"浑末,亦曰嗢末,吐蕃奴部也。虏法,出师必发豪室,皆以奴从,平居散处耕牧。及恐热乱,无所归,共相啸合数千人,以嗢末自号,居甘、肃、瓜、沙、河、渭、岷、廓、叠、宕间,其近蕃牙者最勇,而马尤良云。"可知"嗢末"又称"浑末",而见诸敦煌汉文卷子的以"嗢末"为多。

"嗢末"或"浑末",汉字表面意思不清,明显是古藏文某词的对音,有关学者的考证如下:

15.1.1.1 嗢末或即 gyog

王忠在《新唐书吐蕃传笺证》一书中提出:"嗢末或即 gyog,仆役之义,就其军中职务而言,吐蕃最小战斗单位为四人组成,一人为组长,称

·欧·亚·历·史·文·化·文·库·

组本(chug pon),一人为副组长,称俄本(vog dpon),一人为炊事兵,称贞普(byan po),另一人即为仆役,称贞嗢(byan gyog)。炊事兵以下似即称嗢末,所谓'奴号'是。"[1]

金雷近著《嗢末新考》一文指出:从对音来看,"嗢末"应是当时的人们依据藏语称谓音译而来,王忠把"嗢末"理解为仆役或是奴隶,与藏文"gyog"相对,而"gyog"这个词发音为"约",与"嗢末"的发音来对应似乎太过牵强。[2]

15.1.1.2 "嗢末"或由 vbon 与 dbav 组合而成

法国学者石泰安在 1961 年出版的《川甘青藏走廊古部落》中提出一种假设:"浑"或"嗢"可能为 dpon 或 vbon 的对音,vbon 为吐谷浑王称号;而"末"可能为 dbav 或 dbal 的对音,这是指藏北的游牧部落"韦"或"末"族人。[3]

虽然石泰安并未得出"嗢末"是由吐谷浑与藏北游牧部落组合而成的结论,而是停留于一种假设的层面上,但其观点说"嗢末"主要出自吐谷浑,明显与史籍记载嗢末为吐蕃奴部或主要由陷蕃唐人组成不符,足见不可取。而且石泰安在此混淆了吐蕃"韦"(dbav)氏与"末"(vbal)氏的区别,把二者混为一谈。众所周知,"韦"(dbav)是吐蕃本部的著名贵族之一,而"末"(vbal)是被吐蕃征服的苏毗王族的姓氏。[4]

15.1.1.3 嗢末或读 vod vbar

P. T. 1082 是一篇已残缺的文书,定名为《登埃里部可汗回文》,是甘州回鹘可汗发出的文告。匈牙利藏学家乌瑞著《吐蕃统治结束后甘州和于阗官府中使用藏语的情况》一文,认为应将其中的一个名词vod

〔1〕王忠:《新唐书吐蕃传笺证》,中华书局 1958 年版,第 165 – 166 页。

〔2〕金雷:《嗢末新考》,《西藏研究》2007 年第 4 期,第 17 – 22 页。

〔3〕石泰安著,耿昇译,王尧校:《川甘青藏走廊古部落》(Les Tribus Anciennes des Marches Sino-tibetaines Legendes, classificaltions et Histoire),四川民族出版社 1992 年版,第 115 – 118 页。

〔4〕《小邦邦伯家臣及赞普世系》记:"在各个小邦境内,遍布一个个堡寨,任小邦之王与小邦家臣者其历史如下:……苏毗之雅松之地,以末计芒茹帝(vbal lje mang ru ti)为王,其家臣为'郎'(rlang)与'甘木'(kam)二氏。"见王尧、陈践译注:《敦煌本吐蕃历史文书》,第 141 – 142、173 页。

vbar 考证成"嗢末"。[1] 后来,日本学者石川巖重申乌瑞的观点,认为 vod vbar 比 gyog 更为接近"嗢末"的读音,并且认为"嗢末"又称"浑末",是因为其中有相当多的吐谷浑奴部的成分。[2]

但王尧、陈践把 vod vbar 处理成人名或地名"俄布塔"[3];而日本学者山口瑞凤在《敦煌胡语文献·古藏文文献》中,没有把 vod vbar 视作专有名词译出。[4] 笔者倾向于认为,在 P. T. 1082 文书中 vod vbar 作为部落名称或人名,因其与青海湖东边的"野猫川"有关,而与晚唐、五代的嗢末主要据点为河西走廊东头的凉州的史实不符,所以笔者宁可倾向于王尧或山口瑞凤的观点,而不是到青海湖周边去寻找"嗢末"的据点。

15.1.1.4 "嗢末"就是 mi nyag 或 wu mo

唐嘉弘认为,"嗢末"就是"赞普",部落首领的专名变成了广大部落成员的共名。"嗢末"或译"浑末"、"温通"、"贞末",他们分布的地区相当广阔,不仅在青、甘、宁、藏地区住有"嗢末",陕、川、滇地区也有"嗢末"活动,其中有鲜卑人、吐蕃人、匈奴人、党项人、回纥人、突厥人、氐人、羌人等,还有许多汉人。鲜卑吐谷浑部、秃发氏部、吐蕃和党项、氐、羌等都称为"嗢末",西夏党项拓拔氏(秃发氏)的"嵬名"和"弭药",均为吐谷浑、吐蕃、氐羌中"嗢末"的一音之转。[5]

胡小鹏也持相同的观点,认为"嗢末"与西夏国姓"嵬名"是一回事。"嗢末"音 wu mo,"嵬名"又作"于弥"、"吾密"等,音 wu mi,二者乃一音之转。《魏书·序纪》载拓跋氏来历说,"北土俗谓土为托,谓后

〔1〕G. Uray,"L' Emploi du tibétain Dans les Chancelleries des États du Kan-sou et Khotan Postérieurs à la Domination tibétaine",*Journal Asiatique*, Tome 269, 1981, pp. 81 - 90;乌瑞著、耿昇译:《吐蕃统治结束后甘州和于阗官府中使用藏语的情况》,《敦煌译丛》1,甘肃人民出版社 1985 年版,第 212 - 220 页。

〔2〕石川巖:《归义军期チベット语外交文书 P. T. 1082 について》,《内陆アジア史研究》第 18 卷,2003 年,第 23 - 37 页。

〔3〕王尧、陈践译注:《敦煌吐蕃文献选》,第 50 - 51 页。

〔4〕山口瑞凤主编:《敦煌胡语文献》,大东出版社昭和六十年(1985)版,第 516 页。

〔5〕唐嘉弘:《一个宋代墓志铭的研究——关于唃厮啰的历史》,《青海社会科学》1982 年第 2 期,第 102 - 103 页。

为跋,故以为氏",可知鲜卑拓跋氏由来于鲜卑族的后土崇拜,是对后土(地母)的称呼。同样,西夏文文献《西夏赋》云:"母亲阿妈起族源,银色肚子金乳房,取名嵬名俊裔传",西夏国姓嵬名也是从始祖母(地母)的名称转变来的。所以拓跋、嵬名本是一回事,并不是西夏统治者建国后就改用新姓,不过是恢复旧称罢了,只是二者读音不相近,"嗢末"一词的出现,正好解决了这个问题。所以,"嗢末"源于"拓跋",乃凉州吐谷浑自称,就像拓跋西夏自称"嵬名"一样。[1]

其实上述观点也是王忠提出的,他最先怀疑嵬名、于弥与浑末、嗢末皆一声之转,西夏即由嗢末部落发展而来。[2] 不过,这种说法很难让人接受,因为作为党项拓拔氏的藏文称呼"mi nyag",在汉文对译中另有一词称"弭药",而"嵬名"音 wu mi,这两种读音与"嗢末"有很大的差距。

15.1.1.5 "嗢末"就是 bod dmag

黎宗华、李延恺著《安多藏族史略》,甘曲、谢建华著《甘肃藏族史》,均认为"嗢末"就是 bod dmag 的译音,为"蕃兵"之意,"嗢末"大起义就是原唐蕃边界河陇地区的蕃兵大起义,而这一名称在藏文史料中未见提及。[3]

但笔者认为,bod dmag 与"嗢末"在对音上明显不符,故此说法难以成立。

15.1.1.6 "嗢末"就是 dbon po

金雷近著《嗢末新考》一文,从吐蕃政权的和亲制度及对被征服地区的管理方式的角度,对宋代西北吐蕃中的"嗢末"部落的来源、去向进行探讨,分析了以往史学界对"嗢末"一词词义产生误解的源头,并提出了自己的观点。

---

〔1〕胡小鹏:《宋初凉州自立政权的几个问题》,《西北师范大学学报》1989 年第 1 期,第 90 - 92 页。

〔2〕王忠:《论西夏的兴起》,《历史研究》1962 年第 5 期,第 23 页。

〔3〕甘曲、谢建华:《甘肃藏族史》,民族出版社 2003 年版,第 91 页;黎宗华、李延恺:《安多藏族史略》,青海民族出版社 1992 年版,第 56 页。

金雷认为"嗢末"来自于藏语,是指吐蕃占领河陇地区时所征服的民族,包括唐蕃交界地带的汉、吐谷浑、氐羌等族。他们投降或者归附吐蕃后,吐蕃并不将其打散分派到各富室、豪族家中为奴,而是把他们编成部落,原来的长官依然做本部的头人,称作"嗢末"。作为本部头人的"嗢末"同时又在吐蕃政府中担任官职,整个部落附属于吐蕃,吐蕃可以派遣官员参加对这些归附部落的管理和监督,以保证这些附属部落听命于吐蕃的调遣。因此,金雷认为把"吐蕃奴部"理解为"吐蕃属部"更确切,而"嗢末"对应的藏语词汇,应是"dbon po",意思是"侄、甥"。

金雷还提出,元朝以后藏族大活佛喇嘛的管家也称作"嗢末",这是因为担任管家这个职务的多为这些大活佛喇嘛的侄或甥,寺院监理人这个职务也称作"dbon po"。由此可见,在藏族社会以姻亲关系为基础的历史传统中,"dbon po"代表着一种职务的称谓或是地位的象征。[1]

金雷说"嗢末"就是"dbon po",这个说法也比较牵强,一是吐蕃与周边被征服的民族之间并非均有舅甥关系,二是作者举例的元朝以后藏族大活佛喇嘛的管家也称作"嗢末",因为担任管家这个职务的多为这些大活佛喇嘛的侄或甥,但他们与唐代的"嗢末"之间没有可比性。

15.1.2 "嗢末"应是 vog ma 的译音

综上所见,出现于汉文史籍与敦煌汉文卷子中的"嗢末",学者为其提出的藏文对应词有数种之多,如称 gyog、vod vbar、mi nyag、bod dmag、dbon po 等,依笔者之见均难以成立。从藏文对音的规律来看,"嗢末"既然有"仆役"之意,就应对藏文的 vbangs vog ma,为"下层庶民"之意,藏文文献中有时将 vbangs vog ma 简称为 vog ma,其发音即"嗢末"。

为了证明笔者的观点,特汇集敦煌古藏文中与吐蕃各阶层相对应的名称如下:

---

〔1〕金雷:《嗢末新考》,《西藏研究》2007 年第 4 期,第 17 - 22 页。

第一档次的为:赞普君臣(btsan po rjes vbangs),见于 P. T. 1287;

吐蕃君臣(bod rjes vbangs),见于 ITJ. 0751。

第二档次的为:吐蕃臣民(bod vbangs),见于 ITJ. 1459;

王之臣民——桂(rgyal vbangs rgod),见于 P. T. 1071。

第三档次的为:王之臣民——庸(rgyal vbangs g. yung),见于 P. T. 1071;

黔首之民(bangs mgo nag po),见于 P. T. 16、P. T. 1287、ITJ. 0751;

下层庶民(vbangs vog ma),见于 P. T. 1287。

从上列材料可以看出,P. T. 1287 十分重要,这一文书中包括了"赞普君臣"、"黔首之民"、"下层庶民"等数种称呼,这里引出相关段落如下:

15.1.2.1　赞普君臣(btsan po rjes vbangs)

南方之东[下]部,南诏地面,有谓白蛮子者,乃一不小之酋长部落,赞普以谋略封诏赐之,南诏王名阁罗凤者遂归降,前来致礼,赞普乃封之曰"钟"(弟),民庶皆归附庸,[吐蕃]地域,增长一倍。以南诏王降归吐蕃为民之故,唐廷政权大为低落,且极为不安。以南诏王而论,彼承事唐廷,忽转而以唐为敌,献忠诚归顺于吐蕃赞普赤德祖赞之驾前,其所陷唐廷之土地、城堡一一均献于[赞普],临阵交战时,抓拿唐人有如屠宰羔羊一般。后,阁罗凤之大臣名段忠国者,来至赞普赤德祖赞之帐前,在庞塘大殿之中,致礼示敬,时,赞普君臣(btsan po rjes vbangs)引吭而高歌,歌云(下略)。

15.1.2.2　黔首之民(bangs mgo nag po)

赤德祖赞赞普之时,此王温顺,内政和穆,全体人众均能安居乐业。大论达扎恭禄及诸小邦王子大臣一致同意后,赞普亲自出征,于唐境推行政令,攻陷唐之瓜州等城堡。彼时,唐朝国威远震,北境突厥等亦归聚于唐,[西]直至大食国以下均为唐辖土,唐地财富丰饶,于西部[上]各地聚集之财宝贮之于瓜州者,均在吐蕃攻陷之后截获,是故,赞普得以获大量财物,黔首之民(bangs mgo nag po)普遍均能穿着唐人上好绢帛矣。

15.1.2.3 下层庶民(vbangs vog ma)

在赤松德赞赞普之时,风俗纯良,国政弘远,王统领了天地之间疆土,为直立人群与俯行兽类之君长,政绩崇巍,堪为人之楷模也。为善者,弁以赏赐;作恶者,科以刑罚;贤良、英勇之士予以嘉奖,下愚微贱之人则以内府杂役养育之。斯时也,执政诸大论皆能和衷共济。苟有外敌入侵,先以战略及侦巡应对之。内政修明,风俗淳正,人人忠贞而勤奋,不嫉妒,不作恶,忠贞英勇之士如选择皮子精细明察。忠贞英勇之士到处予以褒扬,分授官职,牧守各地下层庶民(vbangs vog ma),安泰而安有家室者,教以贤良、正直二事。军士守边戍境充当斥埃者,教以谋略、武艺。因智慧谋略二者著称,故无恨敌仇怨存在之地矣。[1]

与“下层庶民”(vbangs vog ma)相近的一个词 mi vog ma 又见于 P. T. 960 第 85 页 a 面的第 5 行,其意仍为“下层庶民”。[2]

我们在敦煌古藏文文书中找到了 vog ma 直接称“嗢末”的证据,这就是 P. T. 1082 号《登埃里部可汗回文》,现引出其中有关的段落如下:

/:/deng re hve pur kha gan gI bkav// dbyar gi tshad pa la//vbangs mang po chis la//vo brgyal thugs bde vam my[i?] b [de?] //spya ngar phrin yig zhu zhin gsol pa gdas//phrin yig nang nas nong zho ma mchis zhes thos//glo ba dgav/ //spya nga nas yang bkav stsal na//chab srid gi bkav mchid ci yang myi gdav//bdag gi pho nya yang leng cu vog mar mchis//slar yang

---

〔1〕王尧、陈践:《敦煌本吐蕃历史文书》,第 129－132、166－167 页。
〔2〕R. E. Emmerick, *Tibetan Texts concerning Khotan*, London, Oxford University Press, 1967, pp. 60、151.

mchis…

　　登埃里部可汗之复函回文：向野（猫川）切巴坡之属民人众致意！辛苦了！安康否？向上呈交之禀帖已如所求上呈。呈文中说有奶牛，十分高兴。上方来令，并无关于社稷大事者。余之使者已在凉州嘔末处（leng cu vog mar），再次前往……[1]

按照乌瑞的观点，P. T. 1082 可能写成于 9 世纪下半叶，因为其下文有 then pe kun 系指"太平军"，该军于 861—867 年间从唐朝的东部调遣至凉州边陲。[2]

关于 leng cu 可以考证成"凉州"，尚有其他证据。《敦煌本吐蕃历史文书·大事纪年》第 107 条说："及至狗年（758）夏，赞普赤松德赞之牙帐驻于苏浦。……论·赤桑、思结卜藏悉诺囊等引劲旅至姑臧凉州（khar tsan leng cu）。是为一年。"[3]日本学者山口瑞凤倾向于把 leng cu 考证成"凉州"，他在《敦煌的历史·吐蕃统治时期》和《敦煌胡语文献·古藏文文献》中，均把 leng cu 翻译成"凉州"。他在前一论述中说："有时候，吐蕃王朝的大尚论（zhang blon ched po）也出巡陇州（long cu?）、廓州（gacu）、凉州（lengcu）、宗喀（tsongkha）等地，主持河西地

〔1〕藏文原文见：A. Spanien et Y. Imaeda, *Choix de documents Tibétains conservés à la Bibliothéque Nationale complété par queques Manuscrits de l' India Officeet du British Museum*, Tome Ⅱ, Paris, 1979, pl.427. 译文参见王尧、陈践译注：《敦煌吐蕃文献选》，第 50－51 页，原译"余之使者又在下凉州"。

〔2〕G. Uray, "L' Emploi du tibétain Dans les Chancelleries des États du Kan-sou et Khotan Posté-rieurs à la Domination tibétaine", *Journal Asiatique*, Tome 269,1981, pp. 81－90；乌瑞著，耿昇译：《吐蕃统治结束后甘州和于阗官府中使用藏语的情况》，《敦煌译丛》1，甘肃人民出版社 1985 年版，第 212－220 页。

〔3〕关于可以把 khar tsan leng cu 考证成"姑臧凉州"，见 G. Uray, "KHROM：Administrative U-nits of the Tibetan Empire in the 7th－9th Centuries", *Tibetan Studies in Honour of Hugh Richardson ed. by Michael Aris and Aung San Sua Kyi*, Aris and Pillips LTD. Warminster England, 1979, p. 314; "The Location of Khar-can and Leng-cu of the Old Tibtan Sources", *Varia Eurasiatica*: *Festschrift fur Profeesor Andras Rona-Tas*, Szeged,1991, pp. 195－227；以及拙著：《吐蕃统治敦煌研究》，台湾新文丰出版公司 1997 年版，第 6 页。

方的全体'大军团会议'。"[1]

此外,尚可提出一条佐证来证明 vog ma 就是"嗢末"的对音。托马斯于 1925 年编著《有关西域的藏文文献集》时,说他在古藏文《于阗国授记》中读到了有个名叫尉迟难陀(bijaya nanda)的于阗王与一个叫"嗢末"(vu mar)的"南国王"(nam gyi rgal po)通婚的事实[2]。对比《于阗国授记》中记载的于阗王世系和于阗文文献记载的于阗王世系,我们发现这个名叫尉迟难陀(bijaya nanta)的于阗王,大约就是 8—9 世纪的尉迟系于阗王之一[3],而这个时间表也正好符合唐末、五代"嗢末"活动的鼎盛时期。因而我们认定 vu mar 可能就是 vog ma 的另一种拼法。这个"嗢末"(vu mar)王用了自己所出民族的称号来做自己的名字,这在亚洲内陆的游牧民族中不是孤证,譬如吐谷浑一名既是民族名称又是某首领的名字,这与学术界说的"嗢末"是吐蕃征服的各个民族的混合体相一致,即其中包含有多弥。

根据汉文文献的记载,从 9 世纪 80 年代以降,"嗢末"就是以凉州为主要据点的,敦煌所出的汉文卷子也能说明这一点。S. 0389《肃州防成都状上》记载,时甘州为回纥所逼,吐蕃和部分退浑(吐谷浑)相继从甘州撤走,占据甘州的龙家与回纥谈判。龙家企图威胁在凉州的嗢末遣军帮助守城,状中说:"其龙王衷私发遣僧一人,于凉州嗢末首令[领]充边使。将文书云:我龙家和回鹘和定,已恐被回鹘侵凌。甘州事,须发遣嗢末三百家已来,同往甘州,似将牢[牢]固。如若不来,我甘州便共回鹘为一家,讨尔嗢末,莫道不报。"此状据唐长孺考证,当写

〔1〕榎一雄主编:《讲座敦煌 2 敦煌の历史》,大东出版社昭和五十五年(1980)版,第 195 - 232 页;山口瑞凤主编:《敦煌胡语文献》,大东出版社昭和六十年(1985)版,第 516 页。不过,山口瑞凤在同年发表的《沙州汉人による吐蕃二军团の成立とmkhar tsan 军团の位置》中,又倾向于把 leng cu 考证成"灵州",见《东京大学文学部文化交流施设研究纪要》第 4 号(1981 年度),第 28、30 页。

〔2〕F. W. Thomas, *Tibetan Literary Texts and Documents concerning Chinese Turkestan*, Ⅱ, London, 1935, p. 130. R. E. Emmerick, *Tibetan Texts concerning Khotan*, London, Oxford University Press, 1967, p. 66 - 67.

〔3〕张广达、荣新江:《于阗史丛考》,上海书店 1993 年版,第 51 页;李吟屏:《和田春秋》,新疆人民出版社 2006 年版,第 132 - 136 页。

于唐中和四年（884）。[1] 这里明确提到了"凉州嗢末"。

又，P.3569《唐光启三年（887）四月为官酒户马三娘、龙粉堆支酒本和算会牒——附判词》，亦明确提到"凉州嗢末及肃州使"。[2]

最后尚须对以上讨论的问题作一点补充说明，就是金雷不同意文献关于"嗢末"是吐蕃奴号的记载，认为起义者又怎么会自取其辱，自我贬低，以它来做起义造反的部落的名号呢？但根据 P.T.1085《大尚论令下沙州节儿之告牒》等文献，当时敦煌的汉人部落官吏也是以一种谦称对上或对外的，譬如该文献中的敦煌的汉人部落官吏自称"我等蛮貊边鄙之民户"。[3] 根据这种情况来比拟，有理由认为"嗢末"作为吐蕃奴部的自称是可能的。

15.2　嗢末的职官与姓氏

15.2.1　嗢末的职官

唐末、五代曾经名声大噪于河陇的"嗢末"，其内部设置相应的职官是不可或缺的，只是相关记载较为零碎，难以窥见全貌。以下试搜集相关史料作详细考证。

15.2.1.1　相（blon）

《册府元龟·外臣部》"褒异"条记："梁太祖乾化二年（912）闰五月……庚申，嗢末首领热逼钵督、崔延没相等并授银青光禄大夫，检校太子宾客，遣还本部。"笔者认为，这里的"督"和"相"皆是嗢末的职官名，而不是这两人名字的尾字。

这种把职官名放到人名后面的现象，又见于晚唐五代的敦煌文献。P.2482背《常乐副使田员宗启》载，南山"述丹宰相、阿悉兰禄都督二人称说：发遣龙家二人为使，因甚不发遣使来？沙州打将羊数多少分足

〔1〕唐长孺：《关于归义军节度使的几种资料跋》，《中华文史论丛》第1辑（1962），第275-298页。

〔2〕图版见上海古籍出版社、法国国家图书馆编：《法藏敦煌西域文献》，第25册，上海古籍出版社2003年版，第346-347页。

〔3〕王尧、陈践编著：《敦煌吐蕃文书论文集》，第45页。

得,则欠南山驼马,其官马群在甚处,南山寻来。龙家言说:马七月上旬遮取沙州去"[1]。据启文,是因沙州掠取了南山的羊和马,南山为了报复,欲夺沙州的官马群,这里的"宰相"、"都督"都是置于人名之后的。敦煌汉文文献记载的"南山",就是晚唐、五代分布于河西至西域东部的"仲云",系汉代小月氏的余裔。[2] 晋天福三年(938)十二月,供奉官张匡邺、彰武军节度判官高居诲往册于阗李圣天为"大宝于阗国王","匡邺等西行入仲云界,至大屯城,仲云遣宰相四人、都督三十七人,候晋使者。匡邺等以诏书慰谕之,皆东向拜"[3]。对比 P. 2482 背《常乐副使田员宗启》,可见南山或仲云内部确实有"宰相"、"都督"等官名,而且这种官名多被置于人名之后。

关于将"宰相"一词后置并且有滥用之嫌的例子,尚可再举一处。P. 2641《丁未年(947)六月都头知宴设使宋国清等都色破用历状并判凭四件》,记载敦煌紫亭镇一带居住着龙家部落等,其称:"宴设司伏以今月十七日,何宰相马群头看马胡并贰拾枚。"据郑炳林的推断,这里的"何宰相"可能是回纥或者龙家等部落的首领,从放牧的马群看应当是龙家部落。[4] 结合 P. 2641 与 P. 2482 背《常乐副使田员宗启》的记载,可知晚唐、五代河西的"南山"、"龙家"等政权中都有"宰相"之设,并有泛滥的现象。

因此,不管是嗢末、南山还是龙家的"相"、"宰相",肯定不能与唐朝或吐蕃的宰相相提并论。笔者认为,由于嗢末之中有相当比例的吐蕃人,这个"相"很可能来源于对古藏文 blon"论"的称呼。在唐代有关汉、藏文文书的对译中,习惯于把吐蕃的高官 blon 译成"相"。譬如《新唐书·吐蕃传》记其中央职官系统总为"尚论掣逋突瞿",意为"九大尚

〔1〕唐耕耦、陆宏基主编:《敦煌社会经济文献真迹释录》第 4 辑,全国图书馆文献缩微复制中心 1990 年版,第 501 - 502 页。

〔2〕P. 2790 于阗文《使臣奏稿》说:"仲云(cimudas)一名南山人(namsans)。"见黄盛璋:《敦煌文书中"南山"与仲云》,《西北民族研究》1989 年第 1 期,第 4 - 12 页。

〔3〕《新五代史》卷 74《四夷附录》。

〔4〕郑炳林:《晚唐五代河西地区的居民结构研究》,《兰州大学学报》(社科版)2006 年第 2 期,第 13 页。

论",其中便有"大相曰论苣,副相曰论苣扈莽,各一人,亦号大论、小论","又有内大相曰曩论掣逋,亦曰论莽热,副相曰曩论觅零逋,小相曰曩论充,各一人"。可见当时唐人对吐蕃职官的汉译,不管是"大论"、"小论"还是"曩论",多以"某某相"称之。

因为在唐代吐蕃的人名中,凡是位居一定级别的官职而又不属于赞普姻族者,多在其名字前冠以"论"之称号,所以当时吐蕃的中央及地方职官系统中有"论"之称的人不在少数。因而难免在吐蕃统治下的河陇各族中,也往往模仿吐蕃王廷的习惯,把一些名字前冠有"论"的吐蕃地方官吏也称为"相"或"宰相",这大概是当时包括吐蕃人、汉人及其他河陇民族都默认的一种习惯用法。之所以如此,才使我们今天在敦煌文献中见到从嗢末、南山到龙家都在滥用"相"、"宰相"等职官名称。依此,就不难理解嗢末首领的名字后面何以冠"相"这种名称。

15.2.1.2 督(杜)(to dog)

《册府元龟·外臣部》"褒异"记:"梁太祖干化二年(912)闰五月……庚申,嗢末首领热逋钵督、崔延没相等并授银青光禄大夫,检校太子宾客,遣还本部。"《册府元龟·外臣部》"褒异"记:"梁太祖干化元年(911)十一月丙午,以……吐蕃嗢末首领杜论没悉伽、杜论心并左领军卫将军,同正。嗢末苏论乞禄论右领军卫将军,同正。"

笔者认为,以上嗢末人名中的"督"与"杜"均应是一种官职名。其中"督"的用法一如上述南山部落"都督"的用法,是一种职官名称的后置,而"杜"是"督"的同音异译。同类的例子,又可引 S.2474《庚辰年—壬午年间(980—982)归义军衙内面油破历》来说明,其中记载招待的使节有"僧执钵悉歼"和"董俄都督",有学者认为此两人应当是瓜州、肃州之间吐蕃部落派来的使节。[1]

进一步考证,《续资治通鉴长编》大中祥元年(1008)四月已未,张齐贤上疏提到凉州六谷节度副使"折埔游龙钵",可见这里的"折埔游

---

〔1〕郑炳林:《晚唐五代敦煌地区的吐蕃居民初探》,《中国藏学》2005 年第 2 期,第 45 页。

龙钵"与上引"热逋钵"已经是一个完整的人名,足见后一名字所缀的"督"字另有其意,笔者认为是"都督"的简称。而"杜"即"督",如果不作这样的解释,不把"杜论没悉伽、杜论心"两个名字中的"杜"作"(都)督"讲,就不好解释这儿同时出现两个都以"杜"为名字开头的嗢末官吏。因此我的理解是"杜"就是"督",亦是"都督"的简称。

在吐蕃的职官系统中,"都督"是比较常见的。如《新唐书·南诏传》就提到 8 世纪下半叶,吐蕃为了控制南诏,在今滇西北设有"神川节度使"一职,其中就有"神川都督论讷舌"。另如 P. T. 1089《公元 8 世纪大蕃官吏呈请状》记载,吐蕃敦煌职官系统中位列居前的是"节儿论(rtse rje blon)—汉人之万户长(rgyavi khri dpon)—汉人之万户都护(rgyavi khri spyan)—大都督(to dog ched po)—副节儿(rtse rje vog pon)—小都督(to dog chungu)—汉人之都护(rgyavi spyan)"。其后又说,从汉人中任命的官吏如下:"杜大客(do stag skyes)为汉人都督及吐蕃节儿之辅佐(rgyavi to dog dang bod kyi rtse rjevi zla),从前领有颇罗弥石告身,圣上明鉴,晋升一级,赐大颇罗弥石告身","安本义(an bun yig)为副都督(to dog vog pon),从前领有黄铜告身,今因褒扬年功,圣上明鉴,升为大黄铜告身"[1]

15.2.1.3 苏论(so blong)

《册府元龟·外臣部》"褒异"记:"梁太祖干化元年(911)十一月丙午,以……吐蕃嗢末首领杜论没悉伽、杜论心并左领军卫将军,同正。嗢末苏论乞禄论右领军卫将军,同正。"这里的"苏论"也应是一种职官名称。

《新唐书·南诏传》记载韦皋攻吐蕃,"分兵大破吐蕃青海、腊城二节度军于北谷,青海大兵马使乞藏遮遮、腊城兵马使悉多杨朱、节度论东柴、大将论结突梨等皆战死,执笼官四十五人,铠仗一万,牛马称是。进拔于葱栅。乞藏遮遮,尚结赞子也,以尸还。其下曩贡节度苏论百余

〔1〕山口瑞凤:《沙州汉人による吐蕃二军团の成立とmkhar tsan 军团の位置》,《东京大学文学部文化交流施设研究纪要》第 4 号(1980 年度),第 13 – 47 页;杨铭:《关于敦煌藏文文书"吐蕃官吏呈请状"的研究》,载《马长寿纪念文集》,西北大学出版社 1993 年版,第 363 – 386 页。

人行哭"。曩贡为吐蕃南道 5 节度之一,此外有腊城、故洪、松州、西贡 4 节度。[1] 吐蕃节度使是其在进攻和统治被占领区的过程中,为了统一指挥所属千户的行动,对被征服民族进行管理而设置的军政合一的官吏,其结构与级别模仿了唐代的节度使制度。吐蕃曩贡节度有"苏论百余人",足见"苏论"为吐蕃设置于被征服地区的官吏的一种统称。

P. T. 1287《赞普传记》曰:/dor po la stsogs pa//rgyal po dang bchas su vbang su bkug nas//so blon sde lnga yang btsugs so//"……众遗弃地小王与庶民均已收抚,归为编氓,并建边防五节度(so blon sde lnga)。"[2]其中的 so blon,音译正好与汉文文献的"苏论"相合,意译为"边论"或"边吏"[3];sde lnga 原意为"五部",是指集团而非个人,故结合以上汉文文献的记载可译为"边防五节度"。"唐蕃盟碑"东面藏文碑文第 29 行有 sovi blon pos 一词,所对应的汉文译作"边将",可见古藏文中确有 so blon 或 sovi blon pos 等词,译作"边将"或"苏论"。[4]

山口瑞凤早就注意到 so blon sde lnga"边防五节度"与 mthong khyab khri ste lnga"通颊五万户"的区别,他认为两者虽然都是设置于被吐蕃征服地区(dor po)的机构,但它们的方位不同,分别位于吐蕃东北方向的南面与西面。[5] 他虽然没有发现《新唐书·南诏传》中有"苏论"

---

〔1〕关于吐蕃南道 5 节度,见载于《旧唐书》卷 169《王涯传》,《旧唐书》卷 140《韦皋传》,《册府元龟》卷 987《外臣部》。另,《新唐书》卷 222《南诏传》记载,大约贞元十五年(799)前后,"吐蕃引众五万自曩贡川分二军攻云南,一军自诺济城攻巂州"。可知吐蕃确有"曩贡"节度之设。

〔2〕王尧、陈践:《敦煌本吐蕃历史文书》,第 172 页。原译"道尔保等地王子与庶民均已收抚,归为编氓。并建五道节度大使"。dor po la stsogs pa"道尔保等地"改译为"众遗弃地",盖因 dor po 有放弃之意,意为被唐朝放弃而被吐蕃征服之地。

〔3〕参见 J. Bacot et F. W. Thomas et Ch Toussaint, *Documents de Touen-Houang elatifs à l' histoire du Tibet*, Paris, Librairie Orientaliste Paul Geuthner 12, Rue Vavin, Ⅵe-1940 – 1946, p. 170. 陈小强:《试析吐蕃王朝社会结构》,载《藏学研究论丛》,西藏人民出版社 1995 年版,第 266 页。

〔4〕Li Fangkuei and W. South Coblin, *A Study of the Old Tibetan Inscriptions*, Institute of History and Philology, Academia Sinica Special Publications No. 91, Taipei, 1987, p. 48. 李方桂、柯蔚南著,王启龙译:《古代西藏碑文研究》,载《李方桂全集》之九,清华大学出版社 2007 年版,第 28 页;王尧编著:《吐蕃金石录》,第 33、43 页。可与 so blon 相比较的,还有米兰出土的古藏文写本文书中记载的 so pa"巡哨"、so zhing pa"屯田者"、so pa vdrul"邮卒"等,参见 T. TAKEUCHI, Old Tibetan Manuscripts from East Turkestan in The Stein Collection of the British Library, pp. 47, 176, 182.

〔5〕山口瑞凤:《沙州汉人による吐蕃二军团の成立と mkhar tsan 军团の位置》,《东京大学文学部文化交流施设研究纪要》第 4 号(1981 年度),第 17、40 页。

一词可与敦煌古藏文的术语 so blon 勘同,但他关于 so blon 是唐蕃南方边界的戍边机构的观点,与"苏论"见于吐蕃南道五节度的记载暗合。

这样看来,唐末五代时期的嗢末首领还沿袭了吐蕃统治河陇时期"边论"或"边吏"的称呼,这与当年嗢末起义后势力很大,"吐蕃微弱者反依附之"的史实,以及嗢末活动的范围曾经扩大到剑南西川是相吻合的。[1]

15.2.2 "嗢末"的姓氏

15.2.2.1 出自吐蕃或取吐蕃名的嗢末人

《通鉴》唐懿宗咸通三年(862)十一月记:吐蕃嗢末起义后势力很大,"吐蕃微弱者反依附之",也就是说嗢末中也包括了吐蕃人。这部分依附嗢末的吐蕃人,可能主要是河陇地区的吐蕃"微弱者",即吐蕃平民或中下层官吏。

《册府元龟·外臣部》"褒异"记载:"梁太祖干化元年(911)十一月丙午,以……吐蕃嗢末首领杜论没悉伽、杜论心并左领军卫将军,同正。嗢末苏论乞禄论右领军卫将军,同正。""二年(912)闰五月……庚申,嗢末首领热通钵督、崔延没相等并授银青光禄大夫、检校太子宾客,遣还本部。"以下试对其中的吐蕃人名或"吐蕃化"的嗢末人名作一分析。

15.2.2.1.1 没悉伽

"没悉伽"显然是吐蕃人名。《新唐书·吐蕃传》:"当是时,韦皋功最多……与南诏破之于神川,于铁桥,皋俘馘三万,降首领论乞髯汤·没藏悉诺碑。"[2]《旧唐书·吐蕃传》:贞元"十年(794),南诏蛮蒙异牟寻大破吐蕃于神川,使来献捷,语在南诏传。十一年八月,黄少卿攻陷钦、横、浔、贵四州,吐蕃渠帅论乞髯荡·没藏悉诺律以其家属来降,明年并以为归德将军"。这里的"论乞髯汤·没藏悉诺碑"、"论乞髯荡·

---

〔1〕《新唐书》卷 222《南诏传》记载:唐乾符元年(874),高骈"结吐蕃尚延心、嗢末鲁耨月等为间,筑戎州马湖、沐源川、大渡河三城,列屯拒险,料壮卒为平夷军,南诏气夺"。

〔2〕这里笔者按唐代吐蕃人名的习惯,用符号将其名字与职官名或氏族名隔开,以示醒目,以下同此。

没藏悉诺律"显然为一人,"荡"当"汤",是被吐蕃征服的东女国王族的姓氏。[1]

按照吐蕃人名的排列顺序:氏族名(rus)、称号"尚"(zhang)或"论"(blon)、前名(mkhan)、后名(mying),以及吐蕃人名在汉文史料中高官出现"前名"、中下官吏出现后名的规律[2],可以看出上引"论乞髯汤"当属氏族名、称号与前名的组合,而"没藏悉诺碑"、"没藏悉诺律"属于后名。

《旧唐书·吐蕃传》:贞元"十七年(801)七月,吐蕃寇盐州,又陷麟州,杀刺史郭锋,毁城隍,大掠居人,驱党项部落而去。次盐州西九十里横槽烽顿军,呼延州僧延素辈七人,称徐舍人召。其火队吐蕃没勒遒引延素等疾趋至帐前,皆马革梏手,毛绳缧颈",这里的"没勒"显然也是一个吐蕃人名。

15.2.2.1.2 乞禄论

《新唐书·吐蕃传》记载,开元年间吐蕃曾遣使上书言:"孝和皇帝尝赐盟,是时唐宰相豆卢钦望、魏元忠、李峤、纪处讷等凡二十二人及吐蕃君臣同誓。孝和皇帝崩,太上皇嗣位,修睦如旧。然唐宰相在誓刻者皆殁,今宰相不及前约,故须再盟。比使论·乞力等前后七辈往,未蒙开许,且张玄表、李知古将兵侵暴甥国,故违誓而战。""其后吐蕃西击勃律,勃律告急,帝谕令罢兵,不听,卒残其国。于是崔希逸为河西节度使,镇凉州,故时疆畔皆树壁守捉,希逸谓虏戍将乞力徐曰:'两国约好,而守备不废,云何?请皆罢,以便人。'乞力徐曰:'公忠诚,无不可,恐朝廷未皆信,脱掩吾不备,其可悔?'希逸固邀,乃许。即共刑白犬盟,而后悉彻障壁,虏畜牧被野。"

贞元二年(786),"诏仓部郎中赵建往使,而虏已犯泾、陇、邠、宁,掠人畜,败田稼,内州皆闭壁。游骑至好畤,左金吾将军张献甫、神策将

〔1〕《旧唐书》卷197《东女国传》:"贞元九年七月,其王汤立悉与哥邻国王董卧庭、白狗国王罗陀忽、逋租国王弟邓吉知、南水国王侄薛尚悉囊、弱水国王董辟和、悉董国王汤息赞、清远国王苏唐磨、咄霸国王董藐蓬,各率其种落诣剑南西川内附。"

〔2〕杨铭:《吐蕃宰相尚绮心儿事迹补正》,《华学》第9、10辑合辑,上海古籍出版社2008年版,第1024-1025页。

李升昙等屯咸阳,河中浑瑊、华州骆元光援之。以左监门将军康成使焉。尚结赞屯上砦原,亦令使论·乞陀来请盟"。贞元五年(789),"韦皋以剑南兵战台登,杀虏将乞臧遮遮、悉多杨朱,西南少安。不三年,尽得巂州地。……永贞元年(805),论·乞缕勃藏归金币、马牛助崇陵,有诏陈太极廷中"。元和十二年(817),"赞普死,使者论·乞髯来,以右卫将军乌重玘、殿中侍御史段钧吊祭之"[1]

以上足见吐蕃人名中以汉字译音"乞"为首的不在少数,按照汉藏对音的规律及实例,"乞"字一般用于对译古藏文的 khri,如 S.2736/2《蕃汉对语译汇》第 40 组有"Khri dpon 乞利本/I ban zin dzyang 一万人将"。[2] 而唐代吐蕃赞普中多人的名字第一个词都是 khri,所以唐人多用"乞"或"弃"来对译,如松赞干布藏文作 khri srong btsan,《通典·吐蕃》译成"弃苏农赞",赤都松藏文作 khri vdus srong,《通典·吐蕃》译成"乞梨弩悉笼"。

15.2.2.1.3 热逋钵

有学者认为,《册府元龟·外臣部》中的嗢末首领"热逋钵督"就是"折逋钵督","热"为"折"之误写,如此说不误,宋代西凉吐蕃"折逋氏"当出自嗢末;折逋即藏文 chen po,又译作"掣逋",意为"大",《新唐书·吐蕃传》有"内大相曰曩论掣逋"、"整事大相曰喻寒波掣逋"等。[3] 不过笔者认为,"折逋"更多的是对译藏文的 ched po,如《新唐书·吐蕃传》的"悉编掣逋"可还原为藏文 spyan ched po,[4] "尚论掣逋突瞿"可还原为藏文 zhang lon ched po dgu,意为"九大尚论"。[5] 当然,

〔1〕《新唐书》卷 216《吐蕃传》。

〔2〕唐耕耦等编:《敦煌社会经济文献真迹释录》第 3 辑,全国图书馆文献缩微复制中心 1990 年版,第 73 页;周季文、谢后芳:《敦煌吐蕃汉藏对音字汇》,中央民族大学出版社 2006 年版,第 228 页。

〔3〕汤开建:《公元 861—1015 年凉州地方政权历史考察》,载《宋金时期安多吐蕃部落史研究》,上海古籍出版社 2008 年版,第 131 页。

〔4〕佐藤长:《古代チベット史研究》,同朋舍昭和五十二年版,第 721 – 722 页。

〔5〕林冠群:《唐代吐蕃政治制度之研究》,《国立政治大学学报》1989 年第 60 期,第 65 页;王尧、陈践译注:《敦煌吐蕃文献选》,第 4 – 5 页;陈楠:《藏史丛考》,民族出版社 1998 年版,第 23 – 24 页。

·欧·亚·历·史·文·化·文·库·

由于古藏文的 n 与 d 可以互换,所以 chen po 与 ched po 的译意几乎是没有区别的。

《续资治通鉴长编》大中祥符元年(1008)四月已未,张齐贤上疏:"……近知赵德明依前攻劫六谷,兼闻曾破却西凉府,所有节度使并副使、折埔游龙钵及在府户民,并录在部下。万一不谬,则德明之又似不小。况其人悉是唐末陷蕃华人,兼折埔游龙钵等谙熟西南面入远蕃道路,六谷田牧之远近,川泽之险易,尽知之矣。若使胁制却六谷之后,即虑瓜沙甘肃于阗诸处,渐为控制。"据此,嗢末热逋(折埔)氏的来源可以追溯到吐蕃统治下的汉人。

15.2.2.2　汉姓与吐蕃名搭配的嗢末人

S.6342、Dx.5474《张议潮处置凉州进表》记载:"张议潮奏:咸通二年收凉州,今不知却废,又杂蕃浑。近传嗢末隔勒往来,累询状人,皆云不谬。伏以凉州是国家边界,嗢末百姓,本是河西陇右陷没子将,国家弃掷不收,变成部落。昨方解辩(辫),只得抚柔。[岂可摈狐兔稻粱],使为豺狼荆棘。"[1] 可见,唐人所谓的"嗢末"包括一部分吐蕃统治下的河陇汉族,正因为如此,"嗢末"中有一部分成员是以汉姓、蕃名的形式出现的,反映他们原本是汉族,但在统治者的文化熏染下,已经留下了吐蕃文化的痕迹。

15.2.2.2.1　鲁耨月

《新唐书·南诏传》记载,咸通年间(860—874),西川节度使高骈"结吐蕃尚延心、嗢末鲁耨月等为间,筑戎州马湖、沐源川、大渡河三城,列屯拒险,料壮卒为平夷军,南诏气夺"。其中的"嗢末鲁耨月",即为汉姓、吐蕃名的嗢末首领。

15.2.2.2.2　崔延没

《册府元龟·外臣部》"褒异"记,后梁干化"二年(912)闰五月……庚申,嗢末首领热逋钵督、崔延没相等并授银青光禄大夫、检校太

---

〔1〕唐耕耦、陆宏基:《敦煌社会经济文献真迹释录》第 4 辑,第 363 页;郑炳林:《张议潮处置凉州进表拼接与归义军政权对凉州地区的管理》,载《敦煌吐鲁番研究》第 7 卷,北京大学出版社 2003 年版,第 381 - 389 页。

子宾客,遣还本部"。《五代会要》"吐番"条记载,吐蕃六谷部有右厢首领"崔虎心",崔家居住在凉州。[1]《宋会要辑稿》"西凉府":"六谷分左、右厢,游龙钵为左厢副使,崔悉波为右厢副使。"可见汉姓"崔"为喝末大姓之一。

高田时雄在《藏文社邑文书二三种》一文中翻译 Ch. 73. xiii. 18 号文书时,引述第 9 行的"li lha sto",认为这是人名"李"(lha sto)。如此汉姓、吐蕃名的人名,在吐蕃统治时期的敦煌出现不少,一般可以判断其为汉人或者已汉化的周边民族,他们长期在吐蕃的占领下,甚至于采用吐蕃化的名字。[2]

郑炳林曾引用 S. 2214《年代不明纳支黄麻地子历》,说明吐蕃时期敦煌设有"凉州行",并指其中的郝冽冽、任骨伦、秦骨伦、张呐儿、陈咄咄、田悉冽冽,应当是吐蕃时期生活在凉州行的吐蕃人。[3] 其实根据高田时雄分析的例子,我们宁可换一个角度,把这些生活在凉州行的人划归已经"吐蕃化"的汉人或其他民族的成员。当然,郑炳林指出 S. 5824《应经坊供菜关系牒》记载的行人部落的乞结夕、遁论磨、判罗悉鸡,丝绵部落的苏南、触腊、屈罗悉鸡、摩志猎、尚热磨等为吐蕃移民,这是正确的。

据此,笔者认为以上鲁耨月、崔延没、崔悉波、崔虎心等属于典型的"汉姓藏名"的喝末人。

---

〔1〕《五代会要》卷30《吐番》。

〔2〕高田时雄:《藏文社邑文书二三种》,载《敦煌吐鲁番研究》第3卷,北京大学出版社1998年版,第183－190页。

〔3〕郑炳林:《晚唐五代敦煌地区的吐蕃居民初探》,《中国藏学》2005年第2期,第41页。

·欧·亚·历·史·文·化·文·库·

16　吐蕃与粟特

隋唐时,粟特人主要居住于"康"(今中亚撒马尔罕)及其他昭武九姓诸国。唐永徽年间(650—655),高宗以其地置康居都督府、大宛都督府。至 8 世纪上半叶,粟特人为大食(阿拉伯)所征服,但大食对中亚诸国的统治,仅征其贡赋而保留地方王的权力,因此特别是大食统治初期,康国等还保有半独立的地位,其外交、军事权基本上不受限制。

粟特人的东来可追溯到公元初,当时主要是一些商人。隋末唐初,粟特人开始成批移居我国新疆及河西走廊等地。唐贞观年间,康国首领康艳典率众来居鄯善旧城,改名兴谷城。高宗上元二年(675),唐朝改典合城为石城镇,划归沙州(治今敦煌)管辖。8 世纪初,吐蕃占领鄯善,这一地区的粟特移民受到吐蕃的统治。[1]

16.1　吐蕃与西域粟特人的关系

吐蕃与西域粟特人的联系,最早发端于吐蕃与西突厥别部——粟特部落弓月的结盟。先是显庆四年(659),西突厥阿悉结阙俟斤都曼进攻于阗被唐军平息,之后弓月曾"南结吐蕃,北招咽面,共攻疏勒",结果被唐朝发诏命苏海政出兵讨平。[2] 龙朔二年(662)苏海政率军回至疏勒之南,"弓月又引吐蕃之众来拒官军。海政以师老,不敢战,遂以军资赂吐蕃,约和而还"[3]。麟德二年(665),疏勒、弓月又"共引吐

---

〔1〕池田温:《沙州图经考略》,载《榎博士还历记念东洋史论丛》,明和印刷株式会社 1975 年版,第 92 页;《寿昌县地境》,转见自向达:《唐代长安与西域文明》,三联书店 1957 年版,第 441 页。

〔2〕《资治通鉴》卷 202"咸亨四年(673)十二月"条。

〔3〕《册府元龟》卷 449《将帅部》"专杀"。

蕃之兵,以侵于阗。诏西州都督崔知辩及左武卫将军曹继叔率兵救
之"[1]。可见吐蕃之进入西域的契机,正是依靠与弓月的三次联军。

"弓月"一名见于唐代西域的汉文史料,相关名称还有弓月道、弓
月国、弓月城等。日本学者松田寿南曾撰《弓月考》,认为"弓月"即突
厥文碑铭中的 Kängärs,属于西突厥弩失毕部原有五姓之一,居地在伊
塞克湖至纳林河谷一带[2] 岑仲勉撰《弓月之今地及其语原》,认为弓
月即突厥语之 Küngüt,今伊犁河上源的巩乃斯即弓月部牧地,故弓月
部当为突厥左厢五咄陆属部。[3]

王小甫对弓月的名义重新作过考证,认为汉文史料中的"弓月"一
名由古突厥语 Kün"日,太阳"和 ört"火,火焰"组成,意为"日火"或"太
阳之火",反映了当时已传入突厥的祆教信仰。此外,王小甫还从宗
教、地理等几方面分析弓月部落的性质及其在西突厥诸部中的地位,认
为"弓月属西突厥别种、别部,是一个在草原上经商、传教的粟特人部
落,弓月城是他们活动的一个中心"[4]。据此,665 年"疏勒、弓月两国
共引吐蕃之兵,以侵于阗",是迄今为止所能见到的吐蕃与粟特人接触
的早期记录。

如果说以上是指吐蕃与天山以北的粟特人接触的事件,那么稍后
不久,出现了吐蕃与活动于今若羌一带的粟特人接触的情况。成书于
676—695 年的《沙州图经》谓:"萨毗城,右西北去石城镇四百八十里。
其城,康艳典造。近萨毗泽……日六十里,山险,恒有吐蕃、吐谷浑来往
不绝。"[5]可见自此时起,吐蕃与这一带的粟特人多少有了接触。

吐蕃对西域的进攻,迫使唐朝数次放弃安西四镇,武则天上台后对
吐蕃的攻势进行反击,长寿元年(692)武威军总管王孝杰一举收复四

〔1〕《册府元龟》卷 995《外臣部》,"西州"原作"西川",据《通鉴考异》卷 10 改。
〔2〕松田寿南:《弓月考》,《东洋学报》卷 18,4 号。引自松田寿南著,陈俊谋译:《古代天山历
史地理学研究》,中央民族大学出版社 1987 年版,第 387 页以下。
〔3〕岑仲勉:《西突厥史料补阙及考证》,中华书局 1958 年版,第 191 页。
〔4〕以上详见王小甫:《"弓月"名义考》、《弓月部落考》,《唐、吐蕃、大食政治关系史》附录
壹、贰,第 224－256 页。
〔5〕引自池田温:《沙州图经略考》,《榎博士还历记念东洋史论丛》,第 93 页。

镇,夺回了对西域的控制权。[1] 对此吐蕃不甘失败,组织新的进攻。《新唐书·突厥传》云:"其明年,西突厥部立阿史那俀子为可汗,与吐蕃寇,武威道大总管王孝杰与战冷泉、大领谷,破之。"同书《吐蕃传》载:"首领勃论赞与突厥伪可汗阿史那俀子南侵,与孝杰战冷泉,败走。"《资治通鉴》载此事于延载元年(694)二月。吐蕃这次行动的目的,很清楚是针对两年前的失败。此战中"冷泉"与"大领谷"的位置,一在今焉耆东南,一在西宁西境[2],表明这次战争正好是在上举粟特人所居的石城镇到鄯州以西一线进行的。

《敦煌本吐蕃历史文书·大事纪年》第45条,记载了与上举战争有关的事件,"及至马年(694),赞普驻于墨竹潛塘。论芒辗细赞于'苏浦'之'寻巴'集会议盟。噶尔·达古为粟特人(sog dag)所擒"[3]。

国内外学者曾对上文中的 sog dag 一词是否指粟特人进行过讨论。1958年,美籍华人学者李方桂曾撰文,将 sog dag 比定为粟特。[4] 后来,德国学者霍夫曼提出了不同的看法,他认为此处的 sog dag 当是指于阗的塞种人。1979年,匈牙利的乌瑞发表《有关公元751年以前中亚史的藏文史料概述》一文,再次肯定了《大事纪年》694年记事中的 sog dag 就是指粟特人。他认为,在此不十分清楚的是,这里所说的粟特人是新疆地区的移居地中的呢,还是粟格底亚那的粟特人?霍夫曼认为,若是移居地的粟特人俘虏了吐蕃大臣,就势必冒风险的说法是不正确的。因为吐蕃在692年就已失去了在西域东部的优势,在694年,吐蕃试图卷土重来的努力也被打败,作为唐人的盟友,西域东部的粟特人捉住了吐蕃大臣是十分自然的。当然,也不排除是粟格底亚那本土

〔1〕《唐会要》卷73《安西都护府》。

〔2〕《读史方舆纪要》卷64、65。

〔3〕J. Bacot et F. W. Thomas et Ch. Toussaint, *Documents de Touen-Houang relatifs à l'histoire du Tibet*, Paris, Librairie Orientaliste Paul Geuthner 12, Rue Vavin, Ⅵe 1940—1946, pp. 17,38. 译文参见王尧、陈践译注:《敦煌本吐蕃历史文书》,第148页。

〔4〕Li Fang-Kuei, "Notes on the Tibetan Sog", *Central Asiatic Journal*, Ⅲ, Wiesbaden/The Hague, Ⅲ,1957, pp. 139-142.

的粟特人与吐蕃发生直接冲突的可能性。[1]

笔者对此作过进一步的探讨,认为《大事纪年》中的 sog dag 就是指移居鄯善的粟特人。[2] 因为粟特人自唐初迁来南疆等地后,首领曾被唐任为镇使,以招西域商贾;武后时,其裔康佛耽延、康地舍拔兄弟犹于该地主事[3],因而在唐蕃战争中他们自然会站在唐朝一边。延载元年的战争中,他们乘吐蕃败军之际擒其大臣,完全有可能,故有《大事纪年》记载"噶尔·达古为粟特人所擒"的事件。

此外,在新疆米兰发现的藏文简牍中也见载有 sog po 一词,如 M. I. 0285iv. 17 号木简记:"答应交与色达村之羊款:交绮穷二升粮,吉那一升,绮穷又二升,居士二升半,彭列半升,多荣保沙弥一升,sog po 五升。"RMF73 号木简记载:"sog po 处军官良田一突。"[4]

F. W. 托马斯在 1934 年译注前件简牍时,即提出 sog po 一词当是民族的名称,他认为粟特人(sogdian)在 7 世纪就移民到中国的新疆,因而出现在这里的 sog po 当指粟特人。[5] 国内王尧等亦将 sog po 译作粟特人,他认为王静如等主张译 sog po 为阻卜,根据吐蕃简牍的时代来看失之过晚。[6] 笔者近年研究唐代中后期吐蕃进出西域的情况,从新疆出土的藏文写本和简牍来看,记载的民族有吐谷浑(va zha)、回鹘(hor)、突厥(drug)、于阗(li)等,根据《沙州伊州地志》记载的粟特人在西域活动的情况来看,sog po 一词指粟特人没有问题。

此后,吐蕃与西域的粟特人可能始终处于敌对的状况。唐德宗贞元十七年(801),剑南西川节度使韦皋部将杜毗罗潜袭吐蕃险要,《新

〔1〕G. Uray, "The old Tibetan sources of the History of Central Asia up to 751 A. D. : A survey". in J. HARMATTA(ed.),*Prolegomena to the Sources on the Hisrory of pre-Islamic Central Asia*, Budapest,1979, p. 14.

〔2〕杨铭:《古藏文文书 sog po 一词再探》,《西藏研究》1988 年第 1 期,第 101 页。

〔3〕参见《新唐书》卷 37《地理志》;张广达:《唐代六胡州等地的昭武九姓》,《北京大学学报》1986 年第 2 期,第 72 - 74 页。

〔4〕王尧、陈践编著:《吐蕃简牍综录》,第 28。

〔5〕F. W. Thomas, *Tibetan Literary Texts and Documents concerning Chinese Turkestan*, II, London,1951, p. 344.

〔6〕王尧、陈践编著:《吐蕃简牍综录》,第 28 页.

唐书·南诏传》载,是役"虏大奔。于时康、黑衣大食等兵及吐蕃大酋皆降。获甲二万首"。这些属于康国的粟特士兵为何千里迢迢来到今四川西部呢？ 笔者认为,吐蕃在向中亚发展的过程中,从 8 世纪初到后半叶,因与大食为争夺西域而交恶,在与大食的战争中,俘获了其军队中的粟特人,然后将其充兵东调用作进攻唐朝,这就是上述康国士兵的由来。

尽管吐蕃与西域的粟特人处于交恶的状态,但吐蕃与康国之间仍然保持有使臣往来,见于今拉达克地方的德兰茨村石刻中有这样一段粟特铭文:"210 年,来自撒马尔罕(samarkander)的诺斯凡作为大使,致吐蕃可汗(khagan)。"据研究,这件铭文的年代当在 825 年 4 月 24 日至 826 年 4 月 12 日之间,它反映了 9 世纪上半叶吐蕃与康国交使的情况。[1]

16.2 吐蕃与敦煌粟特人的关系

唐代的敦煌同样居住着一批粟特移民或其后裔。据敦煌文书记载,8 世纪中叶敦煌县城东面一里处有一个粟特人聚居的村落,被称作"从化乡",为敦煌 13 乡之一。"从化乡"共约 300 户 1400 多人,其居民中以康、安、石、曹、罗、何、米、史、贺为姓的占绝大多数。[2] 吐蕃攻占敦煌后,"从化乡"与敦煌其他乡都被取消,被部落制代替。此后,在吐蕃统治敦煌的数十年间,一部分粟特人沦为身份较低的寺户,而另一些粟特人在吐蕃治下任职,以下作具体介绍:

16.2.1 都督(to dog)

P. T. 1089 号文书《吐蕃官吏呈请状》记载,当时的敦煌"从汉人中

---

〔1〕G. Uray,"Tibets Connections with Nestorianism and Manicheism in 8th – 10th Centuries", in: Ernst STEINKELINER and Helmut TAVSCHER (eds.), *Contributions on Tibetan Language*, *History and Culture*, Wien: Arbeitskreis für tibetische und buddhistische Studien, Universität Wien, 1983, p. 406.

〔2〕池田温:《8 世纪中叶における纪中叶敦煌のソグド人聚落》,《ユ－ラッア文化研究》,1965 年第 1 期,第 53 – 89 页。

任命的官吏"属于粟特族裔的有:"安本义(an bun yig)为副都督(to dog vog pon),从前领有黄铜告身,今因褒扬年功,圣上明鉴,升为大黄铜告身。"[1]

汉文卷子 P.3774 号中也记载有一个"安都督",可能是同一个人。因为 P.T.1089 号文书写成的时间是 820 年,而 P.3774 号卷子记载的也是 821 年前不久的事件,"又知己亲情与耕牛:安都督一头,赵再兴一头,张玉英一头,安恒处二齿牛二"。又称,"大兄度女平娘,于安都督处买度印一,用驴一头、牛孛牛一头"。P.2770《愿文》于圣神赞普、皇太子殿下、节儿、监军、杜公之后,也提到了一个叫"安公"的官吏,称之为"良牧",也应是指上述"安都督"。[2]

16.2.2　副千户长(stong zla)

同上 P.T.1089 号文书《吐蕃官吏呈请状》:"康塞堂(khang sevu tam),任命为副千户长(stong zla)。本应授予小黄铜告身,但察及年功,褒奖一级,授予大黄铜告身。"另据《沙州文录补·康再荣建宅记》所载,康再荣在吐蕃时期曾出任纥骨萨部落使。[3]

16.2.3　部落水官(sdevi chu mngan)

P.T.1089 号文书《吐蕃官吏呈请状》:"曹昌季(tshevu cang zhi)为部落的水官(sdevi chu mngan)。"

16.2.4　部落营田官(sdevi zhing pon)

P.T.1089 号文书《吐蕃官吏呈请状》:"安兴子(an hing tse)为部落之营田官(sdevi zhing pon)。"[4]

〔1〕山口瑞凤:《沙州汉人による吐蕃二军団の成立とmkhar tsan 军団の位置》,《东京大学文学部文化交流施设研究纪要》第 4 号(1980 年度),第 13 - 47 页。

〔2〕P.3774《吐蕃丑年(821)十二月沙州僧龙藏牒》,池田温:《中国古代籍帐研究》,第 539 - 542 页。

〔3〕罗福苌编:《沙州文录补》,1924 年仲冬,上虞罗氏铅印本。

〔4〕山口瑞凤:《沙州汉人による吐蕃二军団の成立とmkhar tsan 军団の位置》,第 13 - 47 页。参见杨铭:《关于敦煌藏文文书〈吐蕃官吏呈请状〉的研究》,载《马长寿纪念文集》,西北大学出版社 1993 年版,第 371 - 372 页。

16.2.5 判官(phan kwan)

P.T.1333 号写经的背面题有批语,指出这批写经因字体不规范应报废,其文字为"康判官曾达(khang phan kwan dzin dar)废叶,因字体不雅被抽出"[1]。

16.2.6 仓曹参军

敦煌莫高窟第 144 窟供养人题记有"……蕃任瓜州都□(督)□仓□曹参军金银间告身大虫皮康公"。康公在瓜州节度衙担任"仓曹参军",说明吐蕃统治者对粟特人的重用。此窟西壁下有"管内释门都判官任龙兴寺上座龙藏修先代功德永为供养"[2]。"龙藏"之名又见于 P.3774《吐蕃丑年(821)十二月沙州僧龙藏牒》,其父曾任吐蕃部落使,与敦煌康、曹家通婚。

吐蕃统治敦煌时期,改唐代的乡里制为部落制,设有曷骨萨、悉董萨、悉宁宗、擘三、丝棉、上、下、行人等部落,这些部落的居民中有相当多的粟特人裔,以下详细引出。

16.2.6.1 曷骨萨部落

出自敦煌编号为 Ch.73,xv10 的写本,暂定名为《曷骨萨部落中翼、孙补勒支主从 40 人一曹(tshar)之本籍表》,其中的粟特族裔有安再恒(van dze hing)、白空空(bav kun kun)、贺朝春(hag dzevu shun)、曹盖盖(dzevu kve kve)、曹十德(dzevu shib tig)等人。[3]

印度事务部图书馆所藏的 Ch.73,xv5 号写本是一份分配纸张的记录,其中提到曷骨萨部落(rgod sar gyi sde)各将头管理下的写经生,第一将属下的有康巴磊(kang dpav legs),第五将有安法藏(an phab

〔1〕M. Lalou, *Inventaire des Manuscrits tibétains de Touen-houang conservés à la Bibliothéque Nationale (Founds Pelliot tibetain)*,Ⅲ.(No.1283—2216),Paris,1961,p.23. 参见张延清:《吐蕃敦煌抄经中的报废经页》,《西藏研究》2009 年第 1 期,第 47 – 48 页。

〔2〕敦煌研究院编:《敦煌莫高窟供养人题记》,文物出版社 1986 年版,第 65 – 66 页。

〔3〕G. Uray,"Notes on a Tibetan Military Document from Tun-Huang",*Acta Orient. Hung*, vol. Ⅻ. nos. 1 – 3,1961,pp.227 – 228;A. Spanien et Y. Imaeda,*Choix de documents Tibétains conservés à la Bibliothéque Nationale complété par queques Manuscrits de l' India Office et du British Museum*,Ⅱ,Paris,1979,pp.636 – 638.

dzang），第六将手下有安塔春（an stag cuang）。

16.2.6.2　悉董萨部落

印度事务部图书馆 Ch.73,xv5 号写本记录悉董萨部落（ston sar gyi sde）的将头，第二将名叫石宜德（shig vgi tig），第四将名叫安藏子（an dzang tse）；而第一将手下的写经生有康赞磊（kang btsan slebs）、石塔通（sheg lha rton），第二将有石燕燕（sheg hyen hyen），第四将有安翁子（an weng tse）。

S.1475 背《吐蕃卯年（823）四月十八日悉董萨部落百姓翟米老便麦契》，后署"便麦人翟米老年二十六。保人弟突厥年二十"。翟为高车人，敦煌的翟姓中有汉人也有胡人，但从翟米老、弟突厥名来推测，他们是居住敦煌的西域粟特人。

16.2.6.3　悉宁宗部落

印度事务部图书馆 Ch.73,xv5 号写本记载悉宁宗部落（snying tsoms gyi sde）的第一将叫康大财（khang stag tshab），归其管辖的写经生有康大雷（kang stag slebs）、康坦类（kang brtan slebs），第四将手下有安大耒（an lha legs），第六将手下有石格贪（shig dge brtan）、安光勒（an guang legs），第八将手下有曹星星（dzevu shing shing），均为粟特族裔。

16.2.6.4　丝棉部落

S.2228《亥年修城夫丁使役簿》记载丝棉部落各将共领有 49 人，其中右三将有安佛奴、康通信，右四将有康友子，右六将有曹保德、康再兴，右八将有翟胜子、安善奴，右十将有米屯屯，左七将有翟买奴，左十将有米和和、米奴子、安保真等 12 人，可能都是粟特人。S.11454B、D-G 是一组吐蕃时期的文书，计有《吐蕃戌年课左五至左十将牧羊人酥油等名目》、《吐蕃戌、亥年左六至左十将供羊历》、《吐蕃酉年至亥年左三将曹宝宝等羊籍》等，其中提到的粟特人有曹宝宝、安庭光。

P.2162《吐蕃寅年（822?）沙州左三将纳丑年突田历》，记载的左三将出于丝棉部落，其中有粟特人石藏、安恒等；S.5824《经坊供菜关系牒》记载丝棉部落的安和子，亦为粟特人。

16.2.6.5　掔三部落

S.2228《亥年修城夫丁使役簿》记载掔三部落 8 人中，石秀秀、石专专为粟特人。

16.2.6.6　行人部落

S.5824《经坊供菜关系牒》记载行人部落的康进建、安国子、安和子为粟特人。

16.2.6.7　上部落

S.1475 背《吐蕃未年（827）安环清卖地契》记载：上部落百姓安环清宜秋西支有地一段 7 畦 10 亩，卖与同部落人武国子，契后署："地主安环清年二十一；母安年五十二；师叔正灯（押），姊夫安恒子，见人张良友。"这件地契表明"上部落"中有安环清等一批粟特百姓。

16.2.6.8　下部落

S.1475 背《吐蕃酉年（817）曹茂晟便豆种帖》记载曹茂晟乃下部落百姓，表明下部落中也有粟特居民。

16.2.6.9　中元部落

S.1291《某年三月曹清奴便麦契》记载："□年三月一日，中元部落百姓曹清奴为无种子，今于□□寺僧手下佛物处便麦肆硕，故豆壹斗。限至秋七月还纳。"曹清奴当是中元部落的粟特人。[1]

此外，吐蕃统治时期敦煌的粟特人信仰佛教，在佛教教团中有很大的势力。P.2729《吐蕃辰年（788）三月沙州僧尼部落米净辩牒》，是吐蕃占领敦煌后于 788 年三月五日清查敦煌诸寺僧尼的名单，算使论悉诺罗检牟敦煌诸寺僧尼共 310 人，其中粟特胡姓人有 49 人，约占总数

---

〔1〕以上引文见自 T. TAKEUCHI，"TSHAN, Subordinate Administertive Units of the Thousand-districts in the Tibetan Empire"，Tibet an Studies Proceedings of the 6th Seminar of the International Association for Tibetan Studies FAGERNES，1992，volume 2，edited by per KVAERNE，Oslo，1994. 池田温：《中国古代籍帐研究》，东京大学出版会 1979 年版；唐耕耦、陆宏基编：《敦煌社会经济文书真迹释录》第 1—5 辑，北京图书馆文献出版社 1986—1990 年版；荣新江：《英国图书馆藏敦煌汉文非佛教文献残卷目录（S.6981－13624）》，新文丰出版公司 1994 年版；托马斯编著，刘忠、杨铭译注：《敦煌西域古藏文社会历史文献》，民族出版社 2003 年版。

近 1/6,其中安、史、米、曹、康、石等粟特姓共 29 人,占了近 1/11。[1] 据 S.0542 背《吐蕃戌年(818)六月沙州诸寺丁仕车牛役簿》统计,在 184 笔供役记录中,属于康、安、石、曹等 9 姓的寺户共 52 笔,占全部供役户的 1/3 弱。《辛丑年(821)二月龙兴寺等寺户请贷麦牒及处分》记载,敦煌各寺庙粟特裔有:龙兴寺团头曹昌晟,开元寺寺户石奴子、石胜奴、石十一、石再再、石曲落,安国寺寺户康娇奴,金光明寺寺户安胡胡、安进汉、安进子、团头史太平等。[2]

有学者对现存于河西地区 7 至 9 世纪的唐代藏汉写本经卷(编号共 317 卷)进行研究,发现这些经卷虽然其外部特征完全是吐蕃式的,但在写校者中其他兄弟民族人占总人数的 4/5,甚至 5/6,吐蕃人只占 1/5 乃至 1/6,其中属于康姓粟特裔的写校者有 5 人。[3] 总之,吐蕃统治下的敦煌粟特人信仰佛教,向寺院施舍财物及修窟造寺,担任佛教教团中的各级僧官,影响较大。[4]

〔1〕S.2729:《吐蕃辰年(788)三月沙州僧尼部落米净辩牒》,《中国古代籍帐研究》,第 502 - 506 页。

〔2〕S.542:《吐蕃戌年(818)六月沙州诸寺丁仕车牛役簿》,《中国古代籍帐研究》,第 523 - 534 页;北图 59:500 背,《辛丑年(821)二月龙兴寺等寺户请贷麦牒及处分》,《敦煌社会经济文书真迹释录》第 2 辑,第 97 - 102 页。

〔3〕黄文焕:《河西吐蕃卷式写经目录并后记》,《世界宗教研究》1982 年第 1 期,第 74 - 84 页。

〔4〕郑炳林、王尚达:《吐蕃统治下的敦煌粟特人》,《中国藏学》1996 年第 4 期,第 46 - 48 页。

17　吐蕃与汉人

　　唐玄宗天宝十四载(755)"安史之乱"爆发后,唐朝从河陇各地抽调了大批驻军东向平叛,吐蕃军队乘虚而入攻占唐朝河陇地区。吐蕃先后攻占的上述各地,以汉人最多,此外还有吐谷浑、党项、回纥等族。其中,吐蕃对汉人的统治,无疑是吐蕃与西北民族关系史中的重要内容之一。

17.1　吐蕃统治下汉人的地位

　　前人每论及吐蕃统治下的汉人,多引唐沈下贤《对贤良方正直言极谏策》中的一段文字:"自瀚海以东,神鸟、敦煌、张掖、酒泉,东至于金城、会宁,东南至于上封、清水,凡五十郡、六镇十五军,皆唐人子孙,生为戎奴婢,田牧种作,或聚居城落之间,或散处野泽之中"[1]。其实,沈下贤的记述,具有很大的片面性,并不完全符合当时的历史实际。"生为戎奴婢,田牧种作",只是河陇一部分汉人的遭遇,并非所有汉人皆如此。

　　吐蕃在占领河陇和进攻关内道各州的战争中,确曾俘掠了一些唐朝士兵和百姓,后来用作奴隶。如787年,吐蕃攻汧阳、华亭(今甘肃华亭一带),掠"男女万人以畀羌、浑,将出塞,令东向辞国,众恸哭,投堑谷死者千数"[2]。吐谷浑、党项等游牧民族,得汉人多以为牧奴,故有死不从者。又如:"永泰初(765),丰州烽子暮出,为党项缚入西蕃易

――――――――――

〔1〕《全唐文》卷734,沈下贤:《对贤良方正直言极谏策》。
〔2〕《新唐书》卷216《吐蕃传》。

马。蕃将令穴肩骨贯以皮索,以马百蹄配之。"[1]吐蕃是奴隶社会,战争中获得的俘虏是奴隶的重要来源之一,被俘掠来的唐人及被转卖来的唐人沦为吐蕃的奴隶,是不足为奇的。

吐蕃除从战争中俘掠唐朝军民用作奴隶外,在其统治下的敦煌地区,也曾抄掠汉人为奴。S.3287《子年五月氾履倩等户口状上》记:"户氾国琛,死。妻张念念,在。……奴紧子,论悉殁将去。奴金刚□婢落娘,已上并论悉殁将去□(下略)。"[2] P. T. 1083《禁止抄掠汉户沙州女子牒》也说:"往昔,吐蕃、孙波与尚论牙牙长官衙署等,每以配婚为借口,前来抄掠汉地沙州女子。其实,乃佣之为奴。"[3]

不过,吐蕃在敦煌地区的抄掠行动,不是针对大多数汉族百姓的。从 S.3287 号文书所记的 4 户百姓来看,被吐蕃官吏抄掠的只有氾国琛一户,而且被掠之人都不是家庭成员,仅是那些原来就属于奴婢身份的人。一件敦煌藏文写本记道:"在当妥关,弃札、穹恭和桑恭三人分派奴隶,举凡他们的人名、家庭、职业及如何纳税等,分别予以登记。"[4]这些有家室、职业,要纳税(有土地)的"奴隶",很可能是吐蕃人到来以前敦煌就有的"杂户",他们的地位本来就低于普通的百姓。[5] 由此看来,P. T. 1083 号卷子说的"汉地沙州女子",当是指那些原来就是奴婢的人。

从敦煌文书记载的情况看,敦煌多数汉族百姓都掌握有一定的生产资料,他们基本上还保持着小生产者的地位。S.9156《沙州诸户口数地亩簿》,是一份写于吐蕃占领时期的田册残卷,其中以"突"(dor)为 10 亩之数,就是这个时期的特定标志[6],这件田册残卷记录了敦煌百姓元琛、武朝副等 20 户的占田数。据统计,这 20 户中有 18 户的占

〔1〕段成式:《酉阳杂俎》续集卷 7"金刚经鸠异"条。

〔2〕池田温:《中国古代籍帐研究》,东京大学出版会 1979 年版,第 519－522 页。

〔3〕王尧、陈践译注:《敦煌吐蕃文献选》,第 51－52 页。

〔4〕F. W. Thomas, *Tibetan Literary Texts and Documents concening Chinese Tarkestan*, Ⅱ, London, 1951, p.50.

〔5〕《唐会要》卷 86《奴婢》。

〔6〕姜伯勤:《突地考》,《敦煌学辑刊》1984 年第 1 期,第 7－12 页。

田数是 1 人 1 突（10 亩），其余 2 户与此数只有几亩之差。此外，S.4491 号文书也是一份敦煌百姓地亩残卷，登录了 22 户人家的田亩数。其中有 6 户恰好也是 1 人 10 亩，其余户数每户差额都未超过 10 亩[1]。这说明吐蕃曾于敦煌地区实行"计口授田"的土地制度。

在吐蕃的"计口授田"制度下，敦煌农户都能按家庭的人数占有一块土地。他们用自己的生产工具在土地上进行耕种，收获物除纳赋税外，其余的都归自己所有。在劳力不足的情况下，他们还可以把属于自己的土地分佃给他人，如 P.3613《申年正月沙州令狐子余牒》说："孟授索底渠地六亩……右子余上件地，先被唐朝换与石英顺。其地替在南支渠，被官割种稻，即合于丝绵部落得替，望请却还本地。子余比日已来，唯凭此地，与人分佃，得少多粮用，养活生命，请乞羌矜处分。"[2]而且，敦煌农户还有权出卖自己的土地，S.1475《未年安环清卖地契》记道："宜秋十里西支地壹段，共柒畦拾亩，东道，西渠，南索晟，北武再再。未年十月三日上部落百姓安环清为突田债负，不办输纳，今持前件地出买[卖]与同部落人武国子（后略）。"[3]这些事实说明，吐蕃统治下的农户，是有一定独立经济的小生产者，他们不是在经济上和人身关系上都依附于吐蕃统治者的奴隶。

敦煌多数汉人能够保持封建农民的地位，主要是他们同吐蕃统治者斗争的结果。吐蕃攻占敦煌之前，当地的汉族军民进行了十年守城抗战[4]。吐蕃占领初期，敦煌汉人又发动过数次起义，反抗吐蕃的统治，如 S.1438《书仪》就记载了驿户泛国忠与张清起义的事件[5]。这些斗争，使吐蕃统治者认识到汉族百姓中蕴藏着巨大的反抗力量，他们不得不在统治政策上有所让步。一方面，他们拉拢唐朝的破落官、汉族世家豪族参与政权管理，如封他们做守使、部落使等；另一方面，实行"计口授田"等措施，力图维护汉族百姓原有的经济地位，安定民心。

---

〔1〕池田温：《中国古代籍帐研究》，第 561－564 页。
〔2〕池田温：《中国古代籍帐研究》，第 517 页。
〔3〕中科院历史所编：《敦煌资料》第 1 辑，中华书局 1961 年版，第 293 页。
〔4〕《新唐书》卷 216《吐蕃传》
〔5〕史苇湘：《吐蕃王朝管辖沙州前后》，《敦煌研究》创刊号（1983 年），第 131－141 页。

到吐蕃统治中期,即长庆会盟(821)前后,吐蕃统治敦煌已经30余年,敦煌汉人经过初期的数次反抗斗争失败后,已进入相对安定阶段。吐蕃方面,攻占河陇已经数十年,为维系"西裔一方,大蕃为主"的局面[1],他们急于与唐朝订立盟约,以换取唐朝对自己占有河陇的承认。因此,在会盟前后,吐蕃调整了自己的各项施政措施,以符合长期统治河陇的需要。在敦煌,其政策变化体现在,吐蕃把初期的"僧尼"、"行人"、"丝绵"等部落改编为军事部落,称作"阿骨萨"(rgod sar)、"悉董萨"(stong sar)等。[2] 把汉人部落划归"武士"(rgod)的行列,而与"庸"(g yung)相区别,无疑提高了汉人的政治地位。

17.2 吐蕃在敦煌的施政

敦煌多数汉人并非处于奴隶的地位,还可以从吐蕃在这一地区的其他施政中得到说明。

据 S.1438《书仪》记载,吐蕃统治初期的一次汉人驿户起义平息后,吐蕃当局为安抚民心,恢复当地正常的生产、生活秩序,应汉人官吏所请,"所税布麦","半放半征",结果达到了"凡厥边眠[氓],不任胥[喜]悦"的效果。同时,又因百姓耕"种时例乏耕牛,农器之间,苦无钢铁",经"相公"亲自过问,"更蒙支铁,远送敦煌",使"耕农具既,多耕自广"。[3]

针对基层官吏抄掠汉户女子为奴的情况,吐蕃当局曾发布过《禁止抄掠汉户沙州女子牒》,明令"勿再令无耻之辈持手令前来择配,并允其自择配偶"[4]。另外,吐蕃赞普王宫还应敦煌汉人官吏之请,下令禁止当地节儿官吏侵占民庶果园,P.T.1085 号卷子说:

辰年冬十一月上旬,亨迦官用印颁发之告牒。令下沙州

〔1〕《旧唐书》卷196《吐蕃传》。

〔2〕杨铭:《吐蕃时期敦煌部落设置考》,《西北史地》1987年第2期,第34-40页。

〔3〕史苇湘:《吐蕃王朝管辖沙州前后》,《敦煌研究》创刊号(1983年),第131-141页。

〔4〕王尧、陈践译注:《敦煌吐蕃文献选》,第51-52页。

节儿:据沙州二唐人部落之民庶禀称:沙州每年定期向宫廷及大行军衙交纳年贡礼品"冬梨"一次,王廷虽已拥有果园多处,但仍要增加(年贡)。以往,蒙圣神王臣之恩典,我等蛮貊边鄙之民户,每户修筑一座果园,且从未交纳年贡礼品及岁赋。(如今)节儿长官等经常不断欺压掠夺乃至霸占(果园)。为今后不再发生掠夺、侵占民庶果园事,恳求颁布一严厉诏令,并赐以钤印告牒云云等情,据此,大尚论以下论恐热、论腊藏悉通均用印并摁指印颁发如上(亨迦宫敕令之印)。[1]

上述吐蕃统治者的一系列措施,虽然是从自己的长远利益出发的,但毕竟从一个侧面反映了敦煌汉人所处的非奴隶地位。

从一些较零散的记载来看,河陇其他地区的汉人也没有全部沦为吐蕃的奴隶。如贞元二十年(804)唐人吕温随侍御史张荐出使吐蕃,归途中,见鄯城(今西宁)"城外千家作汉村","耕耘犹就破羌屯"[2],说明当地汉人仍旧聚族而居,耕稼收获,与以前的生产、生活状况没有多少区别。长庆二年(821),唐大理卿刘元鼎为吐蕃会盟使,"逾成纪、武川,抵河广武梁",见"故时城郭未堕,兰州地皆秔稻,桃李榆柳岑蔚,户皆唐人,见使者麾盖,夹道观"[3]。这也说明,河陇汉人的境遇没有多大变化。总之,在吐蕃统治下的河陇地区,除一部分人以外,相当多的汉人并没有沦为吐蕃的奴隶,相反,由于他们的斗争,使自己基本上保持了小生产者的地位。那种"生为戎奴婢"的说法,是在不了解吐蕃统治河陇全貌的情况下,由唐朝封建官吏之口说出的,因而不可能不带有片面性。

17.3　敦煌汉人对吐蕃统治的反抗

我们说吐蕃统治下并非所有汉人都沦为了奴隶,不是要否认吐蕃

---

[1]王尧、陈践:《敦煌藏文写卷 P. T. 1083、1085 号研究》,《历史研究》1984 年第 5 期,第 173 - 174 页。

[2]《全唐诗》卷 371《经河源汉屯作》。

[3]《新唐书》卷 216《吐蕃传》。

统治所具有的民族压迫性质。从本质上看,吐蕃对汉人的统治,是奴隶制政权对已进入封建社会的地区的统治。在这种统治之下,汉族人民不仅备受政治压迫、民族歧视,而且受到沉重的经济剥削。因此,即使没有沦为吐蕃统治者的奴隶,他们的实际地位也是很低的。这一点,在吐蕃部落制中汉人官吏的位置问题上,可以得到充分说明。

P. T. 1089 号文书记载的敦煌蕃汉官吏的名称和大致排列顺序如下:节儿论、万户长州内权限者、万户都护、大都督、吐蕃人千户长、副节儿、小都督、汉人都护、汉人副千户长、吐蕃人小千户长、小节儿、财务官州内权限者、汉人副小千户长、汉人守备长、全体汉人大收税官、万户长书吏[1]。这个序列表,是在敦煌汉人官吏因地位太低,提出申诉后经吐蕃当局重新调整过的,但汉人官吏的附庸地位仍然十分明显。主要表现为:大都督以上官吏,汉人部落的千户长、小千户长一类要职,均由吐蕃人充任,汉人只能任千户长、小千户长的副职[2]。而吐蕃姑臧(mkhar tsan)节度使属下,吐谷浑(阿柴)部落有自己的千户长,且地位紧接吐蕃千户长之后[3]。这说明汉人官吏的地位,在一定时期内还在吐谷浑部落官吏之后。

从敦煌文书的记载来看,吐蕃对被征服民族采取的是一种"字(告身)高位卑"的政策。所谓"字高",即授予的告身比较高,如附蕃的于阗王被赐以"王号","许以王者威仪",于阗的主事大臣也被赐以金告身、玉告身等。但是他们实际地位却很低,"于阗王"的地位排在吐蕃监视官(银告身)之下,主事大臣则在吐蕃铜告身官吏(相当于节儿)之下[4]。敦煌汉人官吏的情况也大致如此,如汉人副千户长为大黄铜告身,但实际地位却在持红铜告身的吐蕃人千户长之后[5]。

---

〔1〕转引自山口瑞凤:《沙州汉人による吐蕃二军団の创立とmkhar tsan军団の位置》,第22页。

〔2〕山口瑞凤:《敦煌の历史・吐蕃支配时代》,《讲座敦煌》第2卷,第213－217页。

〔3〕山口瑞凤:《沙州汉人による吐蕃二军団の创立とmkhar tsan军団の位置》,第17页。mkhar tsan即姑臧(凉州)。

〔4〕杨铭:《唐代吐蕃统治于阗的若干问题》,《敦煌学研究》1986年第5期,第42－43页。

〔5〕山口瑞凤:《沙州汉人による吐蕃二军団の创立とmkhar tsan军団の位置》,第19－20页。

在吐蕃的统治下,汉人除了政治地位低下外,在经济上还受到较重的剥削。S.1475《酉年行人部落张七奴借契》说:"酉年十一月行人部落百姓张七奴为纳突不办,□于灵图寺僧海清处便佛麦陆硕。其□麦限至秋八月内还足。"[1]同卷《未年安环清卖地契》,记载他因"突田债负,不办输纳",只得将土地出卖抵债。敦煌百姓借粮、卖地以交赋税,说明吐蕃统治者的课税已成为他们沉重的负担。千佛洞 73.iv,14 号藏文写本记道:"节度衙长官于去年整顿当妥关官署。一名突(田)官宝(某),在返途中为郝儿思所害。"[2]表明了敦煌百姓甚至以武力反抗吐蕃的征敛。

除了落后的部落制统治、沉重的赋税剥削以外,吐蕃还在汉人中推行强制同化的政策。《新唐书·吐蕃传》记载敦煌被占领后,"州人皆胡服臣虏"。吐蕃统治的残酷性和掠夺性,必然会激起敦煌乃至整个河陇地区的汉族人民的反抗。这种反抗在吐蕃统治初期表现十分激烈,在中期有所缓和,但没有停止。吐蕃统治后期,由于吐蕃河陇驻军将领的混战,这一地区内的各族人民再次蒙受了战争带来的灾难[3],因而张议潮等人能振臂一呼,联合河陇各族人民推翻吐蕃的统治。

17.4　小结

综上所述,唐代吐蕃统治河陇时期,尽管有部分唐俘及汉人奴婢、杂户等沦为奴隶,但相当多的汉人却基本上保持了封建小生产者的地位。敦煌地区,在吐蕃统治下,大部分百姓都占有一块土地,可以分佃、出卖;收获物除纳税外,余下均归自己所有。同时,吐蕃还在敦煌地区采取了一系列减免赋税、添制农具、促进农业生产的措施,也从侧面反映了多数汉人并非处于奴隶地位。史料所见河陇其他地区的情况,也

〔1〕中科院历史所编:《敦煌资料》第 1 辑,第 385 – 386 页。

〔2〕F. W. Thomas, *Tibetan Literary Texts and Documents concening Chinese Tarkestan*,Ⅱ,London,1951,p.49.

〔3〕《新唐书》卷 216《吐蕃传》。

基本类此。这一方面是汉人斗争的结果,另一方面吐蕃为维持统治,也作出了一些努力和让步。这些因素客观上稳定了统治者与被统治者之间的关系,对当时河陇地区经济、社会的恢复与发展有一定的促进作用。

第四编 专论

吐蕃与西北各民族交往无疑给吐蕃社会带来了重大的影响，仅从政治、军事方面看，西北诸族的军政组织形式、法律等就影响到了吐蕃。

唐代吐蕃推行一种军政合一的千户、万户制度，而这种制度是自汉代匈奴以来，到隋唐时期西北诸族如突厥、吐谷浑等民族盛行的军政组织形式，吐蕃的千户、万户制度应是受其影响而形成的。我们推测吐蕃的万户制度是源于吐谷浑的，或者说是通过吐谷浑传入吐蕃的。除千户、万户制外，西北诸族，尤其是吐谷浑的『小王制』也影响到了吐蕃。在军事战阵法方面，吐蕃也受西北民族的影响，譬如秦汉匈奴的骑马编队法，就经过历代西北民族的传承而影响到了吐蕃。据《贤者喜宴》载，松赞干布时学习邻族建政经验、设官及民政，『自东方汉地及木雅获得工艺与历算之书。自南方天竺翻译了诸种佛经。自西方之胡部、泥婆罗，打开了享用食物财宝的库藏。自北方霍尔、回纥取得了法律及事业之楷模』[1]。其中，『木雅』即指党项，『胡部』即指粟特，『霍尔』应指突厥、回纥等。可见邻族的军政、法律制度都曾传到吐蕃。佛教传入吐蕃也有西北各族的贡献，《贤者喜宴》说赤松德赞时，从今克什米尔、于阗等地迎请了高僧，翻译了佛经。[2]

另一方面，吐蕃对西域地区胡、汉诸民族的统治，客观上密切了吐蕃与这些民族的交往和联系。吐蕃统治时期，各族军民在一起耕作、生息，相为婚姻，形成了各民族杂居互处、互相融合的

[1]巴卧·祖拉陈瓦：《贤者喜宴》，第119页。

[2]巴卧·祖拉陈瓦：《贤者喜宴》，第221页。

局面。而吐蕃文化也给西北各民族文化带来了深刻的影响，譬如现存于河西地区的7至9世纪的藏文写本，其外部特征完全是吐蕃式的，但在写校者的总人数中，其他民族人士占4/5甚至5/6，吐蕃人只占1/5乃至1/6，其他民族人士包括汉人、吐谷浑人等等。吐蕃统治结束之后，从南疆于阗一带到甘州，藏文还长期作为官方文字使用，这说明仅从语言文字的使用看，吐蕃的影响是长期存在的。除此以外，吐蕃的其他文化形式也长期保存在河西一带。吐蕃统治结束后，还有很多吐蕃人留居河陇一带。据认为，『吐蕃化』是唐末、五代河西民族关系的主要特点之一。通过有唐一代部分西北民族的王公贵族暨普通民众的『吐蕃化』，以及此后长期的相互交往，羊同、苏毗、多弥、白兰、党项等大都融入吐蕃之中，成为了后来藏族的一部分，应该说这是我国民族关系史上极有意义的一页。

18 吐蕃与西北的地理交通

　　唐代青藏高原存在 3 条与外部交往和联系的传统道路：第一条是从今拉萨出发，经藏北高原、青海通往长安的东线，这就是著名的"唐蕃古道"；第二条是经藏北的苏毗通往西域，也可到河西走廊的北线，其中包括"吐谷浑道"；第三条是经羊同通往天竺、勃律和于阗的西线，包括以下将要讨论到的"吐蕃—于阗道"、"吐蕃—勃律道"。

18.1　吐蕃与于阗的交通

　　7 世纪 60—90 年代，吐蕃与唐朝在西域进行了多次争夺，从史料记载可知，当时吐蕃人进入西域几乎总是首先进攻于阗，这就清楚地显示了吐蕃进军的方向。当时，吐蕃大论钦陵曾把他在西域活动的道路称作"五俟斤路"[1]，此路就是翻越于阗南山，穿过昆仑、帕米尔和西部天山的山麓或山间草原，前往北部草原南缘的路线。[2]

　　吐蕃进出于阗的道路可细分为两条：第一条经由今天印占克什米尔的拉达克地区向北，翻越喀喇昆仑山口、苏盖提山口到达赛图拉，然后转向西北直下塔里木盆地西南斜坡上的叶城绿洲（唐代的朱俱波），或者向正北由桑株达坂翻越昆仑，再东去和田或西去叶城；同时有一条大致与今天的新藏公路所经相同的道路，从今西藏阿里地区的噶大克（噶尔）向北，穿越阿克赛钦这片夹在喀喇昆仑山和昆仑山之间的荒漠

---

　　〔1〕《通典》卷 190《边防》。"俟斤"是西突厥五弩失毕诸部首领的头衔，五弩失毕部落的牧场分布在西突厥人居地的南部，所以又被称为西突厥十姓部落的右厢。因为突厥人以东方为前面，于是南方便成了右面。见王小甫：《唐、吐蕃、大食政治关系史》，第 28 – 31 页。
　　〔2〕王小甫：《七八世纪之交吐蕃入西域之路》，载田余庆主编：《庆祝邓广铭教授九十华诞论文集》，河北教育出版社 1997 年版，第 74 – 85。

233

·欧·亚·历·史·文·化·文·库·

的道路,到达赛图拉后与前条路线相会。第二条是通过昆仑山中部克利雅山口的一条交通孔道。在8世纪吐蕃进占塔里木盆地后,于阗即今和田地区成为其重要的统治基地,而沿于阗河北上185公里的神山堡(麻扎塔格)为其重要军事据点,故通过克利雅山口北至麻扎塔格的路线,当时人员往来频繁,为吐蕃至塔里木盆地的主要路线之一。[1]

18.1.1 克利雅山口北至麻扎塔格的路线

在吐蕃进出塔里木盆地南缘的7至9世纪上半叶,应该存在吐蕃军队从本土出发,向北穿越克利雅山口,抵达位于今和田城北185公里的军事据点神山堡(麻扎塔格)的情况。对于这条路线的交通情形虽缺乏明确完整的历史记载,但仍可从有关的文书中,构拟出这条路线的沿途地名以及吐蕃军队活动的概貌。

以下,我们对南疆出土的吐蕃文书以及汉文文书中出现的零星资料加以分析,大致按照从北向南的方向,对吐蕃与于阗交通的许多站点加以比对,便能把这一路线大致连接起来:

18.1.1.1 神山(shing shan)

神山(shing shan)或称神山堡,《宋史·于阗传》曾称为“通圣山”。其地位于和田城北,相距185公里,临和田河畔,俗名麻扎塔格。唐代,神山的地理位置十分重要,扼塔里木盆地南北交通的咽喉,时有一条重要的交通路线称“神山路”,它北抵拔换城,南抵于阗;同时,神山堡与坎城(今老达玛沟一带)间有道路相通,即由神山东行,经杰谢而南到

---

[1]学术界对上述两条吐蕃进出于阗的路线及其文化交流展开了探讨,殷晴、王小甫、陆水林、霍巍等相继发表了有关文章,对第一条路线的走向并无大的分歧,但对第二条路线的讨论仍在进行。王小甫认为从新疆进入藏北羌塘无人区困难异常,说这样一条路在唐代就已存在并为吐蕃军队所利用不可想象。参见殷晴:《古代于阗和吐蕃的交通及其友邻关系》,《民族研究》1994年第5期;王小甫:《七、八世纪之交吐蕃入西域之路》,载田余庆主编:《庆祝邓广铭教授九十华诞论文集》,河北教育出版社1997年版;陆水林:《乾隆时期巴尔蒂斯坦(小西藏)与清朝关系初探》,《中国藏学》2004年第1期;霍巍:《于阗与藏西:考古材料所见吐蕃时期两地间的文化交流》,载《藏学学刊》(3),四川大学出版社2007年版。

坎城的要道。[1]

8世纪末,吐蕃控制塔里木盆地南缘后,在此顺山势构筑堡垒,以为军事据点,与藏北高原首尾相顾,遥相呼应,故此地在吐蕃文书中频繁出现:

"马年仲春月中旬,神山(shing shan)堡和哨站(so res)人员的口粮,已经送去一百四十驮麦子。由粮食提供者吐谷浑(va zha)玉赞运送给神山的粮官韦·恰勒。"

"猴年冬末月之初……王与军吏论·卓桑波(blon mtsho bzang po)之上书……雅藏(yang rtsang)部落的……已付给准巴(zhum ba)教区的于阗人麻孙十一……及一柄战刀,他将遵命送往神山(shing shan)……如果未按时送到,那么两……中的一件将替换……他的个人所有,或其房屋中的任何财物,将被占有,不得申诉。其保人已作为共同债务人记下(?)。证人芒噶(mang khar)部落的巴……"[2]

18.1.1.2 杰谢(jeg shin)

杰谢系著名的丹丹乌里克遗址所在地,位于克里雅河与玉珑喀什河尾之间,在乌曾塔提北约60公里处。唐代有军镇设置,驻有汉军,南接坎城,北通神山,因近古计戍河侧,或曰因河得名。[3]

吐蕃文书中亦见其名:"送孙儿赞热和班热及其余人等:兹赖的信,我正在去到(?)杰谢(jeg shin)的路上……";"呈内务大臣赤热和其余官员:……和昆热的请愿书。(通常的问候语之后)我们又……远至帕班和杰谢(jeg shin)的低谷"[4]

〔1〕侯灿:《从麻扎塔格古戍堡考察看丝路南道走向与和田绿洲的变迁》,《新疆文物》1987年第1期,第244－256页。张广达、荣新江:《圣彼得堡藏和田出土汉文文书考释》,载《敦煌吐鲁番研究》第6卷,北京大学出版社2002年版,第226页。陈国灿:《唐代的"神山路"与拨换城》,载武汉大学中国3至6世纪研究所编:《魏晋南北朝隋唐史资料》第24辑,第197－205页。

〔2〕F. W. Thomas, Tibetan Literary Texts and Documents concerning Chinese Turkestan, London, 1951, pp. 208,178－179,214－215。托马斯编著,刘忠、杨铭译注:《敦煌西域古藏文社会历史文献》,民族出版社2003年版,第180页。

〔3〕藤田丰八著,杨练译:《西域研究》,商务印书馆1935年版,第18页。

〔4〕F. W. Thomas, Tibetan Literary Texts and Documents concerning Chinese Turkestan, London, 1951, pp. 239, 244. 托马斯编著,刘忠、杨铭译注:《敦煌西域古藏文社会历史文献》,民族出版社2003年版,第206、210页。

这里介绍近年发现于新疆策勒县的一件唐代汉文文书,借以说明吐蕃在杰谢附近的活动。该文书基本完整,共有 7 行字,可定名为《唐某年三月十五日帖都巡杨光武》,编号为 C7 甲件文书,文字如下:

1　杰谢镇　帖都巡杨光武
2　当界贼路等
3　右为春初雪消山开复□外□□
4　陵密来侵抄帖主帅当界贼路
5　切加远探侯勿失事宜似有疏
6　失军令难答三月十五日
7　权知镇官左武卫大将军王子游

通过专家考释,C7 甲件文书的内容是:唐某年阴历三月十五日,古于阗(今和田)的气候已是春暖花开,山里的冰雪也开始消融。这一天,杰谢镇的权知镇官左武卫大将军子游通告本镇的都巡官杨光武:春天冰雪消融,山中的道路又可通行,外界敌人——吐蕃可能又会秘密地翻山越岭来侵,抢掠人畜财物。必须通告各烽燧、哨所的主帅,对于面对着边界的敌人出没之路,要切实地深入纵深、偏远地带进行侦察。哨所不得玩忽职守,如果有疏忽、闪失,将追究违犯军令的责任。[1]

18.1.1.3　扜弥(g yu mo)

扜弥系汉代与于阗并列之绿洲城国,152 年为于阗所并,作为于阗的属地,故有于阗扜弥之称。唐代扜弥国虽不存在,但其地域范围依旧。其中心在今达玛沟北约 100 公里的乌曾塔提或铁提克日木一带,唐称媲摩或坎城,今已沦为沙漠。

唐代吐蕃进占塔里木盆地时,位于交通要道上的扜弥不断有粮食运输,翻越昆仑山的人员常患高山疾病在此疗养:"在于阗扜弥(vo tong g yu mo),两个吐蕃人,一个于阗人,即波噶(phod kar)部落的

---

〔1〕李吟屏:《发现于新疆策勒县的唐代汉文文书残页考释及研究》,《西域研究》2009 年第 2 期,第 77、80 页。

……""……在于阗扜弥(vo tong gyu mo)之必布,胡泽".[1]

由扜弥前往吐蕃军事据点神山堡,亦有直达的交通路线,见于唐代的于阗语—汉语文书曾有明确反映。如在达玛沟发现的 H·24 号双语汉文书称:

[残]□□乘驼人桑宜本□报称:"闻神山堡□

□三铺人并驼三头。今日卯时□,濡马屈萨

得消息,便即走报来者。准状各牒所(由者),

人畜一切尽收入坎城防备。如有漏失,

罪科所由者,故牒。"

贞元十四年闰四月四日辰时,典使怀□牒。

判官简王府长史富惟谨[残]

节度副使都督王[残](尉迟曜)[2]

而于阗语文书也有大致相同的内容,这说明当时在坎城与神山堡即麻扎塔格间,时有往来,且设有驿站,由于当时战争频发,防备甚紧。

18.1.1.4　渠勒(zhugs ngam)

渠勒位于今新疆策勒县努尔乡,在海拔 2200 米以上的低山带,年降水量 200 毫米左右,气候润湿凉爽,可耕可牧,有和田地区最好的草场资源。作为汉代渠勒国所在地,这里交通方便,向北可直抵达玛沟,折向东南约 40 公里可到普鲁,向南即出克利雅山口至藏北高原。[3]所以吐蕃控制和田时,可能一度把军事指挥部设在这里。有两件吐蕃文书写道:

我等下人则萨等,作为探哨被派往神山(shing-shan),已

从渠勒(zhugs-ngam)高地来了很长一段时间,眼下甚至无外

〔1〕F. W. Thomas, *Tibetan Literary Texts and Documents concerning Chinese Turkestan*, London, 1951, pp. 214 - 215. 托马斯编著,刘忠、杨铭译注:《敦煌西域古藏文社会历史文献》,民族出版社 2003 年版,第 185 页。

〔2〕荣新江著,木田知生译:《唐宋时代于阗史概说》,《龙谷史坛》卷 97,京都,1991 年,第 28 - 38 页;林梅村:《新疆和田出土汉文—于阗文双语文书跋》,载《西域文明——考古、民族、语言和宗教新论》,东方出版社 1995 年版,第 219 页。

〔3〕殷晴:《埋在沙漠中的绿洲古国》,《新疆社会科学》1985 年第 1 期。

衣可穿……

　　尚论赤热(khri bzer)和内务大臣塔赞(lha bzan)逗留在
渠勒(zhugs ngam)高地的军事指挥部期间,犹如同神的显现
……谈及于阗(vu tan)地区目前的形势……[1]

18.1.1.5　普鲁(vbru)

普鲁古称帕涅或普罗,《于阗编年史》记为 vbru so lo nya,今属于田
县阿羌乡,北距县城 72 公里,属山前克里雅河上游地区的河谷阶地,海
拔 2320 米。普鲁在汉、唐时期为扜弥南境,清代从普鲁向北可达策勒
村,向南则可直抵藏北高原,至今还存有废弃的 20 世纪 50 年代初修筑
的进藏公路,证明此地为通过克利雅山口至藏西北的必经之地。[2]

　　上述这条穿越克利雅山口的南北通道,是昆仑山中段进入西藏地
区的主要干线。《西域水道记》卷 2 引《西藏志》曰:"自卫藏招正北行
二十四日至纳克产,又十五日至书隆沙尔,又十八日至克勒底雅城是
也。"[3]"克勒底雅"即今于田县所在。直至近代,乡民尚流传在此通
道上唐蕃构兵之传说,1990 年新疆克里雅河考察队在古道上的苏巴什
(硫磺达坂与阿什库勒盆地之间)采集到唐代的灯座等古代遗物,可为
佐证。[4]

　　唐以后发生的历史事件,证明翻越克利雅山口进入西藏地区的道
路仍在使用。如清康熙五十五年(1716)十月,准噶尔首领策旺阿拉布
坦以送噶尔丹丹衷及其女博托洛克回西藏为幌子,派大将策零敦多布、
都噶尔、托布齐、三济等人,率兵 6000,"绕戈壁,逾和阗大山,涉险冒
瘴,昼伏夜行",于次年由藏北腾格里海突入,败西藏兵,围攻布达拉,

[1]F. W. Thomas, *Tibetan Literary Texts and Documents concerning Chinese Turkestan*, London, 1951, pp.205,223.托马斯编著,刘忠、杨铭译注:《敦煌西域古藏文社会历史文献》,民族出版社 2003 年版,第 177、193 页。

[2]黄小江、吴州:《克里雅河上游地区新发现的两处石器地点》,载新疆文物考古研究所编:《新疆文物考古新收获(续)1990—1996》,新疆人民出版社 1997 年版,第 44-56 页。

[3]徐松著,朱玉麒整理:《西域水道记》,中华书局 2005 年版,第 83 页。

[4]殷晴:《古代于阗和吐蕃的交通及其友邻关系》,《民族研究》1994 年第 5 期,第 69 页。

杀拉藏汗,禁锢新达赖喇嘛于札克布里庙(岳王山庙)。[1] 雍正元年(1723)六月,罗布藏丹津也试图从克勒底雅入藏,后因气候原因而止。[2] 光绪四年(1887),因剿灭叛匪白彦虎,此道被毁,蹊径遂绝。[3]

19世纪末20世纪初,曾有俄、英、德等国的探险队多次通过这一路线,试图进入西藏,或者从西藏到达普鲁,其中有成功的也有失败的。1950年进驻和田的中国人民解放军,为了开辟通向藏北阿里的路线,曾从于田普鲁向南经过苏巴什等,然后穿越昆仑山,翻越界山达坂,进入西藏境内。[4]

20世纪90年代初,我国自己组织的一次科学探险队,从普鲁沿河沟,经过阿拉叫依、苏皮塔什、苏巴什,翻越硫磺达坂(海拔5100米),偏西南转而东西向,经过阿其可库勒,绕到乌鲁克库勒以东,再向东南绕过乌拉音库勒(克里雅河水源地),越过海拔5700米的达坂,转向西南,经过克利雅山口进入西藏北部。[5] 在最新版的《中国公路行车路线图》等交通图上,多标注有一条从于田县南普鲁往南的大车道,与来自民丰县的喀拉萨依的一条大车道汇合,然后穿过克利雅山口进入西藏。[6]

根据上述汉、藏文献记载的一连串地名和历史事件,进行综合分析后便可看出,从称为羌塘的藏北高原,穿过克利雅山口,经普鲁、渠勒往北,由扜弥经杰谢,然后直抵神山,这是8世纪末吐蕃进占塔里木盆地后一条重要的南北交通线。这条穿越昆仑山的通道,不言而喻,异常艰险,但当时吐蕃选择这条路线作为南北往来的通道之一,除因其路线直捷外,还因为塔里木盆地东南缘进出方便,长期为其势力范围,有安全保障。

---

〔1〕参见《卫藏通志》、《西藏志》、《西藏图考》等书。
〔2〕徐松著,朱玉麒整理:《西域水道记》,第82－83页。
〔3〕张少初等主编:《新疆古代道路交通史》,人民交通出版社1992年版,第131页。
〔4〕袁国祥口述,石鸣等文:《进藏先遣连的雪域哀歌》,《瞭望东方周刊》2011年第42期。
〔5〕黄小江、吴州:《克里雅河上游地区新发现的两处石器地点》,第47页。
〔6〕《中国公路行车地图册》,地图出版社、测绘出版社2008年版,第198页。

18.1.2 今新藏公路叶城至阿里的路线

这是一条大致与今天的新藏公路所经相同,穿越阿克赛钦荒漠的道路。新藏公路始建于 1955 年 6 月,今天已经被标为国道 219。新藏公路北起新疆叶城,南抵西藏阿里地区的噶大克(噶尔),后又南延至边疆城镇普兰,途经峡南口、大红柳滩、日土宗和噶尔昆沙,跨过拉斯塘河、叶尔羌河、喀拉喀什河、狮泉河等河流,越过新疆、西藏之间海拔 5406 米的界山达坂和海拔 5432 米的库达恩布等 11 个山口。其中叶城与狮泉河两地相距 1100 公里,车程约需 3 天,具体的路程是:

$$叶城 \overset{(698)}{——} 界山达坂 \overset{(136)}{——} 多玛 \overset{(266)}{——} 狮泉河$$

唐代吐蕃沿今新藏公路一线的活动,可以从所谓"固城"(gu zan)的地望得到证明。《敦煌本吐蕃历史文书·大事纪年》载:猪年(687)夏,"论钦陵率军前往突厥固城(gu zan)之境"。今学者考证 gu zan 或许即《新唐书·地理志》所记于阗西 200 里之"固城",按所述距离测算,固城应在和田西皮山东境之藏桂(装桂牙)一带。[1]《新疆图志》载:"装桂雅废垣周十里,俗呼破城子,地多柽柳,居民采樵于此,往往掘得铜章钱刀等类,《西域水道记》云是汉时国治。"[2] 黄文弼在《塔里木盆地考古记》中亦曾记述:在藏桂附近的古遗址,陶片散布极广,房舍遗迹犹存,井渠巷陌历历可辨,颓垣甚多,类似城墙遗迹,周广约十里,可能为古城遗址。[3] 而藏桂正位于从赛图拉沿桑株河往北之交通线上,当视为固城之地。唐朝在这一带地方设军镇有固城镇、吉良镇、皮山镇等,就是为了防范吐蕃军队之突然进袭,然后从藏桂出发,东扰于阗,西逼疏勒。[4]

写于 9 世纪及以后的阿拉伯文献也能说明当时吐蕃与西域的交

---

〔1〕王小甫:《唐、吐蕃、大食政治关系史》,第 34、64 页。

〔2〕王树枏等纂:《新疆图志》卷 87《古迹》,李毓澍主编:《中国边疆丛书》第 1 辑,十三(五),文海出版社 1931 年影印本,第 3327 - 3328 页。

〔3〕黄文弼:《塔里木盆地考古记》,科学出版社 1958 年版,第 55 页。

〔4〕笔者曾于 2010 年 8 月下旬从喀什乘车前往和田,过叶城后,车道沿昆仑山北麓与塔里木盆地交界处的平地前行,过皮山、藏桂、墨玉,一路平川,几乎无险可峙。遥想当年,吐蕃骑兵只要到了皮山,东至于阗,西进疏勒,简直就是如履平地。

通。其中,较早的《中国印度见闻录》(成书于 9 世纪中叶—10 世纪初)在"关于印度、中国及其国王的情况"一节中写道:"中国的西部,是突厥人的九姓回纥部落和吐蕃人的可汗(qaghan)部落。可汗部落和突厥人的国家接壤。"[1]这一记叙与《通典·边防》所载吐蕃论钦陵之言极相符,他于万岁通天二年(697)对唐使郭元振说:"(突厥)俟斤诸部,密近蕃境,其所限者,唯界一碛,骑士腾突,旬日即可以蹂践蕃庭。"

《记述的装饰》(成书于 10 世纪?)说:"到去吐蕃的道路,那是从和阗去阿拉善(?),而且是顺着和阗的丛山走。……顺着这些山可到阿拉善。向前走是一座桥,从山的这边搭向另一边,据说,桥是和阗人在古时候修建的。山从这座桥一直绵延到吐蕃可汗的都城。走近这座山的时候,山上的空气使人喘不过气来,因为没法呼吸,说话也变得困难了,许多人就因此丧命,吐蕃人把这座山叫'毒山'。"[2]

殷晴指出:这条由于阗向南至吐蕃的路线,很可能就是《中亚蒙兀儿史》中所述 16 世纪初米儿咱·阿巴·白乞儿通过喀兰兀塔格(karang hutagh)向退摆特(拉达克)逃跑的路线。[3] 同样,《中亚蒙兀儿史》也提到了进入西藏时,在高山上容易得"高山病":"图伯特的另一奇事是蒙兀儿人称为'亚司'的高山病(dam gi ri),这是图伯特全境都很常见的病;不过在城堡和乡村附近比较少。症状是十分恶心,患者人人感到气喘不已,筋疲力尽,好像背负重物跑上陡峭的山岭一样。由于气憋,难以入睡。……这种病只外地人才得,乌斯藏本地人从来不害,那里的医务者也不知道为什么它专找异乡人。"[4]

清代的文献对这条道路也有记载,《西藏志》说:"自阿里西北所属之鲁都克城,十五日至叶尔羌,盖有两路可达。克勒底雅在藏正北,叶

〔1〕佚名著,穆根来等译:《中国印度见闻录》,中外关系史名著译丛,中华书局 1983 年版,第25 页。

〔2〕瓦·弗·巴托尔德著,王小甫译:《加尔迪齐著〈记述的装饰〉摘要》,《西北史地》1983 年第 4 期,第 111 页。

〔3〕殷晴:《古代于阗和吐蕃的交通及其友邻关系》,《民族研究》1994 年第 5 期,第 69 页。

〔4〕米儿咱·马黑麻·海答儿著,新疆社会科学院民族研究所译,王治来校注:《中亚蒙兀儿史——拉失德史》(第 2 编),新疆人民出版社 1983 年版,第 381 – 382 页。

尔羌在藏西北也。"

当今的事实证明,今新藏公路叶城至阿里的路线,比于阗直接向南的路线安全好走,也比通过上述普鲁的路线易于通行。新中国成立初期,进驻和田的中国人民解放军,为了开辟通向藏北阿里的路线,曾从于田普鲁向南经过苏巴什、阿旦帕下、吾拉因伯克,然后进入界山,经杜孟、札关得拉,沿班公湖畔至西藏的日土县。这次探察路线的小分队,从 1951 年 7 月 28 日出发,沿途在高寒缺氧、渺无人烟的极端困难的情况下,历尽千辛万苦,至 9 月 20 日进入日土县,共花费 53 天时间。他们 10 月 7 日返疆,"在北返途中,经善和,翻越界山达坂,通过铁隆滩、泉水沟、盐池、大红柳滩和桑株达坂,终于在 12 月初胜利抵达新疆皮山县的桑株镇"。这两条路线虽然气候并无多大差异,但后者"距离短,险阻少,除了桑株达坂常年积雪通过比较困难外,其余道路都比较平坦,而且每站都几乎有水草"[1]。

18.1.3 "吐蕃—于阗道"的宗教、文化交流

除了上述军旅往来的活动以外,宗教、文化交流也沿着"吐蕃—于阗道"展开。研究表明,早在唐以前,古代波斯的宗教元素就正是沿着这条道路从中亚传入西藏的。[2] 到了唐代,就当时中国与印度间的交通而言,"吐蕃—于阗道"是与"吐蕃道"(经泥婆罗)、"迦毕试道"(经吐火罗等地)相并列的"北道",同样十分重要。[3] 以下略举一例说明。

吐蕃文献《于阗教法史》记载:于阗的第一王地乳(sa nu)王子来到黎域即于阗的墨格尔(me skal)寻找合适建国之地,有随员从墨格尔来到多鲁(to la),见此地空旷,水草丰美,便建议地乳王子在此建立了于阗国。[4] 多鲁这个地名今仍存在于和田地区洛浦县城附近;墨格尔意

---

〔1〕李秉欣:《风雪昆仑路》,《纵横》1990 年第 1 期。
〔2〕侯石柱:《西藏考古大纲》,西藏人民出版社 1991 年版,第 130 - 131 页;陈兆复:《中国岩画发现史》,上海人民出版社 1991 年版,第 158 - 160 页;霍巍:《于阗与藏西:考古材料所见吐蕃时期两地间的文化交流》,载《藏学学刊》(3),四川大学出版社 2007 年版,第 146 - 156。
〔3〕王小甫:《唐、吐蕃、大食政治关系史》,第 36 页。
〔4〕王尧、陈践译注:《敦煌吐蕃文献选》,第 149 - 150 页。

为河谷,位于多鲁东约 75 公里的今策勒县达玛沟一带。[1]

又据吐蕃文献《汉藏史集》、《于阗教法史》等典籍记载,7 世纪以后,于阗一位年轻国王仇视佛法,驱逐僧侣,"众比丘依次经察尔玛、蛙、墨格尔、工湟等寺院,逃向赭面国(吐蕃)。众比丘由驮载物品的牦牛领路,到达吐蕃的蔡吉地方"。察尔玛系古代于阗建立最早的佛寺,众僧由此出发,到墨格尔即达玛沟一带地方逃向吐蕃,必然要通过普鲁走克利雅山口这条路线。

而且,通过"吐蕃—于阗道"的宗教、文化交流,并不止于唐代。清代今巴控克什米尔地区的希格尔统治者,其王号为"阿摩支"(amacha)。关于这一称号的渊源,当地学者阿巴斯·加兹米援引托马斯的观点指出:amacha 一名可能同 7 世纪时统治于阗的 amacha 王族有关,该王族和与当时的大小勃律关系密切,互相支持并通婚,后来双方均被吐蕃收为治下。[2]

"阿摩支",原文作 amaca,源于梵文 amātya,意为大臣、辅相。根据《册府元龟·外臣部》和《新唐书·西域传》的记载,"阿摩支"是作为于阗王和疏勒王的称号用的。文献表明:"阿摩支"这个称号在吐蕃统治于阗时期还存在,而且冠此称号者,仍为于阗王族姓氏"尉迟",甚至也有用于吐蕃官吏的情况。[3] 因此可以说,清代克什米尔希格尔王公的"阿摩支"称号,究竟是使用了藏语/巴尔蒂语中自吐蕃时期已有的称号,还是后来从于阗地区重新输入,已不可知;但此词至清代仍在希格尔地区沿用,其通过"吐蕃—于阗道"传播的历史背景,当无疑问。

18.2 吐蕃与勃律的交通

7 世纪 60—90 年代,吐蕃与唐朝在西域进行了多次争夺。从史料

---

〔1〕殷晴:《古代于阗和吐蕃的交通及其友邻关系》,《民族研究》1994 年第 5 期,第 69 页。
〔2〕陆水林:《乾隆时期巴尔蒂斯坦(小西藏)与清朝关系初探》,《中国藏学》2004 年第 1 期。
〔3〕在一些藏文木简中,这一称号被冠于悉心儿(stag sum rje)、拉松哲(lha zung gre)等吐蕃人名之前。见托马斯编著,刘忠、杨铭译注:《敦煌西域古藏文社会历史文献》,第 168 – 170 页。

·欧·亚·历·史·文·化·文·库·

记载可知,当时吐蕃人进入西域几乎总是首先出现在西域南部。因此可以分析,在这一系列事件中吐蕃军队所取的路线,多由于阗南山进出西域。

上述情况到 7 世纪末、8 世纪初有了一个很大的变化。武则天长寿元年(692),唐朝武威道大总管王孝杰"大破吐蕃,复龟兹、于阗、疏勒、碎叶镇","自此复于龟兹置安西都护尉,用汉兵三万以镇之"[1]。唐朝既复四镇,又以重兵镇守,《新唐书·地理志》"安西大都护府"条曰:"于阗东界有兰城、坎城二守捉城。西有葱岭守捉城,有胡弩、固城、吉良三镇。东有且末镇,西南有皮山镇。"这样,吐蕃欲循于阗道进入西域已属不易,势必寻求新的路径,此即吐蕃经营"吐蕃—勃律道"的由来。[2]

18.2.1 "吐蕃—勃律道"的走向与关隘

大约在 7、8 世纪之交,吐蕃出现在帕米尔地区,位于该地以南的大、小勃律当已为吐蕃所控制。当时,从吐蕃经羊同去大、小勃律,抵达帕米尔,其大致的走向和途经的关隘如下:

18.2.1.1 大、小勃律

西北接小勃律,东南接今拉达克。慧超《往五天竺国传》曰:"又迦叶弥罗(克什米尔)国东北,隔山十五日程,即是大勃律国。"[3]在唐朝加强驻西域镇兵后,吐蕃为了仍能进出四镇,于是积极地经略一条出大勃律、小勃律,进入护密的道路。《旧唐书·高仙芝传》曰:唐军临孽多城,谓小勃律王曰,"不取汝城,亦不斫汝桥,但借汝路过,向大勃律

---

[1]《旧唐书》卷 6《则天皇后纪》;《旧唐书》卷 198《龟兹传》。

[2]日本学者长泽和俊在《丝绸之路》一书中曾说:"丝绸之路"有 3 条东西干线,即北方草原路、中亚绿洲路、南方海路。在这些东西干线之间还有许多南北向通道,其中吐蕃与中亚的交通路线"是由西藏经塔里木盆地至准噶尔的路线。这条路自 5 世纪开始为吐谷浑所利用。在 6—8 世纪,又屡屡被吐蕃远征西域时使用"。长泽氏在这里说得很笼统,似乎唐代吐蕃通西域只有一条"吐谷浑路"。参见长泽和俊:《丝绸之路》第一章"丝绸之路序说",讲谈社学术文库 1993 年版,第 24 页。

[3]张毅:《往五天竺国传笺释》,第 64、69 页。

去",反映出大、小勃律之间的交通情况。[1]

18.2.1.2　藤桥

《旧唐书·高仙芝传》曰:"藤桥,去勃律(孽多城)犹六十里……阔一箭道,修之一年方成。勃律先为吐蕃所诈借路,遂成此桥。"联系吐蕃对小勃律王的话,"我非谋尔国,假道攻四镇尔",则此藤桥似为吐蕃所建,为大勃律至孽多城之交通要道。这类藤桥似即汉唐史书中常称的"县度"(悬渡)。

这里需对娑夷水绳桥略加说明,因为此桥处于大小勃律之间的咽喉要道。吐蕃据大勃律之后,欲打通往四镇的道路,遂诈得小勃律王的允许,修成了此桥。桥成之后,小勃律也就为吐蕃所控制。唐朝为阻断吐蕃从西面进攻四镇,就必须使小勃律脱离吐蕃的控制,所以派出大军远征小勃律。唐军攻克孽多城后,又毁吐蕃绳桥于娑夷水上,吐蕃大军虽至不能渡,只好隔水兴叹。吐蕃援军当是驻扎在大勃律的,其距小勃律300里,约合现在的230里,骑马约需走一天的路程。所以《旧唐书·高仙芝传》说"及暮",吐蕃兵马方至。

18.2.1.3　孽多城

小勃律王居地。《新唐书·西域传》曰:"王居孽多城,临娑夷水。"又《旧唐书·高仙芝传》说,唐军破城,"(小勃律)王及公主走入石窟,取不可得",表明此城不远处便有山脉。"孽多城"的位置,在今吉尔吉特首府吉尔吉特城,据介绍为一群山环抱的盆地。[2]

18.2.1.4　阿弩越城

《旧唐书·高仙芝传》记载,(唐军)"至坦驹岭,直下峭峻四十余里,仙芝料之曰:'阿弩越胡若速迎,即是好心。'……下岭三日,越胡果来迎。明日,至阿弩越城"。下文还说从其城至孽多城,大约需一日路

---

〔1〕关于大勃律与小勃律的距离,《新唐书》卷221《西域传》谓小勃律"东南三百里大勃律",约合现在的230里,而现在从斯卡都至吉尔吉特的公路长241公里。详见陆水林:《乾隆时期巴尔蒂斯坦(小西藏)与清朝关系初探》,《中国藏学》2004年第1期,第38页。

〔2〕陆水林:《巴基斯坦》,重庆出版社2004年版,第494-496页。

程,所过者或有娑夷水支流。[1] 此城为孽多城去坦驹岭中间站,其居民曰阿弩越胡。据斯坦因解释,"阿弩越"就是吉尔吉特河谷的达尔德人称亚辛为"阿尔尼雅"或"阿尔尼阿赫德"相当贴近的译音。[2]

18.2.1.5 坦驹岭

兴都库什山之一山口,斯坦因说当地的名字叫做"达尔科特"(darkot),从妫水河上游的巴洛吉尔、马斯杜日河等至雅辛山谷,它是"唯一实际可以通行的大路"。由此岭至阿弩越城,需4日路程。《旧唐书·高仙芝传》载:坦驹岭,"直下峭峻四十余里",兵士望而却步曰:"大使(高仙芝)将我欲何处去?"山势险峻,可想而知。斯氏曾亲临这海拔15400英尺高的山口,目睹了从山口直下到雅辛山谷足有6000英尺的峻坂。

18.2.1.6 连云堡

《旧唐书·高仙芝》曰:"吐蕃连云堡,堡中有兵千人。又城南十五里因山为栅,有兵八九千人。城下有婆勒川,水涨不可渡。"《新唐书·西域传》"小勃律"条曰:"北五百里当护密之娑勒城。""娑勒城"当作"婆勒城",连云堡约在此城附近。《旧唐书·高仙芝传》称,唐军克连云堡后,"仙芝留令诚等以赢病尫弱三千余人守其城,仙芝遂进。三日,至坦驹岭"。是知从连云堡去坦驹岭需3日路程。连云堡遗址,据斯坦因考察就是今萨尔哈德一个叫坎西尔(kahsir)的古堡,其北面和东面为无法通行之悬崖,仅西面和南面有城墙遗址。该古堡下所临之河,正是瓦罕河。[3] 至此,吐蕃接通了出大勃律,经小勃律,入护密的道路。

《新唐书·西域传》"护密"条曰:"显庆时(656—661)以地为鸟飞

---

〔1〕《旧唐书》卷104《高仙芝传》曰:"明日,至阿弩越城,当日令将军席元庆、贺娄余润先修桥路。"

〔2〕斯坦因:《唐代西征帕米尔及兴都库什记》,《英国地理学刊》59卷第2期,1922年2月,第112-131页。转引自柯宗等著,吴泽霖等译:《穿越帕米尔高原》,社会学人类学译丛,民族出版社2004年版,第168页。

〔3〕斯坦因著,向达译:《斯坦因西域考古记》,中华书局1936年版,第30-31页;柯宗等著,吴泽霖等译:《穿越帕米尔高原》,第163-165、167、480页。

州,王沙钵罗颉利发为刺史。地当四镇入吐火罗道,故役属吐蕃。"护密(今阿富汗瓦汗)所临的这条由四镇入吐火罗(今阿富汗北境)的道路,就是《释迦方志》所谓的西行僧人求法中道[1] 唐贞观年间玄奘曾由此道归国,开元初年慧超亦经此道返至安西。此道既西抵吐火罗,东至四镇,又南通小勃律、大勃律,当然是吐蕃进入西域的理想路线。关于此点,法国汉学家沙畹在评价唐朝于728—745年间册封西域诸国的情况时指出,"中国欲维持其与箇失密、乌苌、罽宾、谢䫻等国之交际,则应维持从护密及小勃律赴诸国之通道,故此道又为吐蕃入四镇之天然路途"[2]。

由此看来,在7世纪末到8世纪中,吐蕃曾致力于经营这条经由大勃律、小勃律入护密,再东至四镇的道路。由此道入四镇虽嫌过远,但在唐朝四镇驻兵强大、吐谷浑道易受阻击的情况下,吐蕃军队走这条通道,相对来说安全得多。

关于吐蕃在护密、小勃律一带经营通道的情况,波斯文地理书《世界境域志》亦有记载。第26章"关于河中诸边境地区及其城镇"第15节曰:"哈姆达德(khamdadh),其地有瓦罕人的偶像寺。寺中发现有少数的吐蕃人。其左边有一个城堡,为吐蕃人所占据。"英国学者密诺尔斯基注:"哈姆达德即昏驮多城(kandud),在今阿富汗瓦罕地区伊什卡什姆以东五十英里处。本节中所述城堡的故址在此城对面。"[3]此处又提到吐蕃人的城堡,可见他们在护密的据点不止一处。《世界境域志》还提到:"撒马尔罕达克,是一个大村庄,其中住着印度人、吐蕃人、瓦罕人以及穆斯林。……安德拉思(?)是一个城镇,其中住有吐蕃人和印度人。从其地至克什米尔是两天的旅程。"[4]撒马尔罕达克很可

[1]"中道"之说,见道宣:《释迦方志》"遗迹篇",范祥雍点校本,第15–20页。
[2]沙畹编,冯承钧译:《西突厥史料》,中华书局1958年版,第272页。
[3]V. Minorsky, translated and explained, HUDŪD al-'ÁLAM:(The Regions of The World) A Persian Geography 372 A. H. –982 A. D., second edition, London, 1970,pp. 121,366–367. 佚名著,王治来译注:《世界境域志》,上海古籍出版社2010年版,第121页。
[4]V. Minorsky, translated and explained, HUDŪD al-'ÁLAM:(The Regions of The World) A Persian Geography 372 A. H. –982 A. D., pp. 121,369–370. 佚名著,王治来译注:《世界境域志》,第121–122页。

能即今萨尔哈德(sarhadd),亦在瓦罕地区;安德拉思似指去克什米尔路上的 drās。上述情况,同汉文史料记载吐蕃在连云堡及城镇山寨中有近万军队的说法,可以相互印证。

吐蕃出小勃律后,从连云堡往东,循护密道入四镇的路线就是阿富汗著名的瓦罕走廊,直通我国的新疆。目前虽无文献具体说明吐蕃在这一路线上的活动,但慧超在开元十五年(727)从护密国经播蜜(帕米尔)至葱岭镇时,虽知"此即属汉,兵马见今镇押",但他也了解到"此即旧日王裴星国境,为王背叛,走投吐蕃"[1],说明吐蕃在此以前曾活动于此。换言之,唐设葱岭守捉(开元初)以前[2],吐蕃军队循护密道东来,似由此赴四镇。唐设葱岭镇以后,吐蕃循此入四镇的交通一度受阻,开元二十二至二十四年间(734—736),有突骑施使者携什物,越葱岭欲至吐蕃,为唐守捉军拿获即是一例。[3]

吐蕃出小勃律,从连云堡往西向吐火罗的情况,汉文文献和阿拉伯地理书均有记载。波斯文地理书《世界境域志》在第 26 节第 12 条提到了吐火罗通往箇失密之路上有一处地方被称作"吐蕃之门"(dar I tubbat),具体位置在今阿富汗巴达赫尚省首府法扎巴德南面的巴拉克附近,[4]说明唐代吐蕃的势力已经从东面延伸到了这里。

18.2.2 "吐蕃—勃律道"的商旅往来

《敦煌本吐蕃历史文书·大事纪年》第 72 条载:及至鸡年(721),"上部地区之使者多人前来致礼";第 105 条:及至猴年(756),"黑邦瑕、廓、识匿等上部地方之使者前来致礼"[5]。所谓上部地方,包括识匿(shig nig)、廓(gog)、黑邦瑕(ban vjag nag po)等小国在内。ban vjag nagpo,可以比定为今巴控克什米尔吉尔吉特河与印度河交汇的 Bun

〔1〕张毅:《往五天竺国传笺释》,第 146 页。

〔2〕《新唐书》卷 221《西域传》曰:"喝盘陀或曰汉陀……开元中破平其国,置葱岭守捉,安西极边成也。"知设守捉在开元十五年之前。

〔3〕《全唐文》卷 286,张九龄:《敕突骑施毗伽可汗书》。

〔4〕V. Minorsky, translated and explained, HUDŪD al-'ÁLAM:(The Regions of The World)A Persian Geography 372 A. D. –982 A. D. ,pp. 120,365.

〔5〕王尧、陈践译注:《敦煌本吐蕃历史文书》,第 151、155 页。

ji;gog 可与巴基斯坦西北边境省吉德拉尔的 Khostan 勘同;而 shig nig 其地,在今阿富汗巴达赫尚省的 Seghnān。[1] 这些从北面与护密紧邻的小国派使者到吐蕃,经过"勃律道"往返,无疑是最便捷的。

《敦煌本吐蕃历史文书》还记载了吐蕃与中亚大食、突骑施等政权的交往。《大事纪年》记载:"及至猴年(732),夏,赞普驻于巴局之丁丁塘,唐廷使者李京,大食与突骑施之使者均前来赞普王廷致礼。"其中的"大食"(ta zig),是指已经东进到中亚的阿拉伯帝国。8 世纪初,白衣大食(哈里发王朝,660—749)的军队在呼罗珊总督屈底波的率领下,攻占了今楚河以南、帕米尔以西的中亚地区,并时与吐蕃联合,以图攻夺唐朝的安西四镇,故双方有使臣往来。

《大事纪年》又载:"及至猴年(744),夏,赞普巡临北方,还,牙帐设于逻册尔。唐廷使者张员外、突骑施使者前来致礼。"[2]此外,汉、藏文史书都提到了吐蕃嫁公主给突骑施可汗(734)的事件[3],已见前述。这些活动有可能均是往返于勃律道的,因为在唐朝四镇驻兵强大的情况下,双方人员绕道勃律、护密等地要相对安全一些。这就表明,即使在唐设葱岭守捉期间,吐蕃还是经由小勃律、护密等地,避开守捉,进到伊丽水、碎叶川一带。

"安史之乱"以后,吐蕃攻占河陇及帕米尔地区,从吐蕃本土经由小勃律、护密通往中亚的交通自然十分频繁。在拉达克的德兰茨地方发现的粟特文铭文说:"210年,来自撒马尔汗的诺斯凡作为大使,致礼

〔1〕G. Uray, "The old Tibetan Sources of the History of Central Asia up to 751 A. D. ;A survey", in J HARMATTA(ed.), *Prolegomena to the Sources on the History of pre-Islamic Central Asia*, Budapest, 1979,pp. 275 - 304. 陆水林:《关于科域(Kog yul)地望的补充材料》,《西域研究》2009 年第 3 期,第 73 - 89 页。

〔2〕王尧、陈践译注:《敦煌本吐蕃历史文书》,第 154 页。

〔3〕王尧、陈践译注:《敦煌本吐蕃历史文书》,第 153 页。

吐蕃可汗。"据研究,所谓"210 年",为 825 年 4 月至 826 年 4 月之间。[1] 吐蕃利用勃律道加强了与西域各族的联系,从历史观点来看,这种活动应该加以肯定。

同时,在吐蕃控制此道期间,也有僧侣、商人来往。《东都圣善寺无畏三藏碑》记:"善无畏……其先自中天竺回……至迦湿弥罗国。……(复至)乌苌国……讲《毗卢》于突厥之庭,而可敦请法。……路出吐蕃,与商旅同次。夷人贪货,率众合围。乃密为心印,而蕃豪请罪。至中国西境。"[2]"迦湿弥罗"即前引箇失密,今克什米尔,"乌苌"在今印度河上游的斯瓦特(swat)地区。[3] 此处"突厥之庭"恐即《大慈恩寺三藏法师传》所记之"活国"(今阿富汗东北境之昆都士 kuduz),玄奘"出铁门至覩货罗国。自此百里渡缚刍河,至活国,即叶护可汗长子呾度设所居之地,又是高昌王妹婿。高昌王有书至其所,比法师到,公主可贺敦已死"。[4] 据此知贞观时,突厥控制地至今阿富汗北境,活国之王即突厥统叶护可汗长子呾度设。"设"为突厥中次于可汗之高官,"可贺敦"又称"可敦",是对突厥可汗夫人的称呼,其居地称为"牙帐"。[5] 唐人李华撰《善无畏碑》,述玄奘以后不久的开元初事迹,依玄奘所记"设"、"可贺敦"等,称活国王廷为"突厥之庭",是可以理解的。

〔1〕G. Uray,"Tibets Connections with Nestorianism and Manicheism in the 8th – 10th Centuries", *Contributions on Tibetan Language*, *History and Culture* ed. by Ernst Steinkellner and Helmut Tauscher, Wien: Arbeitskreis für tibetische und buddhistische Studien, Universität Wien, 1983 [1984], p. 410. 也有学者认为此题记的年代不是 825/826 而是 841/842 年,题记的主人不是来自康国而是生活在西域的粟特人。参见 N. Sims - Williams, "The Sogdian Inscriptions of Ladakh", *Antiquities of Northern Pakistan*. Reports and Studies Ⅱ, Mainz 1993, pp. 151 – 158. R. Voha, "Sogdian Inscriptiorns from Tangtse in Ladakh", *Tibetan Studies. Proceedings of the 6th Seminar of the International Association for Tibetan Studies*,Fagernes 1992, vol. 2,ed. by P. Kvaerne, Oslo 1994, pp. 920 – 929. 荣新江:《历代法宝记中的未曼尼与弥师诃——兼谈吐蕃文献中摩尼教与景教因素的来历》,载《中古的中国与外来文明》,三联书店 2001 年版,第 348 页。

〔2〕《全唐文》卷 319,李华:《东都圣善寺无畏三藏碑》。

〔3〕冯承钧编,陆峻岭修订:《西域地名》,中华书局 1982 年版,第 99 页。

〔4〕慧立、彦悰著,孙毓棠、谢方点校:《大慈恩寺三藏法师传》,中华书局 1983 年版,第 30 – 31 页。

〔5〕《旧唐书》卷 194《突厥传》。

李华所撰碑后文曰:善无畏以骆驼负经至西州,唐睿宗乃诏将军史献等出玉门塞相迎;开元初,至长安。结合上文,可以看出善无畏的东行路线即:中印度—迦湿弥罗—乌苌—突厥(活国)—吐蕃(驻护密者)—西州—长安。换句话讲,善无畏东行之道,大致就是《释迦方志》所讲的"中道",反之如果到碎叶附近去寻"突厥王廷",到逻些(拉萨)一带去找吐蕃,必然得出一条南辕北辙的路线。[1]

吐蕃经营小勃律、护密等东抵四镇、西赴吐火罗的通道,除去其攻占四镇的政治、军事目的外,自然还有其经济、贸易上的需要。若以护密为中点,吐蕃向东可进兵联络突厥、突骑施等,与唐朝争夺四镇,向西则可抵达吐火罗等中亚诸国,与之进行经贸联系。

如《世界境域志》所载,从吐蕃运抵巴达赫尚的商品,除西方人喜欢的麝香以外,还有绵羊、布匹等,而吐蕃人则从今撒马尔罕、布哈拉等地直接或间接地输入了细锁子甲和长剑等钢铁制品,以及其告身标志中经常要用到的瑟瑟、输石等。[2]《世界境域志》还说,当时"所有的印度产品皆输入吐蕃,再从吐蕃输出到穆斯林各国";"博洛尔(b. luri)藏,是吐蕃的一个省,与博洛尔边境相接。当地人主要是商人,住在帐篷与毡房中"[3]。可见当时在吐蕃、印度与中亚各国之间,商业贸易量和从事过境贸易的商人是很多的,而这些贸易的运输路线从地理位置来看,应该是通过吐蕃—勃律道来实现的。

综上所述,吐蕃在 7 世纪末到 9 世纪中叶,为了与唐朝争夺四镇及帕米尔地区,也为了其自身与西域各国的交使、贸易,曾致力于经营一

---

〔1〕范祥雍:《唐代中印交通吐蕃一道考》,《中华文史论丛》1982 年第 4 期,提到开元初年善无畏到长安是"路出吐蕃",但未指明具体路线。

〔2〕Christopher I. Beckwith, "Tibet and the Early Medieval Florissance in Eurasia: A Preliminary Note on the Economic History of the Tibetan Empire",*Central Asiatic Journal*, vol. 21, 1977, pp. 100 – 102.关于瑟瑟、输石从西亚的传入,详见劳费尔著,林筠因译:《中国伊朗编》,商务印书馆 1964 年版,第 340 – 349 页。

〔3〕V. Minorsky, translated and explained, *HUDŪD al -'ĀLAM*:(*The Regions of The World*) *A Persian Geography* 372*A. H.* – 982 *A. D.*, pp. 92 – 93, 254 – 258. 佚名著, 王治来译注:《世界境域志》,第 65 – 66 页。V. Minorsky 在注释中提出:"博洛尔藏"就是汉文史书中的"大勃律"(great Bolor)。笔者认为,那么"博洛尔"(bolor)就应相当于汉文史书中的"小勃律"。

·欧·亚·历·史·文·化·文·库·

条经由大、小勃律,过护密,东至四镇,西抵吐火罗的通道。虽然这条通道的一部分与"求法中道"重合,但是吐蕃经由大、小勃律,架藤桥,筑城堡,北接护密道,无疑对青藏高原经克什米尔、帕米尔去中亚的交通,起了巨大的促进作用。吐蕃利用此道,除与唐朝争夺四镇外,还加强了与西域各族的政治、经济和文化联系。

18.3　吐蕃与青海的交通

　　吐蕃与青海的交通主要是沿"唐蕃古道"西段进行的。"唐蕃古道"东起唐朝京城长安(今西安),西至吐蕃国都逻些(今拉萨),余脉继续西行延伸到泥婆罗、印度,通常学术界把余脉命名为"泥婆罗道"。其中,又可将长安至鄯州(唐时又称西平郡,治今青海乐都县)鄯城县(今青海西宁市)的路线称为"东段",而把由鄯城至逻些及西迤路段称为"西段"。

　　《新唐书·地理志》鄯州之"鄯城"条对"唐蕃古道"西段的叙述较为详细,现引出如下:

　　　　鄯城。中。仪凤三年置。有土楼山。有河源军,西六十里有临蕃城,又西六十里有白水军、绥戎城,又西南六十里有定戎城。又南隔涧七里有天威军,军故石堡城,开元十七年置,初曰振武军,二十九年没吐蕃,天宝八载克之,更名。又西二十里至赤岭,其西吐蕃,有开元中分界碑。自振武经尉迟川、苦拔海、王孝杰米栅,九十里至莫离驿。又经公主佛堂、大非川二百八十里至那录驿,吐浑界也。又经暖泉、烈谟海,四百四十里渡黄河,又四百七十里至众龙驿。又渡西月河,二百一十里至多弥国西界。又经牦牛河度藤桥,百里至列驿。又经食堂、吐蕃村、截支桥,两石南北相当,又经截支川,四百四十里至婆驿。乃度大月河罗桥,经潭池、鱼池,五百三十里至悉诺罗驿。又经乞量宁水桥,又经大速水桥,三百二十里至鹘莽驿,唐使入蕃,公主每使人迎劳于此。又经鹘莽峡十余里,两山相鉴,上有小桥,三瀑水注如泻缶,其下如烟雾,百里至野马驿。经吐蕃垦田,又经乐桥汤,四百里至合川驿。又经怒谌海,百三十里至蛤不烂驿,旁有三罗骨山,积雪不消。又六十里至突录济驿,唐使至,赞普每遣使慰劳于此。又经柳谷莽布支庄,有温汤,涌高二丈,气如烟云,可以熟米。又经汤罗叶遗山及赞普祭神所,二百五十里至农歌驿。逻些在东南,距农歌二百里,唐使至,吐蕃宰相每遣使迎候于此。又经盐池、暖泉、江布灵河,百一十里渡姜济河,经吐蕃垦田,二百六十里至卒歌驿。乃渡臧河,经佛堂,百八十里至勃令驿鸿胪馆,至赞普牙帐,其西南拔布海。

由于学术界对上述记叙中的军事堡寨已经多有讨论,因而以下结合其他文献,主要考证其中的自然地理名称及其历史背景。

18.3.1　赤岭

蒙语称"纳喇萨喇"。唐蕃古道山名,中唐时唐朝与吐蕃分界,交马、互市处。因"土石皆赤"而得名。约今青海湖以东日月山隘路,山系赤砂岩构成,海拔3800米,为青海内陆灌溉区域与河湟流域之分水岭。北魏时,宋云等奉使西域,往返皆经此路。传唐贞观十五年(641),文成公主经此入蕃与松赞干布联姻。开元十九年(731),唐蕃以赤岭分界;二十二年(734),立碑于上。长庆二年(822),入蕃使刘元鼎赴逻些会盟,于此见蕃汉界石犹存。[1]

18.3.2　尉迟川

唐蕃古道河流名称。因鲜卑别部尉迟氏族众居此而得名;一说为藏语"弯曲河"(dgur chu)或"回漩河"(hkhor chu)的音译。今地为青海省倒淌河草原,属倒淌河镇辖区。[2]

18.3.3　苦拔海

又作可跋海。唐蕃古道湖泊名称。"苦拔"意指河岸,"海"就是平

---

〔1〕《新唐书》卷216《吐蕃传》;道宣:《释迦方志》卷5。
〔2〕《新唐书》卷37《地理志》;佐藤长:《唐代青海东道诸城塞について》,《史林》58,1975年。

253

原。即今青海湖南山南麓的日月山大壑谷以西的尕海,方圆约 17 里,东北去倒淌河镇约 30 里。唐将哥舒翰曾于此击败吐蕃。[1]

18.3.4　大非川

唐蕃古道河流名称。即今青海湖南面的切吉草原;一说今青海湖西面的布喀河。唐贞观九年(635),李靖败吐谷浑于此。后为吐蕃所据。咸亨元年(670),薛仁贵率 10 万军队讨吐蕃,于此地为吐蕃 40 万众所败。开元十四年(726),王君㚟在此击败吐蕃军队。[2]

18.3.5　曼头山

又作曼头岭。唐蕃古道山名。在今青海省共和县西南;一说共和县东北的巴里昆山。北魏皇兴四年(479),吐谷浑拾寅不供职贡,献文帝遣长孙观率军讨之,军至曼头山,大破拾寅。唐贞观九年(635),李靖等伐吐谷浑,部将薛孤儿败吐谷浑于此。[3]

18.3.6　暖泉

唐蕃古道温泉名。安多藏语称"钦科奢马"(chu mgo phyug ma),即今青海湖南面大河坝西南 15 里的温泉。《册府元龟·外臣部》称:"温汤其石状如肝,方圆数尺,河水冷,石面有穴六寸,汤水涌出其中,流入河。"[4]

18.3.7　烈谟诲

唐蕃古道湖泊名。《西宁府新志》记作"阿隆阿他拉",相当于今青海省海南藏族自治州温泉食宿站西面 60 余里的苦海。[5]

18.3.8　七乌海

唐蕃古道湖泊名。最早见于《隋书·地理志》"河源郡"条所载。约相当于今青海湖南的褡连海(又名贡嘎淖尔)周围的 7 个湖或 7 条

---

〔1〕《旧唐书》卷 104《哥舒翰传》。

〔2〕《新唐书》卷 37《吐蕃传》;《读史方舆纪要》卷 64。

〔3〕《魏书》卷 6《显祖纪》。

〔4〕《册府元龟》卷 961《外臣部》"土风"条。

〔5〕《新唐书》卷 216《吐蕃传》;陈小平:《唐蕃古道》,三秦出版社 1989 年版,第 82 页。

川;一说为连接托索湖的一列小湖。[1]

18.3.9　乌海

唐蕃古道湖泊名。即今青海省果洛藏族自治州的苦海(又名喀拉海);一说即七乌海。唐贞观九年(635),李靖等伐吐谷浑,任城王出南道,历破逻真谷,追及吐谷浑王伏允于乌海。咸亨元年(670),薛仁贵击吐蕃,自大非川进屯于此,为吐蕃所败。[2]

18.3.10　柏海

又作柏梁。唐蕃古道湖泊名。即今青海省果洛藏族自治州的扎陵湖和鄂陵湖;一说为今共和县西南的西泥淖尔。唐贞观十五年(641),唐太宗以文成公主妻吐蕃赞普松赞干布,令礼部尚书、江夏郡王道宗主婚,持节送公主于吐蕃,松赞干布亲至柏海迎接。[3]

18.3.11　星宿川

又名星宿海。唐蕃古道湖泊名称。即今青海省果洛藏族自治州扎陵湖、鄂陵湖与玛多之间的星星海。唐贞观九年(635),李靖等伐吐谷浑,积石道总管侯君集率军行荒原2000里,历时一月,途经星宿川,到达柏海,观览河源而回。[4]

18.3.12　紫山

唐蕃古道山名。因山为青砂崖构成,故得此名。古藏语称"闷摩黎山",意为紫(青)色的山。即今蒙语所谓的巴颜喀拉山,意为富饶、青(黑)色的山。位于今青海省境内,为黄河、长江发源地的分水岭。唐长庆二年(822),入蕃使刘元鼎自吐蕃还,曾途经此山。[5]

〔1〕周伟洲:《吐谷浑史》,第86－95页;任乃强、曾文琼:《〈吐蕃传〉地名考释》6,《西藏研究》1984年第1期,第83－94页。

〔2〕《新唐书》卷111《薛仁贵传》;佐藤长:《チベット历史地理研究》,岩波书店1978年版,第237页;周伟洲:《吐谷浑史》,第86－95页。

〔3〕《旧唐书》卷196《吐蕃传》;佐藤长:《チベット历史地理研究》,第244页;青海省志编撰委员会编:《青海历史纪要》,青海人民出版社1980年版。

〔4〕《新唐书》卷221《吐谷浑传》;黄盛璋:《黄河上源的历史地理问题与测绘的地图新考》,载《历史地理论集》,人民出版社1982年版。

〔5〕《新唐书》卷216《吐蕃传》;吴景敖:《西陲史地研究》,中华书局1948年版;罗泽浦:《河湟考察》,载《黄河源头考察文集》,青海人民出版社1982年版。

18.3.13　西月河

唐蕃古道河流名称。即今青海省玉树藏族自治州清水河乡所滨的扎曲,为雅砻江上源。扎曲为藏语,意为发源于形状像月亮一样泉眼中的河流。唐人所谓"月河",或从古藏语"月亮河"译得。因位于众龙驿(今扎曲东岸的崇陇峒)西,故名西月河。[1]

18.3.14　牦牛河

唐蕃古道河流名。即今青海省玉树藏族自治州境内金沙江上游的通天河。唐长庆二年(822),入蕃使刘元鼎曾途经此河,过藤桥而得渡。元代,马可波罗访抵此河,记为布里乌斯(brius)。明洪武十五年(1382),僧宗泐取河源道回内地时经过此河。清代,即入藏站程中的木鲁乌苏河。[2]

18.3.15　截支川

唐蕃古道河流名称。即今青海省玉树藏族自治州境内的子曲(dze chu),位于通天河南约300里。唐代有"截支桥",连接两岸交通。[3]

18.3.16　大月河

唐蕃古道河流名。得名与西月河同,均从古藏语"月亮河"译得。因河流量大于西月河,故名"大月河"。即今青海省玉树藏族自治州境内的扎曲(澜沧江上源)。唐代,河上曾架桥交通,名罗桥,位于今扎尕那松多渡口。[4]

18.3.17　鱼池

唐蕃古道湖泊名称。即《乾隆内府舆图》中的扎新齐尔舍里,《中国新舆图》中的扎生吉尔湖,这两个名字均意为鱼湖。位于今青海省玉树藏族自治州澜沧江上游以北的敦布拉。[5]

〔1〕《新唐书》卷37《地理志》;陈小平:《唐蕃古道》,第88页。

〔2〕《新唐书》卷37《地理志》;黄盛璋:《黄河上源的历史地理问题与测绘的地图新考》,载《历史地理论集》,第337页。

〔3〕陈小平:《唐蕃古道》,第86页。

〔4〕陈小平:《唐蕃古道》,第99页。

〔5〕《新唐书》卷37《地理志》。

18.3.18　乐桥汤

唐蕃古道湖泊名称。即《乾隆内府舆图》中的租隆交,亦即《西域同文志》中的磋朗角克(mtsho long kyog),意为"内漩湖"。即今西藏那曲地区当雄南20余里的"陇雀湖",乐桥汤即陇雀湖的音译。唐蕃使臣、僧侣、商民曾往返于此[1]。

18.3.19　恕谌海

唐蕃古道湖泊名。约相当于《乾隆内府舆图》中的"沙巴克拉尔",在今西藏拉萨东北,唐代为蕃汉使臣、商旅途经之地。因湖小且随时间推移,今已荡然无存[2]。

18.3.20　温汤

唐蕃古道温泉名。即清代西藏达木(今当雄)草原南部的宁仲汤泉,位于今念青唐古拉山的丘陵之中。一说即今拉萨西北的羊八井热气田[3]。

18.3.21　汤罗叶遗山

唐蕃古道山名。即清代地图上的"唐拉叶尔汗",今念青唐古拉峰。其东侧山口,为历代入藏驿道所经过。系藏北至拉萨间的重要通道,战略地位十分重要[4]。

18.3.22　盐池

唐蕃古道湖泊名称。在今拉萨西北约700里处。清代尚存大小盐池共9个,分布于牙尔佳藏布河两岸。大者广190里,小者广五六十里。其中二池产紫盐,余皆产白盐。喇萨(拉萨)居民食盐俱仰此供给[5]。

18.3.23　江布灵河

唐蕃古道河流名。即"布灵河",清代纳噶卡寺南部巴隆冈寺附近

---

〔1〕《新唐书》卷37《地理志》;陈小平:《唐蕃古道》,第102页。

〔2〕《新唐书》卷37《地理志》;陈小平:《唐蕃古道》,第104页。

〔3〕陈小平:《唐蕃古道》,第103页。

〔4〕《新唐书》卷37《地理志》;陈小平:《唐蕃古道》,第106页。

〔5〕《新唐书》卷37《地理志》;《嘉庆一统志》"西藏盐池"条。

的一条河流。《西域同文志》作巴隆楚河,意为"浪涛",因河流多浪,故得此名。[1]

18.3.24　姜济河

又称姜河。唐蕃古道河流名。即今拉萨西北的琼曲。唐蕃古道在今琼曲与羊八井河的汇合处渡过前者,再沿羊八井河的南岸东行,即可抵达拉萨。[2]

18.3.25　跋布海

又作跋布川。唐蕃古道河流名称。约相当于今西藏山南的雅隆河谷,为吐蕃赞普迁居逻些(拉萨)前的旧部。后为赞普夏季行宫之地。《通典》作"匹播城",《敦煌本吐蕃历史文书》作 bal po。一说跋布川即今拉萨西南部的拉萨河,跋布海即拉萨河两岸的平原。[3]

18.3.26　闷坦卢川

又作闷惧卢川、北川。唐蕃古道河流名。地在今西藏雅鲁藏布江北岸,或即今曲水一带。为吐蕃赞普夏季行宫之所在。唐长庆二年(822),入蕃使刘元鼎曾会见赞普赤祖德赞于此。[4]

18.3.27　臧河

又作藏河。唐蕃古道河流名称。即今西藏雅鲁藏布江。《册府元龟·外臣部》"吐蕃"条:"有藏河,去逻些(拉萨)三百里,东南流,众水凑焉,南入昆仑国。"昆仑国即今孟加拉国。[5]

---

〔1〕《新唐书》卷 37《地理志》。
〔2〕《新唐书》卷 37《地理志》。
〔3〕王忠:《新唐书吐蕃传笺证》,第 8、140 页。
〔4〕《旧唐书》卷 196《吐蕃传》;王忠:《新唐书吐蕃传笺证》,第 140 页。
〔5〕《旧唐书》卷 196《吐蕃传》;包寿南:《汉藏关系史的重要一页》,《西北民族学院学报》1980 年第 1 期。

19 吐蕃与西北诸族的
联姻与政治交流

　　唐代吐蕃从 7 世纪初开始向青藏高原四周发展,先后征服了羊同、苏毗、白兰、党项、吐谷浑等,其间分别或交叉使用了结盟、联姻或战争等手段。与此同时,吐蕃自 7 世纪中叶始进入西域,先后攻占过鄯善、于阗、勃律及西州、庭州等地,分别与突厥、突骑施、回纥、沙陀、勃律等民族或政权相交往,其间也与一些民族发生了联姻关系。

　　由于吐蕃与西北诸族的联姻,以及在政治、经济、文化方面的密切交往,也由于吐蕃社会发展的内在需要,隋唐时期西北诸族千户制、万户制以及吐谷浑的"小王制"等,均为吐蕃所吸收或借鉴,用以建立或完善自身的军政制度。

19.1 吐蕃与西北诸族的政治联姻

　　以下详细考述吐蕃与西北民族联姻关系发生的背景、过程及其历史影响等。

19.1.1 吐蕃与羊同的联姻

　　吐蕃与羊同的政治联姻是很早的。《敦煌本吐蕃历史文书·大事纪年》记载,吐蕃第 28 代赞普赤宁松赞(khri snya zung brtsan)与羊同的"没庐妃东江热"(vbrov za dung pyang bzher)所生之子为"没庐年岱如"(vbro mnyen lde ru)。[1]《贤者喜宴》则称,赤宁松赞与"妃没庐萨莫杜扬娴"(vbro za mo dor yang bzhin)之子为"仲年代如"(vbrong gny-

---

〔1〕王尧、陈践译注:《敦煌本吐蕃历史文书》,第 144、174 页。

en lde ru)。此外《贤者喜宴》还说,在赤宁松赞陵墓之下方,尚有"王妃没庐萨门赞"(btsun mo vbro za smun btsun)之墓地。[1]

到了唐初,松赞干布一方面与羊同联姻结好,一方面又公开交兵征战,赞蒙赛玛噶往羊同王帐做李迷夏(lig myi rhya)之王妃,而羊同妃李特闷亦嫁给松赞干布为妻,吐蕃与羊同结成联盟,以和亲的手段达到互不侵犯之目的。结合其他文献的记载来看,吐蕃与羊同联姻的时间应在贞观初年,即7世纪的20—30年代。[2]

《敦煌本吐蕃历史文书·赞普传记》记载此事件的具体过程是:松赞干布时虽与羊同联姻,但"此象雄王原与墟格妃暗中相好,与赞蒙不和"。赞普派芒穷去羊同劝解,行至琼垄堡时,赛玛噶(sad mar kar)已经出走。芒穷追到 mar yul 时,赞蒙引声而歌,歌词中不止一次提到古格(gu ge)仆人,并以大颗古老绿松石30粒作为暗号带给赞普,示意灭李迷夏,否则懦弱如妇人。赞普度知其意,下令君臣火速发兵灭李迷夏,故曰:"发兵攻象雄之王,统其国政,象雄王李迷夏失国,象雄一切部众咸归于辖下收为编民。"[3]

松赞干布之后,吐蕃王室继续与羊同的没庐氏联姻。据《西藏王统记》记载:"王孙芒松芒赞十三岁时即王位,纳王妃名卓萨·赤玛勒管理王政。"[4]芒松芒赞在位的时间是650—676年。王妃赤玛勒,《贤者喜宴》记为"没庐氏赤隆"(vbro bzav khri long),汉文作"没庐氏"或"可敦"[5],她以出色的政治才能辅佐朝政,影响了赤都松(676—704

〔1〕巴卧·祖拉陈瓦:《贤者喜宴》,第169、170页;黄颢:《〈贤者喜宴〉摘译(一)》,《西藏民族学院学报》1980年第4期,第37、38页。

〔2〕L. Petech, *The Kingdom of Ladakh c. 950 - 1842 A. D.*, Istituto Italiano per il media ed Estremo Oriente, Roma, 1977, p.9.

〔3〕王尧、陈践译注:《敦煌本吐蕃历史文书》,第145、168页。以上提到的 mar yul(玛法木错湖)、gu ge(古格),据后来的文献记载皆在今阿里。张琨认为此两地的名称原皆在西藏以北及东北,而后期移到西南,乃9世纪中叶中部大乱之后偶然移民所致。见 Chang Kun(张琨), "On zhang zhung", *Academia Sinica*, *Bulletin of the National Research Institute of History and Philology*, Extra Number Ⅳ - 1, Taipei, 1960, pp. 137 - 154;玉文华译:《论象雄》,《西藏研究》1982年第1期。

〔4〕索南坚赞、刘立千译注:《西藏王统记》,民族出版社2000年版,第113页。

〔5〕巴卧·祖拉陈瓦:《贤者喜宴》,第291页;黄颢:《〈贤者喜宴〉摘译(四)》,《西藏民族学院学报》1981年第3期,第16页。《通典》卷190《边防》记为"祖母禄没氏摄位"。

在位)与赤德祖赞(704—754 在位)两代赞普的政治生涯,为吐蕃政治与社会的发展作出了很大的贡献。

其中尤其值得注意的是,从 700 年到 704 年赤都松薨逝的 5 年中,母后赤玛勒的行止驻地始终与赞普相并列,由于赞普多亲自领兵在外,赤玛勒实际上担当起了坐镇中央、主持国政的大任。赤都松卒后,王室内部展开了王位的争夺,此时王子年仅 1 岁,故这场角逐实际上是由赤玛勒所控制的。赤德祖赞即位后,实由赤玛勒摄政,由此开创了吐蕃史上绝无仅有的长达 8 年(704—712)的女性摄政局面,此后一直延续到赤玛勒薨逝为止。[1]

还需提及的是,赤玛勒主政期间还策划、促成了赤德祖赞迎娶金城公主的大事。《旧唐书·吐蕃传》曰:"中宗神龙元年,吐蕃使来告丧,中宗为之举哀,废朝一日。俄而赞普之祖母遣其大臣悉熏热来献方物,为其孙请婚,中宗以所养雍王守礼女为金城公主许嫁之。自是频岁贡献。"《新唐书·吐蕃传》:"中宗景龙二年,还其婚使。或言彼来逆公主,且习闻华言,宜勿遣,帝以中国当以信结夷狄,不许。明年,吐蕃更遣使者纳贡,祖母可敦又遣宗俄请婚。帝以雍王守礼女为金城公主妻之,吐蕃遣尚赞咄名悉腊等逆公主。"可见,赤德祖赞迎娶金城公主一事是由赤玛勒亲自主持的。

755 到 797 年是吐蕃赞普赤松德赞执政时期,他的一位王妃就出自没庐氏,名字叫"赤嘉姆尊"(vbro bzav khri rgyal mo btsun)。没庐妃赤嘉姆尊是一位虔诚的佛教信徒,她研修禅学,并且参加了渐门巴和顿门巴的辩论。桑耶寺建成后,她资助汉族工匠铸造铜钟捐献寺院,传世的"桑耶寺钟"即为其所献,该钟铭文称:"王妃嘉姆尊(jo mo rgyal mo brtsun)母子二人,为供奉十方三宝之故,铸造此钟,以此福德之力,祈愿天神赞普赤松德赞父子、眷属,具六十种妙音,证无上之菩提!"[2]后来,赤嘉姆尊出家为尼,赐名"绛求洁赞"(byang chub rje mtshan),《贤

〔1〕欧阳谅谅:《吐蕃王室妇女地位研究》,《西北第二民族学院学报》2004 年第 2 期,第 19页。

〔2〕王尧编著:《吐蕃金石录》,第 185 – 193 页。

者喜宴》称其业绩有"建造了格吉寺(dge rgyas kyi gtsug lag khang)无量光佛之九眷属佛像,按照佛经中之规制在上部(stod)"。[1] 敦煌汉文写卷《〈顿悟大乘正理决〉叙》亦载此事:"于大唐国请汉僧大禅师摩诃衍等三人,同会净城,互说真宗。我大师秘授禅门,明标法印,皇后没庐氏一自虔诚,划然开悟,剃除绀发,披挂缁衣。"[2]

赤松德赞之后,吐蕃赞普继续与羊同没庐氏联姻。《敦煌本吐蕃历史文书·赞普世系表》记载:"赤松德赞与蔡邦妃玛甲东噶所生之子牟尼赞与岱松赞。牟尼赞无子嗣绝。岱松赞(798—815在位)与没庐妃拉杰芒木杰(vbro za lha rgyal mang mo rjer)所生之子赤祖岱赞与吾东木赞。"[3] 在大约是赤德松赞在位末期(815)写成的《噶琼多吉英寺崇佛誓约》署名中,最靠前的是"王妃姐妹发誓者",有"王妃没庐氏赤穆莱"(jo mo vbro bzav khri mo legs),此人即"赞普世系表"所记之"没庐妃拉杰芒木杰",只是两种文献对于其名字的拼写不同而已。

统治吐蕃全境的赞普王朝的最后一代君王赤达磨沃敦赞(khri dra ma vu dum btsan,836—842在位),通称"朗达玛"(glang dor ma),为赞普赤德松赞与王妃没庐氏赤穆莱(vbro bzav khri mo legs)之子。朗达玛死后,统一的吐蕃政权瓦解。朗达玛之孙基德尼玛衮(sgyi lde nyi ma mgon)约于9世纪末回到羊同的布让(又译作布郎、普兰等,今西藏普兰),娶羊同地方官之女没庐氏,将羊同各部重新收归治下,总称为"阿里"(mngarris)。[4]

总之,从赤宁松赞与羊同没庐氏联姻开始,到基德尼玛衮娶羊同地方官之女没庐氏止,让人看起来吐蕃与羊同的联姻在这里经历了一个大的轮回,有一半羊同血统的吐蕃赞普后裔,在历经了数百年后,又回

〔1〕巴卧·祖拉陈瓦:《贤者喜宴》,第350页;引文参见黄颢:《〈贤者喜宴〉摘译(七)》,《西藏民族学院学报》1982年第2期,第45–46页。

〔2〕戴密微著,耿昇译:《吐蕃僧诤记》,第3–19页。

〔3〕王尧、陈践译注:《敦煌本吐蕃历史文书》,第144、175页。

〔4〕见《布顿佛教史》(《佛教史大宝藏论》),郭和卿汉译本,民族出版社1986年版,第181页;陈庆英译:《汉藏史集》,西藏人民出版社1986年版,第128–129页;《拉达克王统记》(藏文本),西藏人民出版社1987年版,第42–43页。

到了他们祖先称雄的地方。

19.1.2 吐蕃与党项的政治联姻

《新唐书·吐蕃传》称被吐蕃征服之地的党项,"为吐蕃役属,更号弭药"[1]。汉文"弭药"藏文作 mi nyag。《贤者喜宴》在"象雄妃等建寺"一节中记载,松赞干布的妃子之一茹雍妃洁莫尊,即弭药王之女,她建造了"逻娑卡查寺"、"米芒才神殿",并在"查拉路甫"雕刻大梵天等佛像,其曰:"茹雍妃(ru yongs bzav)在查拉路甫(brag lha klu phug)雕刻大梵天等佛像,当盐价已涨至八十倍时,每雕崖粉一升,其代价即给盐一升,由是在崖上雕凿成转经堂。芒妃赤江建叶尔巴寺。茹雍妃建造米芒才神殿(mig mang tshal gyi lha khang),弭药妃(mi nyag bzav)建逻娑卡查寺(lha sa skhan brag)。关于所谓五妃,又有如是说法,茹雍妃与弭药妃相同,而卡查寺是此后四代王统时始有者。"[2]

而《松赞干布遗训》所载松赞干布诸妃与上述有别,该书记有 6 妃,其中泥婆罗赤尊公主及汉地文成公主位居第五和第六,茹雍冬妃(ru yongs stong bzav)为第三位,其功绩是奠定查拉衮布寺(brag lha mgon pavi lha khang)之基。[3]

19.1.3 吐蕃与吐谷浑的政治联姻

据《贤者喜宴》的记载,松赞干布之子恭松恭赞 13 岁执政,曾娶吐谷浑妃蒙洁赤嘎,[4]双方确立了甥舅关系。此事发生在松赞干布去世之前。《敦煌古藏文历史文书·大事纪年》记载:"及至牛年(689),赞普驻于辗噶尔之'塘卜园'。赞蒙赤邦嫁吐谷浑王为妻。大论钦陵自突厥引兵还。"这一次,吐蕃嫁公主给附蕃的吐谷浑王,双方再次确立巩固了联姻关系。

据此可知,为了加强对被征服的吐谷浑的统治,吐蕃确实曾扶植立

---

〔1〕《新唐书》卷 221《党项传》。

〔2〕巴卧·祖拉陈瓦:《贤者喜宴》,第 240 页。黄颢:《〈贤者喜宴〉摘译(三)》,《西藏民族学院学报》1981 年第 2 期,第 29 页。

〔3〕《松赞干布遗训》第 194 页下至 195 页上,引自黄颢:《〈贤者喜宴〉摘译(三)》,《西藏民族学院学报》1981 年第 2 期,第 37 页。

〔4〕转见黄颢:《〈贤者喜宴〉摘译(三)》,《西藏民族学院学报》1981 年第 2 期。

·欧·亚·历·史·文·化·文·库·

了一个"吐谷浑王",并将公主赤邦嫁给他。在《吐谷浑(阿柴)纪年》残卷内,记载了吐谷浑"莫贺吐浑可汗"的母后名叫"赤邦",她即《大事纪年》所载嫁与吐谷浑王的吐蕃公主赤邦。[1] 在《吐谷浑(阿柴)纪年》残卷中,还有如下一些内容与"赤邦"有关:

12－13条:

  ……祭典。其夏,母后赤邦(khri bangs)之侍从……对各千户(东岱 stong sde)课以新税。定宅于玛曲河之兰麻梁(glang ma lung)……

23－29条:

  尚·赞咄热(zhang btsan to re)与没庐·尚赤桑喀切通(vbro zhang khri bzang kha che stong)及属庐……蔡·牙咄到来。此后,母后赤邦与其子莫贺吐浑可汗……抵达,母后与可汗及侍从、吐谷浑大尚论……达热达弄益(da red da blon yi)与泥(dny)之官员慕登(mug lden)到来,及马官旺(wang)……宫廷的官员及高位阶之人……会见了金城(mun cheng)公主,双方相互致礼,大宴会……奉献各种礼品。此后,金城公主于藏(rtsang)域之中心地……

37－38条:

  ……此后,冬季驻于查雪(tsha shod),母后赤邦……赠送礼品给尚宁(zhang nyen)之子韦·赤尚钵叶(dbavs khri bzang spo skyes)……[2]

匈牙利藏学家乌瑞曾经指出,在估计赤邦这个人物的作用时,应注意到吐谷浑已不是一个独立的王国,由于吐蕃占据了吐谷浑地方,吐谷浑成为了吐蕃王朝的一个小邦,赤邦作为吐蕃王室成员之一下嫁附蕃的吐谷浑王,而其子莫贺吐浑可汗不过为吐蕃众小邦王之一,故赤邦的

---

〔1〕见周伟洲、杨铭:《关于敦煌藏文写本〈吐谷浑(阿柴)纪年〉残卷的研究》,载《中亚学刊》3,第95－108页。

〔2〕见周伟洲、杨铭:《关于敦煌藏文写本〈吐谷浑(阿柴)纪年〉残卷的研究》,载《中亚学刊》3,第95－108页。

地位远远高出后者,因此在《吐谷浑(阿柴)纪年》中,赤邦一名总是列于莫贺吐浑可汗之前。[1]

由于唐初吐蕃与吐谷浑的联姻,双方形成了甥舅关系,因而使附蕃的吐谷浑王在吐蕃诸小邦王中处于较高的地位,这种现象多见于文献记载。譬如在赤德松赞(798—815在位)时的《噶琼多吉英寺崇佛誓约》中,可见到"外甥吐谷浑王堆吉布什桂波尔玛噶吐谷浑可汗"(dbon va zha rje dud kyi bul zhing khud por ma ga tho yo gon kha gan)位列"小邦发誓者"之首。[2] 可见,吐蕃与吐谷浑的联姻,对双方的影响是相当深远的,推动了很大一批吐谷浑王族、贵族成员以及民众最终融入吐蕃,后来成为藏族的一部分。

19.1.4 吐蕃与突骑施的联姻

《旧唐书·突厥传》曰:"苏禄……潜又遣使南通吐蕃,东附突厥。突厥及吐蕃亦嫁女与苏禄。"《新唐书·突厥传》亦载:苏禄"又交通吐蕃、突厥,二国皆以女妻之",突骑施首领苏禄将她们"并为可敦",也就是"都立为可汗夫人"。

关于突骑施与吐蕃通使、联姻等事,《敦煌本吐蕃历史文书》亦有记载。《大事纪年》第83条:sprevu lo la/dbyard btsan po ba chos gyi ding ding tang na bzhugs/shing/btsan yul du rgyavi pho nya/li kheng dang/ta chig dang dru gyis gyi po nyap hyag vtsald"及至猴年(732),夏,赞普驻于巴局之丁丁塘,唐廷使者李京,大食与突骑施(dru gyis)之使者均前来赞普王廷致礼";第85条:狗年(734),je ba vdro ma lod dur gyis kha gan la bag may btang"王姐卓玛类遣嫁突骑施(dru gyis)可汗为妻"。

吐蕃与突骑施的联姻引起了唐朝的不满,《全唐文》载张九龄所撰的《敕吐蕃赞普书》,就反映了唐朝与吐蕃之间关于此事的争论:

[1]G. Uray, "The Annals of the 'A-ZA Principality—The Problems of Chronology and Genre of the Stein Document, Tun-hung, vol. 69, fol. 84", *Proceedings of the Csoma de Körös Memorial Symposium*, *Edited by Louis Ligeti*, Budpest, 1978, pp. 541 – 548.

[2]巴卧·祖拉陈瓦:《贤者喜宴》,第411页;黄颢:《〈贤者喜宴〉摘译(十二)》,《西藏民族学院学报》1983第4期,第46页。

皇帝问赞普:朕与彼国,既是旧亲,近年以来,又加盟约,如此结固,仍有猜嫌,明知异域之心,亦难可保。比者所有信使,惟知怨此相违,自料国家,何负于彼? 至于突骑施,蕞尔丑虏,顷年恃我为援,幸至今日,而敢鲁恩,朕未即诛之,待其恶积。赞普越界与其婚姻,前者以意向道,即云寻已告绝,朕亦委信,以为必然,今乃定婚如初,党恶可见。

正是由于突骑施与吐蕃的联姻成为导火线,终于发生了唐朝与突骑施之间的战争,这已见前述。

19.1.5 吐蕃与小勃律的联姻

7—8世纪之际,吐蕃吞并大勃律之后,进一步向北发展,兵力达及小勃律国。《新唐书·西域传》曰:"开元初,王没谨忙来朝,玄宗以儿子畜之,以其地为绥远军。国迫吐蕃,数为所困。"可知开元初年(713左右),吐蕃已经着手进攻小勃律。开元十年(722),吐蕃进围小勃律,夺其9城,小勃律王没谨忙求救于北庭,北庭节度使张孝嵩率兵前往救援,在小勃律兵的配合下,大破吐蕃,杀其众数万,收复城池。自此战之后,数年间吐蕃不敢西向。[1]

但十余年后,小勃律与吐蕃的关系有了很大的变化。《新唐书·西域传》记载此事说,小勃律王"为吐蕃阴诱,妻以女,故西北二十余国皆臣吐蕃,贡献不入。安西都护三讨之无功"[2]。《敦煌本吐蕃历史文书·大事纪年》亦记载:"及至龙年(740)","嫁王姐赤玛类与小勃律王为妻"。[3] 七年之后的天宝六载(747),唐玄宗诏安西副都护高仙芝征讨小勃律,高仙芝平小勃律后,携小勃律王及吐蕃公主班师还朝[4],此后再无吐蕃公主的下落。

综上所述,唐代吐蕃通过与西北诸族的政治联姻,达到其扩张势力,与唐朝抗衡的目的,同时使许多被征服的原西北少数民族的王公贵

---

〔1〕《新唐书》卷221《西域传》;《册府元龟》卷358《将帅部》"立功"。

〔2〕《新唐书》卷221《西域传》。

〔3〕王尧、陈践译注:《敦煌本吐蕃历史文书》,第153页。

〔4〕《资治通鉴》卷215"天宝六载十二月"条。

族成为吐蕃王室成员,或跻身重臣之列。但不管这种联姻最初的动机如何,其历史影响都是深远的,它对唐代吐蕃政权的建立,吐蕃与西北民族的交流、融合,以至于后来藏族的形成均起到了巨大的作用。

19.2　西北诸族小王制对吐蕃的影响

众所周知,西北地区自秦汉以来,盛行一种"小王"制,或称"裨小王"制。《史记·卫将军骠骑列传》曰:元朔之五年(前124)春,汉令车骑将军卫青将三万骑,出高阙击匈奴,匈奴败,汉军"得右贤裨王十余人,众男女万五千余人,畜数千百万,于是引兵而还"。《索隐》:"裨王十人。贾逵云:'裨,益也。'小颜云:'裨王,小王也,若裨将然。音频移反。'"又,《汉书·匈奴传》说,"自左右贤王以下至当户,大者万余骑,小者数千,凡二十四长,立号曰'万骑'","诸二十四长,亦各自置千长、百长、什长、裨小王"。

自此以降,西北诸族中以吐谷浑的"小王"制最有特点。吐谷浑自叶延起正式建立政权,设置了一套国家机器,并逐渐趋于完善。《晋书·吐谷浑传》记其初期官制时说:"其官置长史、司马、将军。"《梁书·河南传》记载,吐谷浑王位12代传到拾寅时,"乃用书契,起城池,筑宫殿,其小王并立宅",此"小王"当指拾寅子弟封为王者。可见吐谷浑"小王"的称号始见于5世纪中叶以后,大约相当于南北朝中期。[1]但其正式出现王号,是在夸吕(535—591)称可汗之后。《周书·史宁传》记史宁与突厥木杆可汗击吐谷浑时,有其"婆周国王"、"征南王"、"贺罗拔王"等。以后,吐谷浑王号记载就越来越多。见于记载的,北周时有广定王、钟留王、龙涸王莫昌、洮王、赵王他娄屯;隋时有定城王钟利房、高宁王移兹衰、崼王诃(太子)、名王拓拔木弥、大宝王尼乐周、仙头王;唐代有尊王、天柱王、大宁王慕容顺、高(南)昌王慕容孝隽、名王梁屈葱、丞相宣王、威信王、燕王若曷钵等。此外,汉文文献还多次提

---

〔1〕周伟洲:《吐谷浑史》,第255页,附录(二)"吐谷浑世系表"。

到,北周、隋、唐等政权击吐谷浑俘获或归降的吐谷浑王多达 20 余人。可见到了后期,吐谷浑的封王有泛滥之嫌。而且,从上述已知各王的姓氏来分析,封王者大多为吐谷浑王族慕容氏,特别是可汗子弟,也有国内羌、党项、宕昌等部落的首领。[1]

隋唐时,吐谷浑的"小王"制度仍然盛行。《旧唐书·吐谷浑传》记:"其官初有长史、司马、将宰;近代以来,有王、公、仆射、尚书、郎中。"此外,隋唐之际其他西北诸族中亦有"小王"的称呼。《旧唐书·东女国传》:"东女国,西羌之别种,以西海中复有女国,故称东女焉。俗以女为王。""女王若死,国中多敛金钱,动至数万,更于王族求令女二人而立之。大者为王,其次为小王。若大王死,即小王嗣立,或姑死而妇继,无有篡夺。"

松赞干布建立吐蕃王朝之前,青藏高原上小邦林立,《敦煌本吐蕃历史文书》记载"小邦之王"分布的情况说:

在各个小邦(rgyal phran)境内,遍布一个个堡寨,任小邦之王(rgyal phran bgyid pa)与小邦家臣者其历史如下:

象雄阿尔巴之王为李聂秀,家臣为"琼保·若桑杰"与"东弄木玛孜"二氏。

娘若切喀尔之王为藏王兑噶尔,其家臣为"苏"与"囊"二氏。

努布境内林古之王为努布王斯巴,其家臣"苗乌"与"卓"二氏。

娘若香波之地,以弄玛之仲木察为王,其家臣为"聂"与"哲"二氏。

几若江恩之地,以几杰芒保为王,其家臣为"谢乌"与"索"二氏。

岩波查松之地,王为古止森波杰,其家臣为"噶尔"与"年"二氏。

---

〔1〕周伟洲:《吐谷浑史》,第 118－119 页。

雅茹玉西乏地,以雅杰喀尔巴为王,其家臣为"包"与"都"二氏。

俄玉邦噶之地,以俄杰新章察为王,其家臣为"翱"与"韦"二氏。

埃玉朱西之地,以埃杰拉章为王,其家臣为"赛巴"与"娘耐"二氏。

龙木若雅松之地,以南巴之子森弟为王,其家臣为"娘"与"白兰"二氏。

悉布玉若木贡之地,以张杰内南木为王,其家臣为"秀琛"与"热德"二氏。

工布哲那之地,以工杰噶波为王,其家臣为"喀尔"与"帕珠"二氏。

娘玉达松之地,以娘宗朗杰为王,其家臣为"乌如"与"扎克"二氏。

达布朱西之地,以达杰竹森为王,其家臣为"泡古"与"卜若"二氏。

琛玉古玉之地,以琛杰内乌为王,其家臣为"当"与"丁蒂"二氏。

苏毗之雅松之地,以末计芒茹帝为王,其家臣为"郎"与"甘木"二氏。

卓木南木松之地,以斯日赤为王,其家臣为"江日那"也。[1]

根据上述,松赞干布建立吐蕃王朝之前的"小邦之王"共有 17 个。古藏文 rgyal phran 一词,意思就是"小邦";rgyal phran bgyid pa 意为"小邦之王",可简称"小王"。

吐蕃王朝建立之后,以上"小邦之王"均被征服,编为属民,因此多

---

[1]王尧、陈践译注:《敦煌本吐蕃历史文书》,第 173 页。参见保罗:《解读敦煌吐蕃文书 P. T.1286 号写卷及其历史内容》,《西藏研究》2008 年第 3 期,第 13 页。

数小邦之王的名号被取消,名称不复存在,仅仅保留了吐谷浑、工布、娘布这 3 个小王。但是,根据碑铭史料的记载,虽然多数小邦之王的名号被取,但小邦的实体却仍然存在,如"谐拉康碑甲"(大约立于 798—815)曰:"……永远永远,赐予论囊桑努贡之子孙后代,社稷安逸鸿固之盟书誓文,不予变更,无论何时,不予修改,并均于予之驾前盟誓。王兄牟茹赞普与王(太)后戚族,诸小邦(rgyal phran)、平章政事社稷大论以下、诸大尚论均使其参与盟誓,誓文封以雍仲之印。"[1]其中提到,要求"诸小邦"(rgyal phran)参与盟誓,只是这时的"诸小邦"首领已经不是当初的"小王",而是管理当地的军事首领千户长(stong pon),或者是管理民户事务的域本(yul dpon)了。[2]

另外,从敦煌古藏文文书《岱噶玉园会盟寺愿文》(India office 751)所载的《白兰羌(vbrom khong)敬奉的愿文》(大约写于 822 年)的内容来看,其中说道:"不仅全体蕃民幸福,而且普天境域内担忧国亡政失的各小邦(rgyal phran)也保留其国,其心也安矣。"[3]从这里也可以看出,被吐蕃征服的原青藏高原诸族,包括白兰羌在内,于吐蕃时期的文献中仍然自称 rgyal phran,说明吐蕃统治下一些"小邦"仍然存在,只是没有了"小邦之王"的称号。

以下来看有关吐谷浑、工布、娘布 3 种小王的诸种记载:

桑耶寺兴佛第一诏书(颁布于 779)

    有关叙述佛法在吐蕃前后产生情况之文书存有正副两本,如是之抄本共十三份,其中一份置于地窖,两份盖印之后

---

〔1〕王尧编著:《吐蕃金石录》,第 107 – 116 页。另有"谐拉康碑乙",相关文字内容与"谐拉康碑甲"略同,有"王后之戚族,诸小邦(rgyal phran)、社稷诸大论"云云。见王尧编著:《吐蕃金石录》,第 127 页。

〔2〕林冠群在《唐代吐蕃的杰琛(rgyal phran)》一文中举例说:17 小邦之第四位的娘若香波小邦,后来演变成吐蕃茹拉之下的娘若(myang ro)千户,其千户长即由前家臣"哲氏"(vbre)的后代出任,见林冠群:《唐代吐蕃史论集》,第 26 – 27 页。有关吐蕃本土地方的军政体制,可以参见熊文彬:《吐蕃本部地方行政机构和职官考》,《中国藏学》1994 年第 2 期,第 51 – 58 页;杨铭:《吐蕃"十将"(Tshan bcu)制补证》,《中国藏学》1996 年第 2 期,第 44 – 49 页。

〔3〕黄维忠:《关于 P. T. 16、IoL TIB J751I 的初步研究》,王尧主编:《贤者新宴》(5),上海古籍出版社 2007 年版,第 85 页;杨铭:《〈岱噶玉园会盟寺愿文〉研究》,载《西北民族研究丛刊》(6),中国社会科学出版社 2008 年版,第 230 – 251 页。

分存于大昭寺及红岩桑耶寺。十份均于（文书）下部盖印，分别置于大昭寺、桑耶寺、昌珠之扎西拉玉寺、王宫所属僧团、逻些之汉人所建小昭寺、红岩三界不变解脱寺、勃律地区、象雄地区、多麦及各地地方长官，对于上述诸寺院之僧团各赐以盟誓文书一份。盟誓者：甥吐谷浑王（dbon va zha rje）、大尚论（以下略）。[1]

桑耶寺兴佛第二诏书（颁布于779之后）

在赞普赤松赞之时，关于佛法产生年代之文书存有正副两本，系用颇罗弥书写并置于金匣之内。放在桑耶寺之宝库中。……兹晓谕所辖属民、小王及吐谷浑王（rgyal phran va zha rje）等并诸纰论及囊论：经商议之后决定：一、依靠世尊佛之教诲，二、依持先祖之范例规制，三、由善知识以力相助。[2]

桑耶寺兴佛证盟碑（立于779之后）

逻些及札玛之诸神殿建三宝之所依处，奉行缘觉之佛法。此事，无论何时，均不离不弃所供养之资具，均不得减少，不得匮乏。今迄后，每一代子孙，均需按照赞普父子所作之盟誓，发愿。共咒誓书词不得弃置，不得变更。祈请一切诸天、神祇、非人，来作盟证。赞普父子与小邦王子（rje），诸论臣工，与盟申誓。此诏敕盟书之详细节目文字正本，存之于别室。[3]

噶琼多吉英寺崇佛誓约（大约立于815）

赤德松赞迎请了印度的轨范师毕玛拉米扎、咱纳斯纳、泥婆罗鸿嘎等等，翻译了众多佛经，在拉萨河下游建造了噶琼多吉英寺。同时向全体臣工属民颁布不准毁坏佛教和坚守三宝之诏令，并令上述人等发誓，其誓文是（略）。……王

---

〔1〕巴卧·祖拉陈瓦：《贤者喜宴》，第372页；引文参见黄颢《〈贤者喜宴〉摘译（九）》，《西藏民族学院学报》1982年第4期，第35—36页。

〔2〕巴卧·祖拉陈瓦：《贤者喜宴》，第372-375页；黄颢：《〈贤者喜宴〉摘译（九）》，《西藏民族学院学报》1982第4期，第36,37页。

〔3〕王尧编著：《吐蕃金石录》，第167-169页。

妃姐妹发誓者:王妃没卢氏赤穆莱、王妃琛氏洁萨莱莫赞、王妃属卢氏赞洁。小邦发誓者:外甥吐谷浑王堆吉布希桂波尔玛噶吐谷浑可汗(dbon va zha rje dud kyi bul zhing khud por ma ga tho yo gon kha gan)、工噶波莽波支(rgong gar po mang po rje)、娘尊赤波(myang tsun khri bo)。宰相同平章事及大小臣工发誓者(以下略)。[1]

此外,P. T. 1038《苯教故事》、P. T. 1194《苯教殡葬仪礼故事》、P. T. 1290《小邦邦伯家臣表》等也有关于 rgyal phran 的描述,因与上述内容略同或事涉传说故事,故不赘述。[2]

综上所述,吐蕃王朝建立后,到 8 世纪下半叶至 9 世纪初,吐蕃的小邦虽然犹存,但"小王"制基本被取消了,仅存以吐谷浑可汗为首,附带工噶波莽波支、娘尊赤波等 3 个"小王"。这就使我们有理由认为,吐蕃的"小王"及其分封制虽然自有其来源和特点,但其在称号、规模、演变等方面,仍与汉唐间西北诸族的小王制有相似之处,不排除受后者影响的可能性。

19.3   西北诸族万户制对吐蕃的影响

19.3.1   吐蕃、通颊、南山的万户制

19.3.1.1   吐蕃的万户制

根据藏文史籍《贤者喜宴》的记载,包括"千户制度"在内的吐蕃"三十六种制度",大多是在吐蕃赞普赤松德赞时期(755—791)确立的,诸如为区别官职品级尊卑而设置的"六种告身"、为总理朝政而设置的"九大尚论"(同平章事)等。此外,"三尚一论四人议事"、"东本"

---

〔1〕巴卧·祖拉陈瓦:《贤者喜宴》,第 411 页;黄颢:《〈贤者喜宴〉摘译(十二)》,《西藏民族学院学报》1983 第 4 期,第 46 页。

〔2〕王尧主编:《法藏敦煌藏文文献解题目录》,民族出版社 1994 年版。

（千户长）等制度，也是赤松德赞在位期间的新建制。[1]

　　而与吐蕃"千户所"有关的"万户所"一级建制，汉文文献方面仅见于《新唐书·吐蕃传》一例。其载，8 世纪上半叶唐蕃边界有"万人将"之设，曰："吐蕃令曩骨委书塞下，言：'论莽热、论泣热皆万人将，以赞普命，谢都督刺史。'"在《敦煌本吐蕃历史文书》以及后世的《贤者喜宴》等藏文文献中，均不见唐代吐蕃本部有"万户"一级的建制；只能见到出自敦煌、西域的吐蕃社会文书中有"万户"、"万户长"等记载，但均不属于吐蕃，而是在吐谷浑、汉人中设立的。

　　20 世纪 80 年代方正式出版的《弟吴宗教源流》中，出现了有关羊同万户的记载，其曰："吐蕃与突厥（dru gu）边界处，有上象雄五东岱，即窝角（vo co bag）第一，芒玛（mang ma bag）第二，聂玛（snye ma bag）第三，杂摩（rtsa mo bag）第四，一个小东岱巴噶（ba ga）第五；吐蕃与苏毗（sum pa）边界处，有下象雄五东岱，即古格（gug ge）、古觉（gu cog）二部，吉藏（spyir rsang）、雅藏（yar rsang）二部，和一个小东岱刺迪（spyi ti）。以上为上下象雄万户（khri sde）所属的十东岱。此吐蕃四茹，加上上下象雄的一万户（khri sde）和孙波茹，合称吐蕃六十东岱。"[2]由于有关羊同万户的记载仅此一见，同样记载了上下"象雄十东岱"的《贤者喜宴》，却没有"上下象雄万户"（khri sde）这样的文字[3]，因此有学者指出，这些文字有可能是后人对相关文字的解释，后来误入《弟吴宗教源流》正文之中，可以不取。[4]

─────────────

〔1〕《敦煌本吐蕃历史文书·大事纪年》：及至羊年（755），"于每一千户所任命三'千夫长'职"。见王尧、陈践译注：《敦煌本吐蕃历史文书》，第 155 页；《藏族简史》编写组：《藏族简史》，西藏人民出版社 1985 年版，第 48 页。

〔2〕弟吴贤者：《弟吴宗教源流》，西藏人民出版社 1987 年版，第 259 页。译文参见 K. Iwao, "On the Old Tibetan khri-sde", 沈卫荣主编：《西域历史语言研究集刊》第 1 辑，科学出版社 2007 年版，第 215 页。以下凡引此段同。

〔3〕巴卧·祖拉陈瓦：《贤者喜宴》，第 187 页。

〔4〕K. Iwao, "On the Old Tibetan khri-sde", pp. 218 - 219. 此外，一份收藏在意大利罗马中远东研究院的藏文手抄本：丹增仁青坚赞德青宁布《赡部洲雪山之王冈底斯山志意乐梵音》（vdzam gling gangs rgyal ti sevi dkar chag tshang dbyang yid vphrog），记载有"象雄十八万户"（zhang zhung khri sde bcu brgyad）或"象雄十八王国"（zhang zhung rgyal khag bcu brgyad）。见才让太：《再探古老的象雄文明》，《中国藏学》2005 年第 1 期，第 22 - 24 页。

273

基于上述,笔者认为上述现象可以有两种解释:一是万户制度在唐以后方传入吐蕃,二是万户制最初仅在吐蕃本土以外的占领区推行。这两种情况都说明,万户制是从外部传入吐蕃的。通过目前能看到的敦煌及新疆米兰、麻扎塔格出土的藏文文书看,署有万户或万户长的文书,多涉及汉族、吐谷浑或通颊等。由此,笔者曾推测吐蕃的万户制度是源于吐谷浑的,或者说是通过吐谷浑传入吐蕃的。[1] 但也有学者提出了不同的观点,认为恰恰相反,是吐蕃将吐谷浑的部落编为"万户—千户"的体制,使之符合吐蕃的行政编制[2]。还有学者提出,吐蕃的万户、千户制都是从突厥人那里学来后,又传入吐谷浑的。[3]

19.3.1.2 通颊的万户制

"通颊"是吐蕃设于边境的斥候部落,据《贤者喜宴》,其起源可追溯到松赞干布时期。在吐蕃攻占西北地区以前,通颊首先见于河源一带,之后又出现于凉州、甘州、沙州、鄯善等地。[4] 但是,通颊见于吐蕃本土者并未冠以万户之称,而只是叫"通颊九政权部"、"通颊部落"等;只有到了吐蕃攻占河陇地区后,"通颊万户"(mthong khyab khri ste)之名才首见于《敦煌本吐蕃历史文书·赞普传记》,其中在"赤松德赞"一节记道:赤松德赞(755—791 在位)时"韦·巴赞热托罗等率姑臧(mkhar tsan)军陷八城之后,降伏者均收为编氓。王威远播,陇山山脉入于掌握,创设通颊五万户(thong khyab khri ste lnga),一德伦(bde blon)大国新生于世"[5]。

新疆若羌县米兰戍堡出土的古藏文简牍,也记载了吐蕃通颊部落的情况。一支出土于新疆米兰戍堡的藏文木简记道:"向大王主子禀

〔1〕杨铭:《吐蕃经略西北的历史作用》,《民族研究》1997 年第 1 期。
〔2〕陈庆英主编:《藏族部落制度研究》,中国藏学出版社 2002 年第 2 版,第 74 页。
〔3〕陆庆夫、陆离:《论吐蕃制度与突厥的关系》,《兰州大学学报》(哲学社会科学版)2005 年第 4 期,第 64 页。
〔4〕详见杨铭:《通颊考》,《敦煌学辑刊》1987 年第 2 期。
〔5〕王尧、陈践译注:《敦煌本吐蕃历史文书》,第 132、167 页。引文略有改动,"姑臧"(mkhar tsan)原译"小城","八城"(mkhar cu pa brgyad)原译"一十八城","通颊五万户"(mthong khyab khri sde lnga)原译"五道节度使"。

报:上面在小罗布(nob chungu)二城议会时,我等在通颊(mthoag khy-ab)一段加入当初的守城军。敌部斥候军,杀我眷属,割下头颅,粮筒中所有粮食悉为敌部抢尽,(我等)遭受如此残害。"[1]

出土于米兰的另一枚藏文简牍,涉及通颊的"新建万人部落":"在大萨毗(tshal byi)所辖地区,通颊(mthong khyab)北边驻有个别守边斥候。根据旧令及新建万人部落(khri sde)之令,不可像盗匪般使庶民不信任,不可抢劫云云。"[2]

尽管目前的研究认为,属于吐蕃通颊部落的有分布于唐朝河陇等地的吐蕃人、汉人、突厥人、粟特人等[3],但以上两枚藏文简牍由于没有说明所举的通颊部落族属,因此不能确定这里的通颊"万人部落"出自吐蕃。

19.3.1.3 南山部落的万户制

有关"南山"部落的万户制度,见载于 P. T. 1089 号《吐蕃官吏呈请状》。其具体情况是由敦煌的吐蕃人千户长、小千户长呈诉的,他们说:统率南山部落千户的本民族的万户长、千户长和小千户长虽持有玉石告身及金告身之位阶,但其地位却处于持有告身更低的吐蕃小将校之下。涉及南山部落万户制的一段文字如下:"……没琳·页赞贡(vbrin yes btsan kong)于宣誓时曰,(仍旧)根据以前的制度,吐蕃方面任命的小将校等(dmag pon chunguvi rnams)处于南山部落(lho bal)内的万户长和千户长(khri dpon dang/stong pon)之上……(翻过来之后)小将校的位阶仍在从南山部落人中任命的颇罗弥石告身及金告身的万户长等人之上。尚·赞桑(zhang btsan bzang)、尚·弃桑(zhang khri brtsan)、尚·结赞(zhang rgyal tsan)、尚·弃都杰(zhang khri dog rje)议

〔1〕王尧、陈践编著:《吐蕃简牍综录》,第64页;F. W. Thomas, *Tibetan Literary Texts and Documents concerning Chinese Turkestan*, Ⅱ, London, 1951, p.133.

〔2〕王尧、陈践编著:《吐蕃简牍综录》,第51页;F. W. Thomas, *Tibetan Literary Texts and Documents concerning Chinese Turkestan*, Ⅱ, London, 1951, p.121.

〔3〕参见杨铭:《唐代吐蕃与西域诸族关系研究》,黑龙江教育出版社2005年版,第132-133页。

·欧·亚·历·史·文·化·文·库·

定之后,(为通告)各个万户,奏请赐予各自御印(文书)。"[1]

19.3.1.4 不明族属的万户制

P. T. 1089 号文书《吐蕃官吏呈请状》记载吐蕃姑臧节度使辖下的官吏序列与位阶,头两行为:"茹本(ru dpon)—万户长(khri dpon)—大守备长(dgra blon chen po)—节儿黄铜告身者(rtse rje ra gan pa)—大营田官(zhing pon chen po)—大城塞长(mkhar dpon chen po)—上部、下部牧地大管理长(stod smad kyi phyug mavi gzhis pon chen po)—茹都护亲任官者等(ru spyan nang kor las bskos pa rnams)。"[2]

虽然我们知道,吐蕃"姑臧节度使"就是吐蕃驻河西走廊凉州的最高官吏,但其中出任"万户长"(khri dpon)一职的具体来自哪个民族,尚不得知,因此将其列为不明族属一类。米兰出土的一件古藏文简牍所记,亦是族属不明的"万户长及千户长"一类:"忠心耿耿,尽忠效劳,为敌所杀,奴隶、土地由其子孙后代领有。大尚论已下令,万户长及千户长(khri dpon dang stong pon),别忘写入盟约,为不使敌人前来杀戮,请大罗布节儿(nob ched povi rtse rje)总管向下下令(保护)。"[3]

另有 P. T. 1120《沙洲曹尚书对于阗圣神菩萨王和天子的呈文》,其中提到 drug chung 地区的万户(khri sde)。由于 drug chung 地望不清,加之黄盛璋认为 P. T. 1120 背称"曹尚书",应写于曹议金初接替曹仁贵为归义军节度使留后时,约 921 年左右,已经在吐蕃河陇统治结束半个多世纪以后,故此处未作分析。[4]

19.3.1.5 敦煌汉人的万户制

从目前能见到的史料看,有关吐蕃万户制的情况以 P. T. 1089 号《吐蕃官吏呈请状》的记载最详。这是一件记载在敦煌蕃、汉官吏因对职官的序列与位阶意见不一致,经常发生争执的情况下,由吐蕃"瓜州

---

〔1〕山口瑞凤:《沙州汉人による吐蕃二军团の成立とmkhar tsan 军团の位置》,第 21 页。

〔2〕山口瑞凤:《沙州汉人による吐蕃二军团の成立とmkhar tsan 军团の位置》,第 17 页。

〔3〕王尧、陈践编著:《吐蕃简牍综录》,第 64 页;F. W. Thomas, *Tibetan Literary Texts and Documents concerning Chinese Turkestan*, Ⅱ, London, 1951, p. 451.

〔4〕见黄盛璋:《关于沙州曹氏和于阗交往的诸藏文文书及相关问题》,《敦煌研究》1992 年第 1 期,第 35 – 43 页。

将军与都护"下达的蕃汉官吏序列表,有关汉人万户制的一段如下:
"……节儿论(rtse rje blon)—汉人之万户长(rgyavi khri dpon)—汉人之万户都护(rgyavi khri spyan)—大都督(to dog ched po)—副节儿(rtse rje vog pon)—小都督(to dog chungu)—汉人之都护(rgyavi spyan)—吐蕃方面任命的千户长等(stong pon bod las bskos pavi rnams)—汉人方面任命的副千户长等(stong pon gyi zla rgya las bskos pavi rnams)……万户长之书吏官(khri dpon gyi yi ge pa)。"[1]

这里有关"万户制"的民族属性是十分明确的,因为文书在"万户长"(khri dpon)、"万户都护"(khri spyan)之前都冠以"汉人的"(rgyavi)这个所有格,称为"汉人之万户长"(rgyavi khri dpon)、"汉人之万户都护"(rgyavi khri spyan);而凡是吐蕃人出任的官吏,则有 bod las bskos pavi"吐蕃方面任命的"这样的限制词。敦煌汉人的万户制,亦见于出自敦煌的汉文文书,譬如藏文的 khri dpon(万户长)就被对译为"乞利本"或"一万人将"。[2]

19.3.2 吐谷浑万户制对吐蕃的影响

发现于敦煌莫高窟藏经洞的 P. T. 1222 号写本,记载了送给吐谷浑新万户长、万户都护及其书吏官文书的情况:"……此报告向吐谷浑(va zha)新万户部落(khri sde gsar)之万户长(khri dpon)、万户都护(khri spyan)以及万户长的书吏官送达……"[3]

一支木简记载了吐蕃向吐谷浑部众征收贡赋的情况:"……吐谷浑上部万人部落(va zha khri sde stod pa),凡属唐所辖者……每户征收五升(青稞);万人部落田赋以六成计征,所征青稞混合堆置一处,一部

〔1〕山口瑞凤:《沙州汉人による吐蕃二军团の成立と mkhar tsan 军团の位置》,第 18 – 19 页。

〔2〕《戌年八月氾元光施舍房舍入乾元寺牒并判》有"乞利命(本)"一词;S. 2736/2《蕃汉对语译汇》第 40 组有"Khri dpon 乞利本/I ban zin dzyang 一万人将"。见唐耕耦等编:《敦煌社会经济文献真迹释录》第 3 辑,全国图书馆文献缩微复制中心 1990 年版,第 73 页;周季文、谢后芳:《敦煌吐蕃汉藏对音字汇》,第 228 页。

〔3〕M. Lalou, *Inventaire des Manuscrits tibétains de Touen-houang conservés à la Bibliothéque Nationale (Founds Pelliot tibetain)* Ⅱ. (No. 850—1282)1950, p. 86.

分(青稞)如以羊驮运不完,可派牛运。"〔1〕

吐谷浑实行部落制是很早的,如《洛阳伽蓝记》记载北魏神龟元年(518),宋云、惠生一行经过鄯善时,见"今城(内主)是吐谷浑第二息(子)宁西将军,总部落三千,以御西胡"。到了唐代,吐谷浑仍主要以部落形式分布,《旧唐书·地理志》:"吐浑部落、兴昔部落、阁门府、皋兰府、卢山府、金水州、蹛林州、贺兰州。已上八州府,并无县,皆吐浑、契苾、思结等部,寄在凉州界内,共有户五千四十八,口一万七千二百一十二。"到唐末这种情况仍未有大的改变。《旧唐书·文宗纪》"开成元年(836)二月"记载:"天德奏生退浑部落三千帐来投丰州";《旧唐书·刘沔传》说,开成中(836—840)"党项杂虏大扰河西,沔率吐浑、契苾、沙陀三部落等诸族万人、马三千骑,径至银、夏讨袭,大破之,俘获万计,告捷而还"。

吐谷浑自南北朝以来,其内部一直都是部落制。既然是部落制,应有千户、万户等建制,只是汉文史籍未能记载详细。相反,唐代发现于敦煌莫高窟的古藏文文献却有这方面的记载,这便是以《吐谷浑纪年》为代表的一批重要文书。其中,英国学者托马斯认为,《吐谷浑纪年》所记为634—643年间吐蕃与吐谷浑之间的重要事件,其中提到的唐公主即下嫁吐蕃松赞干布的文成公主。匈牙利学者乌瑞不同意托马斯的观点,提出此文书包括的年代应为706—715年,文书记载的唐公主是金城公主。该文献记道:"其后为猴年,于萨巴……祭典。其夏,母后赤邦(khri bangs)之侍从……对各千户(东岱 stong sde)课以新税……"

如果按照托马斯的观点,这是发生于636—637年间的事件;如果是乌瑞的观点,则是发生于708—709年间的事件。〔2〕 但无论是哪种

〔1〕王尧、陈践编著:《吐蕃简牍综录》,第38页;F. W. Thomas, *Tibetan Literary Texts and Documents concerning Chinese Turkestan*, Ⅱ, London, 1951, p. 30. 文中"凡属唐所辖者",似指以前属唐新近被吐蕃征服的吐谷浑部众。

〔2〕G. Uray, "The Annals of the 'A-ZA Principality—The Problems of Chronology and Genre of the Stein Document, Tun-hung, vol. 69, fol. 84", *Proceedings of the Csoma de Körös Memorial Symposium*, edited by Louis Ligeti, Budpest, 1978, pp. 541 – 578.

观点,有一点很清楚,吐谷浑千户出现的时间都比吐蕃千户出现的时间要早。具体来说,如按托马斯的观点,吐谷浑千户的出现要早于吐蕃千户 100 余年,就是按乌瑞的观点,也要早 50 年以上。

而另一件十分重要的文书 Ch. vol. 5b, fol. 72 号,可以拟名为《吐谷浑官吏求职状》。该写本是一份申请担任吐谷浑千户长的文书,其中提到吐谷浑地面两个小镇的前任千户长是经"德伦盟会"任命的,申请人说这次该他们出任了,他们受到了垒阿柴王(吐谷浑王)和大论的推荐,恳请上峰批准。其中一段文字说:"我们的祖父勒孔原先曾管辖两个吐谷浑千户,即任新旧卡莱城千户长,一直受到格萨人的拥戴。吾祖父阿咄楚及其兄弟玛可赞,多次被委以职位。作为兄弟,玛可赞被任命为旧卡莱城的千户长。他死后,继位者按理讲应是卡巴的兄长仲热,现在仲热已被选上。"[1] 如从申请人这一辈,上推到其祖父阿咄楚及前辈勒孔应有 4 代,一代按 20～25 年计算,大约有 60～100 年的时间。从此也可以看出,吐谷浑的千户制度来源是很早的,应该在 8 世纪中叶吐蕃成立千户制、任命千户长之前。

综上所述,笔者认为吐蕃的千户、万户制度是从吐谷浑传入的。

---

[1] 托马斯编著,刘忠、杨铭译注:《敦煌西域古藏文社会历史文献》,第 20 页。"德伦盟会"是吐蕃攻占河西地区后,为协商解决该地区民众的各类事务而设置的一个新的盟会。

20　吐蕃与西北诸族的
经济、文化交流

大约从 7 世纪中叶至 9 世纪中叶的 200 年时间内,吐蕃先后进出及统治河陇地区,其直接的结果和影响,就是推动了吐蕃与汉族及西北其他民族的交往和联系。当时,在东起河西走廊、西至新疆南部的广袤地区,蕃、汉、浑、胡各族军民杂居互处,在一起耕作、生息,或相为婚姻,形成了各民族文化互相交流、互相融合的局面。因而,讨论有关唐代吐蕃与西北各族的经济贸易、文化交流及其历史影响十分必要。

20.1　吐蕃与西北诸族的经济往来

据《贤者喜宴》载,松赞干布时学习邻族建政经验、设官及民政:"自东方汉地及木雅获得工艺与历算之书。自南方天竺翻译了诸种佛经。自西方之胡部、泥婆罗,打开了享用食物财宝的库藏。自北方霍尔、回纥取得了法律及事业之楷模。"[1]其中,"胡部"即指粟特,"泥婆罗"指今尼泊尔,所谓"打开了享用食物财宝的库藏",是指与这些民族的经济贸易。

有关吐蕃与西北诸族的贸易,《弟吴教法源流》记叙更为详尽。它说:松赞干布时,与四邻建立了 8 个用于贸易的市场,称作"拉杰凯杰"(kha brgyad khe brgyad)。其中,"kha brgyad"指 8 个市场,包括上部与勃律(dru sha)、突厥(dru gu)、泥婆罗(bal po)交易的 3 个市场,下部与

---

〔1〕巴卧·祖拉陈瓦:《贤者喜宴》,第 119 页。

葛逻禄(gar log)、化隆(rong rong)[1]、丹玛(ldan ma)交易的 3 个市场，中部用于附近百姓相互交换产品的南、北 2 个市场。[2] 所谓"khe brgyad"，被解释成 8 个山口，分别是"东方汉绢与食品的山门"、"南方米和糜子之山门"、"西方蔗糖和染料之山门"、"北方盐与犏牛之山门"，"四大山口连同四小山口，共八个山口。吐蕃全境经商，故名'八商市'(kha brgyad)"。[3] 通过这一段文字，可以看出吐蕃与四邻已经形成如下贸易格局：与东方大国唐朝进行绢帛与各种谷物的贸易，与南方门地、印度进行大米与糜子等粮食、果类贸易，与西方勃律、波斯、尼泊尔等进行毬鞑等颜料草、紫梗的贸易，与北方突厥、于阗和粟特展开盐、牧业生产物资的贸易。

在松赞干布时期，藏文史书记载在各小邦王之下有九王、七牧人、六匠人、五商人之分，其中的"五商人"(tshong lnga)是承办各种不同的商品生产地物品的交换者，譬如汉地茶商、突厥玉石商人、吐谷浑刀具商人等。[4] 藏文史书还记载了吞弥·桑布扎在创制藏文中的一件趣事，从中可以反映出当时吐蕃与周边各族贸易交通的情况。传说吞弥·桑布扎创制藏文时，思考增加藏文必需的几个字母，却一时想不出来增什么。正在这时他遇到一位路客，于是就问那人："你从哪里来？"答曰："我从象雄来。"又问："你去哪里？"回答说："去萨霍尔(za hor)。"吞弥又问："为何事而去？"答："去买茶。"通过与客人的问答，吞弥猛然醒悟，于是增加了象雄一词的 zh、萨霍尔的 z、茶的 j 等。[5] 虽然这是一则传说故事，但它的形成应该包含有大历史背景的元素，其

---

〔1〕此处译 rong rong 为化隆，参见兰本加：《西戎沿革及吐蕃后裔习俗考略》，《中国藏学》2010 年第 4 期，第 24 页。

〔2〕弟吴贤者：《弟吴教法源流》，西藏人民出版社 1987 年版，第 264 页。恰白·次旦平措等著，陈庆英等译：《西藏通史——松石宝串》，译作"上部三大市场是：突厥、回纥(指克什米尔)、尼泊尔；下部三市是：葛逻禄(蓝眼突厥)、绒绒、丹玛"，西藏古籍出版社 2008 年第 3 版，第 100 - 101 页。

〔3〕弟吴贤者：《弟吴教法源流》，第 264 页。参见恰白·次旦平措等著，陈庆英等译：《西藏通史——松石宝串》，第 100 - 101 页。

〔4〕恰白·次旦平措等著，陈庆英等译：《西藏通史——松石宝串》，第 62 - 63 页。

〔5〕恰白·次旦平措等著，陈庆英等译：《西藏通史——松石宝串》，第 82 - 83 页。

中就反映了羊同与北方突厥或回纥人的过境贸易的史实。

当然,吐蕃与西北诸族的经济贸易并不始于或止于松赞干布时期。藏文史料《汉藏史集》一书中有这样的记载:"吐蕃王囊日伦赞曾征服汉人和突厥人……据说将十八头骡子驮的玉石运到吐蕃也是这一时期。"[1]赤祖德赞时期,也从突厥运进了上好的玉石。[2] 另一方面,藏文史料说囊日伦赞时期从北方的突厥人那里得到了食盐。[3] 囊日伦赞是吐蕃王朝第一代赞普松赞干布(?—650)的父亲,他的活动时代当在6世纪,而《隋书·女国传》说女国"尤多盐,恒将盐向天竺兴贩,其利数倍"。将这两条汉、藏史料联系起来认识,可以认为囊日伦赞时期从突厥获得的食盐和玉石,有可能是从女国(苏毗)转贩来的。总之,有唐一代,吐蕃通过各种物资交换的商道逐渐趋向繁荣,依靠商品交换进一步推动了农牧业生产,人民的生活水平日益提高,这其中不乏来自西北诸族的物质产品。

再以吐蕃与粟特的贸易为例,来说明当时吐蕃与西北诸族的经济往来。结合各种史料来看,在7—9世纪吐蕃经略西域及河西走廊期间,无论是在鄯善、敦煌,还是远至中亚的康及其他昭武九姓诸国,吐蕃均可能从"粟特商路"获得来自中亚的粟特商品或贡品,而有关的文献记载与考古发现就是这样证明的。《通典·吐蕃》记载吐蕃风俗时说:"人马俱披锁子甲,其制甚精,周体皆遍,唯开两眼,非劲弓利刃之所能伤也。"而锁子甲正是康国贡献给唐朝的贡品。《旧唐书·康国传》载:开元六年(718),康国王"遣使贡献锁子甲、水精杯、马脑瓶、鸵鸟卵及越诺之类"。另据《汉藏史集》记载,吐蕃时期曾流行一种所谓的"索波(sog po)刀剑",实际上就是产自中亚粟特人地区的兵器。[4] 美国藏学家白桂思根据上述记载指出,唐代吐蕃从中亚的康国、安国及其他

〔1〕达仓宗巴·班觉桑布著,陈庆英译:《汉藏史集》,西藏人民出版社1986年版,第87页。

〔2〕达仓宗巴·班觉桑布著,陈庆英译:《汉藏史集》,第123页。

〔3〕萨迦·索南坚赞著,陈庆英等译注:《王统世系明鉴》,辽宁人民出版社1985年版,第49页。

〔4〕达仓宗巴·班觉桑布:《汉藏史集》,四川民族出版社1985年藏文排印本,第232-235页;陈庆英汉译本,西藏人民出版社1986年版,第138-141页。

粟特人地方得到了钢铁制成的武器,包括锁子甲和长剑,输入量很大,因为在吐蕃军队中骑兵的比重很大,骑士和战马全都需要披上这种细锁子甲。[1]

1982—1985 年,青海省文物考古研究所在海西州都兰县的热水乡、夏日哈乡发掘了一批唐代的吐蕃墓葬。除大宗的丝织品、陶器、木器、铁器、铜器、珠饰、木简牍、皮革制品以外,还出土了一批金银器,因墓葬多数被盗,完整器和大件器不多,多系残损的小件器物。其中一部分器物较特别,具有浓厚的中亚粟特银器的风格,主要有:镀金银质鹿形饰片 1 件;镀金银质搏饰片 1 件;银带饰共 26 件;银钉托 1 件;花形镀金银饰 2 件;残损木器上的镀金银饰若干。[2] 都兰出土的这类金银器同中亚粟特人所使用的金属器纹样非常近似,总体风格是一致的。从年代上看,通过与中亚 7 世纪后半叶到 8 世纪前半叶的粟特器物相比较,都兰金银器类也与之大体相当。正是具备这些相似性,发掘者将都兰出土的这类金银器归属于粟特系统,证明唐代吐蕃王室或贵族使用了大量的粟特系统的工艺品,尤其是粟特金银器。

另一方面有学者指出,吐蕃在与唐朝的交往中,赠送的礼品中有大量的金银器,其中有金城、金瓮、金颇罗、金胡瓶、金盘、金碗、金鸭盘盏、金银山陵、银犀、银牛、银羊、银鹿等十几种类型,皆形制奇异,而且数量相当大。尤其是 736 年,吐蕃一次就赠金银器玩数百件,令人叹为观止。[3] 故有学者认为,从都兰吐蕃墓葬出土的粟特金银器可以推知,吐蕃向唐朝赠送的金银器中,必有相当一部分是粟特人制作的器物。[4] 这里从文献记载和出土实物两个方面,证明了唐代吐蕃与粟特

---

〔1〕Christopher I. Beckwith, "Tibet and the Early Medieval Florissance in Eurasia: A Preliminary Note on the Economic History of the Tibetan Empire", Central Asiatic Journal, vol. 21, 1977, pp. 100 – 102.

〔2〕许新国:《都兰吐蕃墓中镀金银器属粟特系统的推定》,《中国藏学》1994 年第 4 期,第 31 – 37 页。

〔3〕《旧唐书》卷 3《太宗本纪》、卷 196《吐蕃传》;《册府元龟》卷 961《外臣部》;《唐会要》卷 999《吐蕃》。

〔4〕许新国:《都兰吐蕃墓中镀金银器属粟特系统的推定》,《中国藏学》1994 年第 4 期,第 31 – 37 页。

在经济贸易方面有着经常的往来。

20.2 吐蕃与西北诸族的语言交流

20.2.1 以敦煌为中心的蕃、汉交流

吐蕃攻占河陇之后,特别是唐蕃"清水会盟"之后,随着吐蕃对河陇统治的日趋稳定,河陇文化曾进入一个"蕃化"时期,即出现了汉语向吐蕃语言转化的趋向,而且不仅汉人如此,其他少数民族也不例外。[1]

唐《张司业集》中收有《陇头行》一首:"(吐蕃)驱我边人胡中去,散放牛羊食禾黍。去年中国养子孙,今着毡裘学胡语。"《全唐诗》收王建《凉州词》一首,描写陷落后的凉州,吐蕃"多来中国收妇女,一半生来为汉语。蕃人旧日不耕犁,相学如今种禾黍"。司空图的《河湟有感》云:"一自萧关起战尘,河湟隔断异乡春。汉儿尽作胡儿语,却向城头骂汉人。"这些均是吐蕃与汉族杂居生活、语言交流的具体写照。

吐蕃对河陇的统治,造成了吐蕃人学习、吸收汉族文化的机会和条件;同时,也给西北各族提供了学习藏文的机会。敦煌发现的各种汉藏或藏汉对照字书,就是提供给吐蕃人学习汉语言文字,或者是提供给汉人及其他民族学习藏文用的。其中,敦煌文书 P. T. 1046 暨 P. 3419《千字文》、P. T. 1230《寒食篇》、P. T. 1238《三皇五帝姓》、P. T. 1256《九九表》、S. 2736《藏汉对照词语》,就是吐蕃占据河陇时期(763—851)及其以后的归义军时期写下的。[2] 敦煌曲子词中有一篇题为《赞普子一首》(S. 2607)的作品,其曰:"本是蕃家将,年年在草头。夏日披毡帐,冬天挂皮裘。语即令人难会,朝朝牧马在荒丘,若不为抛沙塞,无因拜玉楼。"[3] 这篇或出自吐蕃统治河陇结束后,一名留居当

---

〔1〕李智君:《唐代吐蕃内侵与河陇语言地理格局的演替》,《厦门大学学报》2007 年第 4 期,第 110 页。

〔2〕周季文、谢后芳:《敦煌吐蕃汉藏对音字汇》,第 153、234 页。

〔3〕汪泛舟:《敦煌曲子词中民族、爱国词篇考析》,《敦煌研究》1985 年第 2 期,第 122 页。

地的吐蕃人的作品,反映出其对汉文化有较深的素养。

　　除吐蕃人学习汉文字语言外,此期间,汉人及其他民族也学习古藏文。据研究,现存于河西地区的 7 至 9 世纪的古藏文写本(编号共317 卷),其外部特征完全是吐蕃式的,但在写校者的总人数中,其他民族人士占 4/5 甚至 5/6,吐蕃人只占 1/5 乃至 1/6。[1] 从民族成分看,其中大多是汉人,也有粟特人、吐谷浑人。从社会阶层看,参与抄写经卷事业的涉及吐蕃沙门宰相和王妃、敦煌中小官吏、平民、寺院僧人等。在 S.5284 中,注明写经生属于"行人"、"丝棉"部落。古藏文文献 P.T.1000、1001 的写经记录中,称写经生出自"悉董萨"(stong sar)、"阿骨萨"(rgod sar)、"悉宁宗"(snying tsom)3 部落,写经生全为僧尼,其所写经卷大都供献给"牙通"(g.yar thon),另一部分保存于新建的 4 个寺院中。总之,写经生几乎涵盖了吐蕃统治敦煌时期的各个民族与各个阶层,反映了汉人及其他民族熟练掌握藏文的程度。

　　9 世纪中叶张议潮收复河西时,据《敕河西节度兵部尚书张公德政之碑》载:"河西创复,犹杂蕃浑,言音不同,羌龙嗢末,雷威慑伏,训以华风,咸会驯良,轨俗一变。"[2]可见当时的河西同时居住着吐蕃、吐谷浑、羌、龙家、嗢末等民族;"言音不同",语言种类不少,吐蕃统治下河西语言的变化由此可见一斑。

20.2.2　以西域为中心的蕃、胡交流

20.2.2.1　吐蕃与于阗在文字方面的互相影响

　　关于吐蕃与于阗在文字方面的交流,早就有一个模仿于阗文创制藏文的传说。如《西藏王统记》认为,松赞干布的大臣吞弥·桑布扎是向一位婆罗门李敬(li byin)大师学习,回来后创制藏文的。[3] 因为藏文史书称于阗为 li,[4]所以也可以从 li 这个字出发,认为李敬是西域

────────────────

〔1〕黄文焕:《河西吐蕃卷式写经目录后记》,《世界宗教研究》1982 年第 1 期。

〔2〕荣新江:《敦煌写本〈敕河西节度兵部尚书张公德政之碑〉校考》,《归义军史研究——唐宋时代敦煌历史考索》附录,上海古籍出版社 1996 年版,第 403 页。

〔3〕索南坚赞著,刘立千译:《西藏王统记》,第 42 - 43 页。

〔4〕巴桑旺堆:《藏文文献中的若干古于阗史料》,《敦煌学辑刊》1986 年第 1 期,第 69 - 73 页。

于阗国的人,吞弥·桑布扎是模仿于阗文而创制藏文的。

吐蕃势力进入西域后,藏语成为被统治地区的主要交际用语和官方语言,新疆出土的、内容涵盖社会生活各个方面的古藏文写卷与简牍文书就能反映这一点。藏语在包括于阗等地的南疆地区长期使用,在藏、胡语言文献交流方面产生了深刻的影响。据研究,于阗语中的藏文借词有:

kha,谷物、葡萄的一种计量单位,即"克"。

khara,谷物的一种计量单位。

khalavī,账目。

gnasa prrattanä,老宿。

gvāsa rī,服饰。

caha spata,强盗。

churba,干酪似的奶。

thraka,胡桃。

thūdapa,外罩。

buluna,大臣。

另有 20 余个于阗语中的藏文借词,在此就不一一列举。而藏语中的于阗文借词有 kbavara"植物名"、spa sara"守望者"、spāta -(军官)等 7 个以及仿造词与翻译借词 2 个。就所讨论的词汇而言,于阗借自吐蕃的远远超过吐蕃所吸收于阗的,这应该是吐蕃统治时期古藏文在该地区长期使用与传播的产物。[1] 此外敦煌发现的于阗文医药文献巨著《悉昙娑罗》(siddhasāra,又译《成就宝典》),其序言明确说到是从藏文译成于阗文的,这对于增进于阗的药物学知识起到了不可估量的作用。[2]

---

〔1〕R. E. Emmerick, "Tibetan Loanwords in Khotanese and Khotanese Loanwords in Tibetan", *Orientalia Iosephi Tucci Memoriae Dicata*, *Roma*,1985, pp.301 – 307. 恩默瑞克著,荣新江译:《于阗语中的藏文借词》,载《国外藏学研究译文集》第 6 辑,西藏人民出版社 1989 年版,第 136 – 161 页。

〔2〕荣新江:《唐宋时代于阗史概说》,木田知生日译文,《龙谷史坛》卷 97,京都,1991 年,第 28 – 38 页。

吐蕃统治结束之后,从于阗一带到甘州,古藏文还长期作为官方文字使用。匈牙利学者乌瑞在《吐蕃统治结束后甘州和于阗官府中使用藏语的情况》一文中,一共介绍了 18 件古藏文文书。这些文书中有 2 件是 9 世纪的作品,另有 15 件文书均为 10 世纪的,内容涉及于阗、沙州、甘州、凉州、肃州各地官吏之间的公务往来,从于阗到中原丝绸之路沿线诸邦的外交和贸易,以及各州内部事务等[1]。其中如 P. T. 2111《于阗王致甘州长史书》,就是于阗狮子天大王(lhavi rgyal po chen po seng ge li rjes)写给甘州谋臣和长史于迦(blon po chang vuga)的书信[2]。

20.2.2.2　吐蕃与回纥在文字方面的相互影响

吐蕃与回纥的长期接触、交流,深刻地影响和丰富着双方的文化,敦煌发现的用古藏文撰写的回纥语《佛教教理问答》,即可视作这一现象的最佳脚注。《佛教教理问答》原卷现藏巴黎法国国立图书馆,编号为 P. 5542/P. T. 1292,为用古藏文行书无头字体拼写的古代回纥语的佛教文献,共 44 行。首尾为三皈依文句,中间用问答形式阐述"四生"、"五道"、"三毒"、"十戒"、"六波罗蜜"等佛教基本教义[3]。本残卷为现存同类文献残卷中较为完整的一件,为吐蕃与回纥之间的文化交流提供了弥足珍贵的实证资料。

以下讨论藏语与回纥、突厥语之间的借词,以此说明吐蕃与这两个北方民族之间在文字方面的相互影响:

藏语 pag shi,亦作 pak shi,意为教师,这是一个借自回纥语的名词。蒙语也称 bakshi,意义与藏语相同,也是借自回纥语。

藏语 dam ga 或 dam kha,意为印章或火印,借自回纥语的 tamra,蒙

---

〔1〕G. Uray, "L'Emploi du tibétain Dans les Chancelleries des États du Kan-sou et Khotan Postérieurs à la Domination tibétaine", *Journal Asiatique*, Tome 269, 1981, pp. 81 – 90. 耿昇译:《吐蕃统治结束后甘州和于阗官府中使用藏语的情况》,载《敦煌译丛》第 1 辑,甘肃人民出版社 1985 年版,第 212 – 230 页。

〔2〕王尧、陈践编著:《敦煌吐蕃文书论文集》,第 215 页。

〔3〕森安孝夫:《チベット文字ご书かおたウィグル文佛教教理问答(P. T. 1292)の研究》,《大阪大学文学部纪要》第ⅩⅩⅤ卷,1985 年,第 1 – 85 页。

语为 tamaga,原指北方游牧民族在牲畜皮肤上打上的一种财产标记,故演绎为标记、图章之意。

藏语 dar,意为丝,现代藏语 dar dkar 即哈达,意为白丝绸。因为藏族本地不生产丝,古代藏族的丝绸多通过北方的"丝绸之路"获得,所以藏语 dar 与回纥语的 torru、蒙语的 torga 同,可能系借自回纥语。

藏语 sman pa,医生;又有 am chi,是卫藏一些地方对医生的称呼。后一种称呼来自回纥语。

藏文 gyer ma,意为花椒,借自回纥语 yarma,蒙语为 irma。

藏语 a jam mo,a ja mo 或 rta zam,即邮站、跑差之意。其中的词素 jam、zam 源于回纥语、蒙语的 jam(dzam,yam)。

藏文 chu ba 或 chu pa 来自突厥语 juba 或东突厥语 capan,是指一种宽大的袍子。

藏语 lcags mag 或 bca mag,火石、火绒盒,来自突厥语 cakmak。

藏语 tu pag,枪,来自突厥语 tupak。[1]

此外,在敦煌发现的上万件古藏文写卷中,至少有 3 件出自回纥,其中 2 件出自回纥王室,1 件出自回纥地方官府。出自回纥王室的是 2 件诏书:其一为 P. T. 1188《天福七年登里可汗诏书》,有文字 21 行,其上盖印,为甘州回纥登里可汗于"天福"(then phug)七年(942)春季正月十五日所发授予吐蕃人悉董那旺论军功告身的诏令。其二为 P. T. 1082《登里可汗诏书》,是甘州回纥"登里可汗"颁给野(猫川)切巴坡属民之藏文诏书。出自回纥地方官府的文献是《肃州司徒致天大王书》(P. T. 1189)。[2] 这些已经见于前述。

---

〔1〕劳费尔著,赵衍荪译:《藏语中的借词》,中国社会科学院民族研究所少数民族语言研究室印,1981 年,第 38 - 43 页。

〔2〕G. Uray, "L' Emploi du tibétain Dans les Chancelleries des États du Kan-sou et Khotan Posté-rieurs à la Domination tibétaine", *Journal Asiatique*, Tome 269, 1981, pp.81 - 90. 耿昇译:《吐蕃统治结束后甘州和于阗官府中使用藏语的情况》,载《敦煌译丛》第 1 辑,甘肃人民出版社 1985 年版,第 212 - 230 页。

20.3 吐蕃与西北民族的宗教交流

20.3.1 以敦煌为中心的蕃、汉交流

吐蕃占领瓜州(776)大约 10 年之后敦煌才陷落,在此期间吐蕃致力于与唐朝缔结"建中会盟"。有学者认为其原因之一,可能是吐蕃企图争取沙州的佛教界人士,以控制沙州不被破坏。沙州陷落以后,出现了摩诃衍被招到吐蕃与印度佛教徒进行"顿渐之争"的争讼事件。虽无文献明确说摩诃衍来自沙州,但是在论争失败后,他被派往沙州调查汉人起义事件,由此推测摩诃衍可能来自沙州。[1]

792 年,摩诃衍赴吐蕃与印度佛教僧人展开"顿渐之争"。由赤松德赞时活跃于沙州的僧人昙旷所撰的《大乘二十二问本》,披露了有关这次争论的内容。据传这次"顿渐之争"以汉僧的失败而落下帷幕,摩诃衍的禅宗被称为异端之后,他于 794 年离开吐蕃再度去了敦煌。摩诃衍所奉佛教称为禅宗,791 年皈依佛门的没庐氏皇后"绛求洁赞"(byang chub rje mtshan)就是受摩诃衍教化而出家的。关于此事,敦煌汉文写卷《〈顿悟大乘正理决〉叙》记载:"于大唐国请汉僧大禅师摩诃衍等三人,同会净城,互说真宗。我大师秘授禅门,明标法印,皇后没庐氏一自虔诚,划然开悟,剃除绀发,披挂缁衣。"[2]

吐蕃统治敦煌后半期,佛教界著名的人物是吴法成,吐蕃人称其为"译经僧"(vgos chos grub)。法成为汉人,因自幼习得藏文,故成为著名的"译经僧"。或许是从 830 年或更早,法成就受吐蕃赞普之命着手将汉文佛典译为藏文,大约在 833—838 年之间,法成翻译、注释佛经的地点是沙州的永康寺。吐蕃统治后期的 9 世纪 40 年代,法成驻锡甘州的修多寺,将藏文佛经翻译为汉文。其后在归义军节度使时期,即859 年左右,法成尚在沙州开元寺讲授《瑜伽经》。

在敦煌写本中,有记录法成讲述的《瑜伽论分门记》、《萨婆多宗五

---

〔1〕山口瑞凤:《讲座敦煌 2 敦煌の历史》,大东出版社 1980 年版,第 195 - 232 页。

〔2〕戴密微著,耿昇译:《吐蕃僧净记》,第 3 - 19 页。

事论》等论部之书及《稻竿经》的注译等。此外他的另一件稿本也很引人注目，即在圆晖《入楞伽经疏》的行间，以疏为基础而将经文译为藏文的一件写本。因在其大藏经译本的卷末有"承吉祥天王敕命，参照中原教主圆晖所作的注释，廓西寺翻译僧法成译校"的字样，故可以认为其翻译年代在赤祖德赞在位期间(815—836)。另外，因他汉译了不少吐蕃佛典，敦煌文本中的《般若心经》、《诸星母陀罗尼经》等汉译经典都冠有他的名字。在后者一件写经文书(S.5010)的卷首记有"壬戌年四月十六日于甘州修多寺译"的字样，据此可推测"壬戌年"当为842年。[1]

吐蕃统治沙州初期，其地有寺院13座(其中尼寺4座)，僧众共310人。到其统治瓦解到归义军初期，寺院有16座，僧尼1000人，是初期的3倍以上，这是吐蕃统治时期大兴佛教的结果。在寺院与僧尼数均迅速增加的基础上，写经事业在敦煌迅速兴起，蓬勃发展。当时每所寺院都设有抄写经书的"经坊"，这是根据赞普之命成立的官营事业。经坊人数不等，有的寺院仅数人，有的十几人，多者达数十人。这些僧俗写经生终日忙碌，遵照赞普之命将《无量寿宗要经》在敦煌写了数千部，一部600卷的《大般若经》也写了数部，加上藏文诸经的抄写，可以推知敦煌写经规模之巨大。

这些经卷分汉文和古藏文两种，它们在被抄写和流传的过程中，对汉藏宗教文化的交流无疑起到了巨大的媒介作用。根据最新的发现，当时在敦煌抄写的藏文佛经，已经流传到了吐蕃的中心地区。最近，西热桑布著《卓卡寺所藏吐蕃时期〈喇蚌经〉之考》一文，公布了西藏山南卓卡寺新发现的吐蕃时期的《喇蚌经》，即吐蕃热巴巾和朗达玛时期的赞普御用经书《大般若经》，是敦煌的抄经生抄写的，因为《喇蚌经》的部分写经、校经人名题记与敦煌写经《大般若经》完全相同。尽管当前有两种观点，一种认为《喇蚌经》是在敦煌抄写好后运到吐蕃供奉给赞普的，另一种认为是敦煌的抄经生在逻些抄写的，但无论是哪

---

〔1〕藤枝晃：《吐蕃支配期の敦煌》，《东方学报》31册，1961年，第269－270页。

一种情况,这一联系都展示了逻些与敦煌的密切关系,反映了吐蕃时期的汉藏民族文化交流,以及敦煌在吐蕃历史文化发展中的重要地位。[1]

20.3.2　以于阗为中心的蕃、胡交流

于阗与吐蕃的佛教关系,据藏文文献《贤者喜宴》记载是很早的。该书称,松赞干布时有两位于阗僧人持着锡杖,拿着乞化钵来到吐蕃,先抵昌珠地区,遇到砍下的人头、四肢及挖出的眼睛堆积如山,故十分厌恶,遂称吐蕃之地有“魔鬼”。松赞干布则声称那些人是未被调伏者,遂作禅指状,诸监狱及刽子手们随即消失。[2] 这一则传说虽带有玄妙的色彩,却也反映了佛教流传吐蕃初期,于阗佛教就已经影响到了吐蕃。松赞干布时期修建昌珠寺(khra vbrug),据说是于阗的“化身”工匠依据于阗佛像为之塑造了菩萨的形象,把于阗的佛教造型艺术引入了吐蕃。而且,当时还有松赞干布“前生是古黎域(于阗)的大德”的传说。[3]

其后,作为西域的佛教文化中心,于阗对于吐蕃佛教的兴盛起到了重要的推动作用。赤松德赞时吐蕃佛教兴盛,“一些精通翻译的人,将印度、汉地和于阗等地区的佛经,凡是能得到者,大部分译到吐蕃。诸僧侣的生活由吐蕃政权机构提供”[4]。《拔协》中也提到,在修建桑耶寺的过程中,“召来了汉地、印度、尼泊尔、克什米尔、黎域(于阗)、吐蕃等各地的能工巧匠”[5]。赤德祖赞时期修建寺庙,也从于阗、泥婆罗

〔1〕西热桑布:《卓卡寺所藏吐蕃时期〈喇蚌经〉之考》,载《敦煌吐蕃文化学术研讨会论文集》,甘肃民族出版社 2009 年版,第 302－314 页;马德:《敦煌吐蕃文化学术研讨会综述》,《敦煌研究》2008 年第 5 期,第 112 页;张延清:《浅议西藏卓卡寺藏经与敦煌〈大般若经〉的关系》,《西藏研究》2010 年第 1 期,第 38－43 页。

〔2〕巴卧·祖拉陈瓦:《贤者喜宴》,第 243 页;黄颢:《〈贤者喜宴〉摘译(三)》,《西藏民族学院学报》1981 年第 2 期,第 29 页。

〔3〕布顿大师著,郭和卿译:《佛教史大宝藏论》,民族出版社 1986 年版,第 170－171 页。

〔4〕巴卧·祖拉陈瓦:《贤者喜宴》,第 358 页;黄颢:《〈贤者喜宴〉摘译(八)》,《西藏民族学院学报》1982 年第 3 期,第 39 页。

〔5〕拔塞囊著,佟锦华等译:《拔协》,四川民族出版社 1990 年版,第 60 页。

迎请来了很多工匠和僧人[1],足见于阗的佛教艺术也传到了吐蕃。意大利学者杜齐在论及他对西藏佛教艺术的看法时指出:"在西藏寺院中见到的若干塑像上,可以观察到印度的沙西(shahi)文化的影响及来自尼泊尔或中国中亚(于阗)的某些早期影响";并且认为,西藏中部地区的一座寺庙的碑铭上也有关于于阗及印度影响的更多的资料。[2]这些材料都与藏文史料的记载是一致的。[3]

与此同时,吐蕃的佛教艺术也影响到了于阗,这从唐代毗沙门天王的造型上便可以得到证明。毗沙门天王像的原型,来自"瞿萨旦那"即"于阗"国,到后来因为受吐蕃文化的影响,中唐时期的毗沙门天王像具有了吐蕃武士的特点。有学者指出,重要的证据是,这之前汉人画的毗沙门天王像身着的铠甲比较短,没有弯刀,而吐蕃武士身着长铠甲,腰配弯刀。此后,吐蕃样式的毗沙门天王像逐渐开始传播,到宋代以后,开封等内地寺庙都有保存,这是吐蕃与于阗、吐蕃与中原艺术交流的一个很重要的例证。[4]

两份重要的古藏文文献还记载了于阗僧人得到了吐蕃的帮助,它们是《阿罗汉僧伽伐弹那授记》和《于阗国阿罗汉授记》。有关这两部书的年代,乌瑞认为前者是在 812 年前就被译为藏文的,而后者用古藏文编成的时间不会晚于 858 年。[5] 这两部著作虽然是采取佛或于阗佛教圣者所说预言(授记、悬记)的形式写成的,但其丰富的内容涉及了当时的宗教、地理和历史问题,因而备受人们重视。

其中《阿罗汉僧伽伐弹那授记》说,当于阗佛教将灭之时,僧侣们离开那里前往吐蕃寻求庇护。他们先是汇集于赞摩(tshar ma)寺,然

---

〔1〕娘·尼玛维色:《娘氏教法源流》,西藏人民出版社 1988 年版,第 418 – 419 页;郭·循努伯著,郭和卿译:《青史》,西藏人民出版社 1987 年版,第 27 页。

〔2〕杜齐著,向红茄译:《西藏考古》,西藏人民出版社 1987 年版,第 48 – 49 页。

〔3〕霍巍:《从考古材料看吐蕃与中亚、西亚的古代交通》,《中国藏学》1995 年第 9 期,第 56 页。

〔4〕谢继胜:《汉藏文化交流,比我们想象的要密切得多》,《中国民族报》2009 – 7 – 31。

〔5〕G. Uray,"The Old Tibetan Sources of the History of Central Asia up to 751 A. D.: A Survey", Prolegomena to the Sources on the History of Pre-Islamic Central Asia, Budapest, 1979, pp. 288 – 289.

后上路经过了一些地方,如 vdro tin、dge ba can、ka sar、me skar。[1]《于阗国阿罗汉授记》也说,僧人们在经过了 mdo lo、me skar 之后,在向赭面王的国度进发中,全体僧人于播仙(pha shan)地面一峡谷隘路上,与当地的护卫者遭遇,被禁止通行。彼等说:"如无路可走,将另寻途径。"此时,毗沙门天王幻化自身如白牦牛形,并驮负物品,套上鼻环,出现于僧众面前而被发现。彼等说:"如此负重牦牛,当系某人之牲口;让它带我们去它将去之处。"于是由牦牛引上了一条捷径,大约四五天之后,全体僧人抵达赭面王国中的一个叫萨毗(mtshal byi)的地方。[2]

藏文文献《汉藏史集》一书于"圣地于阗国之王统"一节中也说:此时,于阗国之佛法已接近毁灭之时,于阗的一位青年国王仇视佛教,驱逐于阗国等寺院的比丘,使其逃向赭面国。众比丘由驮载物品的牦牛领路,到达吐蕃的萨毗(tshal gyi bya)地方。比丘中的长老向赭面国王报告,此赭面王已有一菩萨化身的王妃,是汉地的一位公主,她迎请于阗国的比丘到吐蕃,将他们安置在寺庙之中,供养了三四年。[3]

此外,在垂拱年间(685—688)至长寿元年(692)之间,统治于阗的吐蕃大臣噶尔·赞辗恭顿(mgar btsan nyen gung rton)还协助于阗王尉迟圭修建了达哇涅之寺院。[4] 后世,始建于宋仁宗康定元年(1040)的西藏日喀则的夏鲁寺,也专门供奉有于阗王像。[5]

---

〔1〕F. W. Thomas, Tibetan Literary Texts and Documents concerning Chinese Tukestan, I, London, 1955, pp. 59 – 60.

〔2〕F. W. Thomas, *Tibetan Literary Texts and Documents concerning Chinese Tukestan*, I, pp. 81 – 82.

〔3〕达仓宗巴·班觉桑布:《汉藏史集》,第 96 页;陈庆英汉译本,第 57 – 60 页。

〔4〕mgar btsan nyen gung rton,也就是藏文《丹珠尔》所收《于阗国授记》(li yul lung bstan pa) 里出现的 mgar blon btsan nyen gung sto。森安孝夫:《吐蕃の中央アジア进出》,《金泽大学文学部论集·史学科篇》4,1984 年,第 20 – 21 及 67 页注 106。

〔5〕宿白:《西藏日喀则地区寺庙调查记》,《文物》1992 年第 5 期。

20.4 敦煌、克孜尔石窟中的吐蕃文化元素

20.4.1 敦煌石窟中的吐蕃文化元素

吐蕃占领敦煌后,在当地大兴佛事,广度僧尼,任命佛教官吏等,使佛事活动空前发展。在786—847年吐蕃占领的60余年中,敦煌开凿的洞窟就有40多个,比唐朝初年到786年以前的80余年中所建的洞窟还要多。[1] 吐蕃时期的洞窟与这以前的相比,不乏杰出的作品,只有进步而没有退步。此期洞窟的特点是刻画细腻、流畅,而且在设计方面有所创新。主要表现在以下3个方面:[2]

20.4.1.1 经变画的大量出现及其与屏风画的结合

这是吐蕃统治时期敦煌石窟艺术最基本的特征。集中表现在一窟之内或一窟一壁布局更多的经变画,如莫高窟第231窟,南北两壁对称布局3铺经变画,分别为:南壁——观无量寿经变、法华经变、天请问经变,北壁——药师经变、华严经变、弥勒经变;西壁龛两侧又对称画文殊变、普贤变;东壁门两侧画维摩诘经变、报恩经变。甬道顶画千手千眼观音经变。这样一窟之内至少有10铺经变画。此种现象在中唐吐蕃统治时期以前是不存在的,这种一窟内大量经变画的出现,反映出吐蕃统治时期洞窟营建理念的变化。[3]

屏风画与经变画的结合,是这一时期单铺经变画的新形式。这以前,一壁仅画一幅经变像,吐蕃时期改成了一壁画多幅,在经变像之下,还留出地方画屏风画。此前敦煌的屏风画仅见于龛内,而且只在为数不多的几个洞窟出现过。但到了吐蕃统治时期,龛内屏风画成为常见的构图形式。屏风画与经变画的结合构图,取代了初唐、盛唐常见的条

---

〔1〕史苇湘:《关于敦煌莫高窟内容总录》,载《莫高窟内容总录》,文物出版社1983年版,第232页。

〔2〕万学汇:《吐蕃统治时期敦煌石窟艺术的时代特性》,《中国藏学》2007年第1期,第28-30页。

〔3〕李正宇:《唐宋时期敦煌佛教》,载郑炳林主编:《敦煌佛教艺术文化国际学术研讨会论文集》,兰州大学出版社2002年版,第367-386页。

幅式画样,成为这一时期经变画别具一格的样式。屏风画位于经变画下部,所画内容是所对应经变画的相应故事或相应情节内容,具有补充解释经变画图像的功用,使得殿堂窟更具有传统的历史韵味。

20.4.1.2　佛教史迹画与瑞像图的大量出现

这一现象最早见于吐蕃统治时期的洞窟壁画中,代表作如莫高窟第231、237窟龛内盈顶四坡的图像,均是以小像、单尊像或简单造像组合出现,第231窟达40幅之多。这些造像有天竺、泥婆罗、犍陀罗、于阗、凉州、甘州等国或地区的瑞像图和佛教史迹画,其中以于阗瑞像图居多,集中反映了与于阗有关的建国历史传说或于阗守护神。瑞像图和史迹画基本无一例外与某一地区或国家发生联系,其基本思想或表现佛教灵异故事,或说明瑞像护国,或反映不信佛法所带来的灾难。大量外地瑞像传入吐蕃统治下的敦煌地区,反映了在这一特殊历史时期当地人对佛教神异的信仰和渴望瑞像护佑沙州的向往。

20.4.1.3　供养人画像的变化

吐蕃统治时期,莫高窟洞窟壁画中出现了供养人画像大大减少、吐蕃装出现、吐蕃装与汉装供养人画像并存洞窟,以及僧人多于世俗人等现象。[1] 其中最为典型的就是第156、159、359、220、225等窟吐蕃装供养像的出现,时代特征极其明显。

20.4.2　克孜尔石窟中的吐蕃文化元素

中宗景龙四年(710),唐朝"以雍王守礼女为金城公主妻之,吐蕃遣尚赞咄名悉腊等逆公主。帝念主幼,赐锦缯别数万,杂伎诸工悉从,给龟兹乐"[2],吐蕃与龟兹文化的接触由此揭开了序幕。此后在8世纪末和9世纪初,龟兹两度被吐蕃占领。据传吐蕃人曾在克孜尔尕哈改建过一次寺院,现存的克孜尔尕哈第27到32,克孜尔第97、175窟以及森木赛姆石窟第26、41窟等均具有吐蕃风格。

其中克孜尔尕哈第31窟壁画中,最精美、最具特色的要算左行道

---

〔1〕沙武田:《吐蕃统治时期敦煌石窟供养人画像考察》,《中国藏学》2003年第2期,第80 - 93页。另见郑炳林、沙武田:《敦煌石窟艺术概论》,甘肃文化出版社2005年版,第322、337页。

〔2〕《新唐书》卷216《吐蕃传》。

内侧壁的本生故事。画面左侧绘一蓝色塔竖立,地宫中卧一人,身上爬着几只老虎,当为萨埵那太子舍身饲虎。有趣的是,萨埵那太子舍身饲虎起塔图中的国王、王后穿一种被称为"赭巴"的服饰,与记载中吐蕃人"释毡裘,袭纨绮"相吻合。同时,该窟壁画中的女性人物都有两条辫子垂于双肩,这是史籍中记载吐蕃"妇人辫发而萦下"的写照。这些都是当时吐蕃人服饰的反映。从供养人来看,第 31 窟左行道内侧壁萨埵那太子舍身饲虎起塔图的下方,绘有一排供养人像,有两名供养人穿的不是裘裳,显然是"赭巴",即一种无领、斜襟、右衽长袍,穿时褪一袖,袒右肩,与拉萨查拉路甫石窟造像中松赞干布披的"赭巴"相似,明显是吐蕃的一种传统服饰。[1]

在克孜尔石窟第 97 窟中心柱正壁佛龛上方半圆形壁面上,通壁绘一幅佛降伏外道六师图,画面保存完好,除局部被烟尘严重覆盖,有些细节看不甚清外,其他基本可识。这里所绘的密迹金刚其右侧一身,过去一直被误认为是头戴披帽,实际是顶虎头皮帽。另外,克孜尔石窟第 175 窟中心柱正壁以塑绘结合手法(龛内塑像,龛外绘相关壁画)表现帝释说法图,在龛外两侧各绘一天神中,其右侧一身可以清晰地看到戴虎头皮帽,除了虎的耳鼻外,还画出虎的眼。从目前看到的资料,这是龟兹石窟中最典型的一幅戴虎头皮帽的护法神像。[2]

除克孜尔石窟之外,在森木赛姆石窟第 26、41 窟也都绘有戴虎头皮帽的密迹金刚和守护天神。第 41 窟仍是作为佛为帝释演说正法内容的一部分,于中心柱正壁龛外两侧各绘一全身守护天神,右侧一身戴虎头皮帽,式样与克孜尔石窟第 97、175 窟所见基本相同。就国内外已发表的石窟资料而言,表现护法神一类的雕塑和绘画很多,然而塑绘出以虎皮为衣帽的,除龟兹石窟外,仅见于吐鲁番和甘肃敦煌莫高窟、安西榆林窟的塑像和壁画。对于敦煌莫高窟、安西榆林窟的此类形

---

〔1〕贾应逸、祁小山:《印度到中国新疆的佛教艺术》,甘肃教育出版社 2002 年版,第 371 -375 页;贾应逸:《初论克孜尔尕哈石窟中的吐蕃洞》,载《新疆佛教壁画的历史学研究》,中国人民大学出版社 2010 年版,第 300 - 305 页。

〔2〕韩翔、朱英荣:《龟兹石窟》,新疆大学出版社 1990 年版,第 426 - 427 页;《中国石窟·克孜尔石窟》第 3 卷图版 220,文物出版社·平凡社 1997 年中文版。

象,学术界早已多次论及,一致认为这是按照吐蕃武士模样塑绘的,是吐蕃武士荣誉服制的反映。[1]

20.5　小结

概括以上吐蕃与西北民族的文化交流,可以看出,西北诸族的文化包括文字、艺术、宗教等,自唐初以来就不断地为吐蕃所借鉴、吸收;同样,吐蕃文化也长久地影响到了西北民族,这主要表现在语言、服饰、艺术等方面,以至于在当时的历史画面上留下了所谓"吐蕃化"的种种印记。从更高的层面上看,吐蕃与西北诸族的这种文化交流,不但促进了各自社会、经济、文化的发展,也为多元一体的中华文化增添了丰富的元素。

---

〔1〕姚士宏:《关于新疆龟兹石窟的吐蕃窟问题》,《文物》1999 年第 9 期,第 68 – 70 页。

· 欧 · 亚 · 历 · 史 · 文 · 化 · 文 · 库 ·

21　西北诸族的"吐蕃化"及其历史影响

有唐一代,吐蕃进出、统治西北地区达两百年之久,毫无疑问,这一历史进程对唐、五代、宋初西北地区的民族关系格局产生了巨大的影响。多年前,有学者提出"吐蕃化"这一命题,认为从唐、五代到宋初,不仅仅河陇汉族,很多西北民族都有一个"吐蕃化"的趋势。近年来又有学者从语言学的角度继续讨论了这一命题,认为吐蕃的进入使河陇语言地图发生了变化,由于大量的吐蕃移民生活在汉人社会之中而进入了一个"蕃化"时期。[1] 以下从西北诸族"吐蕃化"的历史条件、吐蕃统治西北诸族的"吐蕃化"制度以及融入吐蕃的部分西北民族入手,深刻剖析西北诸族"吐蕃化"的历史进程,揭示这一进程对唐代吐蕃族源多样性以及对后来藏族形成的影响。

21.1　西北诸族"吐蕃化"的历史条件

21.1.1　地理交通的发展

通过发源于羊同的苯教文化在青藏高原各地,尤其是在雅隆吐蕃和藏北苏毗中广泛传播和发展的情况,不难看到当时无论是羊同与吐蕃之间、羊同与苏毗之间,还是在吐蕃与苏毗之间,这三者相互间的沟通和联系都是十分频繁和紧密的,而这种紧密的联系和沟通显然又是以发达的交通为基础的。

---

〔1〕汤开建、马明达:《对五代宋初河西若干民族问题的探讨》,《敦煌学辑刊》1983 年创刊号;周伟洲:《中国中世西北民族关系研究》,西北大学出版社 1992 年版,第 415 – 417 页;李智君:《唐代吐蕃内侵与河陇语言地理格局的演替》,《厦门大学学报》2007 年第 4 期。

青藏高原各部落通过发达的交通与各周边地区保持着频繁的贸易联系。苏毗在汉文史料中又被称为"女国",在《隋书·裴矩传》中就记载有包括苏毗在内的"诸蕃"到西北张掖交市的情况。[1] 根据已有的研究,当时青藏高原已经存在 3 条与外部交往和联系的传统通道。这 3 条通道一是自藏北高原出发,经康区到西宁通往长安的东线;第二条是经藏北的苏毗地区通往西域,也可到汉地的路线;第三条是经羊同等地通往西域的路线。

以上道路的开通,沟通了吐蕃与西域的联系,影响极为深远。从近年来新发现的一些考古材料看,以上道路至少在吐蕃兼并羊同甚至更早以前就已经形成,是为青藏高原与西域各国之间物质文化交流的重要通道。1990 年 9 月,在西藏拉萨曲贡村发掘了一处石室墓地,其中一座墓中出土了一件铁柄铜镜。[2] 这种形制的带柄镜,与中国黄河、长江流域唐以后所出的带柄铜镜不属于一个文化系统,而是属于流行于西亚、中近东以及中亚诸古文明中的带柄镜系统,因而有学者认为,青藏高原的带柄镜很有可能是从新疆地区传入的。

考古发现的古代岩画也表明,古代的羊同与其北方的阿克赛钦、克什米尔等地,早已存在有一定的交通联系。近年来,新疆地区的文物考古工作者在叶城东西的达布达布、布仑木沙、普萨以及皮山等地调查发现了多处岩画,所刻画的主要有山羊、大角盘羊、牦牛等动物以及狩猎场面,岩画的内容题材、风格技法与阿里地区所发现的岩画完全相同,证明其时代相近,岩画作者的族属也当相同。由于在这部分岩画中没有发现佛教的内容,所以新疆的考古工作者将其制作的年代推定在公元前;而有学者认为在西藏日土县发现的乌江岩画群,是由一些具备艺术匠心的先民们在吐蕃王朝时期以前或吐蕃王朝初期陆续敲刻创作而成的。[3] 这些考古材料证实了这样一种看法,即西藏西部通

---

〔1〕《隋书》卷 67《裴矩传》。

〔2〕《西藏拉萨市曲贡村石室墓发掘简报》,《考古》1991 年第 10 期。

〔3〕霍巍:《从考古材料看吐蕃与中亚、西亚的古代交通》,《中国藏学》1995 年第 4 期,第 52 页。

过其北部阿克赛钦、喀喇昆仑和昆仑山而与新疆叶城一带的交通路线,最迟在古老的羊同时期或吐蕃王朝初期可能就已经凿通。通过这条路线,向西可越过喀喇昆仑山,抵达印度、巴基斯坦和克什米尔,向北则可直通帕米尔高原,直至葱岭之西。

《隋书·女国传》记载有当时青藏高原的女国(苏毗)前往天竺贩盐的情况,称女国"尤多盐,恒将盐向天竺兴贩,其利数倍"[1]。据此可以看出,随着对外交通的开辟和对外贸易的不断发展,青藏高原的人们不仅向外输出自己的商品,同时也从周边外部地区引进自己所需的商品。藏文史料《汉藏史集》一书中记载,"吐蕃王朗日伦赞曾征服汉人和突厥人","据说将十八头骡子驮的玉石运到吐蕃也是这一时期"[2]。这一事件可能与朗日伦赞统治时期雅隆吐蕃向北扩张和对外征服有关,它从一个侧面反映了吐蕃王朝兴起之初,青藏高原诸族的对外交通及运输能力有了长足的发展和进步。

21.1.2 社会经济的相似性

由于地理、气候及其他自然环境的相似性,唐朝初年分布于青藏高原上的各个民族尽管称号有异,不相统属,但其社会形态、经济生产、民风民俗等又有较高的相似度。

在社会形态上,唐代吐蕃处于奴隶社会的发展阶段。《新唐书·吐蕃传》曰:"其君臣自为友,五六人曰共命。君死,皆自杀以殉,所服玩乘马皆瘗,起大屋冢颠,树众木为祠所。赞普与其臣岁一小盟,用羊、犬、猴为牲;三岁一大盟,夜肴诸坛,用人、马、牛、闾为牲。"《通典·边防》"大羊同国"条曰:"酋豪死,抉去其脑,实以珠玉,剖其五脏,易以黄金,假造金鼻银齿,以人为殉。卜以吉日,藏诸岩穴,他人莫知其处。多杀牦牛、羊、马以充祭祀,丧毕服除。王姓姜葛,有四大臣分掌国事。"对比这两条史料可看出,唐初的吐蕃与羊同在王权政治和王死以人为牲方面是相近的。

〔1〕《隋书》卷83《女国传》。
〔2〕达仓宗巴·班觉桑布著,陈庆英译:《汉藏史集》,西藏人民出版社1986年版,第87页。

而苏毗是一个以女性为中心的民族,从 7 世纪初开始其社会已有明显的阶层分化,同时由于受唐朝文化等之影响,开始向着以男性为王的奴隶制社会转化。[1] 此外被吐蕃征服的白兰,史书称其"国无常税,调用不给,取敛富室商人,取足而止","胜兵万人,勇战斗,善作兵"[2],可以看出已经出现贫富分化,进入了阶级社会。此外,被吐蕃征服的吐谷浑,其社会发展阶段在隋唐之际已经是封建制。[3]

　　在经济生产方面,吐蕃的一部分游牧部落"其畜牧,逐水草无常所","其兽,牦牛、名马、犬、羊、彘,天鼠之皮可为裘,独峰驼日驰千里";羊同是"畜牧为业,地多风雪,冰厚丈余,物产与吐蕃同";党项"畜牦牛、马、驴、羊,以供其食。不知稼穑,土无五谷";白兰"其国虽随水草,大抵治慕贺川。以肉酪为粮"。可见在畜牧生产和物产方面,吐蕃与羊同、白兰、党项等有很大的相似性。[4]

　　在居住环境和习俗上,吐蕃"其赞普居跋布川,或逻娑川,有城郭庐舍不肯处,联毳帐以居,号大拂庐,容数百人","部人处小拂庐";吐谷浑"有城郭而不居,随逐水草,庐帐为室,肉酪为粮"。可见两者的居住习俗有相类似的地方。[5]

　　在衣着服饰方面,吐蕃"衣率毡韦,以赭涂面为好。妇人辫发而萦之";羊同"辫发毡裘";白兰"男子通服长裙,帽或戴幂罗。妇人以金花为首饰,辫索后缀以珠贝";党项"男女并衣裘褐,仍披大毡"。四者均以"辫发毡裘"为服饰特征。[6]

　　由上可见,吐蕃与羊同、苏毗、白兰、党项、吐谷浑等,在社会经济形

　　[1]达热泽仁:《苏毗社会状况述论》,《西藏研究》1988 年第 2 期,第 31－37 页。
　　[2]《旧唐书》卷 198《党项传》,《册府元龟》卷 961《外臣部》"土风第三"。
　　[3]《册府元龟》卷 962《外臣部》"官号":"吐谷浑晋末自称沙州刺史,其官置长史、司马、将军。魏周之际,始称可汗,官有王公、仆射、尚书及郎中、将军之号。"周伟洲:《吐谷浑史》,第121－125 页。
　　[4]《新唐书》卷 216《吐蕃传》,《通典》卷 190《边防》,《旧唐书》卷 198《党项传》,《册府元龟》卷 961《外臣部》"土风第三"。
　　[5]《新唐书》卷 216《吐蕃传》,《旧唐书》卷 198《吐谷浑传》。
　　[6]《新唐书》卷 216《吐蕃传》,《通典》卷 190《边防》,《旧唐书》卷 198《党项传》,《册府元龟》卷 961《外臣部》"土风第三"。

·欧·亚·历·史·文·化·文·库·

态、社会制度、民风民俗等方面有很大的相似性,这就为诸族被吐蕃征服后进而融入吐蕃提供了内在的条件。

21.1.3　宗教文化的催化作用

21.1.3.1　苯教

据有关文献记载,在吐蕃统一青藏高原各族以前,在各族间流行着一种称为"苯教"的宗教,而当时的吐蕃、羊同、苏毗等均信奉苯教。

聂赤赞普之时,羊同的苯教已经传到了雅隆吐蕃地区,据说用轿子抬着聂赤赞普登上王位的十二贤人就是苯教徒。聂赤赞普统治时期,大力提倡苯教,并在雅隆地区建造了第一座苯教寺院——雍仲拉孜寺。据记载,聂赤赞普之子木赤赞普继位后,也笃信苯教,专门从羊同地区请来苯教高僧木卡布到蕃地传教,同时自己也苦修苯教并获得殊胜成就。在第7代止贡赞普时,苯教在雅隆地区获得了很大发展,当时赞普身边的苯教徒拉本(相当于经师)、古辛等人逐渐拥有了相当大的权力,引起止贡赞普的恐惧,遂下令灭苯。

止贡赞普的儿子布德贡杰恢复王位后,又从羊同请来敦君吐钦到雅隆传授苯教,恢复了苯教的地位,使雅隆地区的苯教有了进一步发展。《土观宗派源流》引用古代史料称,从聂赤赞普起,雅隆吐蕃部落共有 26 代赞普都以苯教治其国[1],可见苯教文化对吐蕃的影响之大。

苏毗的宗教文化也同样受到苯教的强烈影响。据苯教经典记载,有许多苏毗人曾到羊同地区学习苯教,然后回到苏毗,并热心致力于在苏毗传播和发展苯教,从而使苏毗成为当时青藏高原除羊同之外的苯教又一大中心。而吐蕃与苏毗的关系也是从传说中的聂赤赞普开始的,据说聂赤赞普收服了苏毗派苯教师阿雍杰瓦(ho yong rgyal ba),控制了苏毗的大半疆土。其后的"天赤七王"时期,苏毗流行的原始宗教——苯教(bon po)逐渐形成为一个教派,称为"孙波本波"(sum po bon po)。[2] 据苯教典籍记载,在苯教的前宏期和中宏期普遍流传的

〔1〕土观善慧法日著,刘立千译:《土观宗派源流》,西藏人民出版社 1999 年版,第 168 页。

〔2〕巴卧·祖拉陈瓦:《贤者喜宴》,第 159 页;黄颢:《〈贤者喜宴〉摘译(一)》,《西藏民族学院学报》1980 年第 4 期,第 32 页;张怡荪主编:《藏汉大辞典》,民族出版社 1985 年版,第 292 页。

一些主要经典如《神奇四命》、《杰巴崩》、《律续六部》,就是通过苏毗的苯教大师木恰等由象雄文翻译出来,然后传入吐蕃悉补野的。通过以上记叙可以看出,当时吐蕃、羊同、苏毗信奉共同的宗教——苯教,对于吐蕃与周边民族发生联系,进而征服他们,使其"吐蕃化",起着重要的作用。

21.1.3.2 佛教

在吐蕃与西北民族的交往关系中,从印度传入的佛教及其文化,也是一个极其重要的内容。创立于公元前6世纪的印度佛教,大约从公元前1世纪开始传入西域,即我国新疆天山南北地区。当时有迦湿弥罗(今克什米尔)高僧毗卢折那到于阗弘法,于阗王建赞摩大寺[1]此后,佛教沿丝绸之路南北两道,在我国西北地区广为传播,魏晋南北朝时进一步发展,隋唐时期则达到一个高峰。

唐初三藏法师玄奘西行求法,途经西域各国,耳闻目睹于阗"崇尚佛法。伽蓝百有余所,僧徒五千余人";疏勒"淳信佛法,勤营福利。伽蓝数百所,僧徒万余人,习学小乘教说一切有部";龟兹"伽蓝百余所,僧徒五千余人,习学小乘教说一切有部"[2] 可见当时以于阗、龟兹、疏勒以及高昌为中心,形成了具有区域特色的"西域佛教",形成了西域佛教文化区[3]

由于所处的特殊地理位置,吐谷浑对佛教的传播有过积极的贡献,同时佛教也影响到了吐谷浑。《梁书·河南传》说:吐谷浑"国中有佛法",故可以肯定至少在南北朝时期,佛教就传入了吐谷浑。《贤者喜宴》在讲到8世纪下半叶叶尔巴与曲卧日约的宗教情况时说:"诸追求佛法教义者聚集于叶尔巴。其时对三座佛塔(有三种祭祀法),上等人被逐一送到祭祀处,中等人则需请求前往,而下等人则在浦润纳地方吹奏法螺,并集聚于花廊处。属民朗米切琼(rlangs mi che chung)、

---

〔1〕羽溪了谛著,贺昌群译:《西域之佛教》,商务印书馆1999年版,第41-42页。

〔2〕季羡林等:《大唐西域记校注》,第54、995、1002页。

〔3〕介永强:《论我国西北佛教文化格局的历史变迁》,《中国边疆史地研究》2007年第4期,第90页。

四境胡人(sog mthav bzhi)、吐谷浑热夏(va zha sha ra)、叶玛苏毗(gye rma sum po)等,他们作为诸大修道处之侍者。"[1]

慧超《往五天竺国传》曰:"又迦叶弥罗国东北,隔山十五日程,即是大勃律国、杨同国、娑播慈国。此三国并属吐蕃所管,衣着言音人风并别……亦有寺有僧,敬信三宝。"[2]这段史料说明,与吐蕃关系密切的羊同、勃律等,从7世纪下半叶起也已经开始流行佛教。而《顿悟大乘正理决》记载,有"僧苏毗王嗣子须伽提",于792年前后在逻些与汉僧摩诃衍相见,亦说明了佛教在苏毗流行之广,以至于苏毗王嗣子都剃度皈依。[3]

除了上述诸族以外,当时的西北诸族中还有突厥、回纥等,也曾在一段时期内信奉过佛教,前人多有论述。[4] 可以说,佛教作为共同信奉的宗教,必定在部分西北民族"吐蕃化"的过程中,在心理认同方面起到了巨大的催化作用。

21.1.3.3 语言文字

现代中外学者竭力研究羊同——象雄史,其中对象雄语言文字的研究,尤为突出。据研究,7世纪初,吐蕃在未创造古藏文及未引进佛教之前,苯教师用象雄文缮写苯教经典仍在吐蕃流行。

在苯教文献的传说中,有一幅生动逼真的经文教义传播图:从大食到象雄、汉地、印度,然后再到吐蕃;或者由大食到象雄,再到吐蕃。[5] 不仅如此,苯教文献说象雄文也是由大食文发展而来的。具体说来就是,藏文按照象雄文创制,而象雄文来自大食文。其演变过程

---

[1]巴卧·祖拉陈瓦:《贤者喜宴》,第365页;黄颢:《〈贤者喜宴〉摘译(九)》,《西藏民族学院学报》1982年第4期,第32页。

[2]张毅:《往五天竺国传笺释》,第64页。

[3]戴密微著,耿昇译:《吐蕃僧诤记》,第27－29页;张广达:《唐代禅宗的传入吐蕃与有关的敦煌文书》,《西域史地丛稿初编》,第199－200页。

[4]李进新:《新疆宗教演变史》,新疆人民出版社2003年版,第234－256页;杨富学:《突厥佛教杂考》,中华佛学研究所编:《中华佛学学报》第16期(2003年,台北),第401－415页;克林凯特著,陈瑞莲译:《中亚突厥之佛教》,《甘肃民族研究》2010年第2期,第72－78页。

[5]桑木旦·噶尔梅著,王尧、陈观胜译:《苯教史》,载《国外藏学研究译文集》(一),西藏人民出版社1985年版,第283页。

是：大食的邦钦体（spungs chen）和邦琼体（spungs chung）演变成象雄文的玛尔钦体（smar chen）和玛尔琼体（smar chung），然后再演变成现代藏文的有头体（dbu can）和无头体（dbu med）。[1] 尽管苯教文献的这一说法，与藏文传统文献关于松赞干布派吞弥·桑布扎去印度学习梵文、创制藏文的记载不同，但它并不影响学术界继续探讨象雄有无文字以及与古藏文起源的关系等问题。

有学者就指出：尽管经与古波斯文对照考查，发现藏文并非来自所谓的"大食"（波斯）文，但从古克什米尔语和古旁遮普语中却找到了许多与象雄文字母和现代藏文字母相似或近似的字，而且现代藏文的 4 个元音符号在古克什米尔语中都有，只是第四个符号比较直一些罢了。还有一个值得注意的现象是，象雄文的元音和辅音的数量和现代藏文完全一样，并且，吞弥·桑布扎自创的 6 个藏文字母在象雄文中都可以找到原型。这些现象说明，古旁遮普语、古克什米尔语和古梵语都属于印欧语系，故有一些相同的字；象雄文中也有这些字母，正说明同象雄文化发生过联系的"大食"，曾经是古代印欧民族南迁的必经之路和印欧文化的传播地带，因而象雄文化就带有印欧文化的色彩。因此，有可能藏文是吞弥·桑布扎对象雄文和梵文经过一番筛选，有所取舍而创制的，它与象雄文和梵文都有一定的渊源关系。[2]

在语言方面，因为经过了长期的历史演变和社会的进步发展，要从现代藏语中分出哪些是来自佛教的词汇，哪些是外语借词，哪些是象雄语，哪些是原来的藏语，确是一件艰巨细致的工作。尽管如此，仍然能从日常生活用语中发现一些原属于象雄语的语词，美籍德人劳弗尔在他的《藏语的借词》一书中列出了 34 个波斯语借词，并从语言学的角度论证了这些字的原始字根、演变及其转借到藏文中的历史过程，其中有些就是经过象雄文转借到藏文中的。[3]

---

〔1〕才让太：《古老象雄文明》，《西藏研究》1985 年第 2 期，第 6 页。

〔2〕才让太：《古老象雄文明》，《西藏研究》1985 年第 2 期，第 6 页。

〔3〕才让太：《古老象雄文明》，《西藏研究》1985 年第 2 期，第 7 页。

21.2 吐蕃统治西北诸族的制度及其特点

21.2.1 军政制度的"吐蕃化"

吐蕃统治西北诸族的军政制度在不同的时期或区域有不同的称谓。进入中唐(762—827)后,能够从汉、藏文献中分别见到的,是吐蕃本部的"茹—东岱"制(意为"翼—千户"制),河陇地区的"节度使"制(又译"军镇制")。尽管名称有所不同,但从本质上讲都是以千户制为核心演变而来的。

首先看"茹—东岱"制。据藏文史书《贤者喜宴》记载,唐代吐蕃共设置有 5 茹,61 千户,5 茹名次分别为:伍茹、叶茹、约茹、茹拉、孙波茹,每茹各领 10 个千户(孙波茹为 11 个),加上羊同的 10 个千户,共有 61 个千户。其中,"孙波茹"为被吐蕃征服的苏毗和汉人编成,分布方位处于吐蕃与唐朝之间;而被吐蕃征服的羊同,藏文文献称"象雄",10 个千户驻防于吐蕃与突厥、苏毗之间。[1]

至于被吐蕃征服的白兰、吐谷浑,其原先活动的范围就在今青海湖以西及以南地区,因而此两族似受制于吐蕃青海节度使,其管辖的范围在今青海湖周边地区。[2]

吐蕃统治河陇的"节度使"制,实际上就是"茹—东岱制"的变体。从 8 世纪中叶到 9 世纪中叶,吐蕃在进攻和统治河陇的过程中,为了统一指挥来自不同茹的千户的行动,对被征服民族进行分类管理,先后设置了 5 大节度使,它们是:青海节度使、鄯州节度使、河州节度使、凉州节度使和瓜州节度使。[3] 从目前能见到的史料看,吐蕃节度使之下

---

[1]巴卧·祖拉陈瓦:《贤者喜宴》,第 185 – 188 页。参见山口瑞凤:《吐蕃王国成立史研究》,第 912 – 914 页。

[2]G. Uray, "KHROM: Administrative Units of the Tibetan Empire in the 7th – 9th Centuries", *Tibetan Studies in Honour of Hugh Richardson* ed. by Michael Aris and Aung San Sua Kyi, Aris and Pillips LTD. Warminster England, 1979, pp. 310 – 318;参见王尧、陈践:《吐蕃兵制考略》,《中国史研究》1986 年第 1 期。

[3]杨铭:《吐蕃时期河陇军政机构设置考》,《中亚学刊》4。

配置有较为完备的官吏系统,其中以 9 世纪初期的吐蕃凉州节度使较为典型,现引出如下:

> 茹本、万户长、大守备长、节儿(黄铜告身)、大营田官、大城塞长、上下部牧地大管理长、茹都护亲任官等、中守备长、副茹本、小守备长、大收税官、机密大书吏、事务总长、大司法吏、蕃苏千户长、通颊与吐谷浑千户长、节儿(红铜告身)、机密使者、机密中书吏、机密小书吏、蕃苏小千户长、汉—突厥语通译、龙家将军、红铜字位官吏、事务都护、通颊与吐谷浑小千户长、大虎皮肩饰章者、机密收集与传递官、牧地管理都护、畜户大管理官、小虎皮肩饰章者、副牧地管理长、机密书吏小官、南山部落将校、畜产小管理官、法(佛教)之事务官、配达官。[1]

由以上可知,吐蕃凉州节度使系统的最高官吏是茹本,这就是节度使本人的实际官位。吐蕃凉州节度使统领的千户有"蕃苏"(吐蕃与苏毗混编而成的千户)、"吐谷浑"、"通颊"等,与吐蕃"茹—东岱"制中茹本负责指挥各千户的机制相同[2],说明吐蕃河陇诸节度的建制,基本上是仿照"茹—东岱"制,又根据河陇地区的具体情况有所变化而设立的。

还可以看出,吐蕃节度使系统作为一种地方统治机构,到吐蕃统治河陇中期,已表现出设官齐全、分工较细的特点。从上引吐蕃凉州节度使内部的组织结构来看,军事方面以大、中、小守备长为主,构成城镇警备系统;以都护、各族千户长和小千户长统领的千户,组成参战军队,当然在和平时期他们还要从事农业和畜牧生产。民政方面,又可分出以节儿、机密书吏、事务总长、大司法吏、佛教事务官为主的行政官员,以及大营田官、上下部牧地大管理长、大收税官、牧地管理官、畜产大管理官等经济事务官员。这里,吐蕃节度使制将军事、政治、经济管理职能合为一体的特点,得到了充分的体现,这正是吐蕃移植"茹—东岱"

〔1〕P.T.1089,此处译文参见山口瑞凤:《沙州汉人による吐蕃二军团の成立とmkhar tsan 军团の位置》,第 17 – 18 页。其中译名略有改动,详见杨铭:《吐蕃统治敦煌研究》,第 120 – 121 页。

〔2〕恰白·次旦平措等著,陈庆英等译:《西藏通史——松石宝串》,第 66 页。

制,用于统治所征服的西北诸族的体现。

21.2.2 土地、赋税制度的"吐蕃化"

这里首先讨论敦煌的情况。S. 9156《沙州诸户口数地亩计簿》是一份写于吐蕃统治敦煌时期的田册残卷,其中以"突"(dor)为 10 亩之数就是这个时期的标志。这件田册残卷记录了敦煌百姓元琼、武朝副等 20 户的占田数。[1] 据统计,这 20 户中有 18 户的占田数是 1 人 1 突,其余 2 户与此数只差几亩。此外,又有内容相同的 S. 4491 号文书,在这份文书中登记了 22 户农家的田亩数,其中有 6 户恰好也是 1 人 10 亩,其余不足此数的户差额均在 10 亩以内。[2] 据此可以认为,吐蕃在占领敦煌期间曾实行过"计口授田"的土地制度。[3]

与"计口授田"制度的实行相配套,吐蕃又实行了税制的改革。吐蕃时期敦煌的各种赋役负担总称为"突税差科"或"突课差科",有按亩计征的地子、按户征纳的突税及差科等多种。地子征税数额为每突地 1 石。"突税"又称"突田"或"纳突",当时还有"突田历"、"突田仓"等有关名目。"突课"即田课,指依附农民向土地占有者提供的地租,因主人土地是注籍土地,所以地租也被称为突课。同时,吐蕃还建立了与"突田制"相适应的税制和财政体系,其官吏由收税官、岸奔、粮官等组成。[4]

吐蕃在今新疆东南若羌地区实行的田制与敦煌类似。出自米兰的藏文文书记载,吐蕃治下的鄯善有两种土地关系:一类是"官田"(mngan zhing)、"王田"(rje zhing),是吐蕃占领鄯善后分配给各级千户官吏、酋帅的土地,以及当地土豪归附吐蕃后保留的土地。前者可称作

---

〔1〕池田温:《中国古代籍帐研究》,东京大学出版会 1979 年版,第 561－562 页;姜伯勤:《突地考》,《敦煌学辑刊》1984 年第 1 期。

〔2〕池田温:《中国古代籍帐研究》,第 562－564 页。

〔3〕杨际平:《吐蕃时期敦煌计口授田考——兼及其时的税制和户口制度》,《社会科学》(甘肃)1983 年第 2 期。

〔4〕杨际平:《吐蕃时期敦煌计口授田考——兼及其时的税制和户口制度》,《社会科学》(甘肃)1983 年第 2 期;金滢坤:《吐蕃统治敦煌的财政职官体系——兼论吐蕃对敦煌农业的经营》,《敦煌研究》1999 年第 2 期;姜伯勤:《突地考》,《敦煌学辑刊》1984 年第 1 期。

"俸禄田",后者多称为"某某小王田"。官田的份额多为1人1突,但也有多出或不足的情况。第二类是千户成员领受的土地,除千户官吏拥有土地外,还有一些土地属于进驻鄯善的吐蕃千户所有,由千户成员或租佃户耕种。[1]

可以看出,吐蕃占领河陇之后,在敦煌和鄯善采用的土地、赋税制度尽管也保留了一些之前的元素,但由于从名目、内容到数量上都有了较大的变化,特别是人均1突的"计口授田"制,明显带有浓厚的部落平均主义特征,因而尽显"吐蕃化"的特色。

21.2.3 宗教管理制度的"吐蕃化"

吐蕃占领河陇后,在当地原有僧官制度的基础上,委派吐蕃僧人亲自担任僧官,使这一地区的僧官制度带有鲜明的"吐蕃化"特色。已有的研究表明,吐蕃在河陇地区最高的僧官是节度使辖境都僧统(或都教授),州一级则有以州都教授或都僧统为首的僧官体系。

先说节度使辖境都僧统。在敦煌文书中有"瓜沙两州都番僧统大德"这一僧官称号[2],它是"安史之乱"之后受到中原影响而兴起并延续到蕃占前期的沙州或河西的最高僧官。吐蕃统治中后期,僧统又改称教授,为"瓜沙两州都番教授大德"。[3] 沙州和瓜州是吐蕃瓜州节度使辖境内的政治、经济、文化中心,也是佛教中心,"瓜沙两州都番僧统大德"与"瓜沙两州都番教授大德",是吐蕃设立的总管瓜、沙两州佛教事务的僧官,均为吐蕃人,故称"番教授"、"番僧统"。除瓜州节度使以外,吐蕃凉州、鄯州、青海、河州4处节度使辖境,也派有都僧统,负责管理各节度使辖境内僧侣、寺户及寺院财产等各类事宜。[4]

其次讨论州都教授(都僧统)、寺院教授(僧统)。吐蕃占领敦煌

〔1〕王尧、陈践编著:《吐蕃简牍综录》,第一章"经济类"下"土地篇",第24–32页。

〔2〕杨富学、李吉和:《敦煌汉文吐蕃史料辑校》第1辑,甘肃人民出版社1999年版,第236页。

〔3〕谢重光、白文固:《中国僧官制度史》,青海人民出版社1990年版,第125页;谢重光:《吐蕃占领时期与归义军时期的敦煌僧官制度》,《敦煌研究》1991年第3期。

〔4〕陆离:《吐蕃僧官制度试探》,《华林》第3卷,中华书局2003年版,第77–90页;《吐蕃统治时期敦煌僧官的几个问题》,《敦煌研究》2004年第3期。

后,对当地原有的僧官制度进行了改造,将敦煌僧官纳入吐蕃僧官体系,归属吐蕃佛教宗师和瓜沙两州都番僧统直接管辖,由他们负责任免僧官。蕃占初期,敦煌龙兴寺和大云寺分别设有两名都僧统[1],后来因受吐蕃影响,僧统改称为教授。[2] 在各寺所设教授之上还有都教授,为敦煌僧团最高首领,其下辖龙兴、大云、开元、灵图、乾元、报恩等寺教授,每个寺院的教授具体负责敦煌僧团中某一方面的事务。

由上可知,吐蕃在借鉴唐朝僧官制度的基础上设立了自己的僧官制度,既受唐朝的影响又有自己的特点,即:吐蕃统治下的敦煌的都教授,源自唐朝中后期出现的地方僧官州僧统(僧正),而敦煌都教授下辖龙兴、大云、开元、灵图、乾元、报恩等寺教授这一做法,又体现了吐蕃僧官制度的特殊之处。[3]

21.2.4 服饰、文字的"吐蕃化"

21.2.4.1 服饰的"吐蕃化"

《新唐书·吐蕃传》记载敦煌被占领初期,"州人皆胡服臣虏,每岁时祀父祖,衣中国之服,号恸而藏之"。这表明吐蕃当时不仅从政治、军事方面,同时也从民风民俗方面推行同化政策,试图达到长期统治的目的。这自然引起敦煌汉人的不满。但随着对吐蕃统治的逐渐适应,汉人对"胡服"的态度发生了微妙的变化,以下引出莫高窟的图像资料来说明。

吐蕃统治敦煌时期开凿的第 159 窟,东壁南侧有一幅引人注目的吐蕃赞普听法图。图中赞普与中原皇帝对面而立,在西域各国王子的簇拥下,他着左衽长袖缺胯衫,头戴红毡高帽,手执熏香,足踏长垫,作礼佛姿势。吐蕃赞普在敦煌壁画中的装束与文献记载一致,《册府元龟·外臣部》"盟誓"记载唐蕃长庆会盟,刘元鼎在逻些见赞普"年可十七八,号可黎可足,戈衣白褐,以朝霞缠头,坐佩金剑"。这种红色头巾

---

〔1〕唐耕耦、陆宏基:《敦煌社会经济文献真迹释录》第 4 辑,第 194 页。

〔2〕杨富学、李吉和:《敦煌汉文吐蕃史料辑校》第 1 辑,第 196 页。

〔3〕陆离:《吐蕃僧官制度试探》,《华林》第 3 卷,第 77 - 90 页;《吐蕃统治时期敦煌僧官的几个问题》,《敦煌研究》2004 年第 3 期。

和白色长袍的赞普形象,后来到了归义军曹氏前期的敦煌壁画中,演变成了红巾红袍——赞普的衣服从头到脚全部成了红色。

红巾白袍、红巾红袍这两种服饰,在吐蕃时期的供养人像中都出现过,如莫高窟第359窟的男供养人画像,这些人可能是吐蕃或汉族的贵族。[1] 虽然他们的身份和地位不能与吐蕃赞普同日而语,但由此可以看出吐蕃服饰文化对敦煌贵族的长久影响。同样在第159窟吐蕃赞普听法图中,还可以看到赞普身后站立着身着左衽长袍、头束双童髻的奴婢,这应是一种蕃汉混合装。吐蕃占领河西走廊时期,蕃、汉人民在"义同一家"的长期生活过程中,服饰、习俗互相影响,自然出现"吐蕃化"的特征。

此外,在属于晚唐的第156窟东壁下画有一幅张议潮统军出行图,其中舞伎分两行,一行戴幞头,另一行束双髻,缯采络额,垂于背后,着缺胯花衫、白裤,她们挥舞长袖,踏歌而前,似为吐蕃舞蹈,[2]这些能歌善舞的女子身着即吐蕃服装。可见在吐蕃统治敦煌数十年后,具有鲜明吐蕃特色的歌舞与服饰,已为当时的百姓所乐见。

21.2.4.2 文字的"吐蕃化"

吐蕃统治河陇时期,公文书的书写大多数都是用古藏文,这可以从后来发现于敦煌和南疆等地的上千件藏文写卷文书和简牍中得到说明,由于这一方面的研究成果不少,故不赘述。为了体现"吐蕃化"对河陇的长久影响,特举出吐蕃统治结束后的情况来说明。

1981年匈牙利乌瑞教授发表名作《吐蕃统治结束后甘州和于阗官府中用藏语的情况》[3],列出了9世纪中期至10世纪前期的18件古

〔1〕马德:《从敦煌史料看唐代陇右地区的后吐蕃时代》,载《丝绸之路民族古文字与文化学术讨论会会文集》,三秦出版社2007年版,第341-352页。
〔2〕段文杰:《敦煌壁画中的衣冠服饰》,载《敦煌研究文集》,甘肃人民出版社1982年版,第179页。
〔3〕G. Uray, "L'Emploi du tibétain Dans les Chancelleries des États du Kan-sou et Khotan Postérieurs à la Domination tibétaine", Journal Asiatique, Tome 269,1981, pp. 81-90;乌瑞著,耿昇译:《吐蕃统治结束后甘州和于阗官府中使用藏语的情况》,载《敦煌译丛》,甘肃人民出版社1981年版,第212-220页。

藏文文件,包括甘州回鹘可汗的诏书等等,均是重要的社会文书。具体来说,在这些藏文官文书中,S. 731v14 是张议潮攻克凉州后发给沙州和瓜州刺史的命令;P. T. 1081、P. T. 1124、P. T. 1189 等是处理归义军内部事务的文件,应成书于归义军政权前期。而书写文字最多的 P. T. 1188 背面,写于天福(then phug)七年(942),其中包括一件回纥可汗的诏书;P. T. 1182 也是回鹘可汗的诏令,也应成书于这一时期或稍早一些。由此可见,整个归义军政权前期一直都在使用藏文来书写公文。其中还有于阗与曹氏归义军来往的藏文书信,如 P. T. 984、P. T. 1106、P. T. 1120、P. T. 1284、P. T. 1256、P. T. 2111 等,亦为曹氏归义军前期的文献。这些事实,反映出吐蕃文字及其文化对唐末、五代及宋初河陇各族的影响是深远的。

21.3　西北诸族"吐蕃化"及其历史影响

正是由于吐蕃在征服地区推行一套脱胎于本土的军政、经济、宗教制度,所以在其统治下,部分西北民族开始了形式不同、层次不同的"吐蕃化"进程。根据这一进程的时间先后和分布特点,部分西北民族的"吐蕃化"可以分 3 大人群来考察,即:青藏高原诸族、河陇汉人及青藏高原东南边缘诸羌。

21.3.1　青藏高原诸族

这里主要提到羊同、苏毗、白兰、吐谷浑等,这些民族被吐蕃征服较早,其社会经济、文化习俗与吐蕃接近,因而融入吐蕃的进程较快。譬如,这些民族的王公贵族,如羊同的"没庐氏"(vbro),苏毗的"末氏"(vbal),白兰的"仲氏"(vbrom),这些显赫的姓氏在唐代文献中出现时还偶尔冠有国名,显示其所出自的民族,但唐以后,则完全是以吐蕃人,进而以藏族人的身份出现了。

以羊同的没庐氏为例,《新唐书·吐蕃传》说:"婢婢,姓没庐,名赞心牙,羊同国人,世为吐蕃贵相。"是知没庐氏原为羊同国贵族,自唐朝初年其国被吐蕃征服后,其男性成员被赞普重用,贵为大臣,而女子世为赞普王妃。虽然9世纪中叶吐蕃王朝崩溃时,羊同的军队还自成建制[1],但此后逐步融合于吐蕃,后来成为藏族的一部分。

　　而苏毗融合于吐蕃,也是一个漫长的过程。尽管9世纪中叶吐蕃王朝崩溃时,苏毗部落还相对独立,但从 P. T. 1089、P. T. 1080、P. T. 1083 等文书的记载来看,当时驻扎于凉州、沙洲的苏毗部落称"蕃苏(bod sum)之千户"[2],说明彼时苏毗人的"吐蕃化"已经相当明显了。唐以后苏毗王族末氏的下落,在《安多政教史》中有一些零星的记载,其曰:末氏后代拥有黄河与墨曲河汇合处附近的区域,另有一些与末氏有关的地名,如色末(rtse vbal)、色末村(rtse vbal gshung)等,分布在今青海省黄河南岸的同德附近,而此时的末氏已经是地地道道的藏族了。[3] 至于苏毗的普通民众,与青藏高原上其他被吐蕃征服的民族一样,逐渐成为吐蕃及后来藏族的一部分,至今在青海一些地方还仍然保留有以"苏毗"命名的村落。[4]

　　白兰到唐中期已经被吐蕃统治近百年之久,从称号和风俗上都与后者十分接近了。《册府元龟·外臣部》以"吐蕃白兰"为前置词,后面提到"二品笼官董占庭"[5],其意为"吐蕃白兰部的二品笼官董占庭"云云,说明当时白兰为吐蕃同化很深,他们对外已经自称吐蕃人了。唐以后,白兰(vbrom)族人被习惯译为"仲"(vbrom)氏,其代表人物有阿底峡的弟子,在宋仁宗时(1053)修建热振寺的"仲·敦巴"(vbrom ston pa)。[6] 这里,其族源绵延有千年以上的白兰羌,在唐以后完全以吐蕃人的身份出现。

　　[1]《新唐书》卷216《吐蕃传》记载:会昌二年(842),吐蕃落门川讨击使尚恐热"略地至渭州,与宰相尚与思罗战薄寒山,思罗败走松州,合苏毗、吐浑、羊同兵八万保洮河自守"。

　　[2]山口瑞凤:《沙州汉人によゐ吐蕃二军团の成立とmkhar tsan 军团の位置》,第25-27页;王尧、陈践译注:《敦煌吐蕃文献选》,第48、51-52页。

　　[3]Z. Yamaguchi , "The geographical location of Sum-yul", *Acta Asitica*, No. 29,1975, pp. 28-29.

　　[4]杨正刚:《苏毗初探(一)》,《中国藏学》1989年第3期。

　　[5]其曰:"十三载(754),闰十一月乙亥,吐蕃白兰二品笼官董占庭等二十一人来降,并授左武卫员外大将军。"

　　[6]布顿大师著,郭和卿译:《佛教史大宝藏论》,民族出版社1986年版,第190-192页及相应的注释。

至于唐以后的吐谷浑,一部分演变成了今天的土族,一部分则融入了藏族。宋元时期,卫藏有些贵族自称他们的先世是从北方或东北边境来的,其中有一支叫做 gnas gsar 人的头领,是江孜与日喀则之间年楚河流域的一个小封地的领主,自称是阿豺(va zha,吐谷浑)的后裔。此外,羌塘藏族还有一个称呼叫"阿波霍尔巴"(a bo hor pa),意为"胡人祖母"。所谓"胡人祖母"可能是于阗、鄯善或吐谷浑族的人,因为从羌塘以外来,所以被称为胡人[1]。

由上可见,原来分布于青藏高原的苏毗、羊同、白兰、吐谷浑等族被吐蕃征服后,从唐后期开始,逐步走上了"吐蕃化"的历史进程,到后来被吐蕃完全融合了,或部分融合了,而他们对外或以"吐蕃"自称,或被周边的民族视为吐蕃人。有学者曾经指出,藏族同化和融合青藏高原的诸族大体上有 3 种情况:一是完全同化,被融合后几乎不知去向;二是大部同化,在某些文化特征上仍保留部分元素;三是虽被同化,但明显保存着部分文化原貌[2]。 显而易见,羊同、苏毗、白兰等与藏族的融合,属于第一种情况。

部分西北民族"吐蕃化"的进程,与匈奴、蒙古以核心部落为主,不断征服、吸收周边部落或部族,发展壮大最终演变成为民族的情形相似。譬如拉施特在《史集》第二编"现今称为蒙古的突厥部落"的开头说:扎剌亦儿、斡亦剌惕、塔塔儿等部落,"他们的外貌和语言与蒙古人类似","但在古代,这些部落各有特殊名称",现今由于蒙古人的"幸运、强盛和伟大,所有其他部落被称以他们的这个专名"[3]。 可见,当塔塔儿及其他部落归顺成吉思汗以后,即蒙古民族的核心族群形成之后,整个蒙古草原上的游牧部落均以蒙古自称,或被蒙古草原以外的民族称为"蒙古"了[4]。 这一点,与唐代部分西北民族的"吐蕃化"进程十分相似。

---

〔1〕杜齐著,李有义等译:《西藏中世纪史》,中国社会科学院民族研究所 1980 年印,第 6 页;任乃强:《羌族源流探索》,重庆出版社 1984 年版,第 50 页。

〔2〕格勒:《论藏族文化的起源形成与周围民族的关系》,第 474 - 475 页。

〔3〕拉施特著,余大钧等译:《史集》,商务印书馆 1986 年版,第 1 卷第 1 分册,第 148 页。

〔4〕林幹:《匈奴通史》,人民出版社 1986 年版,第 3 - 4 页。

21.3.2　河陇汉人

吐蕃攻占河陇之后,随着其统治的日趋稳定,河陇汉人开始进入一个漫长的"吐蕃化"时期,到唐宣宗大中二年(848)吐蕃统治结束以后,河西大部分汉人都已经开始"吐蕃化"。

河陇汉人的"吐蕃化",首先可以从当时的姓氏上作一番考察。高田时雄在《藏文社邑文书二三种》一文中翻译出自莫高窟的 Ch.73.xi-ii.18 号文书时,引述第 9 行的"li lha sto",认为这是人名:李 lha sto。他认为这种汉姓、藏名的人名,在吐蕃统治时期的敦煌出现不少,一般可以判断其为汉人或者已汉化的周边民族,他们长期在吐蕃的占领下,采用了"吐蕃化"的名字。[1] S.2214《年代不明纳支黄麻地子历》记载吐蕃时期敦煌设有"凉州行",其中有任骨伦、秦骨伦、张呐儿、陈咄咄等人名,[2] 笔者认为,他们也是已经"吐蕃化"的汉人或其他民族的成员。此外,英国学者托马斯曾根据敦煌藏文文书列出一个长达上百人的名单,其中相当一部分可能是汉姓吐蕃名的人名,典型的如:bam stag slebs "范达勒",bam stag zigs "范达孜",bang legs ma "王讷玛",cang bstan bzang "张坦藏",cang klu legs "张录讷",cang legs stsan "张讷赞",cang lha khri "张塔乞",cang rma legs "张玛讷",cang stag snang "张达囊",den stag legs "邓达讷"等,[3] 从中可以窥见汉人或其他民族姓名"吐蕃化"的实例。

当然,河陇汉人的"吐蕃化"并没有随着吐蕃统治的结束而停止,反而有进一步深化的趋势。《五代会要》说:"开成之际(836—840),朝廷遣使还番,过凉、肃、瓜、沙,城邑如故,华人见汉旌使,齐夹道诉泣","虽语言小讹,而衣服未改"。[4] 中和四年(884)前后写成的 P.3451

---

〔1〕高田时雄著,钟翀等译:《藏文社邑文书二三种》,载《敦煌民族语言》,中华书局 2005 年版,第 86 - 99 页。

〔2〕郑炳林:《晚唐五代敦煌地区的吐蕃居民初探》,《中国藏学》2005 年第 2 期。

〔3〕F. W. Thomas, *Tibetan Literary Texts and Documents concerning Chinese Turkestan*, Ⅱ, London, 1951, pp. 113 - 114.

〔4〕《五代会要》卷 30《吐番》。

《张淮深变文》[1]则说"又见甘、凉、瓜、肃,雉堞雕残,居人与蕃丑齐肩,衣着岂忘于左衽;独有沙州一郡,人物风华,一同内地"[2]。此时上距开成年间又是四十余年,显示出河西汉人的"吐蕃化"非但没有停滞,反而有所加深。

河西汉人的"吐蕃化"还延续到入宋以后。前引《张淮深变文》描写的主要是晚唐甘、凉、瓜、肃四州的情况,而入宋以后"吐蕃化"最明显的例子是凉、甘二州。凉州在唐天宝时,有户22462,人口120281;甘州有户6284,人口22092,这中间大多数是汉人[3]。入宋以后,这两地之一的甘州,终五代至宋不见汉人的活动,而凉州仅剩下"汉民三百户"[4],其余的都融入了吐蕃[5]。

其后,河陇汉人的"吐蕃化"逐渐向两个方面发展:一是河西走廊的一些"吐蕃化"的汉人后来随吐蕃部落南下退到了青海,后来完全融入了吐蕃乃至藏族;而另一部分没有迁徙的民众,则可能随着河西走廊民族格局的变化,融入了其他民族或回归了本民族。

21.3.3 党项诸羌

21.3.3.1 党项

被吐蕃征服的党项分布范围十分广阔,从今天的青海湖东南大积石山以东到四川木里、康定、理县、松潘以西,以及甘肃迭部、夏河以西、以南,青海湖东南部广大地区,都是被征服的党项人活动的区域[6]。这一区域内的党项人不断融入吐蕃,是党项"吐蕃化"的内容之一。

《新唐书·党项传》称吐蕃征服之地的党项,"其处者为吐蕃役属,更号弭药"。汉文"弭药",藏文作 mi nyag[7]。这部分被称作"弭药"的

---

〔1〕据考证,此卷的写成时间至晚不得在中和四年(884)以后,或在乾符中(874—879),见王重民等编:《敦煌变文集》,人民出版社1957年版,第128页。

〔2〕王重民等编:《敦煌变文集》,第124页。

〔3〕《旧唐书》卷40《地理志》。

〔4〕《宋会要辑稿》195册《方域》"西凉府"条。

〔5〕汤开建、马明达:《对五代宋初河西若干民族问题的探讨》,《敦煌学辑刊》1983年创刊号。

〔6〕《新唐书》卷216《吐蕃传》、卷37《地理志》,谭其骧主编:《中国历史地图集》(五)。

〔7〕巴卧·祖拉陈瓦:《贤者喜宴》,第240页;黄颢:《〈贤者喜宴〉摘译(三)》,《西藏民族学院学报》1981年第2期。

党项人,其"吐蕃化"的过程比较复杂,他们一方面接受吐蕃文化的巨大影响,同时又顽强地保留了本民族的一些特征,在民族成分上可以把这一部分党项后裔称作"蕃木雅"或"藏木雅",这是造成青藏高原上党项人后裔文化独特性的原因所在。[1] 在广大的康巴藏族地区,情况更为复杂,即除了党项未北迁者的"吐蕃化"以外,又有与西夏亡国后南迁遗民混居的内容,于是后代的康区"木雅人"反映了吐蕃与党项两族反复融合的历史背景。[2]

唐代党项"吐蕃化"的另一内容,是宋朝初年以前内迁党项的"吐蕃化"。《新唐书·党项传》记,庆州(今甘肃庆阳一带)党项破丑氏3族、野利氏4族、把利氏1族皆与吐蕃结姻,而党项其他部落首领乃至部落居民之结姻吐蕃者亦为数不少。长时期的两族联合与部落杂居,推进了党项"吐蕃化"的趋势,从而使某些党项部落与吐蕃的差别日渐缩小,以至难以分辨。后唐明宗天成二年(927)十二月,"回鹘西界吐蕃发使野利延孙等入贡,蕃僧四人,持蕃书两封,文字未详"[3]。从其居地在回纥西界及持有文字书信的记载来看,其为吐蕃无疑,但其姓氏又是党项著名的8大部落之一的野利氏,这是一起典型的党项"吐蕃化"的案例。[4]

21.3.3.2 陇南、川西北的氐、羌

吐蕃进扰陇南、川西北传统的氐、羌居住地区,在《旧唐书·吐蕃传》中亦有记载:"剑南西山又与吐蕃、氐、羌邻接,武德以来,开置州县,立军防,即汉之筰路。乾元(758—760)之后,亦陷于吐蕃。"唐代于今四川西部、云南北部置剑南道,其州、县多与吐蕃、党项等相邻,"安史之乱"后,剑南诸州如维州、茂州、柘州、当州、悉州等(今四川阿坝州)先后陷入吐蕃掌控之中。

---

〔1〕李范文:《西夏遗民调查记》,载《西夏研究论集》,宁夏人民出版社1983年版,第190－235页。

〔2〕张云:《论吐蕃与党项的民族融合》,《西北民族研究》1988年第2期。

〔3〕《册府元龟》卷972《外臣部》"朝贡五"。

〔4〕张云:《论吐蕃与党项的民族融合》,《西北民族研究》1988年第2期。

在进攻唐朝州、县的吐蕃军队中,常常能见到有氐、羌之民在其中充任前驱,他们可能就出自被吐蕃攻掠的陇南、川西北。唐代宗广德元年(763)十月,吐蕃自凤翔东进攻长安,史载其军队的浩大说:"吐蕃帅吐谷浑、党项、氐、羌二十余万众,弥漫数十里。"[1]其中即有不少氐、羌之人。代宗大历十一年(776)正月,唐剑南节度使崔宁"大破吐蕃故洪等四节度兼突厥、吐浑、氐、蛮、羌、党项等二十余万众,斩首万余级"[2],这里又见到为吐蕃效命的氐、羌士兵。唐代吐蕃在向外扩张的过程中,占据了不少唐朝的边郡,也掳掠了大量的汉族及其他民族的人口,其中很多被充任于军队之中为吐蕃王朝效命,被吐蕃攻掠的氐、羌情况也大致如此。

唐代宗大历十四年(779)十月,吐蕃发动3路进攻,"一入茂州,过汶川及灌口;一入扶、文,过方维、白坝;一自黎、雅过邛崃关,连陷郡邑"[3]。这次战役的结果,是使氐、羌较为集中的今文县、平武一带陷入吐蕃之手,当地氐、羌百姓遂为吐蕃统治。唐以后,氐、羌之名稀见于史籍,《文县志》:"文番,即氐、羌遗种。"说明文县一带的居民中包括有被吐蕃融合的氐、羌之人,称"番"或"西番"。而明代西番与吐蕃一词是通用的,这就说明,至明代,陇南、川西北的氐、羌已经完全融入"西番"或藏族,成为今天的"白马藏族"的祖先之一了。

21.3.3.3 剑南"西山八国"

在融入吐蕃的西北诸族中,不能不提到属于"西山八国"的羌人。《旧唐书·东女国传》记载的"西山八国"是:哥邻国、白狗国、逋租国、南水国、弱水国、悉董国、清远国、咄霸国。这八国"皆散居山川","分隶边郡",其分布位置大致相当于今阿坝州的茂汶、里县、黑水、汶川以西,直至甘孜藏族自治州境内的崇山峻岭中。史载,西山八国"自中原多故,皆为吐蕃所役属。其部落,大者不过三二千户,各置县令十数人

---

〔1〕《资治通鉴》卷223"唐广德元年十月"条。

〔2〕《旧唐书》卷196《吐蕃传》。

〔3〕《旧唐书》卷196《吐蕃传》。

理之。土有丝絮,岁输于吐蕃"[1]。有学者通过对此地的部落分布及其社会经济、文化及人口发展情况的考察,认为唐代中后期的"西山八国"是由唐前期弱水西山 68 羁縻州的部落所建,他们是古代羌人的后裔,唐以后演变成为现代嘉绒藏族的先民。[2]

至此可见,上述党项诸羌是大部同化,但在某些文化特征上,尤其是语言上仍保留部分残迹,今天仍可隐约寻其踪迹。同时,在藏汉、藏羌边界的部分羌族部落虽也被同化,但明显保存着部分文化原貌,使这一带的藏族文化显现出较多的多元性特点,即在以吸收和融合藏族文化为主的前提下,又保留某些羌族文化的因素,今嘉绒藏族、白马藏族等就属于这类同化和融合的结果。有学者将其称为同而未完全化,融而未完全合。[3]

21.4　小结

综上所述,笔者试可以总结出以下两点:

首先,唐代部分西北民族的"吐蕃化"有一个前提,就是这部分民族或部落,尤其是地处青藏高原的羊同、苏毗、白兰、吐谷浑等,其社会经济、文化习俗与吐蕃比较接近,加之这些民族被吐蕃征服较早,因而其"吐蕃化"的进程较快,也较为自然。

其次,在吐蕃统治西北的历史时期内,其政治、军事、经济、宗教和文化制度带有鲜明的"吐蕃化"色彩,如军政方面的千户制,经济方面的"突田"、"突税"制,以及在宗教、姓氏、服饰等方面反映出来的"吐蕃化"的种种印记。

第三,通过以上研究发现,唐代吐蕃与西北民族的交往史,从某一角度上看,就是一部分西北民族——主要是原来分布于青藏高原的民

〔1〕《旧唐书》卷 197《东女国传》。其地理分布参见冉光荣等:《羌族史》,第 174 页。
〔2〕李绍明:《唐代西山诸羌考略》,《四川大学学报》1980 年第 1 期;郭声波:《唐代弱水西山羁縻部族探考》,《中国藏学》2002 年第 3 期。
〔3〕格勒:《论藏族文化的起源形成与周围民族的关系》,第 474－475 页。

族——不断"吐蕃化",逐步融入吐蕃以及演变成为藏族的历史,以上举出的青藏高原诸族就是典型的例子。

22 结语:吐蕃与西北民族 交往的历史作用

综上所论,笔者在前人研究成果的基础上,运用马克思主义的辩证唯物主义和历史唯物主义,系统、全面地收集和分析有关的汉、藏史料,全面讨论了吐蕃与西北各民族关系的历史,揭示了吐蕃与西北各民族在物质文化、制度文化和精神文化方面的交流,并探讨了部分西北民族的"吐蕃化"及其对后来藏族形成的历史作用。以下试作总结:

22.1 吐蕃与西北民族交往的若干形式

吐蕃经略西北地区的过程,密切了其与西北诸族的关系。吐蕃从7世纪初开始,逐步征服羊同、苏毗、白兰、党项诸族,又从7世纪中叶开始进入西域,相继染指鄯善、于阗、勃律及西州、庭州等地,分别与鄯善、于阗、突厥、回纥、勃律、粟特等民族或政权相交往。至8世纪后半叶,先后攻占河陇诸州,至其在西北地区的统治结束,吐蕃共在这一地区活动达200年之久。在此过程中,吐蕃必定与西北诸族发生过密切的关系。通过前面的讨论,笔者初步把吐蕃与西北诸族的交往方式归纳为以下2大类7种:

第一类,政治、军事上的交往。

(1)互派使节。根据汉藏文献的记载,吐蕃与前面讨论到的每一个西北民族均有遣使关系。这种互派使节的行动对于吐蕃与西北各民族之间保持联系是不可或缺的,是双方交往的一种最基本的方式。

(2)缔结婚姻。政治联姻是吐蕃联系和控制西北民族的重要手段之一,吐蕃与周边的各个民族均有联姻关系,如羊同、苏毗、党项、吐谷

· 欧 · 亚 · 历 · 史 · 文 · 化 · 文 · 库 ·

浑、突骑施、南诏等。吐蕃利用政治联姻，与某些西北民族结成联盟，加强了对他们的控制，以达到某一政治目的。

（3）联合行动。前面已经讨论到，吐蕃在某一时期或某一地域，由于战争的需要，曾与突厥、沙陀、葛逻禄等联合，攻打唐朝的西域四镇或其他战略要地。

（4）统治与被统治的关系。毋庸讳言，征服与被征服、统治与被统治，也是吐蕃与西北民族的交往方式之一，而且这种交往方式在吐蕃与西北民族的关系中还占有较大的比重。如前所述，被吐蕃完全征服并且融合的有羊同、苏毗、白兰、多弥等，大部被吐蕃征服并且融合的有党项、吐谷浑、西山诸羌等。至于吐蕃与鄯善、于阗的关系，其间也不乏征服与被征服的关系，尽管这种关系持续的时间并不长。

第二类，经济、文化上的交流。

通过前面的讨论可以看出，唐代西北诸族的制度与文化，包括历算、工艺、宗教及其法律等，不断地为吐蕃所借鉴、吸收。在其影响之下，吐蕃王朝的社会经济、宗教文化等得以发展到一个相当的高度。同样，吐蕃文化也长久地影响到了西北民族，这主要表现在宗教、语言、文字、服饰、艺术等方面，以至于在西北诸族的历史上留下了所谓"吐蕃化"的种种印记。吐蕃与西北诸族在经济、文化方面的交流可归纳出以下3种：

（1）物质文化的交流。吐蕃经略西北，进而与西北诸族交往，其中经济上的因素十分突出。《敦煌本吐蕃历史文书·赞普传记》说："唐地财富丰饶，于西部各地聚集之财宝贮之于瓜州者，均在吐蕃攻陷之后截获。是故，赞普得以获大量财物，民庶、黔首普遍均能穿着唐人上好绢帛矣。"[1]这一段文字，把吐蕃进攻河陇、获取大量财富的情形描述得十分生动。同时，吐蕃与西北诸族之间形成了稳定的贸易，如与苏毗、勃律、突厥、于阗、粟特等展开的盐、玉石、畜牧产品的贸易，这些都反映了吐蕃与西北诸族在物质文化方面的交流。

---

[1]王尧、陈践译注：《敦煌本吐蕃历史文书》，第166页。

（2）制度文化的交流。唐代吐蕃推行一种军政合一的千户、万户制度,而这种制度是自秦汉以来北方游牧民族盛行的军政组织形式,吐蕃的千户、万户制度应是受其影响而形成的。前面说过,笔者推测吐蕃的万户制度是源于吐谷浑的,或者说是通过吐谷浑传入吐蕃的。除万户制外,在军事和法制方面,吐蕃也受到了西北民族的影响,譬如说起源于匈奴的北方游牧民族的骑马编队法,突厥的犯罪必施以重刑的严刑峻法等,就被吐蕃所借鉴。

（3）精神文化的交流。在诸多的文化要素中,这里强调宗教在吐蕃与西北民族的文化交流中的重要作用。众所周知,吐蕃统一青藏高原以前,在各族间流行着一种称为"苯教"的宗教,当时的吐蕃、羊同、苏毗等均信奉苯教。而从松赞干布时期开始到赤松德赞时期,藏传佛教逐步在吐蕃站住脚跟,并渐次传播至周边各族中间。这两种宗教——苯教、佛教的传播,对于吐蕃与周边诸族发生联系,进而征服、同化、融合他们,起到了重要的心理认同作用。

22.2　吐蕃与西北民族关系的三种类型

综上所述,从7世纪初到9世纪中叶,由于吐蕃王朝的政治、军事、经济力量十分强大,加之其奴隶主贵族政权的对外扩张政策,他与西北各民族之间有过程度不同的交往关系,可归纳出以下3种类型:

（1）吐蕃与原先居住于青藏高原的羊同、苏毗、白兰、多弥、党项以及吐谷浑的关系。这种关系是建立在征服与被征服、融合与被融合基础上的。属于这种交往关系类型的民族,一般分布在青藏高原上,或处于吐蕃向外扩张的交通要冲,加之这些民族的社会经济结构、文化形态与吐蕃比较接近,因而他们被吐蕃征服较早,融入吐蕃的进程相对较快,后来基本上都融合于吐蕃,成为吐蕃乃至后来的藏族的一部分。

（2）吐蕃与河西走廊诸族的关系,包括吐蕃与通颊、南山、粟特、嗢末的关系,吐蕃与河西走廊汉族的关系。与青藏高原诸族相比,吐蕃与河西走廊诸族的关系比较复杂。一方面由于力量对比或地理的原因,

·欧·亚·历·史·文·化·文·库·

吐蕃并没有完全地、长期地征服过这些民族,而仅是在某一个时期,对上述某个民族或一些民族实行过统治,或以交使、联姻等形式加以控制;另一方面由于嗢末、通颊等族本身就是吐蕃与西北其他民族融合以后形成的特殊的部落集团,因而其最终又有很大一部分融合于吐蕃,其过程显示出迂回曲折的特征。

(3)吐蕃与天山南北诸族的关系,包括吐蕃与突厥的关系,吐蕃与回纥的关系,吐蕃与鄯善、于阗的关系。这一类基本上属于今新疆地区的民族,由于吐蕃与他们邻近,加之政治、经济、文化方面的因素,双方来往频率很高,交往的内容和形式错综复杂。吐蕃与这些民族有交使或联姻的关系,有联合或对抗的关系,或一段时间合作,一段时间又对抗。作为吐蕃与西北民族关系史的一个方面,笔者更多地注重双方在经济和文化上交流的重要性,及其历史意义和现实影响。

22.3　吐蕃与西北民族交往的历史作用

现将吐蕃与西北民族交往的历史作用陈述如下:

其一,本课题的研究表明,迄至隋唐之际,青藏高原尚处于小邦并立、强者争雄的局面,吐蕃悉补野部为强者之一,与之鼎立的还有羊同、苏毗,以及实力约逊的吐谷浑、白兰、多弥、党项等。而也就是从7世纪初开始,吐蕃日益强大,向四周发展,逐步统一了各部,建立起强大的政权。以后又向天山南北、河西走廊发展,遂与这些地方的少数民族及汉族发生了密切的接触和交往关系,其中包括互派使节、政治联姻、联合行动、征服并统治等。因此,敦煌、西域古藏文文献对吐蕃周边的民族,尤其是西北诸族多有记载,譬如:羊同为 zhang zhung,苏毗为 sum po,白兰为 vbrom(弥不弄),吐谷浑为 va zha,突厥为 dru gu,回纥为 hor,粟特为 sog po,龙家为 lung dor[1]。这一情况反映出唐代吐蕃与西北民族的交往十分密切,双方的交往给各自的社会、经济、文化发展留下了深刻

〔1〕黄盛璋:《汉于阗吐蕃文献所见"龙家"考》,载《丝绸之路民族古文字与文化学术讨论会文集》,三秦出版社2007年版,第225－258页。

的印记或影响。

其二,通过研究发现,唐代吐蕃与西北民族的交往史,从某一角度上看,就是一部分西北民族——主要是原来分布于青藏高原的民族——不断"吐蕃化"、逐步融入吐蕃的历史。本课题的研究发现,吐蕃赞普的王妃或跻身于中央职官系统的成员,很多都出自被征服后融入吐蕃的原西北少数民族的王公贵族,譬如羊同的"没庐氏"(vbro)与"琼保氏"(khyung po),苏毗的"末氏"(vbal),白兰的"仲氏"(vbrom)。这些显赫的姓氏在唐代文献中出现时还偶尔冠有其原来的国名,唐以后,则完全是以吐蕃人,进而以藏族人的身份出现了。与此同时,吐蕃对河陇胡、汉诸民族的统治,客观上密切了吐蕃与这些民族的交往和联系。吐蕃统治时期,各族军民在一起耕作、生息,互为婚姻,形成了各民族杂居互处、互相融合的局面,到后来青藏高原上许多民族的平民或奴部也融入了吐蕃。因此,唐代一部分西北民族的"吐蕃化",对吐蕃自身的发展及后来藏族的形成所带来的影响,无论怎样评价都不会过分。

第三,除了青藏高原上融合于吐蕃的民族以外,那些居于今天山南北与河西走廊的民族,虽然后来摆脱了吐蕃的统治,或者脱离了与吐蕃的关系,仍然沿着本民族发展的轨迹演变,但我们也不能否认这样一个事实,那就是在与吐蕃的交往中,或者在被吐蕃统治的前前后后,这些民族或在语言文字方面,或在服饰习俗方面,或在文化艺术方面,或多或少都有过一段"吐蕃化"的经历,或者是受到过"吐蕃化"的影响。关于这一点,可以举出在唐末、五代,从今新疆南部到河西走廊一带,回纥、于阗、归义军政权等还把藏语作为他们之间的交际语言来使用的例子。这就表明,唐代吐蕃与西北民族的交往形式是多样的,双方在语言、宗教、文化方面的相互影响是深远的,并没有随着吐蕃对河陇统治的结束而退出历史舞台。

总结以上3点可以看出,吐蕃与西北民族交往的历史意义在于:吐蕃与西北诸族在相互借鉴、吸取对方先进的物质文化、制度文化、精神文化的同时,自然就为促进本民族社会、经济、文化的进步增添了新的元素;而这一历史进程又揭示出一个不可辩驳的事实,那就是今天的藏族在其发展的初期——吐蕃时代,就已经将其民族演进的轨迹融入多源一体的中华民族之中来了。

附　录

吐蕃与西北民族关系大事记

618年唐王朝建立,唐高祖掌政。

唐武德二年(619),白兰、白狗羌、高丽、突厥、吐谷浑并遣使朝贡。

武德七年(624),白狗羌降附,于姜维故城置维州。

贞观元年(627),唐朝设置陇右道,治所鄯州(今青海乐都),辖16州。

贞观二年(628),党项酋长细封步赖内附,其后诸姓酋长相率亦内附,皆列其地置州县,以其地为崌、奉、岩、远4州,首领拜刺史,隶松州都督府。

贞观五年(631)十二月,大羊同朝贡使至。

贞观七年(633),松赞干布平定反叛的苏毗等部,定都拉萨,建立吐蕃王朝。

贞观八年(634),松赞干布遣使入朝,唐太宗以行人冯德遐为使下书临抚。羊同首度承认吐蕃为其宗主国。

贞观九年(635),吐蕃迎请尼泊尔赤尊公主为松赞干布王妃。

贞观十年(636),松赞干布闻突厥、吐谷浑皆得尚公主,乃遣使唐朝求婚,太宗未许。

贞观十一年(637),吐蕃率羊同共击吐谷浑。

贞观十二年(638),吐蕃破吐谷浑,尽取其赀畜;又破党项、白兰。

贞观十五年(641),大羊同遣使朝贡,太宗嘉其远来,以礼答慰焉。

贞观十八年(644),吐蕃灭李聂秀,将一切羊同部落均收于治下,列为编氓。

贞观二十二年(648),唐朝征西突厥乙毗射匮可汗,吐蕃应唐朝之请出兵。

显庆四年(659)、龙朔二年(662)、咸亨元年(670),弓月三次与吐蕃联军,在疏勒到龟兹一线与唐军对抗。

显庆四年(659)、显庆五年(660)、龙朔元年(661)、龙朔三年至麟德二年(663—665),吐蕃大论禄东赞在吐谷浑境,与攻灭吐谷浑的战争及处理善后有关。

龙朔二年(662),大论东赞征集羊同之供亿,被认为是吐蕃征服羊同后制度化管理的开始。

麟德二年(665),弓月、疏勒共引吐蕃之兵,以侵于阗,诏西州都督崔知辩及左武卫将军曹继叔率兵救之。

乾封二年(667),吐蕃击破都、流、厥、调、凑、般、匐、迤、率、差等党项羁縻州,诸州废。

总章二年(669),吐谷浑诸部前来致礼,吐蕃征其入贡赋税。

咸亨元年(670),吐蕃入残羁縻18州,率于阗取龟兹拨换城,于是安西四镇并废。

咸亨二年(671),赞普芒松芒赞之妹"赞蒙聂媚登"嫁给"聂秀绷野究"为妻,加强对羊同的控制。

上元二年(675),唐以于阗为毗沙都督府,以尉迟伏阇雄为毗沙都督,分其境内为10州,以伏阇雄有击吐蕃功故也;吐蕃大论赞聂征羊同之"大料集"。

上元三年(676),吐蕃大臣前往突厥。

仪凤二年(677),十姓可汗阿史那都支及李遮匐诱蕃以动安西,与吐蕃联合;羊同叛吐蕃。

调露元年(679),吐蕃征发羊同之兵丁。

武则天垂拱年间(685—688),吐蕃加强对西域的进攻,迫使唐朝再次放弃安西四镇。

垂拱三年(687),吐蕃大臣前往突厥地方;唐以韦待价为安息道行军大总管,率军击吐蕃。

永昌元年(689),赞蒙赤邦嫁给吐谷浑王为妻;大论钦陵自突厥引兵还。

长寿元年(692),吐蕃王室征收苏毗之关卡税;唐朝武威道大总管王孝杰大破吐蕃,复龟兹、于阗、疏勒、碎叶镇;吐蕃属部首领"率贵川部与党项种三十万"归附唐朝。

长寿元年至延载元年(692—694),大勃律役属吐蕃。

长寿二年(693),大论钦陵前往吐谷浑。

延载元年(694),赞普驻于若乌园,突厥东叶护可汗前来致礼。噶尔·达古为粟特人所擒。

万岁通天元年(696),吐蕃与突厥约同出兵,一攻洮州,一攻凉州,杀唐凉州都督许钦明。

圣历二年(699),钦陵自杀,其弟赞婆、子论弓仁率部降唐,其中有吐浑七千帐;突厥东叶护可汗前来吐蕃王廷致礼。

久视元年(700),吐蕃遣送东叶护可汗返突厥。

长安元年(701),吐蕃与突厥联合大入河西,引兵至松州、洮州。

长安二年(702),吐蕃征苏毗之"大料集"。

景龙四年(710),金城公主入藏,途中于吐蕃地面停留,吐谷浑可汗与母后赤邦率众亲迎,双方互致礼节。

景云二年(711),吐蕃朵地大论到吐谷浑可汗处。

开元三年(715),吐蕃联合大食共攻拔汗那。

开元五年(717),吐蕃与突骑施、大食谋取四镇,围拨换及大石城。

开元七年(719),吐蕃征发羊同之青壮兵丁。

开元八年(720),赞普驻于董之虎园,默啜可汗之使者前来致礼。

开元九年(721),上部地方之使者多人前来吐蕃王廷致礼。

开元十年(722),吐蕃进围小勃律,夺其九城,其王没谨忙求救北庭,北庭节度使张孝嵩率兵前往救援,大破吐蕃。

开元十一年(723),居于今祁连山南、受吐蕃统治的吐谷浑,又有一部分至沙州降唐,玄宗诏河西节度使张敬忠抚纳,并降书嘉之。

开元十二年(724),吐蕃征集羊同"大料集"。

开元十五年(727),吐蕃任命外甥吐谷浑小王等为大论。

开元十六年(728),突骑施、吐蕃围安西,副大都护赵颐贞击走之。

开元十七年(729),吐蕃大臣引兵赴突厥,当年还。

开元二十年（732），吐蕃又西击勃律；大食与突骑施二使者前来赞普王廷致礼；吐蕃可汗遣使悼念突厥毗伽可汗亡弟阙特勤。

开元二十三年（735），吐蕃大论穷桑前往吐谷浑。

开元二十四年（736），吐蕃大臣属庐·莽布支绮穷领兵赴突厥，增援突骑施。

开元二十五年（737），论·结桑东则布引兵至小勃律国，小勃律王降，来吐蕃王廷致礼。

开元二十八年（740），赞普嫁王姐赤玛类与小勃律王为妻。

天宝三载（744），突骑施使者前来吐蕃王廷致礼。

天宝四载（745），王甥吐谷浑小王、论·莽布支二人攻下计巴堡寨，引军追击来犯之唐廷斥候军。

天宝五载（746），唐河西、陇右节度使王忠嗣数出战于青海、积石，大破吐蕃；又于墨离击破附蕃的吐谷浑。

天宝六载（747），唐玄宗诏安西副都护高仙芝征讨小勃律，勃律、高地被击溃。

天宝七载（748），唐陇右节度使哥舒翰率王难得、李光弼等击吐蕃、吐谷浑于积石军，擒吐浑王子悉弄恭及子婿悉颊藏。

天宝十二载（753），封常清代仙芝讨大勃律，师次贺萨劳城，一战而胜。

天宝十三载（754），女国、南国、白狗羌并率部落内属，其大首领皆授员外中郎将；吐蕃白兰二品笼官董占庭等二十一人降唐，并授左武卫员外大将军。

天宝十四载（755），苏毗王没陵赞及其子悉诺逻率众归唐。

天宝十五载（756），黑邦瑕、廓、识匿等上部地方之使者前来吐蕃王廷致礼。

乾元二年（759），论·绮力卜藏、尚·东赞二人赴吐谷浑；授予苏毗部落告身诏令。

广德元年（763），恩兰·达扎路恭率部克唐廷藩属之吐谷浑部。

广德二年（764），仆固怀恩不得志，引吐蕃与回纥、党项羌、浑、奴剌犯边。

大历十四年(779),吐蕃颁布桑耶寺兴佛第一诏书,其中居于盟誓者首位的有甥吐谷浑王;党项野利秃罗都与吐蕃叛;吐蕃发动三路进攻,陷茂、扶、文、黎、雅诸州,居于此地的氐羌之民为吐蕃统治。

贞元三年(787),吐蕃率羌、浑之众犯塞,分屯于潘口及青石岭。

贞元六年(790),吐蕃率沙陀、葛禄等攻北庭之回纥。

贞元七年(791),回纥悉其丁壮五六万将复北庭,为吐蕃、葛禄等所击。

贞元九年(793),东女国王汤立悉与哥邻国王董卧庭、白狗国王罗陀忽、逋租国王弟邓吉知、南水国王侄薛尚悉曩、弱水国王董辟和、悉董国王汤息赞、清远国王苏唐磨、咄霸国王董藐蓬,各率其种落至剑南西川内附。

元和三年(808),回纥奉诚可汗曾率军进攻凉州,使此地在吐蕃占领后一度易手;吐蕃惧沙陀复投回纥,议徙沙陀部于河外,引起沙陀部众的疑惧,准备投唐;吐蕃攻占龟兹。

元和四年(809),吐蕃夺灵州,数万骑兵进到丰州以北的参天可汗道上,掠回纥入贡还国者。

元和八年(813),回纥部落南过碛,取西城柳谷路讨吐蕃,进行战略反击。

元和十一年(816),吐蕃发大军进攻回纥在漠南的牙帐,无功而还。

长庆元年(821),唐穆宗将太和公主出嫁回纥可汗,惹怒吐蕃,遂于当年六月出击盐州一带,企图切断唐朝与回纥的交通,回纥以万骑出北庭,万骑出安西,沿居延道东向布防,拒吐蕃以迎公主。

开成五年(840),黠戛斯人击破回纥,回纥相驱职者,拥外甥庞特勤及男鹿并遏粉等兄弟五人、十五部西奔葛逻禄,一支投吐蕃,一支投安西。

会昌二年(842),吐蕃赞普死,国内大乱,宰相尚与思罗败走松州,合苏毗、吐谷浑、羊同兵8万保洮河自守。

　　大中元年(847),吐蕃引党项、回纥寇河西,诏代北诸军进击之。

　　大中二年(848),沙州汉人首领张议潮一举驱逐吐蕃守将,据瓜、沙二州,唐朝遂于沙州设归义军,以议潮为节度使。

征引与参考文献

(以著、译者姓名拼音为序)

(一)汉文论著

阿里·玛扎海里.丝绸之路——中国—波斯文化交流史.耿昇,译//法国西域敦煌学者译丛.北京:中华书局,1993.

阿米·海勒.青海都兰的吐蕃时期墓葬.霍川,译.青海民族学院学报,2003(3):32 - 37.

安应民.略论噶氏家族专权时期唐蕃之间的吐谷浑之争.西藏民族学院学报,1991(2):30 - 36.

安忠义.吐蕃攻陷沙州之我见.敦煌学辑刊,1992(1、2):21 - 24.

巴桑旺堆.藏文文献中的若干古于阗史料.敦煌学辑刊,1986(1):69 - 73.

巴托尔德.中亚突厥史十二讲.罗致平,译.北京:中国社会科学出版社,1984.

伯希和.苏毗.冯承钧,译.西域南海史地考证译丛.1 卷.北京:中华出局,1995.

布尔努瓦.西藏的金矿.耿昇,译//国外藏学研究译文集(4).拉萨:西藏人民出版社,1988.

才让太.古老象雄文明.西藏研究,1985(2):96 - 104.

才让太.再探古老的象雄文明.中国藏学,2005(1):18 - 32.

岑仲勉.突厥集史.北京:中华书局,1958.

岑仲勉.西突厥史料补阙及考证.北京:中华书局,1958.

陈戈.新疆米兰古灌溉渠道及相关的一些问题.考古与文物,1984(6):92 - 93.

陈国灿.唐朝吐蕃陷落沙州的时间问题.敦煌学辑刊,1985(1):1 - 7.

陈光国.青海藏族族源初探.//民族学研究(第 2 辑).北京:民族出版社,1982.

陈光国.青海藏族史.西宁:青海民族出版社,1997.

陈践践.笼馆与笼官初探.//藏学研究.北京:中央民族学院出版社,1993.

陈楠.藏史丛考.北京:民族出版社,1998.

陈庆英.中国藏族部落.北京:中国藏学出版社,1991.

陈庆英.藏族部落制度研究.北京:中国藏学出版社,2002.

陈庆英,端智嘉.一份敦煌吐蕃驿递文书.社会科学(甘肃),1981(3):78-81.

陈庆英,马丽华,穆罕默德,等.巴基斯坦斯卡杜县发现的吐蕃王朝时期的藏文碑刻.中国藏学,2010(4):98-102.

陈铁民,侯忠新.岑参集校注.上海:上海古籍出版社,1979.

陈寅恪.金明馆丛稿二编.上海:上海古籍出版社,1980.

陈宗祥.试论格萨尔与不弄(白兰)部落的关系.西南民族学院学报,1981(4):22-24.

陈宗祥.隋唐婢药(附国)历史研究——兼论该国为《格萨尔王传》重要史料来源之一.中国藏学,2008(3):28-34.

陈小平.石堡城地理位置考察.青海民族学院学报,1987(2):34-40.

陈小平.唐蕃古道.西安:三秦出版社,1989.

陈小强.试析吐蕃王朝社会结构//藏学研究论丛(7).拉萨:西藏人民出版社,1995.

程起骏.吐蕃治下的"吐谷浑邦国"初探.西藏研究,2003(3):67-70,114.

程溯洛.从"九姓回鹘毗伽可汗碑"汉文部分看唐代回鹘民族和祖国的关系.新疆社会科学,1986(2):20-28.

池田温.中国古代籍帐研究(概说).龚洗泽,译.北京:中华书局,1983.

达热泽仁.苏毗社会状况述论.西藏研究,1988(2):31-37.

戴密微.吐蕃僧诤记.耿昇,译.兰州:甘肃人民出版社,1984.

道宣.释迦方志.范祥雍,点校.北京:中华书局,1983.

丹曲,朱悦梅.藏文文献中"李域"(li-yul,于阗)的不同称谓.中国藏学,2007(2):83-94.

邓伍德.拉达克石刻录.陈楠,译//国外藏学研究译文集(2).拉萨:西藏人民出版社,1987.

邓文科.试论吐谷浑与吐蕃的关系.西北民族学院学报,1987(1):14-21,31.

敦煌研究院.敦煌莫高窟供养人题记.北京:文物出版社,1986.

段文杰.敦煌壁画中的衣冠服饰//敦煌研究文集.兰州:甘肃人民出版社,1982.

樊保良.回鹘与吐蕃及西夏在丝路上的关系.民族研究,1987(4):63-69.

樊锦诗,赵青兰.吐蕃占领时期莫高窟洞窟的分期研究.敦煌研究,1994(4):76-94.

范祥雍.唐代中印交通吐蕃一道考.中华文史论丛,1982(4):195-227.

费琅.阿拉伯波斯突厥人东方文献辑注.耿昇,等,译//中外关系史名著译丛.北京:中华书局,1989.

冯承钧.西域地名.陆峻岭,修订.北京:中华书局,1982.

冯智.东巴教与滇西北苯教流行史迹试探.中国藏学,2008(3):35-39.

冯子海,徐丽.吐蕃统治下的河西走廊.西北师范大学学报,1994(5):103-114.

高永久,王国华.吐蕃统治下的于阗.西北民族研究,1991(2):60-66.

高永久.萨毗考.西北史地,1993(3):46-52.

格勒.论藏族文化的起源形成与周围民族的关系.广州:中山大学出版社,1988.

格勒.藏族早期历史与文化.北京:商务印书馆,2006.

郭峰.唐代前期唐、蕃在西域的争夺与唐安西四镇的弃置.敦煌学辑刊,1985(1):130-142.

郭平梁.突骑施苏禄传补阙.新疆社会科学,1988(4):47-60.

哈密顿.鲁尼突厥文碑铭中的地名姑臧.耿昇,译.甘肃民族研究,1985(3、4):105-111.

哈密顿.仲云考.耿昇,译//西域史论丛(第2辑).乌鲁木齐:新疆人民出版社,1985.

侯灿.麻扎塔格古戍堡及其在丝绸之路上的重要作用.文物,1987(3):63-64.

胡小鹏.吐谷浑与唐、吐蕃的关系.西北史地,1985(4):47-55.

胡小鹏,杨惠玲.敦煌古藏文写本《吐谷浑(阿豺)纪年》残卷再探.敦煌研究,2003(1):88-93.

黄布凡.敦煌《藏汉对照词语》残卷考辨订误.民族语文,1984(5):36-48.

黄颢.藏文史书中的弥药(西夏).青海民族学院学报,1985(4):56-61.

黄颢.唐代汉藏文化交流//藏学研究文集.北京:民族出版社,1985.

黄颢.敦煌吐蕃佛教的特点//藏族史论文集.成都:四川民族出版社,1988.

黄盛璋.关于古代中国与尼泊尔的文化交流.历史研究,1962(1):97-98.

黄盛璋.黄河上源的历史地理问题与测绘的地图新考//历史地理论集.北京:人民出版社,1982.

黄盛璋.《钢和泰藏卷》与西北史地研究.新疆社会科学,1984(2):60-73.

黄盛璋.于阗文《使河西记》的历史地理研究.敦煌学辑刊,1986(2):1-18.

黄盛璋.于阗文《使河西记》的历史地理研究(续完).敦煌学辑刊,

1987(1):1 - 2.

黄盛璋. 敦煌文书中"南山"与仲云. 西北民族研究, 1989(1):4 - 12.

黄盛璋. 关于沙州曹氏和于阗交往的诸藏文文书及相关问题. 敦煌研究, 1992(1): 35 - 43.

黄盛璋. 敦煌遗书藏文 Ch. 73. IV《凉州节度、仆射致沙洲、瓜州刺史敕牒》及其重要价值//蒙藏国际学术研讨会论文集. 台北, 1995.

黄盛璋. 西藏吉隆县新发现"大唐天竺使出铭"主要问题考辨. 故宫学术季刊, 1998, 15(4):77 - 108.

黄文弼. 塔里木盆地考古记. 北京:科学出版社, 1958.

黄文弼. 新疆考古发掘报告. 北京:文物出版社, 1983.

黄文焕. 吐蕃经卷里的数码研究. 敦煌学辑刊, 1986(1):74 - 84.

黄永武. 敦煌宝藏. 台北:台湾新文丰出版公司, 1985.

黄新亚. 唐蕃石堡城之争辨析. 青海社会科学, 1982(6):99 - 105.

黄振华. 略述吐蕃文化对西夏的影响//藏族学术讨论会论文集. 拉萨:西藏人民出版社, 1984.

慧超. 往五天国传笺释. 张毅, 笺释. 北京:中华书局, 1994.

慧立, 彦宗. 大慈恩寺三藏法师传. 孙毓棠, 谢方, 点校. 北京:中华书局, 1983.

霍巍. 大唐天竺使出铭及其相关问题的研究. 东方学报, 1994(66):253 - 270.

霍巍. 从考古材料看吐蕃与中亚、西亚的古代交通. 中国藏学, 1995(4):48 - 63.

霍巍. 从新出唐代碑铭论"羊同"与"女国"之地望. 民族研究, 1996(1):94 - 100.

霍巍. 论青海都兰吐蕃时期墓地考古发掘的文化史意义——兼评阿米·海勒《青海都兰的吐蕃时期墓葬》. 青海民族学院学报, 2003(3):24 - 31.

霍巍. 于阗与藏西:考古材料所见吐蕃时期两地间的文化交流//藏

学学刊(3).成都:四川大学出版社,2007.

霍巍.吐蕃马具与东西方文明的交流.考古,2009(11):77-85.

季羡林,等.大唐西域记校注.北京:中华书局,1985.

金滢坤.吐蕃统治敦煌时期的部落使考.民族研究,1999(2):73-77.

金滢坤.吐蕃瓜州节度使初探.敦煌研究,2002(2):20-25.

金滢坤.吐蕃沙州都督考.敦煌研究,1999(3):86-90.

金滢坤.吐蕃统治敦煌的社会基层组织.中国边疆史地研究,1998(4):27-35.

金滢坤.吐蕃节度使考述.厦门大学学报,2001(1):97-104.

金滢坤,盛会莲.吐蕃沙州节儿及其统治新探.中国边疆史地研究,2000(3):10-16.

姜伯勤.唐敦煌"书仪"写本中所见的沙州玉关驿户起义.中华文史论丛,1981.

姜伯勤.突地考.敦煌学辑刊,1984(1):10-18.

姜伯勤.沙州道门亲表部落释证.敦煌研究,1986(3):1-7.

卡尔梅.苯教史.王尧,等,译//国外藏学研究译文集(1).拉萨:西藏人民出版社,1985.

柯宗,等.穿越帕米尔高原.吴泽霖,等,译//社会学人类学译丛.北京:民族出版社,2004.

朗措.吐蕃与于阗关系考述——于阗和鄯善地区吐蕃部落的族属及特点.西藏研究,2005(4):9-32.

拉施特.史集.余大钧,等,译//汉译世界学术名著丛书.北京:商务印书馆,1986.

劳费尔.藏语中的借词.赵衍荪,译.北京:中国社会科学院(油印本),1981.

李吉和.唐朝时期党项族的迁徙与社会文化变迁.青海民族学院学报,2006(3):91-95.

李文实.吐谷浑族与吐谷浑国.青海社会科学,1981(1):88-91.

李文实.吐谷浑国地理考略.青海社会科学,1981(2):94 - 98,103.

李文实.西陲古地与羌藏文化.西宁:青海人民出版社,2001.

李吟屏.佛国于阗.乌鲁木齐:新疆人民出版社,1991.

李吟屏.和田春秋.乌鲁木齐:新疆人民出版社,2006.

李吟屏.和田考古记.乌鲁木齐:新疆人民出版社,2006.

李延恺.从史籍和口碑看看青海藏族的来源及变迁.青海民族学院学报,1982(4):46 - 55.

李正宇.吐蕃子年(公元808年)沙州百姓范履倩等户籍手实残卷研究//1983年全国敦煌学术讨论会文集(文史·遗书编)上.兰州:甘肃人民出版社,1987.

李正宇.沙州贞元四年陷蕃考.敦煌研究,2007(4):98 - 103.

李宗俊.唐代河西走廊南通吐蕃道考.敦煌研究,2007(3):44 - 49.

李宗俊.敦煌寿昌县的废置与唐前期对西域石城、播仙二镇地区的经营.中国边疆史地研究,2008(2):22 - 29.

黎宗华,李延恺.安多藏族史略.西宁:青海民族出版社,1992.

林冠群.论唐代吐蕃之对外扩张//唐代吐蕃史论集.北京:中国藏学出版社,2006.

林冠群.由地理环境论析唐代吐蕃向外发展与对外关系//唐代文化研讨会论文集.济南:文史哲出版社,1991.

林冠群.唐代前期唐蕃竞逐青海地区之研究//唐代吐蕃史论集.北京:中国藏学出版社,2006.

林冠群.《敦煌本吐蕃历史文书》与唐代吐蕃史研究//项楚,等.新世纪敦煌学论集.成都:巴蜀书社,2003.

林冠群.唐代吐蕃对外联姻之研究//唐研究(8).北京:北京大学出版社,2002.

林冠群.唐代吐蕃史论集.北京:中国藏学出版社,2006.

林梅村.藏文古籍所述于阗王谱系迄始年代研究.新疆社会科学,1985(5):83 - 90.

林梅村.沙海古卷——中国所出佉卢文书(初集).北京:文物出版社,1988.

林梅村.粟特文买婢契与丝绸之路上的女奴贸易//西域文明——考古、民族、语言和宗教新论.北京:东方出版社,1995.

林梅村.新疆和田出土汉文于阗文双语文书.考古学报,1993(1):89－107.

林梅村.新疆和田出土汉文——于阗文双语文书跋//西域文明——考古、民族、语言和宗教新论.北京:东方出版社,1995.

林梅村.青海都兰出土伊斯兰织锦及其相关问题.中国历史文物,2003(6):49－55.

林梅村.丝绸之路考古十五讲.北京:北京大学出版社,2006.

刘进宝.关于吐蕃经营河西地区的若干问题.中国边疆史地研究,1994(1):13－21.

陆离.吐蕃统治敦煌基层兵制新考论.中国史研究,2003:4.

陆离.吐蕃僧官制度试探.华林,2003(3):77－90.

陆离.吐蕃统治时期敦煌酿酒业简论.青海民族学院学报,2004(1):12－18.

陆离.大虫皮考——兼论吐蕃、南诏虎崇拜及其影响.敦煌研究,2004(1):35－41.

陆离.吐蕃三法考——兼论《贤愚经》传入吐蕃的时间.西藏研究,2004(3):34－41.

陆离.吐蕃统治时期敦煌僧官的几个问题.敦煌研究,2004(3):93－98.

陆离.敦煌、新疆等地吐蕃时期石窟中着虎皮衣饰神祇、武士图像及雕塑研究.敦煌学辑刊,2005(3):110－121.

陆离.吐蕃统治河陇时期司法制度初探.中国藏学,2006(1):25－33.

陆离.吐蕃统治河陇西域时期职官四题.西北民族研究,2006(2):19－31.

陆离.吐蕃统治敦煌的基层组织.西藏研究,2006(1):8-16.

陆离.吐蕃统治河陇西域时期的军事、畜牧业职官二题.敦煌研究,2006(4):62-66.

陆离.吐蕃统治敦煌时期的官府牧人.西藏研究,2006(4):10-15.

陆离,陆庆夫.关于吐蕃告身制度的几个问题.民族研究,2006(3):94-102.

陆庆夫.论王玄策对中印交通的贡献.敦煌学辑刊,1984(1):100-109.

陆庆夫,陆离.论吐蕃制度与突厥的关系.兰州大学学报(社会科学版),2005(4):60-67.

陆水林.巴基斯坦//世界列国国情习俗丛书.重庆:重庆出版社,2004.

陆水林.乾隆时期巴尔蒂斯坦(小西藏)与清朝关系初探.中国藏学,2004(1):28-47.

陆水林.关于科域(Kog yul)地望的补充材料.西域研究,2009(3):73-89.

罗秉芬.从三件《赞普愿文》看吐蕃王朝的崩溃//敦煌吐鲁番学研究文集.北京:书目文献出版社,1996.

马长寿.乌桓与鲜卑.上海:上海人民出版社,1962.

马德.吐蕃统治敦煌的几个问题.敦煌研究,1987(1):58-61.

马德.沙州陷蕃年代再探.敦煌研究,1985(3).

马德.吐蕃统治敦煌初期的几个问题.敦煌研究,1987(1):58-61.

马德.Khrom 词义考.中国藏学,1992(2):98-101.

马德.敦煌文书所记南诏与吐蕃的关系.西藏民族学院学报,2004(11):10-11,25.

马德.甘肃藏敦煌古藏文文献概述.敦煌研究,2006(3):31-47.

马德.从敦煌史料看唐代陇右地区的后吐蕃时代//丝绸之路民族

古文字与文化学术讨论会文集.西安:三秦出版社,2007.

马林.敦煌文书 P. T. 1083 号藏文写卷考释.甘肃民族研究,1986 (4):92 - 96.

马雅伦,邢艳红.吐蕃统治时期敦煌的两位粟特僧官——史慈灯、石法海考.敦煌学辑刊,1996(2):52 - 56.

马子海,徐丽.吐蕃统治下的河西走廊.西北师范大学学报,1994 (5):103 - 104,封三.

马国荣.唐代吐蕃在新疆的活动及其影响.新疆社会科学,1985 (5):91 - 98.

梅林.吐蕃和归义军时期敦煌禅僧寺籍考辨.敦煌研究,1992(3): 99 - 101.

米儿咱·马黑麻·海答儿.中亚蒙兀儿史——拉失德史(第二编).新疆社会科学院民族研究所,译,王治来,校注.乌鲁木齐:新疆人民出版社,1983.

芈一之.八至十世纪甘青藏族社会状况述论.青海民族学院学报, 1986(2):11 - 20.

芈一之.论藏族的来源和形成——兼论青海藏族来源问题//青海藏学会论文选辑(2).内部资料,1987.

穆舜英.新疆出土文物中关于我国古代兄弟民族的历史文化//新疆历史论文集.乌鲁木齐:新疆人民出版社,1977.

恰白·次旦平措,等.西藏通史——松石宝串.陈庆英,等,译.拉萨:西藏古籍出版社,2008.

强俄巴·次央.试析敦煌藏文 P. T. 999 写卷.西藏研究,1990(1): 147 - 166.

冉光荣,李绍明,周锡银.羌族史.成都:四川民族出版社,1984.

任乃强,曾文琼.《吐蕃传》地名考释 6.西藏研究,1984(1): 83 - 94.

任新建.白狼、白兰考辨.社会科学研究,1995(2):119 - 124.

任树民.唐代吐蕃与西部民族大迁徙.青海师专学报,2008(4):

56 – 59.

任树民,白自东.仕蕃汉人官职考述——P. T. 1089 号卷子研究.西藏民族学院学报,1990(2):56 – 61.

荣新江.归义军及其与周边民族的关系初探.敦煌学辑刊,1986(2):24 – 44.

荣新江.通颊考//文史.北京:中华书局,1990.

荣新江.英国图书馆藏敦煌汉文非佛教文献残卷目录(S. 6981 – 13624).台北:台湾新文丰出版公司,1994.

荣新江.于阗花毡与粟特银盘——九、十世纪敦煌寺院的外来供养//佛教物质文化——寺院财富与世俗供养.上海:上海书画出版社,2003.

沙畹.西突厥史料.冯承钧,译.北京:中华书局,1958.

沙武田.吐蕃统治时期敦煌石窟供养人画像考察.中国藏学,2003(2):80 – 93.

邵文实.沙州节儿考及其引申出来的几个问题.西北师范大学学报,1992(5):63 – 68.

邵文实.尚乞心儿事迹考.敦煌学辑刊,1993(2):16 – 23.

森安孝夫.究竟是回鹘还是吐蕃在公元 789—792 年间夺据了别失八里.罗贤佑,译.民族译丛,1984(1):38 – 41.

森安孝夫.吐蕃在中亚的活动.劳江,译//国外藏学研究译文集(1).拉萨:西藏人民出版社,1986.

石硕.西藏文明东向发展史.成都:四川人民出版社,1994.

石硕.藏族族源与藏东古文明.成都:四川人民族出版社,2001.

石硕.附国与吐蕃.中国藏学,2003(3):57 – 66.

石硕.从唐初的史料记载看"附国"与"吐蕃".民族研究,2003(4):70 – 74.

石硕.论大非川战役以前吐蕃以唐蕃和亲为核心的发展战略及与其强盛的关系//藏学研究论丛(3).拉萨:西藏人民出版社,1991.

石泰安.西藏的文明.耿昇,译.拉萨:西藏社会科学院,1985.

石泰安.敦煌藏文写本综述//国外藏学研究译文集(3).拉萨:西藏人民出版,1987.

石泰安.川甘青藏走廊古部落.成都:四川民族出版社,1992.

史苇湘.丝绸之路上的敦煌与莫高窟//敦煌研究文集.兰州:甘肃人民出版社,1982.

史苇湘.河西节度使覆灭的前夕.敦煌研究,1983(1):119-130.

史苇湘.吐蕃王朝管辖沙州前后.敦煌研究,1983(1):131-141.

石羊,明星.回鹘与吐蕃的文化联系述论.西北民族学院学报,1994(3):90-95,118.

斯坦因.斯坦因西域考古记.向达,译.北京:中华书局,1936.

斯坦因.西域考古图记.巫新华,等,译.桂林:广西师范大学出版社,1998.

宋家钰,刘忠.英国收藏敦煌汉藏文献研究.北京:中国社会科学出版社,2000.

孙修身.敦煌遗书吐蕃文书 P. T. 1284 号等三件书信有关问题.敦煌研究,1989(2):65-72.

孙修身.王玄策事迹钩沉//西域佛教研究丛书.乌鲁木齐:新疆人民出版社,1998.

谭立人,周原孙.唐蕃交聘表.中国藏学,1990(2):150-156.

汤开建.《隋书》之附国非吐蕃.思想战线,1986(4):31-37,20.

汤开建.隋唐时期党项部落迁徙考.暨南学报,1994(1):84-94.

汤开建.党项源流新证.宁夏社会科学,1996(1):53-62.

汤开建.关于弥罗国、弥药、河西党项及唐古诸问题的考辨.西北第二民族学院学报,2000(1):15-23.

汤开建.宋金时期安多藏族部落史研究.上海:上海古籍出版社,2007.

汤开建,马明达.对五代宋初河西若干民族问题的探讨.敦煌学辑刊,1983(1):67-79.

唐长孺.唐西州差兵文书跋//敦煌吐鲁番文书初探.武汉:武汉大

学出版社,1983.

唐耕耦.吐蕃时期敦煌课麦粟文书介绍.中国社会经济史研究,1986(3):125 - 126 转 130.

唐耕耦,陆宏基.敦煌社会经济文书真迹释录(1 - 4).北京:北京图书馆文献出版社,1986—1990.

托马斯.敦煌西域古藏文社会历史文献.刘忠,杨铭,译注.北京:民族出版社,2003.

万学汇.吐蕃统治时期敦煌石窟艺术的时代特性.中国藏学,2007(1):28 - 30.

王继光,郑炳林.敦煌汉文吐蕃史料综述//敦煌吐鲁番文献研究.兰州:兰州大学出版社,1995.

王森.西藏佛教发展史略.北京:中国社会科学出版社,1987.

王献军.唐代吐蕃统治河陇地区汉族琐谈.西藏研究,1989(2):33 - 42.

王欣.吐蕃驿站制度在西域的实施.新疆社会科学,1989(5):119 - 123.

王小甫.七、八世纪之交吐蕃入西域之路//田余庆.庆祝邓广铭教授九十华诞论文集.石家庄:河北教育出版社,1997.

王小甫.唐、吐蕃、大食政治关系史.北京:北京大学出版社,1992.

王小甫.盛唐与吐蕃在西域的较量(720—755 年).新疆大学学报,1992(4):70 - 77.

王尧.吐蕃文化.长春:吉林教育出版社,1989.

王尧.西藏文史考信集.北京:中国藏学出版社,1994.

王尧.藏学概论.太原:山西教育出版社,2004.

王尧.西藏文史探微集.北京:中国藏学出版社,2005.

王尧.法藏敦煌藏文文献解题目录.北京:民族出版社,1999.

王尧,陈践.敦煌吐蕃文书论文集.成都:四川民族出版社,1988.

王忠.新唐书吐蕃传笺证.北京:科学出版社,1958.

王忠.论西夏的兴起.历史研究,1962(5):20 - 32.

汶江.吐蕃治下的汉人.西藏研究,1982(3):30－38.

汶江.吐蕃官制考敦煌藏文卷子 P.T.1089 号研究.西藏研究,1987 (3):40－48.

乌瑞.吐蕃统治结束后甘州和于阗官府中使用藏语的情况.耿昇, 译//敦煌译丛(1),兰州:甘肃人民出版社,1985.

乌瑞.释 KHROM:七—九世纪吐蕃帝国的行政单位.沈卫荣,译// 国外藏学研究译文集(1).拉萨:西藏人民出版社,1986.

乌瑞.有关怛逻斯战役前中亚史地的古藏文书和文献资料.王冀 青,李超,编译.敦煌学辑刊,1986(1):156－169.

乌瑞.KHROM(军镇):公元七至九世纪吐蕃帝国的行政单位.荣 新江,译.西北史地,1986(4):106－113.

乌瑞.公元 9 世纪前半叶吐蕃王朝之"千户"考释.吴玉贵,译//国 外藏学研究译文集(2).拉萨:西藏人民出版社,1987.

乌瑞.吐蕃编年史辨析.肖更,译//国外藏学研究译文集(2).拉 萨:西藏人民出版社,1987.

乌瑞.有关公元 751 年以前中亚史的藏文史料概述.荣新江,译// 国外藏学研究译文集(5).拉萨:西藏人民出版社,1989.

乌瑞.景教和摩尼教在吐蕃.王湘云,译//国外敦煌吐蕃文书研究 选译.兰州:甘肃人民出版社,1992.

乌瑞.吐谷浑王国编年史.沈卫荣,译//国外敦煌吐蕃文书研究选 译.兰州:甘肃人民出版社,1992.

吴逢箴.长庆会盟准备阶段的重要文献//藏学研究论丛(2).拉 萨:西藏人民出版社,1990.

武内绍人."占"(Tshan):吐蕃王朝千户部落下属的行政单位.石 应平,译//西藏考古.成都:四川大学出版社,1994.

吴景敖.西陲史地研究.北京:中华书局,1948.

吴均.日月山与大非川——佐藤长"西藏历史地理研究"商榷之 一.青海民族学院学报,1985(1):13－26.

向达.罗叔言补唐书张议潮传补正//唐代长安与西域文明.上海:

上海三联书店,1957.

邢海宁.果洛藏族社会.北京:中国藏学出版社,1994.

谢重光.吐蕃占领期与归义军时期的敦煌僧官制度.敦煌研究,1994(4):149-163.

熊文彬.两唐书《吐蕃传》吐蕃制度补证.中国藏学,1989(3):2-14.

熊文彬.吐蕃本部地方行政机构和职官考.中国藏学,1994(2):51-58.

许新国.都兰吐蕃墓中的镀金银器属粟特系统的推定.中国藏学,1994(4):31-45.

许新国.都兰热水血谓吐蕃大墓殉马坑出土舍利容器推定及相关问题.中国历史博物馆馆刊,1995(1):95-108.

许新国.都兰吐蕃墓出土含绶鸟织锦研究.中国藏学,1996(1):3-26.

许新国.都兰出土织锦——"人兽搏斗"图像及其文化属性.青海社会科学,2007(2):73-76.

许序雅.粟特、粟特人与九姓胡考辨.西域研究,2007(2):8-15.

薛宗正.突骑施汗国的兴亡.历史研究,1984(3):93-111.

薛宗正.噶尔家族专国与吐蕃的北部领土扩张——兼论唐蕃间河源、西域争夺.西藏研究,1988(4):17-33.

薛宗正.吐蕃王国的兴衰.北京:民族出版社,1997.

薛宗正.安西与北庭——唐代西陲边政研究.哈尔滨:黑龙江教育出版社,1998.

薛宗正.噶尔家族与附蕃西突厥诸政权——兼论唐与吐蕃间的西域角逐.中国边疆史地研究,2002(4):23-35.

薛宗正.中亚内陆大唐帝国.乌鲁木齐:新疆人民出版社,2005.

严耕望.唐代交通图考.台北:"中央研究院历史语言研究所"专刊之八十三,1985.

杨富学.敦煌吐鲁番文献所见吐蕃回鹘之文化关系.首都师范大

学学报,2001(1):18 - 24.

杨富学.20 世纪国内敦煌吐蕃历史文化研究述要.中国藏学,2002 (3):65 - 73.

杨富学,李吉和.敦煌汉文吐蕃史料辑校.兰州:甘肃人民出版社,1999.

杨际平.吐蕃子年左二将户状与所谓"擘三部落".敦煌学辑刊,1986(2):19 - 23.

杨际平.吐蕃时期沙州经济研究//敦煌吐鲁番出土经济文书研究.厦门:厦门大学出版社,1986.

杨际平.吐蕃时期敦煌计口授田考.甘肃社会科学,1983(2):94 - 100.

杨建新.唐代吐蕃在新疆地区的扩张.西北史地,1987(1):13 - 21.

杨建新.古西行记选注.银川:宁夏人民出版社,1987.

杨铭.唐代吐蕃统治于阗的若干问题.敦煌学研究,1986(5):39 - 45.

杨铭.唐代吐蕃统治鄯善的若干问题.新疆历史研究,1986(2):20 - 30.

杨铭."东叶护可汗"考.甘肃民族研究,1986(3):70 - 74.

杨铭.通颊考.敦煌学辑刊,1987(2):113 - 117.

杨铭.吐蕃—勃律道考//西北历史研究.西安:三秦出版社,1987.

杨铭.吐蕃简牍中所见的西域地名.新疆社会科学,1989(1):87 - 94.

杨铭.唐代西北吐蕃部落述略//中国藏族部落.北京:中国藏学出版社,1991.

杨铭.关于敦煌藏文文书《吐蕃官吏呈请状》的研究//马长寿纪念文集.西安:西北大学出版社,1993.

杨铭.吐蕃时期河陇军政机构设置考//中亚学刊(4).北京:北京大学出版社,1995.

杨铭. 吐蕃经略西北的历史作用. 民族研究,1997(1):80-88.

杨铭.《大事纪年》所载吐蕃与突厥关系考//中亚学刊(5). 乌鲁木齐: 新疆人民出版社,2000.

杨铭. 羊同国地望辑考. 敦煌学辑刊,2001(1):866-94.

杨铭. 四件英藏敦煌藏文文书考释//2000年敦煌学国际学术讨论会文集. 兰州:甘肃民族出版社,2003.

杨铭. 吐蕃统治鄯善再探. 西域研究,2005(2):39-46.

杨铭. 吐蕃与突厥、回纥关系考述. 西南民族大学学报,2005(6):80-88.

杨铭. 新刊西域古藏文写本所见的吐蕃官吏. 中国藏学,2006(3):40-44.

杨铭. 唐代中西交通吐蕃—勃律道考. 西域研究,2007(2):78-84.

杨铭."弥不弄羌"考. 民族研究,2007(1):93-98.

杨铭. 唐蕃古道地名考略. 四川藏学论文集(9),2007.

杨铭. 敦煌藏文文献所见的南诏及其与吐蕃的关系. 敦煌研究,2008(2):71-75.

杨铭. 唐代吐蕃与粟特关系考述. 西藏研究,2008(2):5-14.

杨铭. 伊斯兰文化视野中的吐蕃人文社会. 西藏民族学院学报,2008(4):19-23.

杨铭. 吐蕃统治敦煌史研究的回顾与展望//敦煌学国际联络委员会通讯. 上海:上海古籍出版社,2008.

杨铭.《岱噶玉园会盟寺愿文》研究//西北民族研究丛刊(6). 北京:中国社会科学出版社,2008.

杨铭. 尚绮心儿事迹补正//国学.8-9辑. 上海:上海古籍出版社,2008.

杨铭. 近三十年来唐代吐蕃与西北民族关系史研究评述. 民族研究,2008(6):96-104.

杨铭. 唐代吐蕃与突骑施关系考述//纪念柳陞祺先生百年诞辰及

藏族历史文化论集.北京:中国藏学出版社,2008.

杨铭,何宁生.曹(Tshar)——吐蕃统治敦煌、西域的一级基层兵制.西域研究,1995(4):49－54.

杨清凡.由服饰图例试析吐蕃与粟特关系(下).西藏研究,2001(4):44－54.

杨元芳.从敦煌藏文翼邦的神话看党项的经济与宗教信仰.西南民族学院学报,1985(2):32－41.

杨正刚.苏毗大事记.西藏研究,1989(1):23－32.

杨正刚.苏毗初探(1、续).中国藏学,1989(3):4,35－43,133－142.

杨正刚.苏毗与吐蕃及其他邻近政权的关系.西藏研究,1992(3):49－55.

伊本·胡尔达兹比赫·道里邦国志.宋岘,译注//中外关系史名著译丛.北京:中华书局,1991.

佚名.世界境域志.王治来,译注.上海:上海古籍出版社,2010.

佚名.中国印度见闻录.穆根来,等,译//中外关系史名著译丛.北京:中华书局,1983.

尹伟先.唐蕃长庆会盟辨考三题.西北师范大学学报,1992(5):69－74.

尹伟先.840年之后回鹘与吐蕃的关系.西藏民族学院学报,1992(2):50－57,65.

尹伟先.藏文史料中的"维吾尔"//维吾尔族与藏族历史关系研究.兰州:甘肃文化出版社,1999.

尹伟先.畏吾尔族与藏族历史关系研究.兰州:甘肃文化出版社,1999.

义净.大唐西域求法高僧传校注.王邦维,校注.北京:中华书局,1988.

易漫白.弓月城及双河位置考//新疆历史论文续集.乌鲁木齐:新疆人民出版社,1982.

殷晴.古代于阗和吐蕃的交通及其友邻关系.民族研究,1994(5):65 - 72,9.

赞宁.宋高僧传.范祥雍,点校.北京:中华书局,1987.

张广达.唐代六胡州等地的昭武九姓.北京大学学报,1986(2):71 - 82.

张广达.吐蕃飞鸟使与吐蕃驿传制度//西域史地丛稿初编.上海:上海古籍出版社,1995.

张广达.唐代禅宗的传入吐蕃及有关的敦煌文书//西域史地丛稿初编.上海:上海古籍出版社,1995.

张广达,荣新江.关于和田出土于阗文献的年代及其相关问题.东洋学报,1988,69(1 - 2):59 - 86.

张广达,荣新江.于阗史丛考.上海:上海书店,1993.

张广达,荣新江.于阗史丛考(增订本).北京:中国人民大学出版社,2008.

张广达,荣新江.8 世纪下半与 9 世纪初的于阗//唐研究.3 卷.北京:北京大学出版社,1997.

张广达,荣新江.补记:对 1997 年以后发表的相关论点的回应//于阗史丛考(增订本).北京:中国人民大学出版社,2008.

张琨.论象雄(On Shang Shung).玉文华,译.西藏研究,1982(1).

张毅.往五天国传笺释.北京:中华书局,1994.

张云.新疆藏文简牍所见吐蕃职官考述.西域研究,1992(4):63 - 72.

张云.“节儿”考略.民族研究,1992(6):99 - 104.

张云.丝路文化·吐蕃卷.杭州:浙江人民出版社,1995.

张云.党项名义及族源考证.中国藏学,1996(1):58 - 66.

张云.论吐蕃与党项的民族融合.西北民族研究,1988(2):49 - 61.

张云.论吐蕃文化对西夏的影响.中国藏学,1989(2):114 - 131.

张云.吐蕃与党项的政治关系初探.甘肃民族研究,1988(3 - 4):

11 - 24.

张云. 吐蕃与西域诸族的关系. 新疆社会科学,1990(5):
101 - 109.

张云. 唐代吐蕃与西域的文化交流. 甘肃民族研究,1991(4):
48 - 53.

张云. 吐蕃在西域的部落及其组织制度. 甘肃民族研究,1992(2 -
3):76 - 83,31.

张云. 吐蕃统治西域的各项制度. 新疆大学学报,1992(4):
78 - 85.

张云. 新疆出土简牍所见吐蕃职官考略. 西域研究,1992(4):
63 - 72.

张云. 唐代吐蕃史与西北民族史研究. 北京:中国藏学出版
社,2004.

张云. 上古波斯与西藏文明. 北京:中国藏学出版社,2005.

张星烺. 中西交通史料汇编. 北京:中华书局,1978.

郑炳林. 敦煌地理文书汇辑校注. 兰州:甘肃教育出版社,1989.

郑炳林. 敦煌碑铭赞辑释. 兰州:甘肃教育出版社,1992.

郑炳林,王尚达. 吐蕃统治下的敦煌粟特人. 中国藏学,1996(4):
43 - 53.

志费尼. 世界征服者史. 何高济,译. 呼和浩特:内蒙古人民出版
社,1981.

中国科学院历史所. 敦煌资料. 北京:中华书局,1961.

周伟洲. 略论碎叶城的地理位置及其作为唐安西四镇之一的历史
事实//新疆历史论文集. 乌鲁木齐:新疆人民出版社,1977.

周伟洲. 吐谷浑史. 银川:宁夏人民出版社,1985.

周伟洲. 唐代党项. 西安:三秦出版社,1988.

周伟洲. 关于吐谷浑的来源、迁徙和名称诸问题. 西北史地,1983
(3):10 - 17.

周伟洲. 吐蕃与吐谷浑关系史述略//藏族史论文集. 成都:四川民

族出版社,1988.

周伟洲.唐末党项拓拔部割据势力的形成和发展.西北民族研究, 1988(2):24-32.

周伟洲.吐蕃对河西的统治及归义军前期的河西诸族.甘肃民族 研究,1990(2):8.

周伟洲.苏毗与女国.大陆杂志(第92卷第4).抽印本.

周伟洲.多弥史钩沉.民族研究,2002(5):62-68.

周伟洲.早期党项史研究.北京:中国社会科学出版社,2004.

周伟洲.唐代吐蕃与近代西藏史论稿.北京:中国藏学出版 社,2007.

周伟洲,黄颢.白兰考.青海民族学院学报,1983(2):4-12.

周伟洲,杨铭.关于敦煌藏文写本《吐谷浑(阿柴)纪年》残卷的研 究//中亚学刊(3).北京:中华书局,1990.

佐藤长.关于羊同国的位置.刘韶军,译//日本学者研究中国史论 著选译(9).北京:中华书局,1993.

佐藤长.论"吐蕃""羊同"等名称.秦永章,译.青海民族学院学 报,1988(2):108-117.

(二)藏文论著

拔塞囊.拔协.北京:民族出版社,1980.

拔塞囊.拔协.佟锦华,黄布凡,译注.成都:四川民族出版社,1990.

根敦琼培.白史.法尊,译.西北民族学院研究所资料丛刊之 七,1981.

达仓宗巴·班觉桑布.汉藏史集.成都:四川民族出版社,1985.

达仓宗巴·班觉桑布.汉藏史集.陈庆英,译.拉萨:西藏人民出版 社,1986.

郭·循努伯.青史.成都:四川民族出版社,1985.

郭·循努伯.青史.郭和卿,译.拉萨:西藏人民出版社,1985.

佚名.拉达克史.拉萨:西藏人民出版社,1986.

佚名.五部遗教.北京:民族出版社,1986.

巴卧·祖拉陈瓦.贤者喜宴.北京民族出版社,1986.

黄颢.《贤者喜宴》摘译(一至十四).西藏民族学院学报,1980 (4)-1984(2).

弟吴贤者.弟吴宗教源流.拉萨:西藏人民出版社,1987.

索南坚赞.西藏王统记.北京:民族出版社,1988.

索南坚赞.西藏王统记.陈庆英,仁庆扎西,译.沈阳:辽宁人民出版社,1985.

索南坚赞.西藏王统记.刘立千,译.北京:民族出版社,2000.

金雅声,郭恩.法国国家图书馆藏敦煌藏文文献(1-5).上海:上海古籍出版社,2006.

王尧.吐蕃金石录.北京:文物出版社,1982.

王尧,陈践.敦煌本吐蕃历史文书.北京:民族出版社,1980.

王尧,陈践.敦煌本吐蕃历史文书(增订本).北京:民族出版社,1992.

王尧,陈践.敦煌吐蕃文献选.成都:四川民族出版社,1983.

王尧,陈践.吐蕃简牍综录.北京:文物出版社,1986.

黄布凡,马德.敦煌藏文吐蕃史文献译注.兰州:甘肃教育出版社,2000.

(三)外文论著

Bacot, J. et Thomas F. W. et Toussaint, Ch. Documents de Touen-Houang elatifs à l'histoire du Tibet . Paris: Librairie Orientaliste Paul Geuthner 12. Rue Vavin. Ⅵe 1940-1946.

Beckwith, Christopher I. Tibet and the Early Medieval Florissance in Eurasia: A Preliminary Note on the Economic History of the Tibetan Empire. Central Asiatic Journal,1977(21):89-104.

Beckwith, Christopher I. The Tibetan Empire in the West. In: M. Aris and Aung San Sua Kyi. Tibetan Studies in Honour of Hugh Richardson. Warminster: 1980.

Beckwith, Christopher I. The Tibetan Empire in CentralAsia. Princeton:Princeton University Press,1987.

Bailey,H. W. The Staël-Holstein Miscellany. Asia Major(A British Journal of Far Eastern Studies), 1951, 2(1):1 – 45.

Bailey,H. W. SRiIŚA SŪRA and the Ta-Uang. Asia Major ,1964,11 (1):1 – 26.

Chang Kun(张琨). An Analysis of The Tun-huang Tibetan Annals. Journal of Oriental Studies ,1959(60):122 – 173.

Chang Kun（张琨）. On zhang zhung . in:Academia Sinica . Extra Number Ⅳ – 1. Taipei: Bulletin of the National Research Institute of History and Philology,1960.

Emmerick,R. E. Tibetan Texts concerning Khotan. London: Oxford University Press,1967.

Emmerick, R. E. Tibetan Loanwords in Khotanese and Khotanese Loanwords in Tibetan. Roma: Orientalia Iosephi Tucci Memoriae Dicata,1985.

Fang-Kuei Li（李方桂）. Notes on the Tibetan Sog. Central Asiatic Journal,1957(3):139 – 142.

Fang-Kuei Li and Coblin, W. South. A Study of the Old Tibetan Inscriptions. Taipei: Institute of History and Philology, Academia Sinica Special Publications No. 91.

Haarh, Erik. The Yar - lung dynasty. G. E. C. Gad, Kobenhagen, 1969.

Kapstein, Matthew. The treaty temple of Da-ga gyu-tshal:Identification and iconography//霍巍,等. 西藏考古与艺术（藏学学刊第 1 辑）. 成都: 四川人民出版社,2004.

Iwao K. On the Old Tibetan khri-sde//沈卫荣. 西域历史语言研究 集刊（ 第 1 辑）. 北京:科学出版社,2007.

Lalou, M. Inventaire des Manuscrits tibétains de Touen - houang conservés à la Bibliothéque Nationale（Founds Pelliot tibetain）, Ⅰ.（No.

1 – 849) 1939, Ⅱ . (No. 850 – 1282) 1950, Ⅲ . (No. 1283 – 2216). Paris:1961.

Lalou, M. Revendications des fonctionnaires du grand Tibet au Ⅷ e siècle. Journal asiatique, 1955(243):171 – 212.

Lalou M. Catalogue des principautés du Tibet ancien. Journal asiatique, 1965(253):189 – 215.

Macdonald, A. Une lecture des Pelliot Tibetan 1286,1287, 1038, 1047,et 1290, tudes tibétains dédiées à la Mémoire de Marcelle Lalou. Paris: 1971.

Minorsky, V. translated and explained: HUDŪD al - ' ĀLAM: (The Regions of The World) A Persian Geography 372 A. H. – 982 A. D. Second Ed. London: 1970.

Petech, L. Glosse agli Annali di Tun-huang. Rivista degli Studi Orientali, 1967(XⅢ).

Petech, L. The Kingdom of Ladakh c. 950 – 1842 A. D. Roma: Istituto Italiano per il media ed Estremo Oriente, 1977.

Poussin Vallée. Louis de la,Catalogue of the Tibetan manuscripts from Tun - huang in the India Office Library. London: Oxford University Press,1962.

Richardson, Hugh. A Corpus of Early Tibetan Inscriptions. London: Royal Asiatic Society, 1985.

Richardson, Hugh. Notes and Communications Bal-po and Lho – bal. Bulletin of the School of Oriental and African Studies,1983(X X X X Ⅵ , Ⅰ):136 – 138.

Rongxinjiang(荣新江). Mthong-khyab or Tongjia: a tribe in the Sino-Tibetan frontiers in the seventh to tenth centuries. Monumenta Serica, 1990—1991(39):247 – 299.

Spanien, A. et Y. Imaeda (今枝由郎). Choix de documents Tibétains conservés àla Bibliothéque Nationale complété par queques Manuscrits de l' India Officeet du British Museum. Tome Ⅱ. Paris: 1979.

Stein, M. A. Ancient Khotan, 2 vol. Oxford: 1907. Reprint of Ancient Khota, New York, 1975.

Stein, M. A. Serindia, 5 vols. Oxford: 1921.

Stein, M. A. Innermost Asia , Detailed Report of Explorations in Central Asia, Kan-su and Eastern Iran. Oxford: 1928.

Stein, Rolf Alfred. Les tribus anciennes des marches sino-tibétaines : légendes, classifications et histoire. Paris: Institut des Hautes tudes Chinoises, 1959.

Stein, Rolf Alfred. La Civilisation tibétaine , édition définitive, l' Asiathèque. Paris: 1987.

Thomas, F. W. Tibetan Literary Texts and Documents concerning Chinese Turkestan, part Ⅰ : Literary Texts, London, 1935, part Ⅱ : Documents, London, 1951, part Ⅲ, London, 1955.

Thomas, F. W. Nam, An Ancient Language of the Sino-Tibetan Borderland. London: [s. n.], 1948.

Thomas, F. W. Ancient—Literature from North-Eastern Tibet. in: Abhandlungen des deutsche Akademie der Wissenschaften zu Berlin. [s. 1.]: [s. n.], 1957.

Thomas, F. W, S. Konow. Two Medieval Documents from Tun – huang. Oslo Etnografiske Museums Skrifter, 1929(3,3): 122 – 160.

Takeuchi T (武内绍人). On the Old Tibetan Word Lho-bal. in: Preceedings of the 31th International Congress of Human Sciences in Asia and North Africa(Ⅱ). Tokyo: [s. n.], 1984.

Takeuchi, T. TSHAN: Subordinate Administertive Units of the Thousand – districts in the Tibetan Empire . in: per KVAERNE. Tibet an Studies Proceedings of the 6th Seminar of the International Association for Tibetan Studies. Oslo: [s. n.], 1994.

Takeuchi, T. Old Tibetan contracts from Central Asia. Tokyo: Daizo

· 欧 · 亚 · 历 · 史 · 文 · 化 · 文 · 库 ·

Shuppan, 1995.

Takeuchi, T. Old Tibetan Manuscripts from East Turkestan in The Stein Collection of the British Library , The Centre for East Asian Cultural Studies for Unesco. The Toyo Bunko － The British Library, 1997, 1998.

Tucci, Giuseppe. Preliminary Report on Two Scientific Expeditions in Nepal . Rome: [s. n.], 1956.

Uebach, Helg. "Dbyar-mo thang and Gong-bu ma-ru, Tibetan historiographical tradition on the treaty of 821/823", in E Steinkellner (ed.), Tibetan history and language: studies dedicated to Uray Géza on his seventieth birthday, Arbeitskreis für Tibetische und Buddhistische Studien Universität Wien, Wien, 1991, 497 – 526.

Uray, G. Notes on a Tibet an Military Document from Tun-huang . Acta Orient. Hung, 1961(12, 1 – 3)223 – 230.

Uray, G. The Annals of the 'A-ZA Principality—The Problems of Chronology and Genre of the Stein Document, Tun-hung, vol. 69, fol. 84". in: Louis Ligeti. Proceedings of the Csoma de Körös Memorial Symposium. Budpest: [s. n.], 1978. 541 – 548.

Uray, G. KHROM: Administrative Units of the Tibetan Empire in the 7th – 9th Centuries. in: Michael Aris and Aung San Sua Kyi . Tibetan Studies in Honour of Hugh Richardson ed. Warminster England: Aris and Pillips LTD , 1979. 310 – 318.

Uray, G. The old Tibetan Sources of the History of Central Asia up to 751 A. D. : A survey. in: J. HARMATTA. Prolegomena to the Sources on the History of Pro-Islamic Central Asia. Budpest: [s. n.], 1979. 275 – 304.

Uray, G. 'L' Emploi du tibétain Dans les Chancelleries des États du Kan-sou et Khotan Posté-rieurs à la Domination tibétaine. Journal Asiatique, 1981(269):81 – 90.

Uray, G. Notes on the Thousand – districts of the Tibetan Empire in the First Half of the Ninth Century. Acta Orient Hung , 1982(ⅩⅩⅩⅥ, 1 – 3) :545 – 548.

Uray, G. Tibets Connections with Nestorianism and Manicheism in the 8th – 10th Centuries. in : Ernst Steinkellner and Helmut Tauscher. Contributions on Tibetan Language . History and Culture ed. Wien : Arbeitskreis für tibetische und buddhistische Studien, Universitüt Wien, 1983 [1984]. 339 – 429.

Uray, G. New Contributions to Tibetan Documents from the post -Tibetan Tun -huang. in : Tibetan Studies : Proceedings of the 4th Seminar of the International Association for Tibetan Studies Schloss Hohenkammer Munich 1985. Eds. Helga Uebach and Jampa L. Panglung. (Studia Tibetica : Quellen und Studien zur tibetische Lexicographie 2). Munich : Kommission für Zentralasiatische Studien Bayerische Akademie der Wissenschaften,1988.

Uray, G. Ńag. ńi. dags. po : A Note on Historical Geography of Ancient Tibet. in : Orientalia Iosephi Tucci Memoriae Dicata. Eds. G. Gnoli and L. Lanciotti. (Serie Orientale Roma 61. 3). Rome : Instituto Italiano per il medio ed estremo oriente,1988.

Uray, G. The title dbang-po in Early Tibetan Records. In : Indo-Sino-Tibetan : Studi in Onore di Luciano Petech. Ed. Paolo Daffinà (Studi Orientali 9). Rome : Bardi Editore,1990. 419 – 433.

Uray, G. The Location of Khar -can and Leng -cu of the Old Tibtan Sources. in : Varia Eurasiatica : Festschrift fur Profeesor Andras Rona – Tas. Szeged : [s. n.],1991.

Voha, R. Sogdian Inscriptiorns from Tangtse in Ladakh. Tibetan Studies. In : P. Kvaerne. Proceedings of the 6th Seminar of the International Association for Tibetan Studies Fagernes 1992. Oslo : [s. n.], 1994.

Yamaguchi, Z (山口瑞凤). Su -p' i 苏毗 and Sum -po 孙波 : A His-

欧·亚·历·史·文·化·文·库·

toric -geographical Study on the Relation between rTsang yul and Yan Lag gsum pavi ru. Acta Asiatica, 1970(19):97 – 133.

Yamaguchi, Z. The geographical location of Sum -yul. Acta Asitica, 1975(29):20 – 42.

池田温. 8 世纪中叶における敦煌のソゲド人聚落. ユーラッア文化研究,1965(1):49 – 92.

池田温. 沙州图经略考//榎博士还历记念东洋史论丛. 东京:明和印刷株式会社,1975.

池田温. 中国古代籍帐研究. 东京:东京大学出版会,1979.

高田时雄. 藏文社邑文书二三种//敦煌吐鲁番研究. 3 卷. 北京:北京大学出版社,1998.

吉田丰. コータン出土 8—9 世纪のコータン语世俗文书に关する觉え书き(“第一部 コータン出土の世俗文书をめぐって”). 神户:神户市外国语大学研究丛书,2006.

前田正明. 河西の历史地理学研究. 东京:吉川弘文館,1964(昭和三十九年).

森安孝夫. ウィグルと吐蕃の北庭争夺战及びその后の西域情势について. 东洋学报,1973(55 – 4):60 – 87;

森安孝夫. ウィグルと吐蕃の北庭争夺战及びその后の西域情势について(增补)//流沙海西奖学会. アジア文化史论丛(3). 东京:山川出版社,1979.

森安孝夫. ウィグルの西迁について. 东洋学报,1977(59):105 – 130.

森安孝夫. チベット语史料中に现われる北方民族 Dru -gu と Hor. アヅア. アフリカ言语文化研究,1979(14):1 – 48.

森安孝夫. 吐蕃の中央アジア进出. 金泽大学文学部论集・史学科篇, 1984(4):1 – 85.

森安孝夫. チベット文字で书かれたウィグル文仏教教理问答(P. t. 1292)の研究. 大阪大学文学部纪要,1985(25):1 – 85.

森安孝夫.中央アジア史の中のチベット——吐蕃の世界史的位置付けに向けての展望//长野泰彦,立川武蔵.チベットの言语と文化.东京:冬树社,1987.

山口瑞凤.苏毗の领界——rTsang yul Yan Lag gsum pavi ru-.东洋学报,1968(50,4):1-69.

山口瑞凤.白兰とSum paのrLangs 氏.东洋学报,1969(52,1):1-61.

山口瑞凤.东女国と白兰.东洋学报,1971(53,4):1-56.

山口瑞凤.吐蕃の国号と羊同の位置——《附国传》与大、小羊同的研究.东洋学报,1977(58,3-4):55-95.

山口瑞凤.讲座敦煌2敦煌の历史.东京:大东出版社,1980.

山口瑞凤.沙州汉人による吐蕃二军団の成立とmkhar tsan 军団の位置.东京大学文学部文化交流施设研究纪要,1981(4):13-47.

山口瑞凤.汉人及び通颊人による沙州吐蕃军団编成の时间.东京大学文学部文化交流施设研究纪要,1982(5):1-21.

山口瑞凤.吐蕃王国成立史研究.东京:岩波书店,1983.

山口瑞凤.讲座敦煌6敦煌胡语文献.东京:大东出版社,1985.

藤枝晃.吐蕃支配期の敦煌.东方学报,1961(31):199-292.

武内绍人.スタイン收集トルキスタン出土古チベット语文书—概要とカタログ作成プロジェクト—//内陆アジア言语の研究.XI.1996.121~137.

武内绍人.归义军期から西夏时代のチベット语文书とチベット语使用.东方学,2002(104):124-106.

武内绍人.中央アジア出土チベット语木简の综合的研究//平成12年度-14年度科学研究费补助金基盘研究(C),2003.

武内绍人.チベット语木简概略//森安孝夫.中央アジア出土文物论丛.京都:朋友书店,2004.

岩尾一史.吐蕃のルと千戸.东洋史研究,2000(59,3):1-33.

岩尾一史.吐蕃支配下敦煌の汉人部落—行人部落を中心に—.

史林,2003,86（4）:1-31.

岩尾一史.吐蕃の万户(khri sde) について. 日本西藏学会々报, 2004（50）:3-15.

岩尾一史.Pelliot tibétain 1078bis よりみた吐蕃の土地区画.日本敦煌学论丛, 2006,1(1): 1-26.

佐藤长.唐代青海东道诸城塞について.史林,1975(58):1-21.

佐藤长.古代チベット史研究.2 卷.京都:同朋舍,1977.

佐藤长.チベット历史地理研究.东京:岩波书店,1978.

索　引

地名索引

A

阿跌部　126

阿尔巴　32,38,268

阿骨萨　17,182,225,285

阿拉善　241

阿弩越城　106,245,246

阿史德部　126

阿史那部　126

安德拉思　247,248

安戎城　85

B

巴达克　31

巴桑木　58

拔布海　253

拔汗那　118,122,123,329

拔贺那国　139

拔悉密　137,144

拔野古　119,124,136,144

跋布川　57,258,301

跋布海　258

把利部　78

霸州　84

白坝　318

白狗　54,55,66,80,82,83,
85 - 88,208,318,327,
330,331

白兰　6,7,11,12,18,19,54 -
56,58,65 - 75,77,82,
88,259,269,270,301,
306,312 - 314,319,
321 - 325,327,330,334,
342,353,361

白狼夷　81,84

白马羌　88

白土岭　37

白眼突厥　133,138

白衣大食　249

柏海　255

保州　83

卑失部　126

363

北狄　79

北谷　205

北海　113

北庭　8,9,106,114,116,123,
129,130,133,134,137,
138,140,146－148,158,
160,161,266,329,331,
347,360

婢药　54,71,334

边坝　44

邠州　137

拨换城　93,106,128,158,
234,328

波昌乃切　38

波斯　4,26,31,110,116,119,
132,242,247,248,281,
305,333,335,352

钵南羌　82

播仙　145,147,148,293,339

勃令驿　253

勃律　2,3,19,21,32,35,103－
110,148,149,208,233,
243－252,259,266,271,
280,281,304,321,322,
329,330,348,349

博洛尔　251

薄寒山　37,53,101,312

擘三部落　219,348

逋租国　80,83,85,87,88,208,

318,331

C

藏桂　240

查雪　264

昌格　33

昌珠　108,271,291

常乐　191,202,203

成纪　226

承风戍　55

赤不苏　84

赤岭　252,253

赤帕塘　57

赤水　92

赤寨　59

敕勒　3

楚河　44,127,249,258,314

处月部　132

葱岭　42,104－106,108,114,
130－132,191,244,248,
249,300

D

达布　33,154,168,170,
269,299

达尔德　246

咀仓法关　30

怛罗斯　105

·欧·亚·历·史·文·化·文·库·

Q

七乌海　254,255

七　屯　44,50,145,147,153,
154,156

祁连山　76,92,101,189,
191,329

乞量宁水桥　252

契苾　92,114,136,140,144,
146,278

契丹　143

恰拉部　153

千碉　54,83,85,88

千泉　114,119

汧阳　67,222

羌董　86

羌胡　65

羌若　51

羌塘　25,27,234,239,314

强木尼扎　36,38

切巴坡　142,200,288

切玛拉温　36,38

且末　14,90,114,145－147,
150,244

揭师　107,108

秦中　124

青石岭　67,100,331

清水　3,222,255,284

清远国　80,85,87,88,208,
318,331

庆州　69,78,79,317

邛崃关　318

琼垅　28,31

琼垄堡　260

曲工　35

曲卧日约　303

渠步　54,85,88

渠勒　158,237－239

R

瀼州　136

戎卢　158

戎州　77,207,210

绒绒　281

柔然　3,113,158

若乌园　118,329

弱水　80－86,88,208,318,
319,331

S

萨毗城　145,147,213

赛图拉　233,234,240

三波诃　26,28,29,32

三罗骨山　253

三弥山　114

桑俄尔部落　167

·欧·亚·历·史·文·化·文·库·

	115, 233, 244, 248, 250, 280, 282, 295, 300, 304, 337		333, 335, 336, 341, 343, 347, 349
铁勒部	113	突录济驿	253
铁隆滩	242	突骑施	10, 18, 19, 122, 123, 125, 127 – 132, 145, 148, 248, 249, 251, 259, 265, 266, 321, 329, 330, 336, 347, 349
铁门	130, 250		
通颊	6, 7, 15, 17 – 19, 44, 49, 50, 98 – 100, 147, 149, 152 – 155, 170, 179 – 186, 189, 206, 272, 274, 275, 307, 323, 324, 343, 348, 361		
		土霸城	85
通弥	56	吐谷浑	1, 3, 7, 10, 11, 14, 18, 19, 28, 33, 34, 36, 43, 45, 46, 48 – 50, 54, 55, 58, 66, 67, 74, 76 – 78, 88, 90 – 102, 104, 113 – 115, 141, 145 – 148, 156, 158, 171, 179 – 183, 189, 194 – 197, 201, 213, 215, 222, 227, 233, 235, 244, 247, 254, 255, 259, 263 – 265, 267, 268, 270 – 274, 277 – 279, 281, 285, 301, 303, 304, 306, 307, 312, 314, 318, 319, 321 – 324, 327 – 331, 333 – 336, 338, 339, 346, 352, 353
通则	51		
同德	313		
同罗	136, 144		
突厥	1, 3, 4, 8, 15, 16, 18, 19, 32, 34, 36, 37, 66, 77, 88, 104, 105, 107, 113 – 129, 132 – 134, 136 – 138, 140, 143, 144, 146 – 148, 154, 159, 160, 170, 181, 185, 189, 195, 198, 212 – 215, 219, 233, 240, 241, 247, 250, 251, 259, 263, 265, 267, 273 – 275, 280 – 282, 287, 288, 300, 304, 306, 307, 314, 318, 321 – 324, 327 – 330,		

·欧·亚·历·史·文·化·文·库·

众龙驿 252,256

朱俱波 115,233

紫山 255

宗喀 29,30,47,200

足罗多部 126

卒歌驿 253

人名索引

A

阿波干可汗 124,126

阿底峡 72,314

阿咄楚 280

阿郭包尔赞 152

阿龙 193

阿罗汉尼 62

阿史德温傅 123

阿史那拔布 123

阿史那道真 93

阿史那都支 115,116,329

阿史那骨咄陆 124

阿史那贺鲁 114,127,132

阿史那斛瑟罗 120,127

阿史那怀道 120

阿史那泥熟匐 123

阿史那仆罗 120

阿史那社尔 114,146

阿史那俀子 117,118,120 –

123,215

阿史那献 120,121,128

阿史那昕 131

阿史那元庆 120 – 122

阿史那忠节 145

阿悉兰禄 192,193,203

阿雍杰瓦 303

埃杰拉章 270

安保真 220

安本义 206,218

安藏子 220

安大末 220

安定昌 185

安都督 218

安法藏 219

安佛奴 220

安光勒 220

安和子 220,221

安恒子 221

安胡胡 222

安环清 221,225,229

安进汉 222

安进子 222

安年 221

安善奴 220

安塔春 220

安庭光 220

安翁子 220

安兴子 218

·欧·亚·历·史·文·化·文·库·

·欧·亚·历·史·文·化·文·库·

·欧·亚·历·史·文·化·文·库·

六十自述

——代后记

　　《论语》上有"三十而立,四十而不惑,五十而知天命,六十而耳顺"这句话,借用来概括我大半生的活动轨迹,也是恰当的。我 1952 年生,属龙,明年即满 60。我籍贯江津,父母都是银行职员,兄妹 5 人,我是老三。因为兄弟多,名字不好取,8 岁以前我叫"杨三毛",小学二年级时老师给我取名"杨明"。

　　我属于"文革"前"老三届"初 68 级的学生,1965 年进重庆歌乐山中学念初中,1966 年"文化大革命"开始,随后在家庭、学校、社会之间晃荡了 5 年。回想这 5 年中我做得最多的 3 件事:到解放碑看游行,看造反派之间的辩论或武斗;到处找书看,除了"四大名著"之外,外国名著《安娜卡列妮娜》、《贝多芬传》、《戈雅传》、《红与黑》等都是那个候读的;"操社会",结拜兄弟伙,别人打架时跟着起哄,我头上有一条五六厘米长的伤疤,就是那时留下的。

　　之后,我落户到四川云阳县龙角区太平公社当了一名知青。虽然只有一年的时间我就回城了,但那一年的经历不可谓不丰富:在一个大队小学代了两个月的课,学校有两个班,不同的年级,语文、算数、音乐、体育、美术全部由我一个人教;在公社中心完小教了一个月的一年级新生,虽然自己的汉字拼音不标准,也硬着头皮上台去。其间全区搞文艺调演,我参加公社宣传队,除了拉二胡,还在一出独幕剧中扮演一个破坏农业水利设施的坏分子。那个坏人的名字给我的印象太深,以至于演出的头天晚上我做梦都在喊,惊醒了同住一个教室的几十位参加汇演的老师、同学。

　　幸好那时有父母提前退休,子女顶替工作的政策,1972年年底我顶替母亲的工作回到重庆,在市煤建石油公司下属的伏牛溪油库建筑工地当了一名钳工,主要工作是制作、安装油罐兼水电安装维修。那个时候还是"文化大革命"中期,记得有"批林批孔"、"讲水浒批宋江投降主义"等活动,由于我有一点文学基础,所以也跟着舞文弄墨,时不时地在单位的专栏、小报上胡诌一些半文半白的诗句。也就是因为参加政治活动的需要,我自己动手在工棚里布置了一个简陋的书房,开始自学政治、哲学书籍,尤其是"马恩列斯毛"的原著,尽管读得半通不通,还是硬着头皮做了一些笔记。不过,现在回想起来,读的那些书籍并非没有用处,多多少少给自己以后的学习作了一些理论上的铺垫。

　　很快到了1977年恢复高考,由于我没有完整的中学学习阶段,所以数学拖了我的后腿。在连续参加三届考试之后,1979年我才以二十几分的数学成绩加上较高的地理、历史成绩,考入重庆师范学院政史系,攻读历史专业,当时我已经年满27岁。由于年龄在班上算大的,我当时就思考,要在历史这一学科中选择一个专业作为主攻方向。选择什么方向呢?当时的校园里有一个报刊专栏,其中最吸引我的是《光明日报》的"史学"版,那个时候刚好国内史学界在呼吁重视中国民族史的研究,尤其是民族关系史的研究,于是我下定决心研究中国民族史。怎么样入门呢?那时候没有什么检索系统,更说不上用电脑,所有的文献都得自己去查找,自己去读,看到有用的资料就抄在卡片上。就这样,从大二开始,包括寒暑假,我都泡在学校图书馆里借阅有关的书籍,抄写笔记,有时还去市中区图书馆、市图书馆里看书。

　　当时我的阅读大致可以分为两方面的内容,一是二十四史中"前四史",即《史记》、《汉书》、《后汉书》、《三国志》中的少数民族传记,二是近人有关中国民族史的论著。阅读中,我写下了十余万字的资料卡片,其中比较集中的是先秦、秦汉到三国的民族关系史的内容。记得当时自己对羌族史很感兴趣,于是就把《后汉书》中的"西羌传"全文抄下来,并作了地名索引,准备今后继续研究,可惜到现在也还没有用上。那时,我还利用一切机会向校内外的专家请教。记得我当时给南开大学的王玉哲先生等写过信,王先生回了信,热情鼓励我从事民族史的研究,他认为这一领域大有前途。我又专程到北碚,登门向西南师范学院的邓子琴先生请教,还向给我们上课的市博物馆董其祥先生请教。在诸位先生的鼓励下,我开始尝试撰写文章,写出了《秦汉时期的羌、汉关系》《论孙中山的民族意识》等,但当时都没有达到发表的水平,其中后面一篇现在还是草稿,静静地躺在文件袋里。

由于有上述基础,1983年从重师毕业时,我直接考入西北大学攻读中国民族史专业的硕士学位。我的导师周伟洲、王宗维,分别是著名的民族史暨民族学专家马长寿先生的研究生和助教。有了这么好的学习环境和资源,我开始系统地学习民族学、民族史、民族志等课程。其间,还到中央民族大学进修了藏文。我撰写的硕士学位论文题为《唐代吐蕃对河陇地区的统治》,全文共4万余字,深入地考述了吐蕃统治敦煌及西域的军政机构,以及统治胡、汉诸族的政治、经济政策。论文答辩时,学校从北京、内蒙古、新疆分别请来了本专业的顶级专家,答辩中老师们非常严格,大的从宏观视野,小的到一个字的读音都不放过,使我们受益匪浅。其中,主持我论文答辩的是原中央民族学院的王辅仁先生,他对我的硕士学位论文给予了基本肯定,当然也指出了一些不足。

1986年毕业后,因为家属调动的问题一时不能解决,于是我联系到重庆市博物馆工作。在博物馆工作的12年中,由于科研能力比较突出,3年后我就从一般工作人员提升为部门主任,1995年年初又被提升为副馆长。业务上,除了完成博物馆的工作和地方历史、文化研究以外,我一直都没有放松对敦煌学、藏学及西北民族史的研究,并对研究所涉及的内容进行了实地、实物考察。在那一段时期中,我利用博物馆工作出差多的机会,顺道进行民族风情、文物古迹考察,足迹遍及新疆、西藏、甘肃、青海、宁夏、内蒙古以及川西北等地区。在博物馆工作的时期,我还拜访过一些学者,聆听他们的教诲,其中有香港大学饶宗颐、北京大学张广达、中央民族大学王尧、四川省民族研究所李绍明、中国社科院民族所黄颢、西藏民族学院文国根等先生。同时,在本领域内一批卓有成就的中、青年学者,如耿昇、余太山、荣新江、王邦维、苗普生、厉声、李大龙、张云、罗华庆等,在学术上也给了我很大的支持和帮助。其中罗华庆是我重师的校友、室友,同睡一个架子床,他上学期间就迷恋上了敦煌,而我研究西北民族史也离不开引用敦煌资料,在学术上我们可以说是殊途同归。

研究生毕业以后,我就开始陆续在学术刊物上发表文章,出版学术专著。不过需要提及的是,由于"杨明"这个名字很容易重名,因此我为自己取了一个笔名"杨铭",后来我的绝大多数作品都是用此名发表的。到我1998年调入重庆市文化局担任博物馆处处长时,我已发表论文60余篇,出版或合作出版著作5部,其中有代表性的是《氐族史》(吉林教育出版社1991年出版)和《吐蕃统治敦煌研究》(台湾新文丰出版公司1997年出版)两本。

其中《氐族史》这本书,是迄今为止中国史学界唯一的一部以《氐族史》命名的专著。该书出版后的第二年,李绍明先生为之撰写书评说:"从纵的线索看,此书章目立有:先秦、汉魏、西晋十六国前期的氐族,继之以'前秦与后凉'、'仇池诸国'、'南北朝时期的氐族'、'氐族与其他民族的融合'等。按照人们熟知的历史阶段划分,紧扣氐族自身发展的历史,把这个民族形成、发展、迁徙、融汇的画卷绵延不断地展示出来,使读者能够获得较为完整的知识。从横的方面看,每章之内或以历史顺序排列节目,或立专节综述此阶段的政治、经济、文化状况,内容显得有骨有肉。加上最后一章'民族的姓氏、婚姻及其语言',全书纵横交错,浑然一体,为读者构筑出一部完整系统的民族发展史。"

而《吐蕃统治敦煌研究》是著名学者饶宗颐主编的《香港敦煌吐鲁番研究丛刊》之一。饶先生专门为拙著作序,其中一段文字说:"吐蕃崛起,实肇于贞观十二年(638)入寇松州之役,杨铭先生以蜀人而留心藏事,频年纂辑,绩学忘疲。既致力于《大事纪年》,尚论吐蕃与突厥之关系;取婼羌古戍堡简册,钩索地名,穷其原委。复与周伟洲先生合作,研究《吐谷浑纪年》残卷,解谬辨疑,抉发尤多。可谓覃思精通,妙达神恉者矣。余自识君重庆,屡荷嘉贶名篇,喜是书之杀青,信有裨于来者,爰不辞荒陋,聊缀数言,勉副盛心,用当喤引,冀为读君书之一助耳。"可见饶公对拙著作了较高的评价。

正是由于学有所长,在我从 1998 年到 2003 年任重庆市文化局处长的 5 年中,总觉得身处"官场"颇不自在。因为我总想在行政工作之外抽空做点学问,尽可能地参加一些学术活动,因此会引起与本职工作的冲突,也可能与领导之间发生了一些矛盾或误会,这使我时感苦恼! 每当此时,我脑海中的另一个"学者的我"便会站出来说:到高校或科研机构做学问去,不用在这里鞍前马后地伺候他们!

类似的例子给我的印象较深的有两次。一次我接到邀请,出席敦煌莫高窟藏经洞发现 100 周年国际学术讨论会,当我填好与会申请交到领导那里去签字时,领导居然提出了一个"严肃"的问题:重庆市文化局与敦煌有什么关系,需要花钱去开这个会吗? 经过解释,好歹签字同意,不过写上了:来回敦煌,一面坐火车,一面坐飞机。批是批准了,当时我心里还是有些不痛快! 其实 20 世纪 40 年代问世的"国立敦煌艺术研究所",就是在重庆发起筹办的,当时跟随徐悲鸿去敦煌的一批有志青年中有一位叫张民权的,从敦煌回来后曾在新中国成立初期任过重庆市文教局的局级干部。虽然有这些历史,但是没有我给领导讲故事的机会。

还有一次是 2001 年下半年,我从文化局博物馆处调任文物保护处处长。不久我接到中国先秦史学会的邀请,出席在安徽蚌埠召开的"大禹文化学术研讨会"。我写好了文章,买好了飞机票,就等出发了。谁知就在登机的前一天,南川市被媒体揭发出当年大约 4、5 月间发生过文物损毁事件。本来这是前任处长在任时发生的事情,当然现在要由我来处理了,用不好听的话来讲,这叫做替别人收拾"烂摊子"。于是在领导的断然决定下,我极不情愿地退掉了机票,坐上汽车下去处理这种极其麻烦的"遗留"问题。

当然这种事情并不是天天有,我也知道自己的本职工作是行政,学术活动只能择机而行。关键的问题是,在当时文物保护工作困难重重的大环境和局机关文化、文物两张皮的小气候中,我个人感觉在人、财、物缺乏,法律不健全,制度缺失的前提下,想为文物保护事业多做点工作,做出点实效,那多半要牺牲自己的专业,浪费自己的学术生命。在这种心情的驱使下,我从2001年年底便开始在互联网上寻找,看根据我学的专业能到哪些高校或研究机构工作。

这里要回过头去讲。1986年从西北大学毕业前夕,我首先想在成都选定一家单位工作。道理很简单,因为这里有民族研究基础深厚的四川大学、西南民族学院、省民族研究所、省社科院历史所、省民族出版社等等,而当时的重庆几乎不存在同类型的学术机构、学术队伍和学术刊物。联系的结果是:四川大学的 童恩正 先生表态说,欢迎我去,但解决家属调动需要三年左右的时间;西南民族学院的人事部门则表示,对我要求一年内调动家属的条件不敢贸然答应。于是,对于我这个已婚无子、年逾三十的人来说,当时唯一能做的就是匆匆奔回重庆了。没有想到的是,硕士毕业在重庆工作17年之后,我再次把目光投向了西南民族学院。于是我从2002年开始与该校联系,后几经周折,终于在2003年9月,在该院改名西南民族大学,而我即将年满51周岁时,调入该校的西南民族研究院工作。

不过,初到学校还有些不习惯:一是要开动脑筋到处找项目,写文章发文章,完成年度考核;二是逢年过节既无奖励也无奖金,没有什么年节的活动,有点"门前冷落车马稀"的味道。不过这样也好,就是你该得的平时都发给你了,其他的你就不要再想了;你也不用天天去应酬,大口吃肉,大碗喝酒,饱了口腹,害了身体。自己和家人还是感到欣慰,毕竟从山城来到一座平原城市,从一个身处闹市的办公楼搬到了一个绿化常青的校园,从枇杷山上的一套20世纪80年代的两居室住进了校园内崭新的电梯公寓。到2005年年底,我出版了《唐代吐蕃与西域诸族关系研究》一书,该书的后记就直观地抒发了我刚到成都工作一年多时的心情,这里照录其中一段,聊以为据:"这本书的出版,恰好时逢我 1985 年在《西北历史资料》上发表第一篇文章之后的 20 年。20 年来,因为念念不忘的学术情结,令人几多欢喜、几多忧愁！以致两年前,我放弃了直辖市政协委员和'七品芝麻'的交椅,调入西南民族大学,做起专职教学和科研的教授来！这其中的荣辱、得失,说不清也道不明。但有一点很清楚,那就是我在荣誉和学术之间选择了后者,而这在当今的中国,无疑属于勇者的行动。"

时光在流逝,老天爷才不管你过得开心或不开心,转眼我来成都工作已近 8 年了！回想起来,到校不久我就担任了该校中国民族史硕士点的导师,为了归队干老本行,2005 年我主动申请调到学校博物馆工作。2006 年我牵头组织了一个小团队,申报了一个考古学及博物馆学硕士授权点,研究方向有"博物馆与民族文物"、"文化遗产研究"等,从 2007 年暑期过后的新学期开始,我就带上了 3 个研究生,之后每年都有两三个学生进入门下。2008 年,我被陕西师范大学西北民族研究中心聘为兼职教授,2009 年增列为该校中国少数民族史专业"藏学"方向的博士生导师,2010 年被增列为西南民族大学民族学专业"西南民族史"方向的博士生导师。

近 8 年来,我作为独立作者或第一作者,拿到了一个国家社科基金项目《唐代吐蕃与西北民族关系史研究》,一个国家社科基金重大项目《新疆通史》子课题《英国收藏的新疆出土古藏文写本文书译注》。此外作为第二责任人,我还分别参加了四川省委与国家民委的重点课题:《巴蜀文化通史·民族文化卷》、《侗族简史》(修编)。8 年来出版了 2 本专著,前面已经提到一本,另一本是西南民族大学"引进人才科研启动项目"的成果《吐蕃统治敦煌与吐蕃文书研究》,由中国藏学出版社 2008 年出版。此外,撰写了 30 来篇文章,分别发表在《民族研究》、《敦煌研究》、《西域研究》、《中国藏学》、《西藏研究》等相关刊物上。2005 年、2007 年和 2010 年这 3 个年份,我以独立及与人合作的方式,分别获得了四川省政府的哲学社科成果二等奖和两个三等奖,国家民委第二届人文社会科学成果三等奖。2007 年被评为"四川省有突出贡献的优秀专家",2011 年获"国务院特殊津贴专家"称号。

到此,我从国家级到省、部、直辖市级的项目、奖项和专家称号都拿到了,也算是"大器晚成"。到了这个份上,有人对我说:作为一个高校教授、地方学者,学术上的成就和荣誉也就算差不多了,大可以放松放松,修身养性,多花点心思在培养儿子方面了。因为我是中年得子,四川话叫"老幺儿",他学习优秀,爱打篮球,13岁就有1.75米的个子,所以周围的人有这个说法。确实我也在想,学术成果也好,荣誉也好,恰如网络上说的——"神马都是浮云!"再说,我们这些学术界的"既得利益者",如果不遵循新陈代谢的规律,慢慢淡出学术界,把学术空间和阵地逐渐移交给年轻人,老待着不动,人家怎么接得上来? 因此,我现在确实有完成手中的活路,不再申领新项目的想法,逐渐把时间、精力转移到如何培养儿子健康成长,自己怎样颐养天年方面来。

　　就在我思考上述问题,试图总结自己一个花甲走过的人生道路之际,恰好母校约我写一篇总结自己学术追求的文章,我欣然答应。但等到动笔之时,我才感到最初那种试图为自己的求学之路画出一个清楚的轨迹,为来者借鉴的想法,无论如何都无法自圆其说。因为弃政从学这8年来不经意间获得的奖项、名誉,使我在旁人看来,似乎仍未跳出当下学人们名曰追求学术真谛,实则追逐名利的怪圈! 因此,我的这一选择是否值得借鉴,至少现在是难下结论的。

　　不过求学30年来,我有两点体会可与大家共勉:一是人的命运不完全是掌握在"上帝"手中的,通过自己的努力可以改变或至少改变人生的某一阶段。如果说我上山下乡、回城当工人都是当年的政策使之然,那么我第一次丢掉"工人阶级"的帽子,第二次丢掉"七品芝麻"的帽子,两次投身大学校园,则完全是凭个人的奋斗,也因此改变了自己大半生的命运。第二点是做学问上的体会,就是只要你行动了,坚持了,就多少会有一点成就。怕就怕有了开始而没有坚持,那么就将行之不远,无果而终,换成历史学家范文澜的话就是"板凳要坐十年冷,文章不写半句空"。这些年来,这句话一直鞭策着我,静心治史,踏实做人。

　　最后用两句话说说这本书。作为国家社科基金项目(06BZS009)

的最终成果,本书即将问世,此刻我要向关心和支持我完成这一项目的师友们表示感谢! 他们是: 李绍明、周伟洲、余太山、厉声、苗普生、赵心愚、张建世、霍巍、石硕、罗华庆、张云、王欣、刘国防等。其中尤其要提到张云兄,这一项目本来是我们共同申报成功的,但由于他手头的课题多,无暇顾及,只好交由我独自完成了,在此我要向他表示深深的感谢!

杨铭

辛卯年正月于西南民族大学武侯校区